블록체인 인공지능 융합행정
– 하드웨어 & 소프트웨어 접근

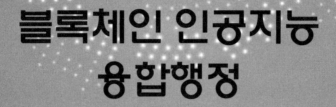

블록체인 인공지능 융합행정

─ 하드웨어 & 소프트웨어 접근

이종수 · 박해봉 공저

한누리미디어

2020년 새해 벽두부터 세계를 경악케 한 Covid-19 팬데믹(pandemic)으로 추후 인류는 바이러스와 동거해야 할 운명으로, 그런 비대면사회의 효율적인 접근의 하나가 AI & 블록체인 기술을 통하여 대면을 최소화하고 사회운용을 효율화시킬 수 있다.

인공지능과 인간의 상호작용 방법론으로서의 정치사회 변화와 권력의 본질적 해악에 대한 대응(처방)으로서의 인공지능과 블록체인기술을 융합 도입하여 정치·행정 체제의 공정성 확보방안을 탐색, 적용할 필요성이 제기된다.

본 연구의 필요성 측면은 필자의 GNR(2002) 이후 2017년을 전후한 제4차산업혁명시대 지능정보사회는 인간이 주도하는 사회가 아니라 인간과 사물이 함께 지능을 가지고 주도하는 사회로 지능정보기술을 기반으로 하며, 이는 하드파워보다 소프트파워가 중요해지고, 사회의 지배 양식은 수직적인 위계적 지배 질서가 아니라 수직·수평적인 혼계적 지배 질서로 변화하고 혼성문화로 변화하고 있기 때문이다.

AI 기술 중 장기적으로 가장 유망한 분야는 의사결정 지원(decision management)이다. IBM에 의하면 2025년 경 시장규모가 2조 달러에 이를 전망이라고 한다. 지금까지는 인간의 지식과 판단에 의지한 의사결정을 해 왔다면 차후로는 방대한 지식을 기반으로 하는 인공지능이 탁월한 판단능력에 기반하여 정책의사결정을 하게 될 것으로 예측한다. AI기술의 최적화는 5~10년 이내(2020~2030)로, 의사결정 지원(2020~2030)도 같은 기간 내 활성화 될 것이며, 그 사례가 「ROBAMA」(인공일반지능, AGI)」이다.

OECD(2020)는 「인공지능 권고안」(2019.5)과 「블록체인 원칙」(2019.5) 제안서에서 블록체인 원칙의 주요 이슈는 탈중앙화 소재, 데이터거버넌스, 법과 규제 측면, 상호 운용성 등 8가지를 제시하고, 공공부문의 혁신 과제를 4가지로 제안(OECD, 2016)하였다.

AI는 생존과 직결되고, 구조혁신과 정부혁신, 특권 없는 세상을 추동하고 있으며, 그 대응방향으로 OECD(2010, 2011, 2016, 2019, 2020), 인사혁신처(2016) 등은 사람, 구조, 업무 등의 혁신 필요성과 개인적 대응으로 창의와 감성, 융합과 인성의 융합적 접근을 제안하였다.

이 책은 블록체인 기술이 정부규제를 거부하는 한 천재의 아이디어로 신뢰를 기반으로 한 공적 장부로서 권력이나 사회구조의 기본 틀을 바꾸어 놓을 구조적 기술체계라고 한다면, 인공지능(AI)은 빅데이터 등의 집적 정보를 활용하여 인간의 의사결정과정에 도움이 되는 지능정보 덩어리로 파악하고, 인공지능은 데이터 기반의 의사결정 도구와 수단으로, 블록체인이 권력중심에서 투명화, 신용, 신뢰, 분권, 자율 네트워크를 구축할 것으로 예측되며, 이 두 가지의 결합은 실질적 민주제도 실현을 가능케 할 것으로 전망되며, 그 정착은 향후 5년 전후 인공지능 기술과 제도가 융합, 제도화 되어질 것으로 추정된다.

창조(창의)란 기존권위의 부정이거나 불복종, 지양으로 나타나며, 「인공지능 & 블록체인 융합행정」은 이렇게 새로운 세계를 열고 대응하고자 한 선비의 세상에 대한 제언이다. 본서의 핵심은 과학기술의 변화와 포스트휴먼, Covid-19에 2022년 출범하는 신정부가 어떻게 대응할 것인가(世

事變而行道異)를 외국의 경험에 의존하기보다는 한국적 구태와 그 해소방법을 전통행정(삼봉 정도전의 융합사상)의 사례에서 찾고, 현대적 접근방안과 해결대안을 찾아보고자 했다는 점이다.

　주요 내용적 측면은 먼저 제1편에서 블록체인 인공지능 융합행정을 개념화하고, 2020년 현재 그 기술 진단에 토대한 융합행정 및 그 트랜드, AI와 인지과학의 창의융합, AI와 블록체인 융합 및 창의력 명상 융합효과 등을 분석하며, 제2편에서는 블록체인 인공지능 행정의 주요 활용과 적용 측면을 중앙 및 지방정부를 중심으로 주요 특성과 시사점을 찾고, 국내 적용의 가능성과 한계점, 대응의 시사점, 한국적 인공지능 정책결정의 가능성과 한계, 융합행정적 대응과 블록체인 융합행정의 발전과제 및 2022 신정부의 제4차 산업혁명시대의 대응적 측면을 융합적 접근을 통하여 천착하였다.

2022. 1. 15

이종수 · 박해봉　識

BLOCKCHAIN
블록체인 인공지능 융합행정

차례

블록체인
인공지능
융합행정

제1편
블록체인과 인공지능 융합행정

제1장

블록체인과
인공지능 융합행정

I. 들어가는 글

AI(Artificial intelligence, 人工知能)란 사람의 지능을 기계로 전환하는 것이라고 할 수 있다.

인공지능의 도움을 받는 것으로, 사람처럼 이해가 기계로 실현되는 것이며, 이 원리를 이용한 인공지능행정(AI Administration)이란 인공지능 기술을 행정제도나 정책, 법규 등에 투영시켜 국민이나 고객들에게 제공하는 자동행정 서비스이다.

본 연구의 목적은 인공지능과 블록체인 기술 행정도입과 관련 지방정부 사례 분석, 활용효과, 한계점과 과제(서정화 · 이종수, 2019) 등을 도출하고, 지방정부의 AI 실제 현실 적용방향과 한국적 적용가능성 및 과제 및 대안으로 인공지능융합행정, 콘텍스트 융합 및 수기(修己) 측면의 심신융합을 통한 개인과 조직의 창의성 신장방안을 발굴함에 있다.

한국전자통신연구원(ETRI)은 스마트 지능사회(2015), 오감반응 사회(2020), 감성표현 사회(2025), 생각하는 대로 이루어지는 세상(2030)이 도래할 것으로 예측하며, 차원용의 아스팩미래기술경영연구소는 지식이 정보(2010) → 지식(2015) → 집단지성(2020) → 감성(2025) → 마인드(2030)로 진화될 것으로 예측하고, 기술적 측면(GUX)은 멀티터치(2010) → 3D멀티모달(2015) → 생체(오감)인식(2020) → 감정인식(2025) → 마인드/두뇌 뇌파인식(2030)으로 진화될 것으로 예측하고 있다.

불원간 일상화 될 AI, 블록체인과 인구 감소 등 제반 문제에 관하여 인공지능(AI), 블록체인 기술을 어떻게 누가 활용하여 도시사회에 활용할 것인가 등과 관련하여 인공지능과 블록체인 기술을 보다 효과적으로 적용·활용하고, 지식의 기계적, 기술적 융합체인 블록체인을 통하여 불신을 잠재우고, 신뢰를 융합시키고자 하는 접근이다(서정화·이종수, 2019).

본 연구의 필요성 측면은 GNR(이종수, 2002), 포스트 휴먼, 트랜스 휴먼(윤영민, 2017;인사혁신처, 2017;이종수, 2017, 2018, 2019) 현상의 대응을 위한 선제적 접근이라는 점으로 필자는 그 대안으로 '창의적 융합명상'을 제안한 바 있다(이종수, 2017, 2018, 2019).

주요 내용으로는 인공지능과 블록체인 융합사례와 효과, 지방정부 활용 측면, 제외국의 추진사례와 시사점 등을 분석하고, 우리나라 지방정부의 활용실태와 효과, 한계점, 기술평가와 도입분야 등을 분석하고, 이들 내용을 바탕으로 제도적 대응과제로 융합지방자치학, 인공지능발전연대 거버넌스, 융합행정, 디지털융합정부, 국립인공지능특별위원회 설치 등을 제안하였으며, 본 연구의 방법은 주요 선행연구 활용과 일간지, 필자(이종수, 2002~2019)의 연구 결과를 활용하였다.

II. 인공지능과 블록체인 행정의 의의

제1절 인공지능융합 행정

1. 인공지능 융합행정

AI(인공지능)란 사람의 지능을 기계로 전환하는 것이라고 할 수 있다. 인공지능의 도움을 받는 것으로, 사람처럼 이해가 기계로 실현되는 것이다. 최근 몇 년간 구글이나 마이크로 소프트로 대표되는 많은 기업들이 인공지능분야에 진출해 왔다. 이에 따라 컴퓨터의 능력은 크게 향상되었다. 인공지능은 인간의 학습능력과 추론능력, 지각능력, 자연언어의 이해 능력 등을 컴퓨터 프로그램으로 실현한 기술이다. 인간의 지능으로 할 수 있는 사고, 학습, 자기 개발 등을 컴퓨터가 할 수 있도록 하는 방법을 연구하는 컴퓨터 공학 및 정보기술의 한 분야로서, 컴퓨터가 인간의 지능적인 행동을 모방할 수 있도록 하는 것이 인공지능이다.

인공지능행정(AI Administration)이란 인공지능 기술을 행정제도나 정책, 법규 등에 투영시켜 국민이나 고객들에게 제공하는 행정 서비스이다. 예시하면 행정자동화 서비스, 눈높이 서비스, '인간돌봄 서비스, 로봇 강아지, 돌봄이 필요한 사람' 등을 들 수 있다.

첫째, AI, Context(맞춤형 AI) 사례를 예시한다. "최근 인공지능(AI)은 단순히 빅데이터를 분석한 결과만 알려주는 게 아니라, 왜 이런 결과가 나왔는지까지 설명하도록 진화하고 있습니다. 잘못된 결과가 나오면 어느 부분에서 오류가 있었는지 바로잡을 수 있게 되는 것입니다. 이렇게 엄청난 속도로 진화하면서 현실에 접목되고 있기 때문에 빅데이터와 인공지능을 모르면 도태될 수밖에 없습니다."

AI · 빅데이터 전성시대는 '데이터도 맞춤형'이 되고 있다. 빅데이터는 이미 우리 일상에 속속들이 스며들었고, AI는 하루가 다르게 산업현장을 바꾸고 있다(매경, 2019.2.17).

스마트팩토리를 구축하면 수십 년 일한 기술장인이 경험으로 알 수 있는 것을 표준화해 모든 구성원이 공유할 수 있게 된다. 과거 데이터사이 언티스트들이 연구실에서 분석에만 몰두했다면, 요즘은 현장에서 직접 일하며 '맞춤형 데이터 분석'을 솔루션으로 제시하는 시대가 됐다.

4차산업혁명시대에 개인에게 원하는 것이 무엇인지 정보를 수집하고 파악하고 대응하는 사람이 미래를 선점한다는 내용으로, 책의 부제도 '컨텍스트를 수집하고 파악하고 대응하는 자가 미래를 지배한다!'고 썼다. 4차산업혁명에는 어떤 것들이 있는지, 인공지능(AI), 빅데이터, 스마트팩토리, 로봇, 사물인터넷 등이 된다(박창규, 2018).

컨텐츠라는 단어는 많이 들어보았으나 컨텍스트는 드물다. 컨텍스트 (context)란 유저의 성향, 원하는 것, 즐겨 찾는 것, 자주 가는 곳, 주문 정보 등의 정보를 수집, 가공, 분석해서 적절히 대응하는 것을 말한다. 빅데이터를 대상으로 내용을 찾고 용도에 맞게 창조한다.

둘째, 블록체인과 AI에 모두 영향을 미치는 가장 흥미로운 개발 중 하나는 두 기술 간의 융합이다(서정화 · 이종수, 2019). 혁신적인 회사는 큰 데이터의 힘, 블록체인을 사용하는 범위 내에서의 신뢰와 검증 및 AI가 거의 모든 비즈니스에 가져올 수 있는 가치 창조 배율을 활용한다.

AI를 활용하여 고도의 자연어 기반의 추론 엔진을 개발하는 회사인 Mind AI의 CEO인 Paul Lee는 블록체인과 AI의 결합의 놀라운 잠재력을 보고 있다. "블록체인은 개인 소유권 및 데이터 제어를 통해 오늘날의 데이터 과점을 무너뜨릴 잠재력이 있다"라고 Lee는 말한다.

"이전에는 없었던 AI 개발자가 사용할 수 있는 방대한 데이터 소스에 액세스할 수 있다. 그러한 데이터에 대한 액세스 즉, 데이터 마켓 플레이스가 있을 것이다. 데이터 마켓 플레이스는 개발자가 프로젝트의 특정 유형의 데이터를 찾는 자유 시장일 수 있다. 동일한 의미에서 AI는 블록체인을 향상시킬 수 있다. 블록체인 기술의 가장 강력한 유스 케이스 및 초기단계 응용 프로그램은 AI 연구를 지원하는 데이터를 위한 것이다. 이것은 블록체인 기술의 진보로 AI와 보다 잘 융합될 수 있는 길을 열어주는데 도움이 될 것이다. 이러한 진전과 그 응용은 필연적으로 다른 영역으로의 파급 효과를 가져올 것이고, 블록체인 채택률을 높이는 데 도움이 될 것이다."

AI는 역사에서 배우는 효과적인 방법을 제공하며 블록체인은 비즈니스 네트워크를 따라 신뢰 관계를 구축할 수 있게 한다. 함께하면 변화에 적응할 수 있는 능력을 갖게 된다. 또한 신뢰할 수 있는 데이터는 인공지능의 생명의 피이며 블록체인은 신뢰할 수 있는 데이터를 유지하도록 설계되었다. MATRIX의 동료들은 "블록체인은 시간과 공간을 통합하고 AI는 역사에서 미래를 예측합니다"라고 하는 합의를 공유한다.

2. 지능형 정부(빅데이터 · AI · 챗봇)와 플랫폼

행정안전부는 '지능형 정부 구현 중장기 로드맵 수립사업'에 본격 착수했다. 정부는 이달부터 내년 3월까지 지능형 정부의 청사진을 제시해 인공지능(AI) 등 지능정보기술이 전자정부시스템에 전면 적용될 수 있도록 할 예정이다.[1] 이 과정에서 민원처리나 행정업무 처리 등의 분야에 핵심 전략과제를 발굴하고 핵심 전략과제별 구체적인 실행계획을 설계하

---

1) 지능형 정부 청사진 나온다, "AI 행정비서 · 정책자문관 등장" (디데일리 2018.9.12).

게 된다. AI 행정비서와 AI 정책자문관 등이 대표적 전략과제로 부상할 전망이다.

AI 행정비서는 행정기관별로 산재된 각종 공공서비스를 하나로 모으고 사람의 대화처럼 이해하기 쉽도록 국민들에게 안내하는 서비스다. 민원상담 · 공과금 납부정보 등을 미리 학습해 국민생활에 필요한 공공정보를 필요한 시간에 개인별 맞춤형으로 제공하며, 정부24 등 각종 전자정부시스템과 연계 가능하다.

또한 국민들이 정부 홈페이지를 직접 찾아가는 대신 스마트폰의 챗봇 (Chatbot)이나 AI 스피커 등 휴먼 인터페이스를 이용해 AI 행정비서와 대화하게 된다. 이와 함께 행정 내부적으로는 공무원의 업무 처리를 도와주는 AI 정책자문관을 도입해 업무 생산성을 높인다. AI 정책자문관은 공무원들이 업무에 공통으로 이용하는 통계자료 · 법령정보 · 보도자료 등을 지속적으로 학습한다. 이러한 정보는 공무원들에게 챗봇이나 인공지능 스피커 등을 통해 제공한다.

지능형 정부의 청사진에는 각 행정기관에서 AI 기반의 지능형 서비스를 제공할 때 필요한 표준을 제시, 여러 기관이 공통으로 이를 활용하고 민간 플랫폼도 연계 · 활용하는 방안도 포함돼 있다.

「지능형 정부」는 AI를 활용한 대국민 서비스 혁신, 알아서 처리하는 똑똑한 행정 구현, 지속 가능한 디지털 안전사회 선도, 범정부 공동활용 플랫폼 고도화 등 4가지 전략목표를 중심으로 한다.

범정부 공통 활용 플랫폼을 우선 구축해 각 부처들이 혁신에 활용하도록 한다는 계획이다. 핵심 어젠다로는 찾아가는 개인맞춤 서비스, 과학적 정책지원체계 구축, 정부행정 프로세스 지능화, 첨단기술을 적용한 공공질서 확립 지원, 예방 기반 안전관리체계 구축, 정부업무 인프라 지능화, 빅데이터 학습 · 분석기반 강화를 추진한다.

3. 빅데이터 민주주의

첫째, 빅데이터는 시민들에게 무한한 정보를 제공함으로써 시민들이 '완전한 정보를 가진 시민(Informed citizen)'이 되게 하는 기반이 된다. 따라서 빅데이터에 기반한 정보를 가진 시민이 정책의 생산자, 공급자이면서 동시에 정책의 사용자, 운용자인 프로유저가 됨으로써 사회의 대표와 시민 간에 진정한 수평적 협력관계(協治), 권력의 공유(共治)를 실현할 수 있게 한다(한국정보화진흥원, 2016).

관련 빅데이터가 기반이 되는 새로운 민주주의 형태가 오히려 '빅데이터 브라더(Big Data Brother)'가 되지 않도록 유의해야 한다. 인류의 역사는 빅브라더와 같은 리더에 의해 파행을 겪은 아픔을 고스란히 간직한다. 정부나 파워를 가진 어떤 집단이 독주하지 않도록 개방적인 시민사회의 참여를 통한 견제와 균형이 보완되어야 한다(Nye, J. 2004).

둘째, 지능정보사회는 사회 전체가 하나의 플랫폼으로 작동하게 되어 플랫폼 사회적인 특성이 강화된다. 지능기술은 그것이 구현되는 사회의 플랫폼 수준에 의존, 공유와 연결에 지능이 부가되어 사회의 지배질서는 수직적인 위계적 지배 질서로부터 수직·수평적인 혼계적 질서 위주의 사회적 특징을 가지며, 연결에 의한 관계는 사회 전반이 개방형 사회로 변화하는 기초가 되고, 통치(Command and control)보다는 협치 (Governance)가 더욱더 요구된다.

이를 헤테라키(heterarchy, 혼합) 민주주의로 정립하고자 하며, 헤테라키 민주주의는 국가, 시민, 시장이 권력을 공유하고(共治), 협력적으로 통치하는(協治) 합의주의형(consensual) 민주주의로, 웹 2.0 시대의 소셜미디어 민주주의보다 한 단계 진화한 민주주의이다. 헤테라키 민주주의를 실현하는 기반이 바로 빅데이터이다.

헤테라키 민주주의는 주권자인 국민과 대표가 쌍방향적으로 정책을 공급, 응답, 소비하는 프로슈머와 프로유저의 관계이다. 바람직한 민주주의는 시민참여 보장이 핵심적 사항이다(임혁백 외, 2016:22).

헤테라키 메가트랜드는 빅데이터 기반 민주주의, 수요자 중심 민주주의, 광장과 대의제 민주주의의 결합, 정의 세우기 등으로 최근 교과부의 숙려민주주의 지역보육 정책결정 사례 헤테라키시대이다. 교육부, '유치원 방과후 영어금지' 등을 정책숙려제로 결정하기로 한 안건발굴, 의견수렴, 대안모색, 결정 등 5단계 접근(이데일리, 2018.3.29) 등을 들 수 있다.

한 시대의 정치제도는 그 시대를 사는 사람들의 가치관, 지적 수준, 기술 등을 반영한다. 현재의 정치는 시민들의 직접 민주주의로 향하고 있으며, 이제 정치는 시민들이 휴대전화를 쥔 손으로 자신의 의견을 표명하는 '직접 민주주의'를 향해 빠른 속도로 진행한다.

셋째, 블록체인 활용분야 블록체인 발전단계 등과 블록체인의 적용분야와 단계, 시기, 특징, 구분 등을 〈표1〉에 예시한다(박선주·서교리, 2018:32).

〈**표 1-1**〉 블록체인 적용분야

적용분야	금융	생활경제	비즈니스	공공행정
단계	도입기	발전기	확산기	정착기
시기	2009~2013	2014~2017	2018~2022	2023~2030
특징	공개형태 블록체인	개인화된 블록체인	혁신산업 블록체인	분권화된 블록체인
구분	블록체인 1.0	블록체인 2.0	블록체인 3.0	블록체인 4.0

박선주, 서교리(2018:32)

첫째, 정부혁신분야와 내용과 관련, 1) 정부조직의 전환으로 정부역할과 체계의 변동을 초래하며, 2) 일하는 방식의 전환으로 다자간 거버넌스화, 3) 정부인프라의 전환과 공유플랫폼의 등장 등이다(박선주:36).

둘째, 대응 측면에서 보면 기술적 측면에서의 권력공유 형태로의 변화, 경제적 측면에서의 비용효과 분석 등과 사회적 측면에서의 민관협력 활성화 및 제도적 측면의 법과 제도의 정부 등이다.

셋째, 블록체인 정착기는 2023~2030 전후기(박선주 · 서교리, 2018: 32) 등으로 예측된다.

넷째, 2025년 블록체인 전망측면을 보면 먼저 온라인 신원평가와 개인데이터의 소유, 가상화폐 금융서비스, DPM(decentralized prediction matket) 등장, 분산자율조직(DAO), 중개자 없는 거래, 콘텐츠의 위변조 불가능, 디지털 자산보유, 디지털 지갑과 웨어러블화, 기타 등이다.

4. 소프트 파워시대 시민 참여

조지프 나이(Joseph Nye)는 정보화에 따른 지식과 네트워크의 확산으로 권력의 속성이 군사력이나 경제력과 같은 하드파워로부터 문화 · 정치적 가치, 외교 등과 같은 소프트파워로 이동했다고 주장한다. 강제나 구속, 보상과 같은 방식이 아니라 상대방의 마음을 사로잡아 설득하는 방식이 우위에 있다는 것이다(Nye, 2004). 지능정보사회는 사회의 운용과 작동 방식이 하드파워에서 소프트파워로 변하는 변곡점이 될 것이다.

대의민주주의를 직접민주주의 형태로 보완할 수 있는 것이 블록체인 기술이라는 주장이 강조된다. KAIST가 발간한 제안서 'RE-BUILD 코리아'에 따르면 블록체인에 기반을 둔 융합민주제로 입법부의 혁신이 가능. 직접민주제를 대변할 수 있는 블록체인 의사결정 시스템으로 '온라인 하원'을 구성하면 상 · 하원 협치의 장점과 시간, 비용 등의 문제가 해결된 직접민주제의 장점을 융합할 수 있다. 이렇게 되면 국민소환제 도입이 수월하다.

당장 각종 선거나 여론조사에 블록체인 기술을 도입하면 비용을 획기적으로 절감할 수 있다. 오프라인이 아닌 스마트폰 등을 통해 국민이 정부 의사결정 과정에 쉽게 개입할 수 있기 때문이다. 또 블록체인의 안전성을 고려하면 보안이 부실한 모바일 투표의 문제점도 보완할 수 있다. 가상공간에서 정치인들의 활동을 감시하고 평가할 수 있게 되는 것도 큰 장점으로 부각될 것이다.

빅데이터는 시민들에게 무한한 정보를 제공함으로써 시민들이 '완전한 정보를 가진 시민(Informed citizen)'이 되게 하는 기반이 된다. 따라서 빅데이터에 기반한 정보를 가진 시민이 정책의 생산자, 공급자이면서 동시에 정책의 사용자, 운용자인 프로유저가 됨으로써 사회의 대표와 시민 간에 진정한 수평적 협력관계(協治), 권력의 공유(共治)를 실현할 수 있게 한다(한국정보화진흥원, 2016).

제2절 외국사례 분석과 시사점

1. 미국 「인공지능 행정명령」

미국 트럼프 행정부는 행정명령(Executive Order) 「인공지능(AI)분야에서 미국의 리더십 유지(Executive Order on Maintaining American Leadership in Artificial Intelligence)」을 통해 미국의 과학적, 기술적 및 경제적 리더십 지위를 유지하고 향상시키는 정책으로 5대 원칙을 제시했었다.

5대 원칙으로는 미국은, (1) 과학적 발견, 경제적 경쟁력 및 국가 안보를 촉진하기 위해 연방정부, 산업계, 학계에 걸쳐 AI 기술혁신을 추진해야 한다.

(2) 산업에서 새로운 AI 관련 산업을 창출하고 AI를 채택할 수 있도록 적절한 기술 표준을 개발·추진하고 AI 기술의 안전한 시험과 배치에 대한 장벽을 줄여야 한다.

(3) AI 기술을 개발하고 적용할 수 있는 능력을 갖춘 현재 및 미래세대의 미국 근로자를 교육하여 국가 경제와 미래의 일자리를 준비해야 한다.

(4) AI 기술에 대한 대중의 신뢰와 신뢰를 강화하고, 적용시 시민의 자유, 프라이버시 및 미국의 가치를 보호해야 한다.

(5) 정부는 AI 연구와 혁신을 지원하고 미국 AI 산업을 위한 시장을 개방하는 동시에 미국의 AI 기술 우위를 보호하고 미국의 중요한 AI 기술을 전략 경쟁국 및 적대국으로부터 보호하는 환경을 조성해야 한다 등이다.

인텔의 국가적 AI 전략 제안에는 정부를 위한 4개의 주요 전략으로 먼저 지속가능한 정부 지원 AI 연구 및 개발로 이는 헬스케어, 사이버 보안, 국방 및 교육분야에서 AI 능력을 향상시키는 데 도움이 될 수 있으나, 명확한 윤리적인 가이드라인이 존재해야 한다며, 기후 변화와 교육 등 사회에 도움이 되는 계획을 비롯해 AI가 가장 큰 잠재력을 지닌 분야를 파악하기 위한 연구부터 시작하고, AI 연구 및 개발에 구체적인 자금 지원 결정과 민간 부문의 참여를 독려하고 국제 규범 개발을 알리려는 정부의 노력에 기여할 AI 관련 정부 정책 개발, 그리고 지적 재산권 보호뿐만 아니라 국가간 효율적인 데이터 공유를 용이하게 하는 국제협력과 데이터 상호운용성 표준을 지원해야 한다고 제시했다.

2. 캐나다

캐나다가 인공지능(AI) 연구의 성지로 떠오르고 있다. LG전자와 삼성전자를 비롯한 국내 기업은 물론 페이스북, 우버 등 글로벌 기업들도 AI 연구를 위해 캐나다에 둥지를 틀고 있다.[2]

LG전자는 토론토 인공지능 연구소에서 딥러닝(심층학습)의 핵심인 신경망을 활용해 인공지능 원천기술을 확보하기 위한 다양한 산학과제를 수행하고 있다. LG전자 관계자는 "연구소에서 확보한 기술을 로봇, 가전, 자동차, 에너지 제어 등에 적용할 계획"이라며 "캐나다 현지의 인공지능 스타트업과 협력 또는 투자하는 것도 적극 검토하고 있다"고 말했다. 앞서 LG그룹은 토론토대와 기업용 인공지능 공동연구를 위한 양해각서(MOU)를 지난 22일 체결한 바 있다.

인공지능을 연구하는 스타트업 설립과 투자도 활발하다. 코트라는 최근 보고서에서 캐나다 내 관련 투자가 지난해 43건으로 5년 연속 증가세를 유지하고 있으며, 조달된 투자금은 2017년 대비 51% 증가한 4억2000만 달러(약 5000억 원)라고 전했다. 코트라의 정지원 캐나다 토론토무역관은 "글로벌 기업들은 인공지능 관련 연구기관 및 대학교와 협업형태로 토론토와 몬트리올에 집중적으로 진출해 있으며, 해당지역을 연구 거점으로 활용하고 있다"고 말했다.

3. 일본

인공지능을 활용해 행정업무 지원 · 데이터 분석(일본 오사카시 외) 일

---

2) AI연구 성지 캐나다로 글로벌 기업들 몰린다(경향, 2019.5.30).

본 오사카시와 가와사키시 등의 여러 지자체는 인공지능(AI) 기술의 빠른 발전과 그에 따른 응용범위 확대에 힘입어 AI를 행정업무 지원(대화형 FAQ 안내, 신청서류 심사 등)이나 데이터 분석(이주희망자와 이주지역 매칭 프로그램 등) 등의 다양한 분야에 활용하는 시도를 진행 중이다.

최근 AI 기술이 빠르게 발전하면서 그 응용범위도 점차 넓어지고 있다. 일본 정부는 자치단체가 전자 데이터를 널리 사용할 수 있는 근거법을 마련하고, 총무성에 '지역 IOT 추진 태스크포스'를 설치해 빅데이터·AI 활용 방안을 검토 중이다.[3]

첫째, 대화형 FAQ 서비스로 행정절차를 안내하는 가와사키시가 있다.

둘째, '행정 서비스 절차·제도에 관한 대화형 FAQ 서비스' 방대한 정보 중에서 시민에게 필요한 정보를 알기 쉽게 제공하는 '행정 서비스 절차·제도에 관한 대화형 FAQ 서비스'를 실증실험 중이다.

셋째, 키워드, 단문 활용서비스이다. 키워드나 단문을 입력하면, AI가 시민과 대화하면서 원하는 정보가 게재된 홈페이지에 자동 유도하는 서비스로서 서비스 이용자의 60%가 편리하다고 평가하였고, 90% 이상이 계속 이용할 의향이 있다고 하였으며, 80%가 원하는 정보의 절반 이상을 얻었다고 한다.

오사카시는 호적업무 위주로 신청서류 심사·판단 업무 지원에 AI를 활용한다. 경험 많은 직원의 대량 퇴직, 직원수 삭감, 인사교류 활발화에 따른 잦은 인사이동, 고용형태의 다양화(재임용·임시직·파견직 등) 등에 따른 과제 해결이 목적이다.

앞으로 사무처리에 많은 시간이 필요하거나 전문적 지식과 경험이 업

---

3) '마이넘버법'(行政手続における特定の個人を識別するための番号の利用等に関する法律: 특정개인의 식별번호 이용 등에 관한 법률), '관민 데이터 활용추진기본법'(官民データ活用推進基本法) 등이 근거법으로 기능한다.

무 처리에 많은 영향을 미치는 업무에 AI를 활용할 계획이다. 요코하마시는 대화형 쓰레기 배출방식 안내 서비스를 시작했다. 2018년 4월부터 AI를 활용한 대화 형식의 쓰레기 배출 방식 안내 서비스 '이오 쓰레기 분별 안내'(イーオのごみ分別案内)를 도입했다. 'NTT 도코모'와 공동실증실험을 진행해 개발하였으며, 배출하려는 쓰레기의 명칭만 입력하면 되는 간편한 방식과 365일 24시간 이용 가능한 점이 특징이다.

AI기술 개발과 활용을 담당하는 '삿포로 AI랩'(札幌AIラボ)을 설립한 삿포로시는 2017년 6월 AI 개발·활용·보급 등을 추진하는 연구센터를 설립하고, AI 기술을 활용한 새로운 사업 창출 촉진, AI 관련 기업 정보수집 및 창업 촉진, AI 인재 확보·육성 촉진, AI 기술의 실제사용 촉진을 목표로 한 AI 연구·개발, 인재 확보·육성, AI 활용 프로젝트 추진, 커뮤니티 지원 등을 담당한다.

4. 중국

첫째, 중국은 'AI 국가대표팀'이라 불리는 AI 오픈 플랫폼 15대 기업을 지정해 민관 협동으로 기술 혁신과 기술 사업화를 추진하고 있다(지디넷 코리아, 2020.1.21).

그동안 많은 산업의 기술을 선도하는 것은 미국이었지만 중국은 정부 주도로 풍부한 '데이터 가치사슬'을 창출하며 자신만의 AI 색채를 가진 새로운 길을 만들기 시작했다. 이에, AI 전략이 기술경쟁을 넘어 강대국 간 패권 경쟁을 촉발하고 있다.

AI 관점에서 보면 '위챗' 같은 슈퍼 앱은 파괴적이다. 실생활의 행동 흐름을 데이터로 연결해 수평적 흐름 즉, 데이터 쓰레드(thread)를 만들기 때문이다. AI가 스스로 소비자의 욕구를 읽고 행동을 예측할 수 있게 된 것이다.

보고서는 중국만의 독특한 특징을 세 가지로 요약했다.

첫째, 산업분야별 국가 AI 대표기업을 통해 오픈 플랫폼을 개발, 확산 속도를 내고 있다. 정부가 국가 AI 기획을 지휘하며 총체적 역량을 결집하고 있다는 것이다.

둘째, 중국 정부는 AI 플랫폼 개발에 선정된 기업에 과감히 개인 데이터를 제공한다. 얼굴 인식 플랫폼을 개발하는 센스타임(SenseTime)은 범죄자 검거에 활용할 수 있는 시스템을 개발했다. 이 과정에서 20억 개의 얼굴 정보를 사용했고, 대부분은 중국 정부로부터 1억 7천 6백만 개의 감시 카메라 데이터를 통해 공유 받았다.

셋째, 중국 정부는 민간 기업이 개발한 AI 제품과 서비스의 최대 소비자로 AI 확산을 주도하고 있다는 점이다. 하지만 중국의 강력한 국가 주도의 AI 성공모델은 단순 기술경쟁을 넘어 기술, 경제, 데이터 패권을 장악함으로써 4차산업혁명의 주도권을 잡으려는 강대국 간의 군비경쟁을 촉발할 우려를 낳고 있다고 보고서는 지적했다.

자율지능의 미래이다. AI 호문쿨루스(Homunculus) 인간을 인간답게 만드는 뇌의 대뇌피질에서는 손, 눈, 입의 감각과 동작을 담당하는 부분이 어느 정도 구분된다. 펜필드의 '호문쿨루스(Homunculus of Penfiled)' 형상은 특정 신체 부위를 담당하는 대뇌피질 넓이에 따라 인체 크기를 바꾸어 만든 모형이다.

이 모형을 살펴보면 눈, 입, 그리고 손의 순서대로 담당 부위가 넓어져 가는 것을 볼 수 있다. 가장 많은 정보를 인지하는 감각기관이라는 눈보다 입, 손에 관계된 대뇌피질이 더 넓다는 것이다. 체화된 인식(Embodied Cognition), 체화된 지능(Embodied Intelligence)이란 지능이 두뇌뿐만 아니라 신체의 형태, 기능과 연관을 맺고 있다는 개념이다.

생각하는 능력이 어쩌면 우리가 열 개의 손가락을 가졌기 때문에 발달된 것일 수 있다는 개념이다. AI 역시 인간의 지능처럼 AI가 깃든 몸, 기계장치와 유기적 연관을 맺고 발전해 나갈 수 있다고 보고서는 지적한다.

AI가 깃든 몸은 자동차, 드론, 로봇팔 등으로 확장되고 있고 이에 따라 AI는 새로운 능력을 새로운 방식으로 익혀가고 있다는 것이다. 보고서는 "인간의 지능은 두뇌뿐만 아니라 육체의 다양한 형태, 기능과 연관을 맺고 있으며, AI 역시 AI가 깃든 몸, 기계장치와 유기적 연관을 맺으며 발전해 가고 있다"고 주장했다.

5. 우리에 대한 시사점

우리는 발전된 정보통신 인프라를 기반으로 인공지능의 발전과 활용에 유리한 기반을 구축하고 있다.

첫째, 인공지능 기술 개발을 통해 우리도 정보 및 군사력 우위 확보, 정보수집과 사이버 공간에서의 지배력 강화, 경제적 이익을 증대할 수 있도록 인공지능과 관련한 국가안보차원의 전략 수립을 검토할 필요가 있다.

둘째, 보건, 복지, 의료분야의 활용도를 높이는 것이다.

셋째, 융합행정학과 융합지방자치학 필요성 대두이다. 지방과 주민자치융합을 통한 새로운 접근법 모색으로 AI 발전과 지역주민의 창의적 대응구조화 등 지역주민의 감성, 창의융합 고양의 필요성이다.

끝으로, AI 기술 개발과 활용을 담당하는 '삿포로 AI 랩'(札幌AIラボ)을 설립한 삿포로시는 2017년 6월 AI 개발·활용·보급 등을 추진하는 연구센터를 설립하고, AI 기술을 활용한 새로운 사업 창출 촉진, 커뮤니티 지원 등을 담당하고 있음을 참조한다.

III. 인공지능행정 사례, 효과 분석

제1절 지방정부 사례 분석

1. 수원시

행안부는 협의체 운영을 통해 각 과제의 실현 가능성, 법·제도 제약 여부를 살펴본다. 유사·중복 과제는 통합하기로 했다. 국민생각함, 국민 디자인단을 통해 국민이 원하는 정부 서비스에 대한 우선순위를 정한 뒤 단계별로 실행하는 방안도 지능형 정부 로드맵에 담는다.

음성인식 모바일 행정 서비스는 수원시가 구축하려는 '모바일 통합 플랫폼'의 핵심 서비스 기술 가운데 하나다. 모바일 통합 플랫폼은 교통, 복지, 문화, 날씨, 대기환경 등 수원시와 관련한 모든 정보와 행정 서비스를 시민들이 어디에서나 손쉽게 이용할 수 있도록 하는 서비스 플랫폼이다.

음성인식 서비스와 함께 민원인에 응대하는 콜센터 챗봇 도입, 블록체인 기술을 적용해 걸음수에 따라 적립한 포인트를 가맹점에서 사용할 수 있는 '수원아 걷자! 만보기 서비스'도 시민에게 제공할 핵심 서비스다.

수원시는 경험과 직관에 의존하던 행정 서비스를 빅데이터에 기반을 둔 디지털 행정으로 전환하기 위해 2021년까지 모바일 통합 플랫폼을 구축할 예정이다.

이어 디지털 플랫폼 구축사업을 주도하고 있는 이한규 제1부시장이 실시간 민원분석·도심 떼까마귀 생태분석·정조대왕 능행차 상권분석 등 이미 빅데이터 분석을 통해 시행하고 있는 수원시의 디지털 행정 서비스를 소개했다.

2. 대구시

인공지능·빅데이터 통한 민원 처리, 대구시는 2004년부터 공무원이 시민 불편사항을 먼저 찾아 처리하는 사전 예방 중심의 '시정견문정보시스템'을 운영하고 있다. 일명 '살피소'로 불리는 이 시스템은 공무원이 출·퇴근이나 출장 때 곳곳을 살피고 시민 불편사항을 입력해 처리하는 방식이다. 2019년 기준 처리 건수가 37만 건에 이른다.

관리원은 살피소의 최근 2년간 데이터 약 110만 건과 시민이 직접 신청한 민원 3만2,000건, 유동인구 데이터 59억 건 등을 활용해 빅데이터 분석을 했다. 그 결과 대구시의 시민불편 선제대응 수준은 환경·안전분야는 우수하지만 교통·보건분야는 개선이 필요한 것으로 분석됐다.

이어 유동인구 및 업종 분포 등 외부 데이터와 기계학습 알고리즘을 활용해 민원 취약지점을 96.2%의 정확도로 예측하는 '취약지점 예측모델'을 개발했다. 이 모델을 적용한 결과 대구시 동구 안심공업단지 주변 등 27곳이 앞으로 민원이 자주 발생할 지역으로 예측됐다.

이와 함께 처리부서 자동지정을 위한 인공지능 모델을 개발해 적용한 결과 90% 정확도를 보였고, 살피소 처리 시간도 평균 7일에서 6일로 14% 단축돼 정확하면서도 빠른 처리부서 지정이 가능해졌다.

대구시는 분석 결과를 토대로 민원 예측 지점은 사전 순찰을 강화하고 인공지능 기반의 처리부서 자동지정 기능을 살피소 시스템에 반영해 활용할 계획이다.

3. 은평구의 AI 보건소

2019년 9월 말부터 보건소에서 클라우드를 기반으로 한 인공지능(AI)

기술로 엑스레이(X-ray) 영상을 분석하는 서비스가 시작될 전망이다. LG CNS는 '민간 클라우드 기반 AI 의료영상 분석 보조 서비스' 사업 추진을 위해 최근 한국정보화진흥원(NIA)과 계약하고, 9월 말부터 2020년 말까지 서울시 은평구 보건소에서 이 서비스를 제공한다고 1일 밝혔다.

이 사업은 과학기술정보통신부의 공공부문 클라우드 선도 프로젝트의 하나다. 국내 첫 AI 보건소가 탄생하는 셈이다.[4] 이 서비스는 클라우드 기반 AI 엔진을 활용해 94%의 정확도와 20초 이내의 빠른 속도로 엑스레이 영상 판독 결과를 보건소에 제공한다. 보건소 의사들의 주 업무 중 하나인 엑스레이 진단을 효과적으로 돕겠다는 취지다.

일반적으로 보건소는 외부 전문기관에 엑스레이 영상 판독을 의뢰하며, 결과를 받는 데 하루 정도 소요된다. LG CNS가 추진하는 이 서비스는 클라우드를 기반으로 해 인터넷 접속만 가능하면 이 서비스를 사용할 수 있는 SaaS(Software as a Service) 방식이다. 엑스레이 기기가 있는 의료기관 어디서나 쉽게 서비스를 적용할 수 있다.

4. 영등포구 블록체인 도입 사례

서울 영등포구는 전국 최초로 블록체인 기반의 '제안서 평가 시스템'을 구축해 서비스에 들어갔다. 입찰 과정에서 평가의 공정성과 청렴도를 높이기 위해 블록체인 도입을 결정했다. 영등포구청의 평가시스템은 입찰평가회의 진행시 위원들의 점수를 아무도 조작할 수 없도록 예방해 투명성을 확보했다. 영등포구청은 이번 블록체인 기반의 제안평가 시스템 구축으로 '2018 서울시 반부패 우수사례'에서 최우수상을 수상했다(서

---

4) LG CNS, 은평구에 국내 최초로 AI보건소 선보인다(연합뉴스, 2019.8.1).

정화·이종수, 2019).

블록체인 기업 글로스퍼는 지난달 28일 '블록체인을 기반으로 하는 제안서 평가 시스템 및 평가 저장방법'에 대한 특허 출원을 완료했다고 10일 밝혔다(2019.1.10). 해당 특허는 2018년 글로스퍼가 자체 개발한 블록체인 기반 솔루션을 기반으로 설계됐으며, 이 시스템을 도입한 영등포구는 구청 운영 절차상 공정성 확보, 입찰 과정에 대한 의구심 차단 및 연관 부서의 행정절차 간소화를 이뤄냈다.

김태원 글로스퍼 대표는 "모든 평가절차에 적용할 수 있도록 확장성을 고려해 해당 시스템을 개발했다"며 "인사, 정책, 성과, 경연 등 평가가 필요한 다양한 분야에 적용할 수 있다"고 말했다. 이어 "이번 성과는 블록체인이 기업과 공공기관에 '투명성'을 제공한 사례로, 향후에도 다양한 평가 시스템이 블록체인을 채용하고 확산할 수 있도록 노력하겠다"고 덧붙였다. 2018.8월 한국 최초 제안서 평가 프로세스에 블록체인을 도입하여 접근성, 편의성, 반응성의 효과성을 검증하였으며, 주요 시사점으로는 인사, 정책, 성과 평가 등 행정 전과정의 도입 가능성을 열었다는 점이다.

제2절 지방정부의 AI 활용 효과 분석

1. 종이문서 대체

행정안전부는 정부의 일하는 방식을 바꾸는 '정부혁신'을 추진한 지난 1년간 달라진 현장의 모습을 4일 소개했다. 행안부는 무엇보다 정보통신기술(ICT)을 활용한 결과 공공기관을 직접 방문해 많은 서류를 제출하는 대신 온라인으로 접수해 처리하는 시스템이 도입된 점을 큰 변화로 꼽았다(연합뉴스, 2018.11.4).

실제 어린이집과 구청 담당자 간 전자문서 유통으로 종이문서 제출이 전년보다 91% 줄었다. 전문가 중심이던 정부혁신으로 국민 참여를 강화했다. 건축심의 때도 도면을 제본해서 제출하는 대신 파일로 전송하도록 하고 심의위원들은 태블릿 PC로 심사하는 '전자건축심의' 방식으로 연간 제출서류와 비용을 약 96% 절감했다고 행안부는 분석했다.

또 지방세 상담이나 지방자치단체 여권 민원 대응, 생활법률 지식 서비스 제공 등에 인공지능 챗봇을 도입해 시간과 장소에 구애받지 않는 민원 상담이 이뤄지고 있다고 소개했다.

이밖에 드론을 활용해 광범위한 지역에서 산불감시나 취약지역 순찰을 하고 문화재 발굴도 추진하고 있다.

2. 친구 AI

서울 강남구에 홀로 거주하는 김모씨(만 83세)는 새벽에 두통과 혈압 이상을 느꼈다. 어르신은 스스로 전화를 걸기 어려운 상태에서 "아리아 살려줘"라고 소리쳤다. 집안에 있던 인공지능(AI) 스피커 '누구'는 이를 위급 신호로 인식, 야간 관제를 맡고 있는 ADT캡스에 알람을 알렸다. 어르신은 119를 통해 응급실로 이송됐으며, 현재 상태가 호전돼 퇴원했다.

독거 어르신이 가장 불안해 하는 부분은 혼자 있는 상황에서 위급상황이 벌어졌을 때 대처 방법이 마땅치 않다는 것이다. 119에 전화하는 것조차 어려울 수 있기 때문이다(디데일리, 2019.7.9).

AI 스피커는 독거 어르신이 "아리아! 살려줘" "아리아! 긴급 SOS" 등을 외칠 경우 이를 위급 상황으로 인지하고, ICT케어센터와 담당 케어 매니저, ADT캡스(야간)에 자동으로 알려준다. 이후 ICT케어센터에서 위급

상황이라고 판단하면 즉시 119에 연계하는 프로세스를 마련하고 있다.

AI 스피커의 사용 및 감정관련 키워드 발화 분석 결과, 독거 어르신의 '감성대화' 사용 비중(13.5%)은 일반인 사용 패턴(4.1%)에 비해 3배 이상 높았다. 감성대화 '심심해', '너는 기분이 어떠니?' 등 화자의 감정과 감성을 표현하는 일상적 대화를 말한다. 어르신들이 AI 스피커를 의인화 생각하는 경향에서 비롯된다. 이는 외로움과 고독감을 달래는 데 긍정적 역할을 수행할 수 있다.

독거 어르신들의 서비스 사용 비중은 음원 스트리밍 서비스 '플로'(63.6%)가 가장 큰 비중을 차지했으며, 감성대화 서비스(13.4%), 날씨(9.9%), 운세(5.0%) 순으로 나타났다. 1인당 음원 평균 재생횟수는 4월 129곡에서 5월 302곡으로 크게 늘었다. 트로트 음원을 주로 선호하며, 종교 관련 음원 만족도 또한 높았다.

반면, SK텔레콤 누구 사용자 전체를 대상으로 조사했을 때는 음악(40%), 날씨(10.5%), 무드등(6.9%), 알람·타이머(6.6%), 감성대화(4.1%) 등으로 확인됐다.

아울러, 누구 스피커 인기 발화 단어 분석 결과, 상대방과 대화 때 부탁이나 동의를 구할 때 많이 사용하는 '좀'이라는 단어가 상위 키워드로 조사됐다. 상위 50개 발화 중에 '알려줘' '어때' 등 친근한 표현들도 다수 포함됐다. 이에 따라 SK텔레콤은 감정 키워드를 추출해 어르신 환경·심리 상태간 상관관계를 연구하고, 행복한 에코폰 전문심리상담사와 연계해 어르신 케어에 활용한다는 계획이다.

3. AI 면접관

전국 대학 최초로 신입생 선발 과정에 인공지능(AI) 면접을 도입키로

한 경복대학교가 15일 오전 시연회를 열고 면접 과정을 공개했다.

인공지능 기술과 빅데이터를 접목한 학생취업지원 AI 면접시스템을 통해 지원자의 잠재력을 발견하고, 이를 학사과정에 활용해 학생들의 자기 계발과 취업에 최적의 환경을 제공하는 데 목표가 있다.

AI 면접 시스템은 호감도, 매력도, 감정전달 및 의사표현 능력 등을 보는 외연적 표현능력과 뇌신경과학에 기반한 전략게임과 심층대화를 통해 도출되는 내면적 통합역량으로 지원자를 분석한다.

지원자들의 답변은 별도 녹화돼 산업체 인사가 포함된 학과평가위원회 평가위원들이 개별 면접평가를 진행하며, AI 면접 평가결과와 영상 면접평가 자료를 종합해 평가 결과를 도출한다.

4. 고령자 치유

비피유홀딩스(대표 오상균)가 미국 애리조나 지역 주립병원에 치매나 정신질환을 겪는 환자를 위한 감성 인공지능 플랫폼 'AEI(Artificial Emotion Intelligence) 프레임워크'를 제공한다.[5]

회사는 미국 애리조나 대학교 연구팀과 협업해 프로젝트를 진행했다. AEI 프레임워크란 의료 부문을 돕는 인공지능에 감성을 덧붙인 비서 개념이다. 가상 간호사나 디지털 환자 도우미 역할을 한다. 이 서비스에서는 환자가 라이브 챗봇에 참여하도록 한다. 라이브 챗봇은 환자 감정과 인지 상태를 추적한다.

환자에게 중요한 감성을 강조한 것이 특징이다. 환자의 일상생활 습관을 파악한다. 약 복용을 알려주고 끼니때 음식을 주문하게 한다. 나아가

---

5) [미래기업포커스] 비피유홀딩스 'AI+감성' 환자지원 프레임워크 제공(전자신문, 2019. 8.1).

진료실 이외 장소에서도 신체적 증상을 파악해 응급상황이 발생하는 경우 다양한 기기로 주치의나 인근 병원에 상황을 신속히 알려준다.

AEI 프레임워크는 기본적으로 환자 신체 상태와 연관한 감정을 모니터링하고 교감, 상호 작용할 수 있도록 설계됐다. 자연어 분석, 기계 학습, 감성 지능 기술을 기반으로 만들어졌다.

오상균 비피유홀딩스 대표는 "의료보험료가 비싼 미국 시장에서 AEI 프레임워크로 고령 환자 관리와 치료에 혁신을 가져올 수 있다"면서 "다음달 미 재활병원에서 프로토타입 테스트를 진행할 예정"이라고 말했다.

비피유홀딩스는 세계 인공감성지능(AEI) 기술 시장에 특화된 스타트업이다. AEI 프레임워크를 개발하며 인공지능(AI)을 넘어 인간의 '감정'을 구현하는 AEI 기술로 주목 받고 있다. 오 대표는 "인공지능을 넘어서 훨씬 더 복잡한 인간의 감정 상태까지 분석, 패턴화 할 수 있는 독보 기술로 인공 감성 시장을 선도할 것"이라고 말했다.

제3절 한계와 과제

1. 한계점

(1) 기득권 저항(Protest of incumbents)

대한상의는 의료, 바이오, ICT, 금융 등 주요 신산업분야에서 경쟁국보다 불리한 사례 분석을 통해 국내 진입규제 장벽이 높은 이유로 기득권 저항, 포지티브 규제, 소극행정 등을 꼽았다(도시미래신문, 2019.5.22).

대한상의는 신산업 기회를 가로막는 원인으로 가장 먼저 '기득권 저항'을 지적했다. 상의는 혁신적 아이디어가 나와도 기존 사업자가 반대하면 신산업은 허용되지 않고, 신규사업자는 시장에 진입조차 못하는 실정이라며 원격의료 금지, 차량공유 금지, 각종 전문자격사 저항 등을 예로 들었다.

기득권의 반대가 가장 심한 분야는 의료분야다. 미국 · 유럽 · 중국 등에서는 원격의료가 전면 허용되고 있다. 중국도 텐센트 · 바이두 등 ICT 기업들이 원격의료를 접목한 다양한 헬스케어 서비스를 선보이고 있다. 반면 우리나라는 의료계의 반대에 막혀 시범사업 시행만 십수 년째라고 상의는 지적했다.

대한상의는 "진입장벽을 낮춰 혁신의 속도를 높이는 경쟁국과 달리 우리나라는 기득권 저항에 의해 진입 자체를 막거나, 엄격한 요건을 설정해 진입장벽을 높게 설정하고 있다"며 "원격의료법만 하더라도 기득권층의 반대와 의료민영화에 대한 우려로 20년째 시범사업만 진행중인 상황"이라고 지적했다.

블루시그널은 인공지능(AI) 기반의 미래 교통상황 예측 솔루션을 개발한 기업이다. 자동차, 물류 등 곳곳에서 발생할 수 있는 교통상황들을 알고 대비할 수 있도록 교통예측 정보를 제공하고 있다.

블루시그널은 2016년에 중국 선전 'K-글로벌 중국'에서 선전시로부터 60억원 규모의 교통상황 예측 플랫폼 실증 사업을 수주했다. 2017년에는 베이징 '국제 지능형 자동차 기술대전'에서 국내 기업 최초로 '심사위원 특별상'을 받았다. 지난 1월에는 알리바바가 주최한 국제대회에서 '스마트시티분야 글로벌 톱'에 뽑혔다.

(2) 포지티브 규제(Positive regulation)

대한상의는 시대착오적 포지티브 규제도 여전한 문제로 꼽았다. 경쟁국은 네거티브 방식으로 혁신활동을 보장하고 있지만 우리나라는 정해진 것 외에는 할 수 없는 포지티브 규제로 혁신활동이 봉쇄되고 있다는 지적이다. DTC(Direct-to-consumer) 유전자검사 항목 규제가 대표적이다. 국내는 현행법상 체지방, 탈모 등과 관련한 12개 항목만 허용하다 규제샌드박스 심사를 통해 13개 항목을 추가로 허용했다. 반면 영국, 중국은 DTC 검사 항목을 따로 제한하지 않고, 미국도 검사 항목을 폭넓게 허용하고 있다.

김정욱 KDI 규제센터장은 "최근 정부가 규제샌드박스를 통해 검사항목 확대를 위한 규제특례를 허용했지만 여전히 경쟁국에 비해선 상당히 부족하다"며 "건별 심사를 통해 샌드박스에서 승인 받은 사업만 가능하도록 한 현재의 '포지티브' 방식으론 명확한 한계가 있다"고 지적했다.

금융혁신과 숙박공유도 포지티브 장벽에 갇혀 있다. 핀테크업체 관계자는 "인공지능(AI) 기반의 새로운 펀드상품을 개발했으나 법으로 정해진 펀드만 판매할 수 있는 규제 때문에 상품출시를 못하고 있는 상황"이라고 토로했다.

(3) 소극행정(Passive behavior)

대한상의는 공무원들의 소극행정을 규제장벽의 요인으로 지목했다. 대한상의는 "기업인들이 느끼기에는 해외공무원들은 규제완화를 돈 안 드는 가장 효과적인 투자라고 보는 반면, 우리나라 공무원은 규제강화를 돈 안 드는 가장 확실한 대책이라고 보는 인식차가 존재한다"면서 "기업들이 새로운 시도를 하려 해도 각종 행정편의주의, 규제의 존중으로 인한 공무원들의 소극적 태도 앞에 번번이 무산되는 경우도 적지 않다"고 말했다.

구태언 '법무법인 린' 변호사는 "적극행정이 제도화됐으나 문제발생 이후의 소명과 면책에 초점이 맞춰져 있다"며 "공무원들이 문제되는 규제를 스스로 발견해 없앨 수 있는 인센티브제도를 마련해야 한다"고 말했다.

정영석 대한상의 규제혁신팀장은 "공무원 사회에서는 규제를 풀면 부처의 권한이 약해지고 다른 공무원에 피해를 줄 것이라는 민폐의식이 여전한데 공무원 사회의 보신행정 문화부터 개혁해야 한다"고 말했다.

대한상의는 "기득권과 포지티브 규제, 소극행정을 해결하지 않고서는 규제를 개혁하는 것이 아닌 혁신을 규제하는 데 그칠 것"이라며 "탈규제 원칙 하에 사회 곳곳에 자리잡은 기득권을 걷어내고 전면적 네거티브 규제로의 전환을 통한 과감한 규제개혁 조치를 취해야 한다"고 말했다.

2. 대응 과제

첫째, 인공지능 기술 개발을 통해 우리도 정보 및 군사력 우위 확보, 정보수집과 사이버 공간에서의 지배력 강화, 경제적 이익을 증대할 수 있도록 인공지능과 관련한 국가안보차원의 전략 수립을 검토할 필요가 있다.

둘째, 융합행정학과 융합지방자치학 필요성 대두이다. 지방과 주민자치융합을 통한 새로운 접근법 모색이다. AI 발전과 지역주민의 창의적 대응구조화 등 지역주민의 감성, 창의융합 고양의 필요성이다.

셋째, "디지털정부 범정부차원 진행"이다. "우리나라에서 데이터를 가장 풍부히 가지고 있는 곳이 공공분야와 대기업"이라며 "법 개정과 상관없이 중소기업과 빅데이터 기업을 연결해 주는 사업을 시행하고 있다"고 했다(zdnet korea, 2019.7.23). 다른 하나는 '세계 최고 디지털 정부' 구현이다. 우리나라는 세계적 전자정부 국가다. 과거 UN평가에서 세 번이나 세계 1위를 했다. 하지만 지난해에는 순위가 밀려 3위를 했다. 이 순위는 격년마다 발표된다. 올해는 건너뛰고 내년에 다시 순위가 공개된다. 디지털 정부는 일종의 '전자정부 2.0'이다. 사전으로 비유하면 전자정부는 종이사전을 온라인화한 것이고, 디지털 정부는 위키피디아처럼 출발부터 인터넷으로 만든 사전이다.

끝으로, "디지털 시민 역량 강화" 측면이다. 스마트폰 의존과 사이버불링, 세대 및 계층간 디지털 격차 같은 신기술 부작용을 줄이는 것이 사회현안으로 부상했기 때문이다. "모든 시민이 올바른 디지털 기술을 활용해 사회, 경제 등 전분야 혁신을 이루는 디지털 포용국가를 이뤄야 한다"고 강조한 그는 "디지털 사회를 살아가는 시민으로서 갖춰야 할 소양과 행동 규범, 권리를 가르치는 디지털 시민 역량 강화 운동이 필요하다"고 제안했다. 디지털 시민 역량 강화를 지원하는 법도 요구된다면서 "과기부, 방통위, 문화부 등에 분산된 디지털 시민 역량 정책 및 사업을 조율하는 것이 필요하다"고 덧붙였다.

제4절 평가와 도입

1. AI 적용평가

첫째, 우리나라가 인공지능(AI) 분야에서 기계번역과 음성인식 등 일부 기술은 우수하지만 학술 연구, 학회 참석 등 대학 움직임은 미흡하다. 정부는 국내 AI 수준을 객관적으로 확인 가능한 지표를 개발해 발전 방향을 제시할 계획이다(전자신문, 2019.4.14). 기계번역은 한국어와 영어 기계번역 관련 연구를 중심으로 기계번역 텍스트 품질 평가 알고리즘(BLEU) 점수를 측정한 결과 한국어 → 영어 번역 부문은 2016년 9.72점에서 지난해 30.35점까지 300% 가량 상승한다. 영어 → 한국어 번역 부문은 2016년

6.30점에서 지난해 27.48점으로 400% 이상 올랐다.

NIA 평가에 참여한 전문가는 "기계번역은 '우수', 서비스품질은 '매우 우수' 수준으로 판단된다"면서 "구글 번역기 외 자국 번역기를 더 많이 사용하는 나라가 한국, 중국, 러시아 정도이다"고 평가했다. 음성인식은 국내 주요 연구 논문 6편을 최종 분석한 결과 어휘 오류율이 2009년 26% 수준에서 2017년 3~5% 수준으로 크게 감소했다.

기술에 비해 대학 AI 연구나 기여도는 낮다. AI 관련 주요 국제 콘퍼런스 참여 학자나 논문 저자수는 2015년에 비해 2017년 1.3배 증가에 그쳤다. 조사에 참여한 전문가는 "유수 AI 학술대회 정규세션에서 한국인 논문 발표와 참석자 절대 규모는 매우 적은 편"이라면서 "깃허브 등 오픈소스 사이트 올리는 AI 프로젝트도 2015년에 비해 2017년 9.5배 가량 증가했지만 미국 10%에도 못 미치는 수준"이라고 지적했다.

둘째, 글로스퍼 대표는 "블록체인은 모든 평가 절차에 적용할 수 있도록 확장성을 고려해 해당 시스템을 개발했다"며 "인사, 정책, 성과, 경연 등 평가가 필요한 다양한 분야에 적용할 수 있다"고 말했다. 이어 "이번 성과는 블록체인이 기업과 공공기관에 '투명성'을 제공한 사례로, 향후에도 다양한 평가시스템이 블록체인을 채용하고 확산할 수 있도록 노력하겠다"고 덧붙였다. 2018년 8월 한국 최초 제안서 평가 프로세스에 블록체인을 도입하여 접근성, 편의성, 반응성의 효과성을 검증하였으며, 주요 시사점으로는 인사, 정책, 성과 평가 등 행정 전과정의 도입 가능성을 열었다는 점이다.

2. 도입분야

기술개발과 투자도 중요하지만 정부구조, 제도, 관행, 부패, 특권 보호

철폐(정치인, 관료, 정부의 연고, 서열, 지역주의 파괴)를 위한 정부 행정의 투명화(윤영민, 2017; 이종수, 2018)와 완전한 민본주의 실현이 최우선임을 인지하고, 제도적 개선이 시급하다.

(1) 확대분야

인공지능을 활용한 새로운 정보기술은 엔터테인먼트, 의료, 금융, 주식투자, 자동차 운전, 건축 설계, 우주항공 등 사회전반에서 인공지능을 통하여 처리할 수 있는 영역을 확대하고 있다.

(2) 공공관리

4차산업혁명을 견인하는 대표적인 기술로 주목받고 있는 인공지능 기술은 민간의 영역은 물론 치안, 교통관리, 재난대응, 안전관리 등 다양한 행정의 영역에서 그 활용 가능성이 주목받고 있다. 아직은 기술적인 수준이 기존 전자적 행정과 본질적으로 다르지 않은 현실적 한계를 가지고 있지만, 인공지능 기술이 규제행정에 있어 합리성과 효율성을 제고하는 데 크게 기여할 수 있을 것이라는 기대는 향후 공행정분야에 있어 인공지능 기술의 활용 범위를 확대시켜 나갈 것으로 예상된다.

(3) 정치권

호주나 유럽쪽에서는 정치권(제도)에 AI 정치인제도 도입을 40% 내외로 찬성하고 있다. 국회나 대의기관에 대한 불신에 기인한다(이종수, 2019.6).

(4) 도시공동체(스마트시티 주민자치 측면)

스마트시티에 활용되는 각종 지능기술, 예컨대 빅데이터, 인공지능, 로봇, VR/AR은 우리가 사는 세상과 우리의 삶을 혁명적으로 바꿔놓을 잠재력을 갖고 있기 때문이다. 한 예로 인공지능 하나만으로도 미국에 존재하는 직업의 47%를 자동화할 수 있다는 연구가 2013년에 발표되었다.

직업의 절반 정도가 없어질 가능성이 있다. 스마트시티는 이런 지능기술들을 모두 모아 총체적으로 활용하는 만큼 그 변화의 폭이 엄청날 것이라는 점을 쉽게 짐작할 수 있다(현대불교신문, 2018.5.16).

그러나 스마트시티가 일으킬 변화는 사람들의 삶을 위협하기보다는 도움을 주는 측면이 더 강할 것이다. 물론 지능기술은 개인정보 침해를 비롯해서 많은 역기능을 불러오기도 하겠지만 긍정적인 측면으로 눈을 돌리면 스마트시티가 도시와 도시민의 삶을 업그레이드하는 데 도움이 될 수 있다.

IV. 인공지능시대 감성, 창의융합

1. 융합지방자치와 「지역창의감성센터」

지역별 창의융합감성센터 설치, 운영을 통하여 4차산업혁명에 대비해야 한다(이종수, 2018.8:46). 동시에 지역적 문제를 지역 주민 스스로 해소할 수 있도록 '지역 플랫폼' 및 '창의감성센터' 설치와 활성화가 긴요하다.

창의성과 몰입적 사고의 효과에 대해 연구한 헝가리 태생 심리학자 칙센트미하이 교수는 몰입교육 방법의 선구자다. 헝가리는 노벨상만 7명이 수상했다. 칙센트미하이는 한국의 교육에 대해선 "지식을 전수하는 데는 강하지만 학생들의 호기심을 자극하지는 못하고 있다"고 진단했다. 그는

"학생들을 미래 사회에 대비할 수 있게 불확실성과 변화를 포용하고 도전을 하는 방법을 가르쳐야 한다"고 말했다(서정화·이종수, 2019).

4차산업혁명으로 정보통신 기술의 융합, 인공지능, 로봇기술, 그리고 생명과학이 주도할 것으로 예견되고 있다. 각국은 급변하는 미래사회에 대처하기 위한 일환으로 '창의융합형 인재양성'을 청소년 교육과정의 목표로 삼고 있다. 즉, 인문학적 상상력과 과학기술 창조력을 갖춘 균형 잡힌 인재를 양성하고자 하는 것이다(이종수, 2019).

문화예술로 사람을 키우는 이탈리아의 교육적 특성은 첫째, 교육과 사회복지를 우선시하고 있다. 쾌활하고 놀기 좋아하는 이탈리아 사람들은 자유로이 휴식을 하고 언제든지 휴가도 갈 수 있다. 또한 교육복지 정책이 잘 되어 공부하기를 원한다면 돈이 없어서 대학을 못 가는 일은 거의 없다.

둘째, 미래인재의 요건을 창의융합성에서 찾는다. 새롭고 독창적으로 유용한 것을 만들어내는 능력이 창의성이라면, 이 능력을 상호 융합하여 탁월한 것을 창조해내는 일을 융합성이라고 한다. '네이처' 지는 가장 창의적이고 융합적인 인물로 이탈리아 출신인 '레오나르드 다빈치'를 꼽았다. 그는 화가이자 과학자이며, 사상가로 여러 분야에서 탁월한 업적을 남겼기 때문이다.

셋째, 창의융합성은 감성 예술교육과 통한다. 문학에서도, 예술에서도, 일상생활에서도, 일반 기업에서도 창의융합성을 제1로 꼽는다. 창의융합에서는 높음과 낮음, 직선과 곡선, 전통과 현대에 있어서 선입견이 배제되어야 한다. 이들의 미술교육은 '전통은 살리되 현대적 감성을 입혀라'라는 내용이다. 미술내용을 인간관계와 연결하면서, 조형, 건축, 색채 등과 어우러지게 하고 있다. 그리고 이들은 베니스 비엔날레처럼 미술, 디자인에 많은 투자를 아끼지 않고 있다. 이들의 유아 미술교육을 보면 미술인지, 놀이인지를 구분하기 어렵도록 자유분방한 모습이다. 미술에 즐거움을 가질 수 있도록 교육한다.

이와 같이 이탈리아에서는 미술과 음악교육을 통해서 수학과 역사, 그리고 과학 등의 창의융합성을 배우게 한다. 인간의 감성을 느낄 수 있는 예술교육을 시행함으로써 창의성이 발휘되고, 또 이것을 융합하여 혁신적 결실을 얻을 수 있는 개선이 필요하다.

필자는 새벽 명상(좌선) 50분, 아침 보행과 운동(새벽의 걷기와 운동시간에 근력, 순발력, 유연성 체조 실행), 매주 2시간씩 연습하는 남성합창단 합창 효과 및 한 달에 두어 번씩 1~2시간 기타 치고 노래하며 열락(悅樂)을 즐긴다(이종수, 2019.6; 2019.10). 현대판 육예(다중지능이론)라 할 수 있는 지식(연구), 樂(노래와 악기 연구) 및 굴신(등산이나 보행, 좌선 등)의 융합효과를 몇 가지로 예시한다.

첫째, 예(禮)와 악(樂)이다. 예(禮)로써 사회과학적 소양을 습득하고, 악(樂)으로써 예술적 소양을 즐겼다.[6] 오리(梧里) 이원익(李元翼) 낙산 거문고와 소하동 탄금암(彈琴巖)을 예시할 수 있다. 현대 다중지능이론으로는 음악지능을 음과 박자를 쉽게 느끼고 창조하는 능력, 자기성찰지능은 자신의 심리와 정서를 파악하고 표출하는 능력, 인간친화지능을 대인관계를 잘 이끌어가는 능력으로 정의한다(중앙선데이, 2018.6.23). 불교적으로는 좌선에서 붓다의 마음(禪)을 보고, 찬불(音樂) 공연 속에 붓다의 가르침(敎)을 부여잡는다(이종수, 2019.6:45). 이른바 실제적 선교융합(禪敎融合) 체험이다(이종수, 2019.12a).

둘째, 음악의 효과성의 종합적 정리이다. 뇌와 명상, 음악, 운동의 창의성 상승효과 검증(웬디스즈키, 2019; 이종수, 2019.10). 음악(첼로나 기타)

---

6) 退溪와 梧里 李元翼의 六藝的 修己治人 사례이다(이종수, 2019.9/10:62).

등으로 강렬한 감정적, 생리적 반응을 일으키는 연주를 듣거나 연주할 대상과 동기, 감성 각성에 관여하는 뇌영역에 엄청난 변화가 일어나면서 뇌가 활성화 된다는 점이다(웬디 스즈키, 2019:41; 이종수, 2019.8:63-72).

셋째, 신체운동의 경우 뇌를 활성화하고, 마음과 신체를 연결하여 뇌와 몸의 불가분적 관계를 이용하면 뇌기능은 이례적이고 독특한 방식으로 향상된다. 스트레스는 줄고 창의성은 늘어나며, 기억력과 집중력은 향상된다. 정신과 신체의 연결관계를 연구하는 것이 신경과학이다. 그중 신체적인 운동과 듣기와 음성을 통한 악기연주나 합창 등의 음악활동은 예컨대 다양한 장르의 음악을 들으면 청각피질을 활성화하여 창의성을 자극한다. 이것은 신경정신과학이 운동과 음악의 안이비설신의 관계, 육례와 다중지능이론 관계와 종횡으로 연결되는 부분이다.

체력, 신체(射, 御)의 단련이다. 사(射)로 활 쏘기, 무예로 심신을 단련했고, 그 토대가 정좌(靜坐)였다. 신체를 중심으로 본다면 동물적 특성으로서의 육체는 결가부좌시에 양 허벅지 하부 근육(筋肉)에만 체중을 유지하고 무릎뼈와 엉치뼈를 온전하게 근육(筋肉)에 위탁한다. 우측 대퇴근 하부에 하중을 둔다는 것은 무릎이나 골반뼈 등이 지면에 닿는 곳이 없이 근(육)에만 체중을 의탁함이다. 바위에도 오래 앉을 수 있다. 어(御)로 말과 수레 다루기의 기술적 소양을 익혔다.[7] 현대사회의 다중지능 이론은 신체운동지능을 춤·운동·연기 등을 쉽게 익히고 창조하는 능력으로, 공간지능을 도형·그림·지도 등을 구상하고 창조하는 능력으로 본다.

넷째, 지식 측면이다. 서(書)로써 인문학적 소양을 길렀고, 수(數)로써 자연과학적 소양을 체득하여 개인인격의 완성과 조직인격의 완성을 목

---

7) 신체의 단련 효과는 혈액순환 촉진, 활동의 민첩성, 체력적 충만 및 맑은 정신의 유지 등이다.

표로 한 것이다.[8] 현대사회의 다중지능 이론은 언어지능을 말재주와 글솜씨로 세상을 이해하는 능력을, 논리수학지능은 숫자나 규칙 등을 잘 익히고 만들어내는 능력으로 본다. 현대적으로는 외국어와 컴퓨터 조작능력을 추가할 수 있다.

"인간의 뇌는 반복적인 활동을 통해 변화될 수 있는 가소성(plasticity)에 주목하며, 이것은 자기습관이나 마음의 변화를 통해서 인간이 질적으로 변화될 수 있다"는 점이다. 불교가 추구했던 수행법이 뇌과학의 방법을 통해서 그렇게 될 수 있다. 뇌를 훈련하면 '집착'에서 벗어날 수 있다. 집착은 좌우 뇌의 균형을 파괴한다. 안정된 애착관계가 좌우 뇌를 고르게 발달시킨다.

인간 인지활동의 틀(데이비드 이글먼, 앤서니 브란트, 2019)로는 1) 휘기(Bending): 원형의 변형, 뒤틀어 본래의 것에서 벗어나기, 가능성의 문을 여는 변형이다. 2) 쪼개기(Breaking): 전체를 해체한다. 창조의 재료를 만드는 해체를 말한다. 3) 섞기(Blending): 2가지 이상의 재료를 합친다. 아이디어의 무한 결합이다. 예시하면 신화상(神話上)의 반인반수 등을 들 수 있다. 예술은 더 나은 혁신가를 만든다.

2. AI 블록체인 지역연대 거버넌스

인공지능정부 감시연대 거버넌스 구축이다. 알고리즘의 위험성은 인권문제 등을 보완하면 현재보다 진일보한 민본체제에 접근하는 한 수단이 되는 것은 분명하다. 이를 위하여 세계자본의 흐름 추적과 통제적 접근, 국가자본의 흐름 추적과 통제, 국가예산집행의 추적과 통제 활동이

---

8) 연구활동은 망령된 만사를 제어(사무사, 思無邪)하여 專一케 한다. 명상이 그것을 돕는다.

필요하다.

가장 중요한 기술의 진보는 정보공학과 생명공학의 융합이다. 충분한 생물학적 지식과 데이터, 컴퓨터 기술을 지닌 사람은 다른 사람을 해킹할 수 있다. 이를 통해 타인의 선택을 예측하고 욕망을 조작할 수 있다. 최악은 생물학적 특성에 의해 인간의 계급이 나눠지는 것이다. 생명공학은 소수의 엘리트를 초인으로 만들 수 있고, 생체인식센서로 정부가 개인의 말과 행동, 생각과 감정까지 직접 감시할 수 있다. 광기에 사로잡힌 종교집단이 이들 기술을 사용하면 끔찍한 디스토피아가 펼쳐질 수 있다.

물론 기술이 인간을 질병과 과도한 노동에서 자유롭게 하고, 사람들은 각자의 가능성을 탐색하고 계발할 수 있다. 한데 현재의 움직임은 부정적 시나리오를 향해 가고 있다. 예를 들어 대부분의 국가들이 신생아에게 유전공학기술을 적용하는 것을 금지하지만 만약 중국만 이를 허락한다면 뒤처지고 싶지 않은 국가들은 이를 앞다퉈 사용할 것이다.

변화 대응의 제주체로서 실천하는 시민세력 구조화가 필연적이다. 열린 정책사회에서 시민들이 정책주체의 한 당사자로 설정됨에 따라 시민들이야말로 닫힌 정책구조에서 숙의민주제의 융합적 연계역할을 할 수 있다. 유럽은 CAPS를 통해 시민단체의 정책플랫폼 구축을 지원한다. 공직구조와 임용의 다양화, 인건비 절약과 부당지출 차단 등의 제도화가 필요하다. 블록체인 거버넌스(돈 탭스콧, 2018:534-547)를 유형화 해 보면, 지식네트워크, 전달네트워크, 정책네트워크, 지원네트워크, 감시네트워크(블록체인 연합), 플랫폼, 표준네트워크, 네트워크형 기관, 디아스포라, 거버넌스 네트워크 등을 들 수 있다.

블록체인 기술은 가능성과 위험성을 동시에 보유하고 있기 때문에(돈 탭스콧:546-547), 「상호의존선언문」을 작동시켜 사회안전장치를 확보해 나가야 한다. 2015년 OECD는 미국에서 100명당 24.9대의 기기가 연결되어 있다는 조사결과를 발표했다. 모든 종류의 회사는 이러한 장치에서 방출되는 '빅데이터'를 조사하여 우리의 삶과 욕구를 이해하고 자신을 예측할 수 없는 방식으로 행동을 예측할 수 있다.

케빈 켈리(Kevin Kelly)는 '인에비터블(The Inevitable)'이란 저서에서 미래에서 피할 수 없는 12가지 현상을 제시하고 있다. 그중에는 측정하고 기록해 흐름을 추적한다는 개념이 있다. 관찰자와 관찰자가 서로를 투명하게 추적할 미래에 대해 설명하고 있다.

"우리의 핵심 선택은 지금이 감시가 비밀인지, 일방통행 감시인지, 아니면 감시자를 보는 것을 포함하는 상호적이고 투명한 종류의 '감시(coveillance)'인지 여부입니다."

그의 주장은 우리의 신뢰는 정부(또는 시스템을 관리하는 사람)내의 개인으로 시작해야 한다고 한다. 신용등급 및 데이터가 책임 있게 사용되며 우리의 허락을 받을 수 있도록 신뢰할 수 있는 메커니즘이 필요하다고 역설한다. 시스템을 신뢰하려면 알려지지 않은 정보를 줄여야 한다. 즉 알고리즘의 불투명도를 줄이기 위한 조치를 취하는 것을 의미한다. 결국은 제도를 운영하는 사람들의 선택에 달린 문제이다.

3. 인공지능 지방문화콘텍스트 서비스

성북구의 주민주도의 마을공동체 중심의 지역문화 상태계 조성사례이다(2019.7 매니페스토 발표사례:984-990). 성북구 '시민원탁회의'는 지역문화진흥을 위한 민관협치 및 상호협력체계 구축, 민관협력형 지역축제를 통한 창의적 거버넌스 경험 확대, 지역문화예술 협동조합 7개 조직화라는 성과를 낳았다. 지역주민의 창의융합 결과인 셈이다. 그 주체가 공유성북원탁회의이다.

인공지능을 활용한 국가안보 역량을 강화하고 안전한 인공지능 기술 개발과 연구지원 및 국제협력에 필요한 사항을 규정할 법규 정비를 우선적으로 추진해야 한다. 정부 내에 인공지능을 국가안보적 차원에서 논의하는 「인공지능특별위원회」 설립을 고려한다(이슈브리프, 통권 110호. 2019.3.7).

V. 나가는 글

인공지능행정은 인공지능 기술을 행정제도나 정책, 법규 등에 투영시켜 국민이나 고객들에게 제공하는 자동행정 서비스이며, 블록체인 융합을 통한 신뢰구축 장치는 지금까지 정부나 권력자 중심의 국가작동 체제를 완전히 변화시킬 전망이다. 이 글은 이런 환경 하에 2020년 현재 지방정부 사례 분석, 활용효과, 한계점과 과제 등을 도출하고, 지방정부의 AI 실제 현실 적용 방향과 한국적 적용가능성 및 과제 및 대안으로 인공지능 융합행정, 콘텍스트 융합 및 수기(修己) 측면의 심신융합을 통한 개인과 조직의 창의성 신장 대안을 모색하였다.

주요 내용으로는 인공지능과 블록체인의 융합사례와 효과, 지방정부 활용 측면, 제 외국의 추진사례와 시사점 등을 분석하고, 우리나라 지방정부의 활용실태와 효과, 한계점, 기술평가와 도입분야 등을 분석하고, 이들 내용을 바탕으로 제도적 대응과제로 융합지방자치학, 인공지능 발전연대 거버넌스, 행정 서비스 콘텍스트 대응 등을 제안하였다.

본 연구결과의 시사점은 기술개발과 투자도 중요하지만 정부구조, 제도, 관행, 부패, 특권 보호 철폐(정치인, 관료, 정부의 연고, 서열, 지역주의 파괴)를 위한 정부 행정의 투명화와 완전한 민본주의 실현이 최우선임을 제언하였다.

추후 후속연구 과제로는 구체적으로 인공지능을 통한 지방정부의 문화, 예술, 역사, 음식, 인문자료 등을 토대로 융합적인 연구효과를 특정지역을 중심으로 검증해 볼 필요성을 제기한다. 이러한 기초자료를 토대로 지역주민들을 위한 '콘텍스트'를 제공할 수 있다.

[참고문헌]

과학기술부(2018).「AI 기술의 공공서비스 활용과 전망」

관계부처 합동(2019.1.16).「데이터, AI경제활성화 계획(2019~2023)」

관계부처 합동(2016.12).『제4차산업혁명에 대응한「지능정보사회 중장기 종합 계획」』

박선주·서교리(2018).「지능형 정부 추진을 위한 블록체인 동향분석 및 시사점」, NIA.

박창규(2018).『컨텐츠가 王이라면 컨텍스트는 神이다』클라우드 나인.

서정화·이종수(2019).『블록체인 도시행정』지식공감.

서정화(2016.12).「제4차산업혁명과 총체적 대응방안」,「서울대총동창신문」, 제465호, 서울대학교.

_____(2017.5).「지능 정부의 구성요소」,「서울대총동창신문」, 제470호, 서울대학교.

_____(2017.6).「도시정부의 혁신과제」,「서울대총동창신문」, 제471호, 서울대학교.

윤영민(2017).「특이점의 도래와 메타-행정」,『4차산업혁명시대의 행정』국회.

이종수(2019.12). 「영상 이원익 음악관의 인성함양효과」, 『한국정책학회 동계학술대회논문집』, 한국정책학회.

_____(2019.8). 「인지과학과 융합명상」, 『한국교수불자연합학회지』, 제 25권 2호, 한국교수불자연합회.

_____(2019.8). 「국민소환제와 블록체인 정치」, 『하계학술대회논문집』 한국지방자치학회.

_____(2019.8). 「지방정부의 인공지능활용실태 분석」, 『하계학술대회논 문집』, 한국지방자치학회.

_____(2019.4). 「블록체인 선거제도 도입효과 분석」, 『정책학회 춘계대 회논문집』, 한국정책학회.

_____(2019.3). 「인공지능시대 감성, 創意融合」, 『감성연구』, 제18집, 전 남대.

_____(2018.12). 「4차산업혁명과 融合명상」, 『한국지성과 불교』(사)한국 교수불자연합회.

_____(2018.12). 「삼봉의 融合민본사상과 헤테라키」, 『한국선비연구』제 6집, 동양대학교.

_____(2018.8). 「화성시 창의교육의 차별화와 진로」, 「화성창의지성」 5 호, 화성시.

_____(2018.7). 「안산 「海洋融合인문학」」, 「제9회 전국해양문화학자학 술대회」

_____(2018.5). 「블록체인 정부관료제 대응과제」, 『인사행정학회 춘계학 술대회』, 한국인사행정학회.

_____(2017.11). 「AI시대 공직구조 개편과제」, 『인사행정학회 추계학술 대회논문집』, 한국인사행정학회.

이종수·이병렬(2016.6). 「조선 전기 향헌 56조의 주민자치 활용방안」,

『한국행정사학지』, 제38호, 한국행정사학회.

이종수(2005). 「정보화사회와 사이버교육의 공공성 정립방향」

이상훈 엮음. 『사이버생활양식에서 공공성 문제』, 철학과 현실사.

_____(2002). 「21세기 GNR 시대의 생명윤리 정책방향」, 『국가정책연구』 제16권 1호, 국가정책연구소.

인사혁신처(2016). 『인사비전 2045』, 지식공감.

임혁백 외(2017). 『빅데이터 기반 헤테라키 민주주의 메가 트랜드』, 한국정보화진흥원.

_____(2016). 『빅데이터 기반 헤테라키(융합) 민주주의: 현황과 전망』, 한국정보화 진흥원.

전명산(2017). 『블록체인 거번먼트』, 알마출판사.

정보통신기술진흥센터(2018.12). 「국내외 AI, 활용현황과 공공적용」.

차원용·김종석(2014.8.11). 「오감, 감성, 감정, 두뇌와 디바이스 융합기술 분석」, 『IT기 술뉴스』.

한국매니페스토실천본부(2019.7). 「문화협치를 통한 성북예술마을 만들기」, 『2019 한국매니페스토실천본부 공약평가 자료집』.

한국정보화진흥원(2016). 『ICT기반 국가미래전략 2015: BIG STEP』, 한국정보화진흥원.

_____(2017). 『인공지능시대의 정부: 인공지능이 어떻게 정부를 변화시킬 것인가?』 NIA.

_____(2017). 『새로운 기술, 새로운 세상 지능정보사회』 NIA.

Nye, J(2004). *Soft Power.* 홍수원 옮김(2004). 『소프트파워』, 세종연구원.

Tapscott, Don & Alex Tapscott(2016). *Blockchain Revolution*, Penguin Random House.

제2장

인공지능과
정책결정 융합

I. 들어가는 글

제4차산업혁명 기술의 등장은 세계 각 국가의 정치행정제도나 경제운
영 체제의 근간을 흔들고 있다. 공공영역에 블록체인이나 디지털, AI가
적용되면 탈중앙화 등의 정부 서비스로 변화될 것은 불문가지다.

본 연구의 목적은 Covid-19 창궐하에 인공지능(정책결정)이란 무엇(서
정화, 2016~2018)이며, 지방정부 사례와 활용효과, 한계점과 과제(서정
화 · 이종수, 2019) 등을 도출하고, AI & 블록체인 융합시대의 인간지성융
합을 「융합명상법」 으로 접근(서정화, 2017.8)하였다.

Covid-19 대응을 위한 제도화 측면과 대응정책 등 인공지능정부(사회)
필요성에 대한 선제적 대응 및 입법 내용 등을 중심으로 접근하여 대안은
제언함에 있다. 미래를 위해서는 AI & 블록체인 융합정부 제도화와 동시
에 과거 선조들의 부동심, 청렴, 창조행정과 천수(天壽)를 다한 행적을 추
적하여 코비드 팬데믹 대응의 한 방안으로 활용하고자 한다.

한국은 '디지털정부' 평가에서 OECD 국가 중 1위(시사저널, 2020.10.

16)가 됐다. OECD의 '2019 디지털 정부지수'(Digital Government Index 2019) 평가에서 한국이 종합점수 0.742점(1점 만점)으로 평가 대상 33개국 중 가장 높은 점수를 받았다. 뒤이어 영국, 콜롬비아, 덴마크, 일본, 캐나다 등이다. 2020년 '한국판 뉴딜'과 세계경제포럼은 2021년 트랜드와 정책 키워드로 Covid-19 이후 경제와 사회문제 대응을 위한 제방안을 모색중이다. 정치사회적으로는 지능정부를, 위생적 측면으로는 스마트의료(인프라 포함) 등이 대표적이다. 세계경제포럼은 Great Reset(재설정)을 주제로 세웠다.

본 연구의 방법은 주요 선행연구 활용과 일간지, 필자(이종수, 2002~2020)의 선행 연구 결과를 활용하였다. 주요 내용으로는 인공지능정책(의사) 결정의 융합사례와 효과, 지방정부 활용 측면, 제외국의 추진사례와 시사점 등을 분석하고, 우리나라 지방정부의 도입 효과성과 한계점 등을 분석(이종수, 2020.8)하고, 특히 제도적 · 후광적인 공권력의 남용을 차단하고, 백성중심의 시책, 예산, 정책결정 합리성을 도모할 수 있는 방안을 찾고자 하며, 이들 내용을 바탕으로 정책대안을 5가지로 제안하였다.

본 연구의 차별성은 Covid-19 비대면 사회 대응을 위한 AI & 블록체인 융합정부 제도화와 동시에 새로운 사회환경에 개인이 적응할 수 있는 「심신융합명상법」을 개발하여 면역 증대에 기여코자 했다는 점이다.

II. 인공지능 정책결정의 이론적 접근

제1절 인공지능 정책결정의 가능성

1. 인공지능행정

AI(Artificial intelligence, 人工知能)이란 사람의 지능을 기계로 전환하

는 것으로 사람처럼 이해가 기계로 실현되는 것이며, 이 원리를 이용한 인공지능행정(AI Administration)이란 인공지능 기술을 행정제도나 정책, 법규 등에 투영시켜 국민이나 고객들에게 제공하는 자동행정 서비스(서정화 · 이종수, 2019; 이종수, 2019.8)이다.

새로운 2021년을 맞으면서 인류는 Covid-19 팬데믹 영향으로 저성장과 양극화, 경기침체 및 비대면 사회 대응을 위한 디지털사회(정부) 제도화를 서둘러야 할 필요성이 대두됐다. 한국은 OECD 평가에서 디지털정부 1위로 평가(시사저널, 2020.10.16)되어 '디지털정부' 전환을 통한 코비드 19 대응에 유리한 고지를 점했다. 동시에 디지털정부 출범에 적합한 인공지능공무원 '대체율'이 25%(중앙일보, 2020.10.8)로 조사된 점은 공직자 비율을 낮춰 정부 경상비를 절감할 수 있다는 점을 시사한다.

4차산업혁명의 시대를 맞아 인공지능은 가장 발전 가능성이 높고 미래를 견인할 분야로 여겨져 많은 정부기관들과 민간기업들도 인공지능의 도입과 적용을 위한 노력을 기울이고 있다(이재호 외, 2019). 지방자치단체들의 챗봇 서비스 등이 활성화되고 있으며, 대법원도 인공지능 소송도우미 개발에 착수, 의료인공지능인 왓슨은 이미 우리나라에서도 7개 병원에서 실제 활용되고 있으며, 환자들의 신뢰도도 높은 것으로 나타났다.

반면 인공지능의 도입과정에서 예상과 다르게 좌절을 겪거나 기대만큼의 효과가 드러나지 않는 경우도 적지 않다. 이러한 문제들은 데이터의 양과 질이 충분하지 않아서일 수도 있고, 알고리즘을 비롯한 기술적 문제일 수도 있으며, 개인정보 보호나 규제 등과의 충돌, 또는 인공지능에 대한 지나친 과신 등 다양한 원인으로 발생한다.

본 연구에서는 "인공지능 정책결정(AI Policy Making)이란 관련 정보를 토대로 인공지능이 분석한 결과에 기초하여 정책담당자가 내린 해당 주무부처의 정책결정"이라고 잠정적으로 정의한다. 여기에서 관련정보란 해당부처의 내부자료와 빅데이터 자료를, 결과는 인공지능의 분석내용을, 당국자란 해당주무부처의 적격자를 의미한다.

2. 인공지능 정책결정 방법

(1) 의의

AI의 이론적 검토측면이다. 인공지능의 개념은 60여 년 가까이 되었으나 실용화 가능한 발전이 이루어진 것은 비교적 최근의 일이며, 이에는 데이터의 폭발적 증대, 컴퓨팅 능력의 향상, 딥러닝을 비롯한 학습 알고리즘의 발전 등이 큰 영향을 미쳤다(이재호 외, 2019).

미국 AI · 빅데이터 솔루션 업체인 클라우데라(Cloudera)는 8일 서울 강남구 코엑스인터콘티넨탈호텔에서 '클라우데라 세션(Cloudera Session) 2018'을 개최하고, 세계 주요 기업들이 의사결정에 데이터를 어떻게 활용하고, 나아가 어떻게 조직과 사업구조를 혁신해 성과를 높이는지에 대해 다뤘다(이데일리, 2018.11.8).

"이제 기계학습을 통해 의사결정이 자동으로 이뤄질 수 있도록 AI를 학습시키는 방향으로(시장이) 진화하고 있다"며 "AI를 통해 기존에 인간이 할 수 없는 수준의 높은 빈도와 저렴한 비용으로 빠른 의사결정을 내릴 수 있게 될 것"이라고 밝혔다. "의사결정의 자동화(Automation of Decision Making)를 이뤄내는 다음 단계의 인공지능(AI) · 빅데이터 활용을 구현하겠다"는 그는 이어 "몇 개월이나 1년씩 걸리던 것을 몇 시간 단위로 단축시킬 수 있게 된다"며, 전문가로서 AI를 활용하기 위한 조직체계를 어떻게 구현할 수 있나 조언하는 등의 지원이 가능하다고 말했다.

2022년 AI 의사결정 지원 플랫폼 구축과 2022년 민간주도 상용화 및

2026년 AI 복합지능 플랫폼 구축을 통하여 AI 산업의 글로벌 경쟁력 확보 (2026) 등이 예측된다.

2011년 미국에서 설립된 '스티치픽스(STICH FIX)'는 개인 맞춤형 의류 추천 및 배송 서비스를 제공하는 스타트업이다. 서비스 가입회원들이 수수료 20달러를 내고 선호하는 패션 스타일, 사이즈, 예산 등을 입력하면 집으로 5가지 의류 및 액세서리를 보내주는 '구독 경제'가 기본 사업 모델이다. 고객은 마음에 드는 게 하나도 없으면 반품할 수 있고 마음에 드는 옷을 하나라도 구매하면 수수료 20달러를 깎아준다(매일경제, 2019.7.16). 스티치픽스가 성공한 비결로는 오프라인 매장에서 직접 구매하거나, 아마존닷컴에서 저렴한 옷을 골라 사는 것보다 더 큰 가치를 고객에게 제공하기 때문이다.

알고리즘이 전적으로 추천하는 넷플릭스와 달리 스티치픽스는 3000명이 넘는 스타일리스트가 일하고 있다. 인공지능(AI)이 추천한 결과에 전문가의 손길이 덧대어져 최선의 추천 서비스를 제공하는 게 차별화된 경쟁력이다. 의사결정 자동화가 2018년 글로벌 AI 비즈니스 가치에서 차지하는 비중은 2%에 불과하지만 2022년에는 16%까지 성장할 것으로 전망된다. 의사결정 자동화시스템은 음성을 텍스트로 변환하거나 텍스트를 음성으로 변환하고 손글씨와 이미지를 처리하며 기존시스템에 접근이 불가능했던 데이터를 분류하는 등 다양한 업무를 지원하는 솔루션을 말한다. '이런 건 기계가 할 수 없지' 생각하던 분야마다 인공지능이 파고들어 사람보다 좋은 결과를 내고 있다.

의사결정 자동화데이터 지능(Dacision) 측면이다. 의사결정을 가능케하는 데이터지능(DI, Data Intelligence)이란 개인의 행동과 관련된 데이터들을 인공지능(AI)과 알고리즘, 데이터 식별기능 등을 활용해 분석하고 이를 바탕으로 최적의 의사결정이나 구매 목록을 추천하는 것을 의미한다. 단순히 가전제품을 제어하는 인공지능 수준에서 벗어나 개인이 최적의 의사결정을 내릴 수 있도록 하는 기술로 올해 트렌드 키워드 중 하나로 꼽혔다.

또한, 데이터지능은 인간이 항상 합리적이고 완전한 판단을 할 수 없다는 한계를 보완하는 데도 도움이 될 것으로 보인다. 이러한 데이터 기반의 의사결성은 데시젼(dacision＝data＋decision)이라고 부른다. 전자상거래업종뿐만 아니라 데시젼의 활용은 의료・엔터테인먼트・오락・패션・금융 등 다양한 영역으로 퍼지고 있다(출처: 연합인포맥스, http://news.einfomax.co.kr).

(2) 접근방법

「로바마 프로젝트」 접근방법 사례이다. ROBAMA란 정치인을 대체할 로봇대통령 '로바마' AI 엔진이다. 오늘날의 사회경제정치 세계는 대단히 복잡하다. 지리적으로 멀리 떨어진 세계 여러 지역이 모두 초연결사회로 연결되어 있어 세계 곳곳에서 나타나는 다양한 사회 현상을 판단하기 어렵게 만든다. 기술 발전이 가속화 되면서 모든 상황은 급속하게 다변화 되었고, 그 결과 인류는 기존에 전혀 경험하지 못했던 새로운 세상과 마주하고 있다. 미국의 의사결정 프로그램 「RoBama」는 사회, 정치적 의사결정하는 인공일반지능(AGI)을 말한다.

이러한 급격한 변화 속에서 일반 시민뿐만 아니라 국민을 대표하여 정부와 의회를 구성하는 전문가들조차 중요한 문제에 연관된 상황을 이해하고 의사결정을 하는 데 필요한 전문지식을 갖추지 못하는 난감한 상황이 벌어진다. 또한 현재의 사회・정치적 의사결정 프로세스는 비효율적일 뿐만 아니라 때로는 국민의 대표자들이 편견에 사로잡혀 잘못된 선택을 하게 만들기도 한다. 인간으로서는 도저히 정확하고 편견 없는 선택을 할 수 없는 복잡한 의사결정들이 기하급수적으로 늘어난다.

세상의 복잡성과 사회정치적 빠른 변화에 효과적으로 대처할 핵심 솔루션은 인간의 의사결정을 인공지능으로 보강하는 것이다. 자율주행차의 사례다. 20년 전, 사람 없이 혼자 운전하는 자동차 이야기가 나왔을 때 대다수 사람들은 비웃었지만, 이제는 모두 믿어 의심치 않는다.

사람들은 정부나 국회를 사람이 운영해야 한다고 생각한다. 그러나 이미 수많은 일들이 인공지능으로 대체되고 있다. 자율주행차가 우리에게 다가오듯이 가장 부패하기 쉬운 정부나 의회에 인공지능을 적용하는 시대가 다가오고 있다.

현재 인공지능은 인간 분석가들이 하던 일은 대부분 대체할 수 있으며 일반적으로 인공지능은 정보를 학습하고 패턴을 감지 · 분석하는 폭넓은 기능을 갖고 있기에 인간보다 더 잘한다. 중요한 결정에 대한 정보파악, 증거분석, 대조 · 요약하고 다른 의사결정을 지원하는 추론의 근거를 만들 수 있다. 대통령이나 국회의원들 같은 주요한 의사결정자와 대중들에게 귀중한 정보를 구성, 수집, 보고할 수 있다.

이처럼 정부와 의회를 대체할 수 있는 의사결정 프로세스 지원 프로그램이 바로 로바마 AI 프로그램이다. 모든 새로운 기술은 성숙할 시간이 필요하듯이, 로바마 프로그램 AI 응용프로그램 역시 마찬가지이다. 이러한 과정을 가장 잘 보여주는 사례는 자율주행차다. 우리는 지금 자율주행차를 직접 몰지 않고 옆에서 지켜보다가 문제가 발생하면 인간이 주행하도록 컨트롤을 시작한다. 인공지능 운전기사가 인간의 운전을 즉시 교체할 수는 없다. 그러나 자율주행차가 보편화되면 운전은 점차 자율주행차가 하게 되듯이 사회정치적 의사결정도 점차 인공지능이 하게 된다.

이렇게 가다 보면 다음 단계에서는 의사결정 지원을 하는 강력한 AI기반의 소프트웨어가 의회나 정부 정치인들의 의사결정을 대행하게 된다.

뿐만 아니라 정치인, 기업인, 일반시민에게도 의사결정을 지원하게 된다. 그리고 부패하기 쉽고 어려운 정치나 정부운영은 인공지능에게 맡기고 인간은 더 재미있는 일을 찾게 된다.

인공지능이 사회정치적 분석을 하려면, 인간이 AI에게 모든 법, 뉴스, 정책 브리핑, 전문가 분석, 소셜미디어와 다양한 종류의 정량적 데이터를 포함하여 폭넓은 정보를 입력해야 한다. 이런 정보가 내부적으로 유연한 방법으로 모두 상호 연관되도록 하고, 다양한 패턴 및 추론을 이끌 수 있는 데이터 유형으로 주입하고 가르쳐줘야 한다. 인공지능은 스스로를 가르쳐서 더 나은 인공지능이 된다.

(3) OpenCog AI

사회 · 정치적 의사결정 지원용 OpenCog AI이다. 이러한 필요한 통합을 달성하는 한 가지 방법은 사회 · 정치적 의사결정 지원을 지원하기 위한 OpenCog 통합 AGI 양식을 활용하는 것이다. OpenCog는 공통지식 표현을 사용—Atomspace로 불리는 무게를 얻고, 표기되는 하이퍼그래프—하여 다양한 종류의 데이터에서 상징적 · 양적 · 에피소드적, 특정, 불특정 지식과 패턴을 나타낸다. 이것은 딥 러닝 알고리즘, 심볼릭 로직 시스템, 진화 개념적 융합 알고리즘 및 기타 AI 방법을 함께 사용할 수 있는 장을 제공한다. 이것은 '인지 시너지' 원리에 따라 효과적으로 함께 작용하도록 설계된 다양한 인지 알고리즘을 포함한다.

OpenCog를 사회정치적 의사결정의 목적에 맞게 설계하는 데는 상당한 노력이 필요하다. 우리는 ROBotic Analysis of Multiple Agents의 약어로 ROBAMA를 사용하여 사회정치적 시스템에 관련된 인간과 같은 다양한 지능형 문제의 상호작용을 분석하는 OpenCog AI 시스템의 전문성을 나타낸다.

3. 인공지능 도입 쟁점

인공지능의 행정분야 도입 연구들은 크게 다섯 가지의 영역 또는 주제로 나눌 수 있다(이재호 외, 2019).

첫째, 데이터의 중요성이다. 충분한 양질의 데이터 확보 · 딥 러닝을 포함한 머신러닝 기반의 학습에 재료가 되는 것은 데이터이며 우선적으로는 데이터의 양이 충분하게 확보되어야 하고, 질적으로는 데이터의 편향성 등이 나타나지 않는 것이어야 한다. 데이터의 편향성 등은 자연 상태로서의 데이터로는 잘 확보되지 않으며 전처리과정 등이 꼭 필요하고 이를 위한 자원소요도 적지 않다.

둘째, 기술 및 인프라이다. 인공지능 기술의 사회적 영향력 검토 · 인공지능의 발전을 위해서는 개방성이나 클라우드라는 요소가 매우 중요한데 이는 데이터의 접근성과 상호확장성에 영향을 미치기 때문이다. 우리나라의 경우 원천기술 개발 투자의 부족과 함께, 공개 데이터셋 개발 및 공유를 위한 인프라 부족 등이 나타난다.

셋째, 법제도 및 규제이다. 인공지능의 자율성 관리 · 인공지능의 법적 지위에 대한 논쟁이 있을 수 있으며, 기존 행정절차와 행정법 내에서의 법인격 등도 논쟁이 된다. 사생활 보호와 개인정보 침해의 가능성에 대한 대비도 중요하며, 우리나라의 개인정보보호 정책의 변경 필요성에 대한 논쟁도 현재 진행형이다.

넷째, 정책 및 전략이다. 인공지능 관련 이슈들을 포괄하는 국가정책 필요성이다. 인공지능에 대한 국가적인 정책적 대응의 필요성에 대한 논의가 높으며, 현재의 연구수준은 특정한 분야에서의 인공지능 적용전략에 그치는 경우가 많다. 국가차원의 정책적 대응은 인공지능 산업의 발전 이외에 인공지능의 활성화를 위한 데이터, 법제도, 윤리 문제 등 다양한 측면을 포괄하는 것이어야 할 필요성 등이다.

다섯째, 윤리 및 가치이다. 인공지능의 윤리 문제는 결국 인간의 윤리 문제 · 인공지능의 도입은 많은 긍정적 가치가 있으나 부정적 측면에 대한 논의다. 현 시점에서 가장 주목을 받는 것은 자동화에 따른 일자리 대체 가능성이지만 이는 인간의 역할에 대한 새로운 정의가 나오면서 해결될 수 있을 것이다.

4. 인공지능 의사결정 특성

(1) 의사결정 책임성

불투명한 인공지능의 의사결정을 책임 있게 만드는 방법이 나왔다. 머신러닝 알고리즘이 여신승인, 의학 진단, 입사 지원 등 우리 삶의 중요한 결정을 하는 데 사용하는 일이 증가하고 있다. 그러나 인공지능이 어떻게 그 일을 하는지는 아직 미스터리로 남아 있다. 카네기 멜론 대학교의 연구진은 투명성을 높이고 혼란 또는 법률적 문제가 될 수 있는 소지를 없앨 수 있는 효과적인 방법을 찾고 있다.

카네기 멜론 대학교의 컴퓨터과학 및 전기컴퓨터공학과의 애뉴팜 다타(Anupam Datta) 교수는 새로운 정량화 입력효과(Quantitative Input Influence) 테스트 툴은 최종 결정에서 각 요소들이 반영된 상대적 비중을 제공하는 '투명성 리포트'를 제공한다고 말했다.

첫째, 차별 테스트이다. 이 리포트는 인공지능이 설계된 대로 움직이고 있는지 또는 감독기관이 성별이나 인종과 같은 요소에 의해 부적절하게 차별하는 의사결정 시스템인지 아닌지를 사전에 검사하는 용도로 사용할 수도 있다. 이를 위해 정량화 입력효과 툴은 영향력을 측정하는 동안 상관성 입력을 측정한다.

예를 들어, 이삿짐 운송 회사의 고용 결정을 지원하는 시스템을 생각해 보면, 두 가지 인풋, 즉 성별과 무거운 것을 들 수 있는 능력이 서로 긍정적 상관관계를 형성하고 고용 결정에 영향을 주게 된다.

둘째, 인공지능이 편향되었는가? 포드재단(Ford Foundation)은 지난 11월 논쟁적인 블로그 글을 발표했다.

"우리는 데이터는 거짓말을 하지 않으며 따라서 데이터를 분석하는 알고리즘은 결코 편견이 없다고 생각한다. 그러나 이런 생각이 언제나 옳은 것은 아니다. 편견의 기원이 언제나 알고리즘 그 자체에 심어진 것은 아니다. 그보다는 엄청난 양의 데이터를 처리하는 데 사용되는 모델과 알고리즘의 적응성에 기인한다. 적응할 수 있는 알고리즘은 관찰하고 있는 사회적 편향을 배울 수 있다."

조지타운 대학교의 프라이버시와 기술센터의 이사인 알바로 베도야 교수는 이렇게 설명했다. "자기 값어치를 하는 알고리즘들은 편향 또는 차별적 행태의 외부과정에서 학습한다."

베도야 교수는 이를 설명하기 위해 가상적인 채용 프로그램을 내세웠다. 이 프로그램은 잠재적 직원들을 가려내기 위해 만들어진 것이다. 이 프로그램을 사용하는 관리자가 더 젊은 지원자만을 선택하게 되면 알고리즘은 그 다음부터는 나이든 지원자들을 걸러내게 된다.

셋째, 영향변수이다. 정량화 입력효과 툴은 인풋 세트(나이와 수입과 같은)의 공동적 영향과 인풋 세트의 주변영향을 정량화할 수 있다. 단일 인풋은 다중 세트의 일부이기 때문에 인풋의 평균 주변영향은 '게임이론 집합 원칙'을 이용하여 측정할 수 있다.

연구원들은 이러한 접근방법을 실제 데이터 셋 상의 의사결정 시스템을 훈련시키기 위한 표준 머신러닝 알고리즘 대신 테스트해 보았다. 연구원들은 정량화 입력효과 툴이 표준 결합 측정보다 더 나은 설명을 제공한다는 것을 알게 되었다.

넷째, 프라이버시에 대한 염려이다. 그러나 투명성 보고서는 프라이버시와 절충해야 하는 부분이 있다. 논문에 의하면 연구자들은 투명성과 프라이버시의 트레이드오프(두 개의 정책목표 가운데 하나를 달성하려고 하면 다른 목표의 달성이 늦어지거나 희생되는 경우의 양자 간의 관계)를 연구했고, 다수의 유용한 투명성 보고서들이 프라이버시와를 많이 손상시키지 않고도 별도로 구성될 수 있음을 증명해 보였다. 정량화 입력효과 툴은 아직 이용할 수 없다(http://www.futuretimes.co.kr/news/article View.html?idxno=13119).

(2) 의사결정 효과성

첫째, 최진욱(2017)은 제4차산업혁명의 새로운 기술과 특징이 정책분석과 평가에 어떤 영향을 미치는가를 탐색하는 것을 목적으로 하고 있다. 정부는 이러한 영향에서 벗어날 수 없다. 빅데이터와 인공지능과 같은 기술은 정부의 기능 가운데 특히 정책을 분석하고 평가하는 정책결정 과정에 큰 파급효과를 미칠 것으로 예측되고 있다. 그러나 새로운 기술의 출현으로 인한 정책분석평가 환경이 급속하게 변화하고 있으나, 정부 대응은 여전히 비능동적, 비전략적이다.

특히 새로운 기술의 적용을 통하여 지금의 단선적이고 순환적인 정책분석과 평가단계의 경계를 허물 필요가 있고, 빅데이터를 활용하여 초연결적이고 초지능적인 정책평가와 분석이 이루어져야 하며, 이러한 전환을 통해 정부의 기능도 재조정될 필요성이 있다.

미래의 정책분석평가의 성공적인 전환을 위해 범정부 차원의 추진체계와 전략, 공무원 인식의 변화와 역량 강화 그리고 전면적 시행에 앞선 시범 적용이 중요하다는 점과 새로운 기술의 활용이 가져다주는 가치 충돌의 문제와 인간과 기계간의 역할 분담에 대한 고민이 필요하다.

둘째, 김병조·은종환(2020)의 행정-정책 의사결정에서 머신러닝(machine learning) 방법론 도입의 정책적 함의는 기계의 한계와 증거기반 의사결정(evidence-based decision-making)은 머신러닝과 딥러닝 등 인공지능 기술의 급속한 발전은 행정-정책분야에도 영향을 확대하고 있다. 이 연구는 전통적 행정-정책 의사결정 모형인 합리적 모형의 이론적 이상과 현실적 한계에 대한 검토를 바탕으로 최근 연구가 활발히 진행 중인 머신러닝 기반 의사결정 사례를 행정-정책 의사결정 관점에서 분석함으로써 인공지능 기술의 행정-정책분야 도입이 가져올 변화를 논의하고 몇 가지 함의를 도출하였다.

첫째, 분석 대상과 목표가 사전에 잘 수립된 구조화된 문제(structured problems)에서는 기계가 인간의 의사결정에 비해 훨씬 나은 성과를 보이는 것으로 나타나 합리적 의사결정의 구현 가능성이 높아지고 있다.

둘째, 미래를 위한 전략적 의사결정이나 지금까지 경험하지 못한 새로운 환경 변화에 대한 대처 등 기계가 학습할 데이터가 부족하거나 목표가 모호한 비구조화 된 문제(unstructured problems)의 경우 인간의 메타(meta) 의사결정이 여전히 중요하다.

셋째, 인공지능 기반 자동행정과 법치주의는 4차산업혁명을 견인하는 대표적인 기술로 주목받고 있는 인공지능 기술은 민간의 영역은 물론 치안, 교통관리, 재난대응, 안전관리 등 다양한 행정의 영역에서 그 활용 가능성이 주목받는다. 아직은 기술적인 수준이 기존 전자적 행정과 본질적으로 다르지 않은 현실적 한계를 가지고 있지만, 인공지능 기술이 규제행정에 있어 합리성과 효율성을 제고하는 데 크게 기여할 수 있을 것이라는 기대는 향후 공행정분야에 있어 인공지능 기술의 활용 범위를 확대시켜 나갈 것으로 예상된다.

그러나 기존 업무에 대한 인공지능의 기술적 대체가능성, 비용 및 편익 등과 같은 현실적인 기준이 중요한 일반 민간분야와 달리 행정의 책임성과 공공성을 본질적 요소로 하는 공공분야에서는 과연 행정작용에 있어 인공지능을 활용할 수 있는가에 대해서는 다른 측면의 검토가 필요하다. 특히, 인공지능 기술에 따라 산출된 자동적 행정결정의 경우에는 기존의 단순한 행정자동결정(예: 과속단속 카메라에 의한 과속단속, 컴퓨터추첨에 따른 학교배정 등)과 달리 알고리즘의 복잡성, 결과예측 곤란성 등으로 인해 전통적인 행정법이론의 적용에 적지 않은 논란을 야기할 것으로 예상된다.

넷째, 전대성 · 신승윤 · 정충식 · 김동욱(2017)은 공공부문의 성공적인 지능정보행정 구현을 위한 정책적 제언; 정책 델파이 조사를 중심으로 한 연구는 최근 학계와 정부부문에서 활발하게 논의되고 있는 지능정보화 기술 실용화에 따른 지능정보사회 도래에서 공공부문에 지능정보행정 구현을 위한 정책방안을 도출하고자 한다.

학계와 공공부문 종사자들 11명을 대상으로 전문가 조사 델파이를 수행하였다. 이에 대한 설문문항은 총 9가지로 구성되어 있다. 즉, ① 공공부문에서의 정보행정의 개념, ② 공공부문 지능정보행정 도입을 위한 정부역할 VS. 시장의 역할, ③ 공공부문의 지능정보행정 구현에 중요하다고 생각하는 행정이념, ④ 지능정보행정의 공공부문도입 시기, ⑤ 공공부문 지능정보행정 적용부문 및 업무, ⑥ 공공부문 지능정보행정 구축을 위한 정부역할 우선순위 및 도입 시급성, ⑦ 공공부문 지능정보행정 도입시 발생할 수 있는 역기능, ⑧ 성공적인 공공부문 지능정보행정 도입을 위해 우선적으로 극복해야 하는 장애요인, ⑨ 공공부문의 성공적인 지능정보행정 도입을 위한 요인들이다.

다섯째, 정소윤(2019)의 인공지능 기술의 행정 활용에 관한 연구동향 및 쟁점 분석은 최근 다양한 분야에서 인공지능 기술의 활용이 점점 증가함에 따라 행정 및 공공분야에서도 인공지능 기술도입 등에 대한 서지계량분석 결과 관련 연구가 최근 2~3년 동안 양적으로 크게 증가하였으나, 여전히 부족한 것으로 나타났다. 연구주제의 군집화는 해외 연구 성과물의 경우 연구주제의 군집화가 비교적 명확하게 나타나는 반면 국내 연구 성과물의 경우 상대적으로 연구주제의 군집화가 명확하게 나타나지는 않았다. 그리고 관련 문헌의 내용 분석 결과 데이터, 기술 및 인프라, 법제도 및 규제, 정책 및 전략, 윤리 및 가치 등 다섯 가지 주제에 대한 쟁점을 도출하였다. 행정 및 공공분야에 인공지능을 도입하고자 할 때는 그 영향력의 범위가 매우 넓기 때문에 파급효과에 대한 객관적이고 철저한 검토 및 분석의 필요성이 더욱 높아진다.

여섯째, 윤상오(2018)는 인공지능 기반 공공서비스의 주요 쟁점에 관한 연구는 챗봇(ChatBot) 서비스를 중심으로 정부는 4차산업혁명 및 지능정보사회에 적합한 지능정부(intelligent government)를 구현하기 위하여 중앙정부와 지자체, 공공기관 등에 인공지능 기반 챗봇(ChatBot) 서비스를 도입하고 있다. 채팅(Chatting)과 로봇(Robot)의 합성어인 챗봇은 사람과의 대화를 통해 질문에 알맞은 답을 제공하거나 명령을 수행하는 인공지능 기반의 커뮤니케이션 소프트웨어로서, 민간뿐만 아니라 정부 및 공공영역에서도 급속히 확산되는 추세이다. 그러나 챗봇은 다른 인공지능과 마찬가지로 알고리즘 개발 및 훈련과정, 개발 후 활용 과정에서 기술적 오류, 편견과 왜곡, 프라이버시침해를 야기하고, 챗봇 서비스간의 중복과 예산낭비, 챗봇으로 인한 인력대체 혹은 인력감축 등 기술적·법제도적·윤리적·경제적·조직관리적인 측면의 다양한 문제를 유발할 수 있다. 따라서 공공서비스를 위한 챗봇의 기획·개발·훈련과정에서는 편견과 왜곡, 기술적 오류, 데이터 품질 등을 검증할 수 있는 투명하고 개방적인 절차가 필요하고, 챗봇 서비스의 도입과 활용을 위한 법제정비와 윤리지침도 필요하다.

일곱째, 최근 인공지능을 핵심으로 하는 지능정보기술의 본격적인 도래와 함께 '지능정부'(intelligent government) 또는 '지능형 정부'가 언급되고 있다. 이에 본 연구에서는 인공지능 정책결정이 야기할 수 있는 주요 쟁점을 제시하고 대응방안을 모색해 보고자 한다(윤상오·이은미·성욱준, 2018).

분석을 위한 틀(framework)로는 정책결정의 유형을 4가지로 분류하여 살펴본다.

첫째, '알고리즘 기반 정책결정'으로 알고리즘의 지능이 인간의 지능을 보완하는가, 대체하는가, 능가하는가의 문제를 논의한다.

둘째, '데이터 기반 정책결정'으로, 데이터가 인간의 경험과 지식을 보완하는가, 대체하는가, 능가하는가의 문제를 살펴본다.

셋째, '인공지능 정책결정'은 인간의 경험과 지식 그리고 지능을 전혀 활용하지 않고 오직 데이터와 알고리즘의 지능만으로 정책결정을 하는 것이 가능한가를 분석한다.

넷째, '전문가 기반 정책결정'은 고전적인 인간의 경험이나 전문성에 근거한 정책결정인데, 이것이 향후 전개되는 인공지능 기반 정책결정과 어떻게 다른지 검토한다.

이상 이들 최근의 인공지능정책(의사) 결정 분석논문들은 위에서 제시(이재호 외, 2019)한 인공지능 도입행정의 제쟁점과 일부분 일치하고 있다.

(3) 명료성 측면

인공지능(AI)의 투명성과 윤리에 대한 우려가 높아짐에 따라, 클라우드 서비스 회사들이 AI 알고리즘 뒤에 있는 의사결정 과정을 해독해 주는 새로운 도구의 개발에 나서고 있다고 월스트리트저널(WSJ)이 26일(현지시간) 보도했다(이코노믹리뷰, 2018.9.28).

첫째, 회계나 재무같이 규제가 강한 산업분야의 경영진들은 데이터 과학자나 기술직이 아닌 일반 회사 임원들도 알고리즘 이면의 의사결정 과정을 이해하는 능력(explainability)을 갖는 것이 중요하다고 말한다. 기업용 인공지능 보급이 점차 확산되면서, 그 과정을 알아야만 인공지능이 저지를 가능성이 있는 윤리 및 규정 위반과 그로 인한 광범위한 영향에 대비할 수 있다는 것이다. 회계법인 KPMG의 혁신 및 기업 솔루션 전담팀에서 지능형 자동화와 인지 및 인공지능 부문을 맡고 있는 비노드 스와미나탄은 "인공지능의 의사결정 과정을 이해하는 능력이 없다면, AI가 기업에서 수백 가지의 목적으로 확장할 수 없을 것"이라고 주장한다.

이것이 IBM과 구글 같은 회사들이, AI가 투명성과 윤리를 지킬 수 있도록 하는 도구를 클라우드 기반 AI 서비스 제공에 통합시키는 이유다.

IBM의 기업가치 연구소(Institute of Business Value)의 최근 조사에 따르면, 조사 대상인 5000명의 업계 임원 중 약 60%가 AI가 규제 및 규정 준수 기준을 충족하기 위해 데이터를 어떻게 사용하고 어떻게 의사결정을 내릴 수 있는지 이해할 수 있어야 한다고 우려를 표명했다. 2016년 조사에서는 29%만이 그런 우려를 나타냈다.

둘째, '인공지능 중심 의사결정'이다. 콜슨 CAO는 AI를 데이터 주요 프로세서로 작업 흐름에 도입해야 한다고 말한다. 이때 AI 중심 의사결정 모델은 상황에 따라 두 가지로 나뉜다. 하나는 'AI에게 전적으로 의사결정을 위임하는 모델'로 구조화된 데이터에만 의존하는 일상적인 의사결정을 내릴 때 적합하다. 물론 이 과정에서 편향된 데이터를 사용하면 안 되기에, 데이터가 어떻게 사용되는지 말고도 데이터가 생성되는 방식부터 이해해야 한다.

셋째, 인공지능에 전적으로 의사결정을 위임한 작업흐름 모델은 전적으로 AI에 위임한 작업흐름에서 인간은 제외되지만, 콜슨 CAO는 이 같은 비용절감 및 단순한 자동화는 'AI 기반 의사결정'의 목표가 아니라고 말한다. 구조화된 데이터 처리 작업에서 인간을 제거한다는 게 더 이상 인간이 어떤 작업에서도 소용없다는 걸 뜻하는 건 아니기 때문이다.

가장 이상적인 모델은 '인간과 AI가 상호 보완하는 의사결정 모델'이다. 비전, 전략, 기업 가치, 시장 구조는 모두 인간의 사고를 통해서만 발현 가능하며 기업 문화나 각종 아날로그·오프라인 커뮤니케이션 정보도 마찬가지다. 이런 정보는 AI가 접근할 수 없지만 비즈니스 의사결정과는 밀접한 관련을 가진다.

넷째, 인간과 인공지능이 상호 보완하는 의사결정 모델이다. 일례로 AI는 이윤 극대화를 위한 재고 수준을 결정할 수 있다. 그러나 경쟁사는 이윤을 일부 희생하더라도 더 나은 고객 경험을 제공하기 위해 재고량을 더 크게 유지할 수 있다. AI는 마케팅에 돈을 더 투자하면 가장 투자수익률(ROI)이 높을 것이라 예측해도, 제품 품질에 더 투자해야 하는 상황일 수도 있다.

콜슨 CAO는 "전략, 가치, 시장 환경에서 인간이 사용하는 추가 정보는 AI의 객관적 합리성을 초월하는 데 도움이 될 수 있다"며 "이 경우 AI를 활용해 인간이 접근 가능한 추가 정보가 제공되면 최선의 대안을 선택할 수 있다"고 말한다.

그는 인간이 데이터와 직접 연결되는 대신, AI가 데이터를 처리할 때 생기는 가능성이 중요하다고 전한다. 인간과 AI를 모두 활용하는 게 어느 하나만 사용하는 것보다 더 나은 의사결정을 내릴 수 있다는 설명이다.

결국 인간의 의사결정에 AI를 도입하면 구조화된 데이터를 보다 잘 처리할 뿐 아니라 인간과 AI가 상호 보완적인 효과를 낼 수 있다. 기업간 경쟁에서도 마찬가지다. 콜슨 CAO는 인간과 AI를 포용하고 의사결정 과정에 기본적으로 구축한 회사가 '새롭게 진화한 차세대 회사'로 등장할 것이라고 전망한다(매일경제, 2019. 7.16).

(4) 합리성 측면

"AI는 합리적 의사결정 도구"(조선, 2019.10.24)라고 이탈리아 신경경제학자 마테오 모텔리니는 말한다. "합리적인 결정 위해선 경험에 의존해선 안 된다. 경제를 움직이는 힘은 사실 이성보다는 감정이다. 의사결정에 있어 AI가 합리적 선택을 도울 수 있는 도구인 이유다. 감정에는 계산적 요소(calculation)가 부족하다. AI는 이러한 면을 충족시켜 준다. AI는 행동과학(Behavioral Science · 인간 행동의 일반 원리를 탐구하는 사회 과학)과 함께 굉장한 시너지를 낼 수 있다."

그는 "합리적인 결정을 하기 위해서는 보고 싶은 것만 봐서도 안 되며 경험에 의존해서도 안 된다"며 "AI는 합리적 의사결정을 하기 위한 지침 중 하나가 될 수 있다"고 강조했다. 그는 자신의 저서 '경제는 감정으로 움직인다(Economia Emotiva)'를 통해 비슷한 의견을 밝혔다.

그는 저서에서 스웨터 판매량을 예로 든다. A사는 80% 캐시미어를 강조하고 B사는 울 20%를 강조한다. 사실 두 회사의 원단은 동일하다. 그는 "표현만 다를 뿐 동일 성분으로 이뤄진 스웨터이지만 A사 스웨터가 불티나게 팔린다"고 설명했다. 그는 "말도 안 되고 비합리적으로 보이지만 실제 공공연히 일어나는 일이다"라고 강조했다.

그는 또 합리적 선택을 위한 지침 중 다른 하나를 '편견 인지'를 꼽았다. 그는 "편견을 인지할 수 있어야 한다"며 "사람들은 자신의 경험을 과대평가한다. 자신이 모든 것을 알고 있으며, 친숙한 부분에 대해서는 과

신하기도 한다"고 말했다.

모델리니 학자는 행사 주최 측인 글로벌 데이터 분석기업 SAS도 이러한 점을 인지하고 있다고 말했다. 그는 "SAS는 사람들이 의사결정에 여전히 그들의 직관과 감정을 활용한다는 점을 알고 있다"며 "이를 기반으로 SAS는 AI 기반 데이터 분석 솔루션을 통해 기업들이 직관적 선택에 의존하지 않도록 돕는다"고 말했다.

실제 SAS는 기업 고객을 상대로 다양한 데이터 분석 솔루션을 제공한다. 국내 금융권 95% 이상이 SAS 솔루션을 활용 중이다.

AI가 의사결정에 도움을 주면서 발전해 나갈 경우 먼 훗날 인력시장에 영향을 끼칠 것으로 보지만 "그러나 AI는 절대로 사람의 감정을 대체할 수 없다. 기술이 아무리 진화하더라도 인간의 물리적 지능 및 감정을 변화시키기에는 역부족이기 때문이다"라고 말했다.

인공지능(AI) 기술에 대한 전세계의 관심이 높아진 현재, 관련 기술 도입이 확대되면서 올해 AI로 파생될 비즈니스 가치가 전년비 70% 정도 증가할 것이라는 전망이 나왔다.

특히 심층신경망(DNN) 기술 고도화를 바탕으로, 이를 기반으로 하는 의사결정 지원 서비스 부문에 AI 기술 도입이 가속화될 것으로 예상된다(IT비즈뉴스, 2018.4.30).

AI 비즈니스 가치를 유형별로 살펴보면, 우선 올해 전체 글로벌 AI 비즈니스 가치 중에서 심층신경망(DNN)과 같은 '의사결정 지원'이 38%를 차지할 것으로 예상된다. 2022년에는 의사결정 지원이 다른 AI 이니셔티브를 능가할 만큼 성장해 글로벌 AI 비즈니스 가치의 44%를 차지할 것으로 전망된다.

심층신경망은 수치화가 어려웠던 빅데이터의 데이터 마이닝과 패턴인식 지원하면서 기존 프로그래밍 시스템에서 사용할 수 있는 입력 값을 제공하기 때문에 그간 데이터를 분류하던 사람의 업무를 알고리즘이 직접 처리할 수 있도록 지원하면서 주목받는 기술이다.

2018년 가상비서가 글로벌 AI 비즈니스 가치에서 차지하는 비중은 46%에 달할 것으로 전망된다. 허나 2022년에는 다른 AI 유형들이 비즈니스 가치를 창출되면서 관련 기술 비중은 26%에 그칠 것으로 예상된다.

의사결정 자동화가 2018년 글로벌 AI 비즈니스 가치에서 차지하는 비중은 2%에 불과하지만 2022년에는 16%까지 성장할 것으로 전망된다. 의사결정 자동화시스템은 음성을 텍스트로 변환하거나 텍스트를 음성으로 변환하고 손글씨와 이미지를 처리하며 기존시스템에 접근이 불가능했던 데이터를 분류하는 등 다양한 업무를 지원하는 솔루션을 말한다.

의료분야에서도 인공지능은 효과적으로 사용된다. 2017년 중국 인공지능 업체 '아이플라이텍(iFlytek)'이 개발한 로봇이 의사 자격증 통과에 필수적인 필기시험에서 합격선보다 96점 높은 456점을 기록했다. 로봇이 의사가 될 수 있느냐에 대해선 논의가 한창이지만, 확실한 점은 인공지능 기술을 이용해 환자 정보를 자동 수집하고 분석해 초기 진단을 수행함으로써 의사들의 효율성을 높일 수 있다는 점이다.

5. AI와 공직대체

영국 국민건강서비스는 질병 정보를 제공하는 인공지능 로봇 '베이빌런(Babylon)' 서비스를 운영하고 있다. 두바이에서는 인공지능 로봇 경찰관이 도로 순찰과 과태료 납부 등을 지원한다. 인천국제공항은 관광객을 위한 길 안내 로봇을 도입했다.

인공지능(AI) · 빅데이터 · 로봇 같은 미래 신기술은 행정 조직에도 영향을 미칠 전망이다. 더불어민주당 박재호 의원이 행정안전부에서 제출받은 '미래 신기술 도입에 따른 정부인력 운용방안' 용역 보고서에 따르면 국내 18개 중앙정부 부처에 신기술을 도입하면 재직 공무원 25%를 대체할 수 있는 것으로 나타났다. 지난해 9월 기준 중앙부처 공무원은 1만 2000명인데 신기술 도입으로 이 중 3006명(25%)을 대체할 수 있다는 것이다. 이 보고서 내용은 행안부가 연세대 산학협력단에 의뢰해 제출받은 결과다. 중앙부처 가운데 행안부가 가장 많은 인력(286명)을 대체할 수 있는 것으로 조사됐다. 다음으로 외교부(263명), 기획재정부(255명), 국토교통부(254명)가 뒤를 이었다. 부처 전체 인원 대비 대체 가능 인력 비율로 보면 외교부가 38%로 가장 높았다. 연구팀은 "외교부에 통·번역 등 공무직이 많기 때문"이라고 분석했다.

5년 이내 대체 가능한 업무 기능은 집행·운용이 75%, 평가·분석이 25%를 차지했다. 행정운영 기능은 61.5%의 자동화를 이루려면 11~20년의 기간이 소요될 것으로 분석됐다. 기획관리 기능은 62.5%의 신기술 상용화에 21~30년의 기간이 필요할 것으로 예측돼 네 가지 업무 기능 가운데 가장 기술 대체가 어려운 분야인 것으로 나타났다. "현재 정부는 중앙부처 공무원들의 조직간, 기능간 재배치를 추진하고 있으나 그보다는 신기술로 대체할 수 있는 분야와 인력이 추가로 요구되는 분야를 예측한 뒤 최적의 혁신 방안을 선제적으로 마련해야 한다"고 지적했다.

6. 외국 사례

AI 사례연구에 의하면 한국과 일본, 미국의 경우 인공지능을 개발하고 활용하는 목적 명확성을 지적한다. 대부분의 기관들이 보유한 빅데이터의 존재만으로 인공지능 적용을 검토해 보는 오류를 보인다는 것이다. 미국과 유럽 각국의 정부와 연구기관들이 인공지능시스템 표준개발을 위한 원칙과 가이드라인을 제시한 바, 신뢰성, 공정성, 책임성 등 다양한 가치지향을 발견할 수 있다.

미국 공공정책이사회 등은 인지가능성, 책임성, 접근성, 설명가능성, 감사가능성, 검증가능성 등을 원칙으로 제시했다. EC의 경우 법, 윤리, 기술 관점의 인공지능 평가 필요성을 제기하면서, 인간의 감독, 안전성, 투명성, 프라이버시, 데이터 공정성을 중요한 요소로 제시한다. 마이크로소프트는 목적지향성, 투명성, 신뢰성, 공정성, 정보보호, 규범존중, 데이터 안전성, 정보격차, 책임성 등을 제시했다. 미국과 영국, 캐나다 등 많은 선진국들이 위의 요소들을 감안하여 자국의 인공지능 기술표준의 초안을 제시하고자 한다(이재호 외, 2019).

제2절 한계와 과제

1. 한계점

2018년 세계경제포럼(WEF)은 2016년에 이어 전세계 생산량의 70퍼센트를 차지하는 기업들의 인사 담당자와 임원들을 대상으로 조사, 분석해 《미래의 일자리 보고서 2018; The Future of Jobs Report 2018》를 발표했다. 이 보고서에 따르면 2022년까지 알고리즘과 기계가 인간의 노동을 대체하는 비율이 50%를 넘어설 것이라는 전망이다. 2018년과 비교하면 두 배 가까이 증가하는 추세다. 2025년까지 현 모든 업무의 절반 이상을 로봇이 수행하게 될 것이라는 전망이다(출처: 「미래의 일자리 보고서 2018」, 세계경제포럼).

그러나 이러한 자동화 추세에 대비해 현재 노동자들에 대한 재교육

(reskilling)이 성공적으로 이뤄진다면 2022년까지 75만 개의 일자리가 사라지는 대신 1억 3000만 개의 일자리가 창출될 수 있다고 보고 있다. 수요가 늘어날 것으로 요구되는 '인간 고유의 기술 10위' 목록을 보면, 창의성, 문제 해결 능력, 비판적 사고력, 정서 지능 등이다.

OECD는 이 프로젝트의 성명서에서 21세기 인류가 당면한 문제들을 해결하기 위해서는 경제성장으로부터 포용적 성장으로의 성장 패러다임을 전환하고 이에 발맞춰 교육의 방향을 재정의할 것을 제안했다. 포용적 성장의 목표를 웰빙(Well-being)으로 구체화하고 있는데, 웰빙은 소득, 일자리, 주거 등 물질적 풍요뿐만 아니라 일—삶의 균형, 삶의 만족, 건강, 교육, 사회 참여 등 삶의 질을 높이는 요소들을 포괄하는 통합적인 의미다.

불확실한 미래 사회에서 교육은 더 이상 학생들이 직면할 문제에 대한 해답을 제시해 주는 것이 불가능하다. 따라서 학생들이 예측 불가능한 새로운 상황들에서 길을 찾고, 스스로 또는 사회의 구성원으로서 '우리가 원하는 미래'를 만들어 갈 수 있는 변혁적 역량을 길러야 한다. 이러한 변혁적 역량을 함양하기 위해서는 미래에 대한 방향성을 갖고 스스로 계획을 세우며 변화에 유연하게 적응할 수 있다. 기득권 저항의 무마여부는 또 다른 문제다(이종수, 2020.8).

2. 제도적 대응

정부는 "IT 강국을 넘어 AI 강국으로" 가고자(관계부처 합동, 2019.12) 범정부 역량을 결집하여 AI 시대 미래 비전과 전략을 담은 'AI 국가전략'을 발표했다.

경제·사회 전반의 혁신을 위한 3대 분야 9대 전략, 100대 실행과제를 제시했다. AI 반도체 세계 1위, 전국 단위 AI 거점화 등 세계를 선도하는 AI 생태계 조성, 전 생애 · 모든 직군에 걸친 AI 교육 실시 및 세계 최고의 AI인재 양성 등이다.

특히 현 전자정부를 차세대 지능형 정부로 대전환하여 국민 체감도를 향상코자 한다. 사회보험 확대 등 일자리 안전망 확충 및 AI 윤리 정립으로 사람 중심 AI 실현과 AI를 통해 경제효과 최대 455조원 창출, 삶의 질 세계 10위에 도약코자 한다.

'선제적 정부' 항목에서는 12위로 평가받았다. 정부가 국민에게 맞춤형 정책을 선제적으로 서비스를 제공하는 데는 부족하다. 이러한 순, 역기능 요인들은 '디지털뉴딜' 정책에서 활성화 되어야 한다. 따라서 정부의 국민에 대한 맞춤형 정책 부족을 충족시켜야 한다는 과제를 부여 받았다. 요약하면 상위성적보다는 하위측면인 국민주도형 정부(4위)와 선제적 정부(12위)의 개선, 즉 상위요인들인 기계와 기술적 측면보다 정책대상인 인간중심에 초점이 맞추어져야 한다.

첫째, 무엇보다도 인공지능 기술 역기능 방지 및 AI 윤리체계 마련이다. AI 기반 사이버 침해 대응체계 고도화(2020~)(인공지능 국가전략, 2019), 딥페이크 등 신유형의 역기능 대응을 위한 범부처 협업체계 구축(2020), AI 기반 영상 합성기술 또는 그 영상, 신시장 창출과 동시에 명예훼손 등 부작용도 우려된다.

둘째, AI 신뢰성 · 안전성 등을 검증하는 품질관리체계 구축 추진(2020~), OECD 등 글로벌 규범에 부합하는 AI 윤리기준 확립(2020) 및 AI 윤리교육 커리큘럼 개발 · 보급(2021~) 등이다.

셋째, 개인들의 AI와 생명윤리, 개인정보보호 및 개발자 측면의 윤리적 AI 설계, 정보보안 등이다.

III. 인공지능 정책결정 신뢰도와 효과성

제1절 사례 측면 등

1. 신뢰도 사례

인도 89%, 중국 근로자 88%가 관리자보다 로봇을 신뢰(직원들, 인간 관리자보다 AI 신뢰)한다. 인공지능이 발달한 미래에는 전례없는 업무자동화로 로봇이 인간 일자리를 대체할 것이란 전망이 있다. 새 보고서에 따르면 이미 많은 직원들이 직장에서 인공지능(AI)을 인간 관리자보다 선호하는 것으로 나타났다.

실제로 미국 IT 회사 오라클(Oracle)과 리서치 회사 퓨처 워크플레이스(Future Workplace)의 공동 연구에서 64%의 근로자가 관리자보다 로봇을 신뢰한다고 답했다. 한편 절반 이상은 이미 관리자 대신 로봇에게 조언을 구했다고 말했다. 이 현상은 특히 아시아에서 두드러지며, 직원들은 AI 시스템과 비교해 관리자 등 인간 동료에 대해 불신을 표명했다.

예를 들어, 인도 근로자의 89%와 중국 근로자의 88%가 관리자보다 로봇을 신뢰하는 것으로 나타났다. 싱가포르(83%), 브라질(78%), 일본(76%), 호주 및 뉴질랜드(58%), 미국(57%), 프랑스(56%), 영국(54%) 근로자도 관리자보다 로봇을 신뢰했다.

10개국 8,300명 이상의 근로자들의 반응을 바탕으로 한 이 결과는 직장에서 인공지능의 사용이 증가하고 있음을 반영한다. 이 조사에 따르면 현재 근로자의 50%(지난해 32%)가 AI를 사용하고 있다. 젊은 인구와 빠른 기술 채택률 덕분에 인도와 중국이 주도하고 있다.

오라클 아시아 태평양지역의 인적자원 관리 애플리케이션 책임자 사쿤 칸나(Shaakun Khanna)는 관리자들이 직원들과 보다 강한 관계를 발전시켜야 한다고 강조했다.

그는 "이는 관리자에게 큰 경고 신호라고 생각한다"며 "AI 위협에서 살아남으려면 EI(감성 지능)를 받아들여야 한다"고 말했다. 관리자는 기술이 부진한 분야에서 뛰어나기 위해 노력해야 한다는 지적했다.

설문 조사에 따르면 응답자는 편견없는 정보 제공(26%), 문제 해결(29%) 및 작업 일정 유지(34%)와 같은 로봇의 데이터 중심 기능을 평가했다. 그러나 직원들은 감정 이해(45%), 코칭제공(33%), 직장 문화 조성(29%)과 같은 감정적 요소와 관련하여 인간 관리자의 우월성을 인정했다. 이는 효과적인 관리자는 객관성과 정서적 지원을 위해 노력하면서 두 가지 측면을 결합하기 위해 노력해야 한다는 것을 의미한다.

보고서는 관리자가 AI보다 뛰어나려면 객관적인 데이터 기반 의사결정, 지침 및 조언 제공, 민감한 문제에 적절하게 대응할 수 있도록 감성 지능 개발, 신중한 의사결정, 메리토크라시 구축 등이 필요하다고 지적했다.

정부에서는 AI 기술이 정부 성과의 속도, 신뢰성, 품질을 변화시킴으로써 공공부문을 근본적으로 바꿔 놓을 것으로 기대되며 국민의 요구를 충족하기 위해 좀 더 강력한 공공 서비스를 지원할 수 있다고 연구진은 밝혔다. 응답자들은 공공부문에서 대기시간, 관리절차, 오류를 줄이기 위해 인텔리전트 자동화의 가치를 인식했다고 밝혔다.

경기도 스마트 의회, 암스테르담의 오픈 플랫폼, 싱가포르의 '버추얼 싱가포르', 영국 글래스고의 '마이 글래스고' 등으로 접근하는 사례를 예시할 수 있다(서정화·이종수:189).

미국정부, AI도입, 활용으로 최대 12억 시간 절약, 411억 달러 예산 절감됐다. 미국정부 12억 시간, 411억 달러 절감했다(김동현, 2019:2). 가트너는 증강 분석이 최근까지 기업 데이터 분석을 주도한 시각화 플랫폼의 다음 단계가 될 것으로 전망한 바 있다. AI기술이 기존에 없던 분석 기법을 통해 보유하고 있지만 활용하지 못했던 대다수의 데이터 범위와 분석의 한계를 없애고 있다는 것이다. 인공지능이 인간의 의사결정을 돕고 통찰력과 새로운 가치를 제공하는 것이다.

보고서는 "기하급수적으로 증가하는 데이터 복잡성은 기존 분석 방법의 많은 한계를 드리냈다. 증강 분석은 스스로 의사결정을 내리고 우리에게 통찰력을 제공함으로써 노동생산성을 높인다"고 밝혔다.

AI는 '데이터 분석' 분야에 새로운 가능성을 부여하기 시작했다.

첫째, AI는 데이터 분석 과정에 관여하여, 데이터를 빠르게 분석할 뿐만 아니라 의사결정에 영향을 미치고 인간에게 통찰력을 제공한다.

둘째, AI는 지금까지 컴퓨터가 분석할 수 있었던 데이터의 종류와 범위의 한계를 없애고 있다.

빅데이터와 차원이 다른 '다크 데이터(dark data)'가 AI 기술로 인해 새로운 정보 자산으로 활용되기 때문이다. AI는 분석의 방법을 한 차원 끌어올림으로써 분석 대상이 되는 데이터의 범위를 대폭 확장했다.

결과적으로 AI는 우리에게 지금까지 볼 수 없었던 전혀 다른 분석 결과를 제공하고, 세상의 모든 데이터로부터 의미 있는 결과를 발견할 수 있는 잠재력을 보여주고 있다. AI가 데이터 분석의 양(범위)과 질(결과)을 바꾸고 있다는 의미다.

2. 인공지능 정책결정 효과성

첫째, 공공부문의 데이터 활용사례이다. 지능정부의 증강, 자동화, 자율화의 계속적 발전이다.

둘째, 인공지능 정책결정의 장점은 충분한 정보, 투명성과 신뢰성, 객관성, 신속성이다. 우월성, 윤리성, 책임성, 기존 민주제도 변화, 공공인력 대체, 활용 측면, 데이터 범위 등이다.

셋째, 인공지능의 장점은 부패 일소, 공정성 확보, 예산부당 적발 등과 (1) 우월성(윤상오 외, 2018) (2) 윤리 (3) 책임성 (4) 민주주의 (5) 인력대체 (6) 데이터 활용 등을 들 수 있다. 기존의 정부 정책결정이 '바른 절차'를 보장하던 것에 비해 인공지능(정부)은 통합적, 과학적, 정밀한 의사결정이 가능하여 정부가 '올바른 결정'을 보장할 수 있음을 시사한다.

넷째, AI의 효율성은 의사결정 조력자 등이다.

다섯째, 활용도 측면은 경쟁력 측면, 시민편의성, 행정효율성, 민주제도 개선 측면 등이다.

3. 정책결정 구조

금후 공공조직(기관)은 공간, 시간, 업무 관리 효율화를 위하여 하나의 청사에서 전체를 관리하는 구조로 바뀔 것이다(인사혁신처, 2016:203). 지역별 공공기관, 청사 등이 불필요해진다. 행정의 계층구조, 구역 등도 모두 불필요해진다.

첫째, 공공의 정책결정체제로는 디지크라시와 디지털과 직접민주주의의 결합이다. 둘째, 헤테라키 민주주의는 다중민주주의 모델(인사혁신처:160)인 헤테라키 정책결정구조로 이동하고 있다(NIA, 2017:93-113). 융합정치 사례로 브라질(NIA, 2017:119), 대만(NIA:120), 프랑스, 한국, 스페인(123), 프랑스, 아이슬란드, 서울시, 이탈리아(128), 영국(129), 한국, 스페인, 독일(132), 아이슬란드(133) 사례를 참조한다(서정화·이종수, 2019). 셋째, 공공기관 불신에 대하여 국민(시민) 대표와 시민참여 병립구조가 한 대안이다.

Ⅳ. 인공지능 정책결정 대안

1. 비대면 감성, 창의(효과)

문화예술로 사람을 키우는 이탈리아의 교육적 특성은 첫째, 교육과 사회복지를 우선시 한다. 쾌활하고 놀기 좋아하는 이탈리아 사람들은 자유로이 휴식을 하고 언제든지 휴가도 갈 수 있다. 또한 교육복지 정책이 잘되어 공부하기를 원한다면 돈이 없어서 대학을 못 가는 일은 거의 없다.

둘째, 미래인재의 요건을 창의융합성에서 찾는다. 새롭고 독창적으로 유용한 것을 만들어내는 능력이 창의성이라면, 이 능력을 상호 융합하여 탁월한 것을 창조해내는 일을 융합성이다. '네이처' 지는 가장 창의적이고 융합적인 인물로 이탈리아 출신인 '레오나르드다빈치'를 꼽았다. 그는 화가이자 과학자이며, 사상가로 여러 분야에서 탁월한 업적을 남겼기 때문이다.

셋째, 창의융합성은 감성 예술교육과 통한다. 문학에서도, 예술에서도, 일상생활에서도, 일반 기업에서도 창의융합성을 제1로 꼽는다. 미술교육은 '전통은 살리되 현대적 감성을 입혀라'이다. 미술내용을 인간관계와 연결하면서, 조형, 건축, 색채 등과 어우러지게 한다. 그리고 이들은 베니스 비엔날레처럼 미술, 디자인에 많은 투자를 아끼지 않는다.

이와 같이 이탈리아에서는 미술과 음악교육을 통해서 수학과 역사, 그리고 과학 등의 창의융합성을 배우게 한다. 인간의 감성을 느낄 수 있는 예술교육을 시행함으로써, 창의성이 발휘되고 또 이것을 융합하여 혁신적 결실을 얻을 수 있는 개선이 필요하다.

4차산업혁명으로 정보통신 기술의 융합, 인공지능, 로봇기술, 그리고 생명과학이 주도할 것으로 예견, 각국은 급변하는 미래사회에 대처하기 위한 일환으로 '창의융합형 인재양성'을 청소년 교육과정의 목표로 삼는다. 즉, 인문학적 상상력과 과학기술 창조력을 갖춘 균형 잡힌 인재를 양성하고자 한다(이종수, 2019).

창의성은 기존 것의 융합, 분야별 통합력, 창의성과 창의력 신장 등에 토대한다. 창의성이 인간의 근본 성향이라면, 창의력은 훈련을 통해 얻어지며, 그 방법은 관찰, 형상화, 추상화, 패턴인식과 구성, 유추, 몸으로 생각하기, 감정이입, 병형과 통합 등이다. 또한 음악, 좋아하는 음식, 산책, 명상 등이 도움이 된다.

창의성과 관련 "명상 끝나면 키워드만 생각하라." 눈길, 손길, 발길 가는 곳에 주시하면 문제해결의 실마리가 보이거나 잡히고, 떠오른다(서정화·이종수, 2019:103). '집필(執筆)은 근심, 걱정을 잊게 하고, 운동(運動)은 육신의 자유를 주며, 음악(音樂)은 휴식과 창조적 도전욕구를 충전시켜 주고, 적당한 음주(飮酒)는 심신의 스트레스를 이완시켜 준다.'

2. 면역과 방역

면역 증진과 창의성 함양을 위한 운동으로서의 한국의 태권도와 종묘제례악은 한국의 주요 이미지라고 알려져 있다. 오리 이원익의 소식(小食)과 장수(長壽), 부동심(不動心)의 관계를 노출시켜 현대인의 심신건강과 특히 Covid-19 면역력 증대 측면을 강조하였다.

면역 효과 측면이다. 코로나 바이러스 역병이란 외부환경에 대한 하나의 접근대안으로서 심신의 면역력 증대에 기여하는 '명상'을 통하여 내면과 마주하고, 창의력을 증대시키는 호기로 활용할 것을 제언한다.

위생 관련 방역정책 마련 필요성은 한국 관광지의 위생 정보 제공을 위한 정책을 통해 투명한 바이러스 정책을 강조할 필요성에 기인한다. 국외에서 유입되는 바이러스 정보의 실시간 제공 차원의 현황판 게시와 업데이트 등 청정지역 관광지를 중심으로 '클린 관광 예방지역'의 지정기준 선정하여 지자체가 운영하는 방역인증제도 도입이 필요하다.

방역 네트워크 측면에서 보면 관광객의 안심도를 높이기 위해 발열체크 등 방역서비스 네트워크를 구축하는 시스템 구축이 필요하다.

"우리는 보통 코로 숨을 쉬지만, 대화나 노래, 심한 운동을 할 때는 입으로 숨을 쉰다"며 "대개 코와 상기도에는 병원체를 거르는 방어 기전이 있지만, 입으로 숨을 쉬면 이를 거치지 않기 때문에 주의해야 한다"고 말했다. 그러면서 "입으로 숨을 쉬면 바이러스가 직접 폐로 들어가 감염도 쉽고 중증 폐렴에 걸릴 수 있다"며 "마스크 착용도 중요하지만, 입으로 숨 쉬는 활동도 주의해야 한다"고 했다(서울신문, 2020.8.25). 코로 숨을 쉬는 훈련(呼吸鼻用)은 명상법이 효과가 크다.

코로 숨을 쉬는 훈련(呼吸鼻用)은 명상법이 효과가 크다. 특히 융합명상법은 면역과 감성, 창의 증대에 도움을 준다. 포스트 코로나(Post covid-19)시대 이후 인류는 가족 중심, 소수 인원의 비수기, 힐링과 휴양 중심의 여행 패러다임으로 변화하고 있으며, 특히 힐링, 수양과 관련하여 왜 수양을 하느냐고 묻는다면 살아생전 질병 없는(無病長壽) 건강한 심신유지를 위함이라고 답한다.

또한 명상에 깊이 들어가기 위해서는 유연(柔軟)체조가 도움이 된다. 신체가 유연하면 말초신경까지 혈액순환이 원활하게 전달되기 때문이다.

3. 명상체험 스토리텔링

「융합명상법」의 수행효과는 비가시적이지만 무엇보다도 건강과 부동심 등 심신의 조화로 나타난다. 샘물같이 창의가 솟는다. 체조를 통하여 깊고 깊은 신체의 조화와 유연한 육체와의 교감은 무한한 기쁨을 준다. 고요하고 깊은 호흡 바라보기는 삼독(三毒, 탐진치)이란 난관 극복에 도움이 된다. 깊은 잠김 속에 미해결 단서를 찾을 수 있다. 부동심과 도전심을 내면에 각인시켜 주는 효과가 그것이다.

명상(冥想)을 통하여 마음의 걸림이 없음을 알게 되고, 굴신과 유산소 운동은 육신의 걸림이 없이 홀가분하고 쾌적한 상태를 만들어주며, 음악은 머리를 가볍게 하고, 흥을 일으켜 연구를 수행하는 데 도움이 된다. 필자의 생각으로는 명상과 운동, 그리고 음악을 융합시켰을 때 창의와 연구 효과가 명백하게 증진됨을 경험으로 체험한다.

그 방법은 긍정적 마음, 소식(小食)과 소언, 많이 움직일 것, 명상 등의 방법론은 염불 융합명상, 음악, 체육 효과성을 중심으로 필자의 체험 효과 분석이 주요 방법이며, 그 범위는 뇌지능(腦知能)과 심장지능(心臟知能) 관계와 명상과 음악, 운동유형에 따른 창의(건강) 효과분석과 그 대안 제시, 마음, 정신 자리이다. 현대인의 정신질환 예방과 치유 효과, 면역력 증대 효과, 감성과 창의성 신장 효과, 심신 통합치유 모델, 동서양학문의 통합과 융합적 접근가능성 모색이다.

근래의 뇌과학과 정신신경과학, 신경면역학, 감성과학, 인지과학 등에서는 음악과 체육, 명상을 결합한 심신융합적 활동이 인간의 감성고양과 창의성 신장에 상당한 영향을 미친다는 결과를 입증하였다.

4. AI & 블록체인 제도화 측면

AI는 인류의 모든 지식의 기계적, 기술적 융합을 통한 활용가능성을, 블록체인은 타인(조직) 불신을 잠재우고, 신뢰를 융합시키고자 하는 인류노력의 결실이다. AI & 블록체인정부 제도화 측면이다. OECD(2020)는

「인공지능 권고안」(2019.5)과 「블록체인 원칙」(2019.5) 제안서에서 블록체인 원칙의 주요 이슈는 탈중앙화 소재, 데이터거버넌스, 법과 규제 측면, 상호 운용성 등 8가지를 제시하고, 공공부문의 혁신과제를 4가지로 제안(OECD, 2016)하였으나 본 연구에서는 인공지능 정책결정의 신뢰도, 효과성 및 구조화 측면을 고민하였으며, 특히 이들 내용이 '블록체인 디지털정부' 제도화로 열매를 맺을 필요가 있다.

비대면 시대 재난대비행정 관련 디지털 인프라로서 가장 중요한 것은 '블록체인 기반 디지털정부' 구축사업이다. 블록체인 기술은 재산권 관련 거래, 모든 인허가 행정, 증명(신분, 재산) 관련 확인행정, 조세 공과금 부과징수 행정, 보조금, 지원금 등 급부행정 등 많은 행정분야에 활용될 수 있으며, 「디지털융합정부」로 예산, 조직, 기구 등을 간소화하여 불필요한 인력, 조직, 재정, 기관 등을 축소한다. 중앙정부의 플랫폼 제도화, 광역적 대응 및 지방정부의 지역특성화 전략도 융합되어져야 할 것이다.

중학교 2학년 때 한라산(1950m) 정상에 올랐더니 아래 오름들과 바닷가 쪽이 더 높게 보였다. 높게 올라 높게 보이는 곳이 아래라고 생각했던 민초(백성)들이었다. 그들이 국가의 근본임에도 불구하고 권력을 사유시한 권력기관(검찰 등)들은 2020년 11월 현재 '암투' 중이나 권력은 투명화 되고 있다.

개인적으로는 기술적으로 편리하다고 하더라도 카톡이나 페이스 북 등을 접속하기를 꺼려 대부분 차단시켰다. 수행인에게는 방해물일 뿐이다. 시도 때도 없이 울리는 시그널들이 참으로 불편하다.

5. 재난지원금(생애연금)

기본소득 제도화 측면이다. 긴급재난지원금의 의의 측면은 재난지원금이란 기본소득+재난이란 특수상황을 결합한 개념이다. 4차산업혁명 기술과 과학화로 소득은 늘어나지만 일자리가 사라지기 때문에 국민에 대한 '기본소득' 제도를 도입, 시행해야 한다(시사저널, 2016.8.23.:75). 예를 들면, 재난지원제도 활성화 등으로 동시에 전국민에게 '생애연금'을 지급한다.

V. 나가는 글

본 연구의 목적은 Covid-19 창궐하에 본고는 인공지능이란 무엇(서정화, 2016~2018)이며, 지방정부 사례 분석, 활용효과, 한계점과 과제 등을 도출하고, AI & 블록체인 융합시대의 인간지성융합을 「융합명상법」으로 접근하였다.

기본적인 착상은 서정화(2016~2019)의 행정적용방안을 초대로 출발하였다. 특히 Covid-19시대 지방정부의 인공지능 정책결정을 위한 이론적 접근, 효과와 한계 및 Covid-19 대응을 위한 제도화 측면과 대응정책 등을 인공지능정부(사회) 필요성에 대한 선제적 대응 및 입법 내용 등을 중심으로 접근, 제언하였다. 미래를 위해서는 AI & 블록체인 융합정부 제도화와 동시에 과거 선조들의 부동심, 청렴, 창조행정과 천수(天壽)를 다한 행적을 추적하여 코비드 팬데믹 대응의 한 방안으로 활용하고자 한 것이다.

또한 제도적, 후광적인 공권력의 남용을 차단하고, 백성중심의 시책, 예산, 정책결정 합리성을 도모할 수 있는 방안을 찾고자 하였으며, 이들 내용을 바탕으로 정책대안을 5가지로 제안하였다.

본 연구의 차별성은 Covid-19 비대면 사회 대응을 위한 AI & 블록체인 융합정부 제도화와 동시에 새로운 사회 환경에 개인이 적응할 수 있는 「심신융합명상법」을 개발하여 면역 증대에 기여코자 했다는 점이다. 5가지 대안으로는 감성 창의, 면역대응, 명상체험, AI(블록체인) 융합 제도화, 재난지원금 제도화 등이다.

[참고문헌]

과학기술부, 과총(2018.6). 『스마트시대 창의와 공감의 과학기술』

관계부처 합동(2019.12). 「인공지능 국가전략」

관계부처 합동(2019.1.16). 「데이터, AI 경제활성화계획(2019~2023)」

관계부처 합동(2016.12). 『제4차산업혁명에 대응한 「지능정보사회 중장기 종합계획」』

김동현(2019.9). 「공공부문 IA의 핵심, ‘신뢰가능 AI’」『Special Report』.

김병조 · 은종환(2020.3). 「행정, 정책의사결정에서 머신러닝 방법론 도입의 정책적 함의: 기계의 한계와 증거기반 의사결정」, 『한국행정학보』, 54권 1호.

김연성(2017). 「사회변화에 따른 정부의 역할변화」, 『2017 정책학회 춘계학술대회』 한국정책학회.

김윤정(2018). 「인성의 씨앗은 문화예술교육이다」, 『강원교육연구』, 제74호, 강원도교육연구원.

김진영 · 허완규(2018). 「제4차산업혁명시대 인문사회학적 쟁점과 과제에 관한 연구」, 『한국디지털정책학회논문집』, 제16권 제11호.

김태은 외(2017). 「창의융합형 인재를 기르기 위한 수업혁신전략 12가지」, 『Brief』 6호, 한국교육과정평가원.

산업정책분석원 리서치센터(2016). 『4차산업 핵심 기반 인공지능(AI) 기술 요소 및 AI 로봇 기술 동향과 정책 방향 전망』

서정화(2016.9). 「오리 이원익의 부동심과 청렴행정」「서울대총동창신문」, 제462호, 서울대학교.

_____(2016.12). 「제4차산업혁명과 총체적 대응방안」「서울대총동창신문」, 제465호, 서울대학교.

_____(2017.1). 「100만 청년실업문제 해소방안」「서울대총동창신문」, 제466호, 서울대학교.

_____(2017.4). 「삼봉 정도전 법치사상과 『조선경국전』」「서울대총동창신문」, 제469호, 서울대학교.

_____(2017.5). 「지능 정부의 구성요소」「서울대총동창신문」, 제470호, 서울대학교.

_____(2017.6). 「도시정부의 혁신과제」「서울대총동창신문」, 제471호, 서울대학교.

_____(2017.7). 「감성 정부의 필요성과 효과」「서울대총동창신문」, 제472호, 서울대학교.

_____(2017.8). 「명상창의」「서울대총동창신문」, 제473호, 서울대학교.

_____(2017.9). 「농촌지역의 국제화와 다문화 현상」「서울대총동창신문」, 제474호, 서울대학교.

_____(2017.12). 「다산 실학사상과 AI 아카데미」, 「서울대총동창신문」, 제477호, 서울대학교.

_____(2018.2). 「AI시대 생명윤리」, 「서울대총동창신문」, 제479호, 서울대학교.

서정화 · 이종수(2019). 『블록체인 도시행정』 지식공감.

OECD 대한민국정책센터 공공관리정책본부(2016.12). 『공공부문의 혁신

과제: 실천방안수립』

오헌석 외(2012). 「과학기술분야 융합연구자의 융합연구 입문과 과정에
　　관한 연구」「아시아교육연구」, 제13권 4호.

윤상오(2018). 「인공지능 기반 공공서비스의 주요 쟁점에 관한 연구: 챗봇
　　(ChatBot) 서비스를 중심으로」『한국공공관리학보』제32권 2호.

윤상오 · 이은미 · 성욱준(2018). 「인공지능을 활용한 정책결정의 유형과
　　쟁점에 관한 시론」『한국지역정보화학회지』제21권 1호.

이재호 외(2019). 「인공지능 기술의 행정분야 활용에 관한 탐색적 연구」,
　　KIPA.

이종수(2020.11). 「염불과 명상 융합효과분석」, 『교수불자연합회 하계학
　　술대회논문집』교불연.

_____(2020.12).『인공지능행정론』지식공감.

_____(2020.8). 「AI & 블록체인 融合行政효과 분석」, 『하계학술대회논문
　　집』한국지방자치학회.

_____(2020.3). 「포스트휴먼과 봉은찬불融合명상」, 『봉은 판전』제149
　　호, 봉은사.

_____(2019.12). 「領相 李元翼 音樂觀의 人性涵養 效果」, 『한국정책학회
　　동계학술대회논문집』한국정책학회.

_____(2019.10). 「青年佛子 減少實態와 對應프로그램 開發: 融合冥想 프
　　로그램 開發과 活用」, 『제6회 불교미래포럼: 미래사회와 청년불
　　교』, 한국교수불자연합회.

_____(2019). 「인지과학과 融合명상」, 『한국교수불자연합학회지』제25
　　권 2호.

_____(2019.8). 「지방정부의 인공지능 활용실태분석」, 『2019 한국지방
　　자치학회 하계학술대회논문집』한국지방자치학회.

_____(2019.7). 「인지과학과 融合명상: AI, 감성, 창의 융합」, 『2019 불자연 하계대회논문집』 한국교수불자연합회.

_____(2019.6). 「봉은남성합창단 찬불가 스토리텔링」, 『봉은판전』 제140호, 봉은사.

_____(2019.3). 「지능정보사회 감성·創意融合」, 『감성연구』 제18집, 전남대.

_____(2018.12). 「4차산업혁명과 融合명상」, 『한국지성과 불교』, (사)한국교수불자연합회.

_____(2015). 「템플스테이 미러뉴런 스토리텔링 힐링: 명상과 사찰음식 공감체험을 중심으로」, 『창조산업연구』 2/3(안동대 창조산업연구소, 2015.11).

_____(2002). 「21세기 GNR 시대의 생명윤리 정책방향」, 『국가정책연구』 제16권 1호, 국가정책연구소.

정두희(2019). 『3년 후 AI 초격차시대가 온다』 청림출판.

정보통신기술진흥센터(2018.12). 「국내외 AI, 활용현황과 공공적용」

정소윤(2019). 「인공지능 기술의 행정활용에 관한 연구 동향 및 쟁점 분석」 『한국지역 정보화학회지』 제22권 4호.

전대성·신승윤·정충식·김동욱(2017). 「공공부문의 성공적인 지능정부 행정구현을 위한 정책적 제언: 정책델파이 조사를 중심으로」 『한국지역정보화학회논문집』 한국지역정보화학회.

Kistep(2018). 「AI기술의 공공서비스 활용과 전망」.

최진욱(2017). 「제4차산업혁명이 정부 정책분석평가에 미치는 영향에 대한 탐색」 『정책분석평 가학회보』 27권 4호.

최효찬(2018). 「공감능력이 높은 융합인재로 키우려면」, 『국회도서관』, 55권 2호, 국회도서관.

한국교육과정평가원(2017). 「창의융합형 인재를 기르기 위한 수업혁신 전략 12가지」.

한국매니페스토실천본부(2019.7). 「문화협치를 통한 성북예술마을 만들기」 『2019 한국매니페스토실천본부 공약평가 자료집』.

한국교육과정평가원(2017). 「창의융합형 인재를 기르기 위한 수업혁신 전략 12가지」.

한국정보화진흥원(2016). 『ICT기반 국가미래전략 2015: BIG STEP』. 한국정보화진흥원.

_____(2017). 「2017 ICT기반 국가미래전략 Big Step: 빅데이터 기반 헤테라키민주주의 메가트랜드」 NIA.

한국정보화진흥원(2017). 「인공지능시대의 정부: 인공지능이 어떻게 정부를 변화시킬 것인가?」 『IT & Future Strategy』 제3호.

허태욱(2017). 「4차산업혁명시대 블록체인 거버넌스 시스템으로의 전환과 시민사회의 역할에 관한 서설적 연구」, 『NGO연구』 제12권 제2호.

제3장

AI와 블록체인 융합효과

제1절 AI 융합도시 서비스

1. 안양형 스마트시티

한글과 컴퓨터그룹은 5일 안양시와 스마트시티 조성을 위한 업무협약을 체결했다고 밝혔다. 이번 협약을 통해 한컴그룹은 인공지능(AI), 블록체인, 빅데이터 등 그룹이 보유한 다양한 스마트시티 솔루션을 안양시에 제안하고 서울시와 전주시 스마트시티 구축을 통해 축적한 노하우를 안양시에 접목해 다른 지자체와 차별화된 '안양형 스마트시티'를 구축하도록 협력할 계획이다.

한컴그룹은 도시 행정의 기반이 되는 교통, 상수도, 방범, 안전 등 각종 도시 데이터를 수집·분석하고 이를 활용해 도시문제를 해결하는 '디지털 시장실'과 '데이터 허브', '스마트시티 통합 플랫폼' 등을 통해 스마트시티 인프라 구축에도 힘을 보탤 계획이다(뉴스1, 2019.11.5).

안양시는 한컴그룹의 다양한 정보통신기술(ICT) 및 스마트시티 솔루션을 통해 행정 효율성과 주민 편의성을 높일 수 있을 것으로 기대했다. 김상철 한컴그룹 회장은 "높은 수준의 스마트시티 정책을 시정에 반영하고 있는 안양시는 그룹이 보유한 각종 첨단기술을 적용할 수 있는 국내 몇 안 되는 도시"라며 "그룹의 스마트시티 기술 역량을 안양형 스마트시티 조성에 적극 활용해 국내 스마트시티 시장 활성화에 앞장서겠다"고 말했다.

2. 세종 스마트시티 세계 최초로 'AI' 가 도시 운영

세종 5-1생활권 스마트시티 국가시범단지가 세계 최초로 인공지능(AI)에게 도시 운영을 맡기는 지역이 된다. 교통 또한 일반차량이 진입할 수 없는 '자율차 전용도로 구역'을 지정해 공유차 이용을 유도하고 병원을 네트워크로 연결한 맞춤 의료, 스마트교육 학교 통합설계도 이뤄진다.

4차산업혁명위원회, 국토교통부는 13일 부산 벡스코에서 세종과 부산 국가 시범도시 시행계획을 발표하고, 융합 얼라이언스 발족식을 가졌다. 시행계획에 따라 세종 스마트시티는 세종시민이 제기한 교통불편, 생활편의여건 미흡, 의료와 문화복지시설 부족 등의 요구에 따라 7대 서비스 구현을 위한 공간계획이 추진된다(대전일보, 2019.2.14).

세종 스마트시티는 사물인터넷(IoT)을 통해 얻은 도시 정보를 클라우드 시스템에 저장 후 인공지능이 통합관리하며 시민의 삶의 질, 도시 지속가능성을 위한 예측서비스를 제공할 계획이다. 특히 구글 알파고에 쓰인 알고리즘인 딥 러닝(deep learning)의 대표격인 머신 러닝(Machine Learning) 기법을 활용해 에너지 효율 관리, 이상현상 대처, 시민이 원하는 맞춤서비스를 미리 예상해 대응할 수 있게 된다. 국가와 지자체 공무원이 하던 행정 서비스를 '인공지능' 이 맡게 된 셈이다.

세부적으로 교통의 경우 공유 자율주행차, 스마트 주차·횡단보도 중심의 체계로 바뀌며 도시 내 자가용 운행을 3분의 1 수준으로 낮출 방침이다. 헬스케어의 경우 현행 의료체계를 뛰어넘는 획기적인 수준으로 진화된다. 개별 병원을 네트워크로 묶어 환자의 질병종류와 진료 대기시간 등을 고려한 최적의 병원을 찾아주는 체계를 도입해 도시 전체가 확장된 병원 역할을 맡게 된다. 질병이 발생했을 때 1차, 2차, 3차 병원을 수차례에 걸쳐 옮겨 다니며 같은 증상을 반복 설명해야 하거나 중복 진료와 처방으로 인한 금전적 시간적 손해를 막을 수 있게 된 것이다. 이밖에 응급환자 골든아워 확보를 위해 구급차량 화상 연계, 주변차량에 응급차량 알림을 제공하는 '스마트 응급' 이 도입된다.

안전분야는 회전형 카메라, 드론 공중 영상 감시 등 치안체계가 구축되고, AI와 IOT를 활용해 화재와 붕괴 등 건축물 안전상황을 점검하는 시스템이 도입된다. 교육은 세종교육청과 함께 국제표준 수준의 교육체계 도입을 위한 공동연구가 올 상반기 추진한다. 발명과 제작 등을 위해 3D 프린터 장비 도입 등 에듀테크, 스마트 홈스쿨 등도 이뤄질 전망이다.

에너지 분야에서는 제로에너지빌딩, 연료전지 시범사업, 도시형 에너지 통합관리센터 구축 등이 담겼다. 이밖에 거버넌스 부문에 있어서는 '세종의 뜻' 이라는 시민투표 체계를 구축해 도시 발전과 행정분야에 대한 시민 참여를 끌어올릴 방침이며, 블록체인 기반 지역화폐도 발행된다.

정부 관계자는 "시범도시는 조성 과정을 비롯 입주 후에도 혁신을 거듭해 시민이 일상에서 지금껏 경험하지 못했던 교통, 건강, 교육 등 서비스를 받게 될 예정" 이라며 "스마트시티가 미래 신산업으로 육성돼 양질의 일자리를 창출하는 도약대 역할을 할 것으로 기대한다" 고 말했다.

3. 광주혁신추진위, 데이터 기반 행정

시장직속 광주혁신추진위원회(위원장 주정민, 혁신추진위)가 5일 제11차 전체회의를 열고 '데이터 기반 행정으로 인공지능도시 선도'를 위한 7차 시정혁신 권고문을 발표했다. 특히 상설국악공연장 등을 방문, 시립예술단 활성화 방안에 대해 논의했다(천지일보, 2019.11.5).

이번 권고는 혁신추진위가 지난해 11월 27일 시장직속 심의기구로 출범한 이후 공공기관혁신, 시립예술단 활성화, 스마트제조혁신, 광주형 복지모델 구축, 광주 도서관정책 재정립 등에 이어 일곱 번째 시정혁신 권고다.

광주시는 역점시책인 인공지능(AI)의 기반이 되는 체계적인 데이터관리를 위해 관련조례 제정, 빅데이터팀 신설, 빅데이터 위원회 구성 등 정책적 노력을 하고 있으나, 공공데이터의 체계적 관리와 개방정보량 등 데이터정책은 시민들의 기대치에는 미치지 못하고 있다.

이에 혁신추진위는 광주시가 선택한 새로운 먹거리기술인 인공지능(AI)이 소기의 성과를 거둘 수 있도록 '데이터기반 행정으로 인공지능도시 선도'를 위한 정책 방향을 권고했다. 혁신위에 따르면 '체계적 데이터 생산·관리·이용을 위한 시(市) 데이터 정책 수립'을 위해 광주시는 데이터에 기반한 구체적인 데이터 정책을 마련하고 공공데이터의 체계적 관리로 인공지능 선도도시로의 도약을 준비한다.

이를 위해 시, 공공기관 등이 가지고 있는 데이터 체계화, 공개범위 확대, 평가·환류계획 등 단계별 목표·전략과 정책을 수립하고 지역통합 데이터 관리기준 마련, 데이터 전담부서 설치(지정) 등으로 공공데이터 확보 및 개방, 처리기술 고도화해야 한다.

또한 민간부문이 공공데이터를 활용해 기업 등 생산 활동을 영위하도록 민·관 데이터 거버넌스 체계를 구축하고 공공데이터를 단계적으로 표준화(API: Application Program Interface) 형태로 전환한다.

더불어 '데이터 중심 증거기반 정책제도 전면 도입'을 통해 시 정책수립에서 시행·평가까지 시정을 데이터 기반으로 전환하고 시, 공공기관 등 공공부문이 보유한 데이터의 자원화, 공공부문 정보를 통합·운영하는 빅데이터(Big Data) 플랫폼을 구축한다.

또한 시 부서와 기관·분야별 데이터 표준체계를 마련해 주기적(연 1회 이상)으로 공개하되 공공데이터 중 활용도가 높고 기준이 되는 데이터를 우선적으로 선별해 공개하며, 각종 통계정보의 신뢰성과 최신성 확보를 위한 통합 빅데이터 플랫폼을 구축, 행정정보의 업로드(Upload)를 의무화하고 빅데이터 정책기반을 확장해 나간다.

4. 안전 도시 양주시

경기도 양주시가 새해 인공지능(AI) 기술을 활용한 스마트 영상관제시스템을 선제적으로 도입 '세이프티 시티'를 구현한다. 시 영상관제 환경을 대폭 개선해 약 23만 명에 달하는 시민에게 '양주시는 삶이 안전한 도시'란 점을 보여주는 '시민체감형 안전서비스'를 제공할 계획이다(전자신문, 2020.1.19).

쿠도커뮤니케이션(대표 김용식)은 양주시 옥정신도시 스마트시티 복합센터 내에 위치한 CCTV 통합관제센터에 'AI 스마트 선별 관제시스템'을 작년 말 구축하고 본격 운영에 들어갔다고 19일 밝혔다.

양주시가 이번에 도입한 'AI 스마트 선별 관제시스템'은 사회적 요구로 늘어나는 CCTV 설치 대수 대비 한정적 관제 배치 요원으로 인한 영상관제 제약점을 극복할 수 있는 최신 딥러닝 알고리즘을 접목했다.

양주시는 이를 통해 시면적 310km²에서 발생하는 범죄 예방과 행정구역에 거주하는 시민안전에 크게 기여할 것으로 기대하고 있다. 그간 옥정 신도시 CCTV 통합관제센터는 약 3700대 방범용 CCTV로 24시간 실시간 모니터링해 '시민 지킴이' 역할을 톡톡히 해 왔지만 운영상 한계를 안고 있었다.

현재 영상관제 요원 12명이 3700여 대 CCTV를 순차적으로 일일이 모니터링함에 따라 영상관제 효율성이 떨어지고 영상관제 요원 인력 운영에도 어려움을 겪고 있었기 때문이다. 또 현재 영상관제 시스템은 행인이나 차량이 출현하지 않는 무의미한 영상 등 중요도가 떨어지는 영상 정보도 무조건 관제해야 하는 비효율성을 지적받곤 했다.

'AI 스마트 선별 관제시스템' 엔 쿠도커뮤니케이션이 스마트 관제 기술 분야에서 축적한 '스마트 AI' 솔루션을 탑재한 것이 특징이다. 딥러닝 기술을 활용한 '스마트 AI' 솔루션은 이상 행동이 영상에서 나타날 경우 먼저 자동으로 판단, 관제 관심 대상인 사람 또는 차량이 나타난 CCTV 채널을 자동으로 선별한다.

이후 관심 대상 영상을 관제요원에게 즉각적으로 전달함으로써 관제 요원이 동시에 검토해야 하는 영상 양을 50% 이상 획기적으로 줄여줄 수 있다. 이를 통해 관제 요원의 업무 효율을 탁월하게 향상시켜 줌과 동시에 AI를 업무 보조 수단으로 활용, 인건비 예산 절감 효과도 거둘 수 있다.

또한 특정 관제지역의 특성을 고려한 시나리오 기반 관제 환경을 구축할 수 있다. 예를 들어 어린이 보호 구역 내 등하교 시간 또는 방학 기간, 도심 지역내 심야 시간대 등 지역적·시간적 특성을 고려해 관제요원이 직접 관제 필터링을 설정해 유연하고 탄력적인 관제 운영 환경을 조성할 수 있다. 집중 관제 환경을 제공하는 데 기여한다.

5. 가상도시 서울

'가상' 서울에서 '최상' 해법 찾는다(전자신문, 2020.1.19). '버추얼 서울' 프로젝트 근간 개념인 '디지털트윈'은 가상공간에 실제 환경과 똑같은 환경을 구현하는 것이다. 건설 · 제조 등 분야에서 이미 활발히 도입 중이다. 예를 들어 공장에서는 디지털트윈을 통해 제품을 미리 설계하고 제조 라인 효율성을 점검한다. 건설사는 건축 전 미리 가상환경에서 건물을 지어보고 일조, 조망, 다양한 자연환경 조건에서 내구성 등을 점검할 수 있다.

버추얼 서울에 앞서 싱가포르와 런던 등이 디지털트윈으로 도시를 복제했다. 싱가포르는 2014년부터 '버추얼 싱가포르' 프로젝트를 추진했다. 건축물은 물론 자연환경까지 비슷하게 구현한 3D 데이터를 기반으로 재난, 교통, 에너지 대책을 수립한다.

싱가포르 실리콘밸리격인 펀골 타운 설계가 대표사례다. 미리 지역 건물 설계를 버추얼 싱가포르에 적용하고 공기 흐름을 관찰했다. 실험 결과를 실제 건물 건축에 반영했다. 도시 전체 통풍이 원활하도록 건물을 배치해 대기질을 높였다.

미국 로스앤젤레스(LA) 역시 LA 전역을 3D로 시뮬레이션해 주거환경 개선에 활용한다. 영국 런던도 3차원 가상도시 '버추얼 런던' 프로젝트를 진행 중이다. 서울시는 이번 버추얼 서울시스템을 위해 3D 공간정보 자동화 기술을 가진 네이버랩스와 손잡았다.

건축물을 비롯해 도로, 공원, 상하수도 등 주요시설을 데이터베이스(DB)화 했다. DB에는 정사영상(수직항공사진), 실감정사영상, DEM(수치표고모델), DSM(수치표면모델), 3차원건물모델이 포함됐다.

DEM은 지형, 수목, 건물, 인공구조물 등을 3D 형태로 표현한 공간정보다. DSM은 지형만 3D 형태로 표현한 공간정보다. 즉 서울의 땅과 인공건축물, 수목을 그대로 가상공간에 옮긴 것이다.

네이버랩스는 버추얼 서울과 별도로 '에이시티(A-CITY)' 프로젝트를 진행 중이다. 네이버 미래도시 프로젝트인 에이시티는 도시 안 도로, 인도, 실내, 골목 등 모든 공간을 고정밀 데이터 지도화 하는 것이 목표다.

로봇, 딥러닝, 비전 등 인공지능(AI)을 활용해 지도를 수시로 업데이트 하는 기술이 핵심이다. 이를 통해 실내 내비게이션 서비스를 제공하거나 자율주행 머신을 운행하는 등 여러 상품과 서비스를 기획할 수 있다.

네이버랩스는 지난해부터 이 같은 기술을 동원해 서울 시내 왕복 4차선 이상 주요도로를 지도로 만드는 작업을 시작했다. 총 길이만 2000km에 달한다. 네이버랩스 기술과 데이터베이스가 고도화 되면 이를 활용한 버추얼 서울도 보다 정교해질 수 있다.

버추얼 서울은 행정 선진화에도 기여할 것으로 보인다. 특히 도시공간 의사결정 체계를 지원하고 효율을 높이는 효과가 기대된다. 서울시는 앞으로 버추얼 서울에서 다양한 도시계획 분석기능을 개발할 계획이다. 이를 각 부서나 위원회 등 조직 운영시스템과 연결하면 합리적인 의사결정에 도움을 줄 수 있다.

서울시가 전역을 센서로 연결한다. 한강공원 시설물을 사물인터넷(IOT)으로 연결해 관리하고, 도심에는 '스마트폴'을 세운다(전자신문, 2020.2.17). 이날 서울시에 따르면 시는 최근 '한강스마트관리 태스크포스(TF)'를 구성했다. 한강 전역을 담당하는 스마트관제시스템을 만들 계획이다. 올해 2분기까지 정보화전략계획(ISP)을 수립하고, 내년부터 실증사업을 진행한다. 약 150억원의 예산을 투입한다.

화장실·체육시설물·주차장 등 한강에 설치된 시설물을 IOT 센서로 연결해 관리하고, 재난·이상 상황을 자동 인식해 실시간 대응할 수 있는 체계를 갖춘다.

시에 따르면 한강공원내 인터넷 회선 구축 등 기본 인프라를 설계하는 작업부터 시작한다. 이 과정에서 서울시가 추진하고 있는 자가망 에스넷(S-NET)과의 연동도 검토한다. 사업이 완료되면 한강 전역에서 공공와이파이를 사용할 수 있고, 시설물 장애를 바로 복구해 시민 불편을 최소화할 수 있을 것으로 기대된다.

도심에서는 '스마트폴' 사업계획을 추진한다. 스마트폴은 도심내 필수로 설치되는 가로등과 신호등에 와이파이 AP, 폐쇄회로(CC) TV, IOT 센서(S-DOT), 디스플레이 등을 합친 구조물이다. 스마트폴이 설치되는 지역은 공공 인터넷 서비스와 동시에 치안, 환경, 대민정보 등을 통합 제공할 수 있다. 미세먼지, 습도, 기온 등 도시 환경을 측정 스마트폴 설치 구역별로 세분화해 실시한다.

서울시는 스마트시티 프로젝트에서 IOT 기반 도시데이터 관리시스템 구축, 공공 빅데이터 통합저장소 구축, 민·관 공동 빅데이터 플랫폼 구축, 공공데이터 전면 개방을 행정분야 핵심 과제로 추진하고 있다.

제2절 AI 활용 효과 분석, 한계

1. 빅데이터를 통한 혁신행정

민선7기 목민관클럽 제7차 정기포럼이 광명시청과 희망제작소 주관으로 지난 21일과 22일 양일 간 경기도 광명시에 위치한 라까사호텔 연회장에서 열렸다. 이번 포럼은 '빅데이터를 통한 혁신행정'을 주제로 전문가 발제와 지방자치단체의 사례를 나누는 자리였다.

실제 정부 및 공공기관의 공공데이터와 다양한 민간데이터를 융합 및 분석해 국민의 안전과 생활에 필요한 정책을 수립하고, 서비스를 제공하는 데 빅데이터 기술이 활용되고 있다. 데이터를 효과적으로 분석할수록 주민 맞춤형 정책이 무엇인지 파악하고, 갈수록 복잡하고, 얽혀 있는 사회문제를 해결하는 데 필요한 것은 무엇인지 점검할 수 있다(희망제작소, 2019.11.29).

문석진 목민관클럽 상임대표(서대문구청장)는 이날 개회사에서 "내년이 벌써 목민관클럽 10년째가 되는 해"라며 "과거의 방식에서 벗어나 주민의 수요에 따라 새로운 의제를 탄력성 있게 받아들이는 시대로 나아가기 위해 목민관클럽에서 서로 정보를 나누고, 배우는 자리가 되길 바란다"라고 말했다.

빅데이터 행정은 기술보다 시나리오에 주력해야 한다. 안영재 한국기업데이터 플랫폼센터장은 자치정부에서는 데이터를 위한 하드웨어는 있지만 콘텐츠가 없는 경우가 비일비재하다고 지적했다. 그만큼 공무원이 데이터를 어떻게 활용할지 기획하고, 시나리오를 만드는 게 중요하다는 것이다. 예컨대 데이터를 수집하고, 처리하고, 분석하는 것은 외부 데이터 전문업체가 진행할 수 있지만, 이를 위해서는 공무원이 지역내 어떤 문제를 해결하기 위해 어떤 데이터를 어떻게 모아 어떤 방법으로 분석해 어떤 가치를 제공할지에 대한 실제적인 시나리오를 개발하는 데 주력해야 한다는 것이다.

이어 안 센터장은 지역산업지원 정책의 효과성을 제고하기 위해서는 데이터 기반의 정보시스템 구축이 필요하다고 강조했다. 공공은 수요자 중심의 공공서비스 실현을 위해 여러 행정기관에 분산된 정보나 업무를 연결 및 활용하려는 수요가 급증함에 따라 적시성 있는 데이터를 한눈에 파악하는 게 전제돼야 한다는 것이다.

즉, 기업정보 및 공공데이터 등 내외부 데이터를 활용해 실시간으로 시군구 단위로 지역산업 현황을 파악할 수 있도록 대시보드를 통해 시각화해 정책결정의 근간으로 활용하는 것이다.

데이터 공동이용을 통해 정책수립과 시민 참여 모색이다. 빅데이터 기반의 혁신행정과 데이터분권에 관해서도 알아봤다. 발제를 맡은 김종업 한국문화정보원(KCISA) 부원장은 데이터 분권을 위한 기반을 강화해야 한다고 주장했다.

현재 지방정부에서는 데이터를 공동 이용하고, 수집할 수 있는 체계가 부족한 데다 위임기간인 해당 중앙부처에 요청해 데이터를 제공받아야 하는 등의 까다로운 절차로 인해 데이터 활용이 어려운 게 현실이다. 또 중앙 등 유관기관 보유 데이터 활용의 제한이 있고, 민간 데이터 구매에 따른 예산과 전담인력의 부재라는 장애 요소가 있다.

김 부원장은 이러한 데이터 활용 제약을 해결하기 위해서는 데이터 공유의 제공 업무에 관한 명확한 업무 수행 근거를 마련해야 한다고 강조했다. 또 데이터 공유 및 제공을 위한 예산 및 전담인력을 배치함으로써 데이터를 공동 이용할 수 있는 체계를 갖춰야 한다고 주장했다.

데이터를 공동 이용할수록 중앙과 지방간 칸막이를 해소하면서 권력화를 방지할 수 있다. 시민 관점에서는 데이터를 통한 지역문제 해결 및 시민이 주체로서 참여할 수 있는 길이 열리고, 지자체에서는 데이터를 활용해 정책을 수립하면서 데이터 자치권을 강화할 수 있다.

강동구는 강동구 빅데이터 포털(GBP)을 통해 행정 혁신 효과를 누리고 있다. 통합검색으로 데이터 접근이 용이해져 구민의 알권리를 충족시킬 수 있고, 데이터 시각화로 데이터 이해도를 높인다. 데이터 통합관리로 데이터 행정의 기반을 닦고 있다. 2020년에는 쓰레기 배출, 불법주차, 장애인 주차, 전기차 충전소, 공공와이파이, 지방세 체납 등의 데이터를 분석한다.

이어 서울 서대문구에서는 마을버스 이용 현황을 데이터를 통해 개선했다. 문석진 서대문구청장은 버스 및 지하철 분포 현황과 마을버스 노선 분포 현황을 비교하면서 일부 지역에 마을버스가 다니지 않는 걸 파악해 노선 추가 신설 및 개선해 대중교통 서비스의 질을 높였다(희망제작소).

2. 클라우드

(1) 공공클라우드

"공공 앞장서 클라우드 전면 도입해야"(전자신문, 2020. 1. 19).

"인공지능(AI)이 두뇌라면 데이터는 두뇌에 산소를 공급하는 혈액이고, 클라우드는 혈액을 돌게 하는 심장입니다. AI, 데이터, 클라우드 정책이 함께 움직여야 한다. AI 강국을 만들겠다고 선언하면서 클라우드를 도외시하는 것은 맞지 않습니다."

문용식 한국정보화진흥원(NIA) 원장은 AI 시대 클라우드 중요성에 대해 이같이 강조했다. 문 원장은 "데이터를 개방하고 신기술을 빠르게 수용하려면 공공이 퍼블릭 클라우드를 전면 도입해야 한다"면서 "클라우드 퍼스트 원칙에 입각해 민간 클라우드 도입에 속도를 내야 할 때"라고 말했다.

지난해 NIA가 지원한 은평구청 민간 클라우드 기반 AI 보건소 사업은 AI와 클라우드가 결합한 대표 사례다.

문 원장은 "AI 보건소는 클라우드 기반으로 서비스를 개발, 전국 확산이 쉽고 균등한 서비스 제공이 가능하다"면서 "열악하고 환경이 어려운 곳까지 고품질 보건소 서비스를 제공해 AI, 클라우드 기술로 디지털 포용 사회를 이루는 대표 모델을 제시했다"고 평가했다.

현재 공공분야 민간 클라우드 도입률은 미국이나 영국 등 주요국에 비해 낮다. 미국은 국방부가 클라우드 구축 사업 '제다이(JEDI)' 프로젝트 사업자로 마이크로소프트(MS)를 택했다. MS 클라우드 사용료로 10년 동안 100억 달러(11조 5970억 원)를 지불한다.

문 원장은 "우리나라도 제다이처럼 상징적 공공분야 민간 프로젝트 도입 사업을 추진해야 한다"면서 "공공 대형 서비스를 민간 클라우드로 전환하는 사업 5~6개만 추진하면 금방 클라우드 생태계가 만들어질 것"이라고 말했다. 서비스형 인프라(IaaS)뿐만 아니라 서비스형 플랫폼(PaaS) 도입도 중요하다. 과학기술정보통신부와 NIA가 투자해 개발한 PaaS '파스-타'가 개발된 지 5년이 됐다. 코스콤 등 민간에서 파스-타를 도입하기 시작했고, 공공도 최근 전자정부 클라우드 플랫폼 기반으로 채택되면서 확산을 앞뒀다.

문 원장은 "전자정부 프레임워크가 개발된 지 10년이 지나면서 관련 기업과 생태계를 만들었다"면서 "파스-타가 전자정부 프레임워크 성공 사례를 잇는 사례가 될 것"이라고 말했다.

이어 "파스-타가 5년간 기술 고도화를 거치고 민간 도입 사례가 늘면서 변곡점을 맞이했고, 올해가 한 단계 도약하는 중요한 시기"라면서 "생태계 구축 사업, 교육, 개발자 지원, 서비스 개발 회사 협력 등 다방면으로 지원해 파스-타 안정성을 보여주겠다"고 말했다.

NIA는 공공부문 클라우드 확산을 위해 올해도 다양한 정책지원을 이어간다. 문 원장은 "국가 클라우드 기본계획에 따라 3년 단위로 주요 방향을 설정하지만 구체적인 부분은 개별 부처나 지자체에서 만들어야 한다"면서 "부처와 지자체가 마스터플랜을 수립하고 목표를 설정하도록 기술, 컨설팅 등을 꾸준히 지원할 계획"이라고 말했다.

문 원장은 지금이 클라우드 산업 골든타임임을 강조했다. 문 원장은

"우리나라 클라우드 기술 수준은 여전히 아마존웹서비스(AWS)나 MS에 비해 70%대 수준"이라면서 "클라우드야말로 산업 생태계를 만들고 기술 개발을 위해 정책을 더 적극적으로 추진해야 하는 분야"라고 말했다.

이어 "글로벌 기업을 따라가기 어렵기 때문에 클라우드는 포기해야 한다는 시각도 있지만 오히려 지금이야말로 국내 클라우드 산업 골든타임"이라면서 "공공부문이 선도적으로 민간 클라우드를 적극 도입해 모범을 보여주고 클라우드 기반으로 범국가적 혁신을 만들어야 한다"고 강조했다. 디지털 정부, 공공 클라우드 확산부터 시작(전자신문, 2020.1.19) 우리나라는 2015년 3월 세계에서 처음으로 '클라우드컴퓨팅 발전 및 이용자 보호에 관한 법률(클라우드 컴퓨팅법)'을 제정하며 클라우드 도입 물꼬를 텄다.

5년간 민간은 활발하게 클라우드를 도입했다. 2년 전 대한항공이 데이터센터를 없애고 정보기술(IT) 시스템 100%를 클라우드로 이전하겠다고 발표한 후 동참하는 대기업이 늘었다.

지난해 LG그룹도 전사 IT시스템 90% 이상을 클라우드로 이전하겠다고 밝히는 등 민간 클라우드 확산이 급속도로 진행 중이다.

공공은 민간에 비해 민간 클라우드 도입이 더디다. 업계는 공공민간 클라우드 도입이 올해부터 본격 확산할 것이라 기대한다. 지난해 공공 클라우드 도입 주요 사례가 하나 둘 생겨나면서 공공도 민간 클라우드 도입에 긍정적 분위기다. 정부도 공공민간 클라우드 도입 확대를 위해 정책지원을 강화하는 등 올해를 공공민간 클라우드 도입 확산 원년으로 만들겠다는 목표다.

(2) 민간 클라우드

2020년, 공공 클라우드 확산 원년 도약, 정부는 5년 전 클라우드법 제정에 따라 3년 단위로 기본계획을 수립한다. 지난해 수립한 2차 기본계획은 공공부문 민간 클라우드 이용 확대, 클라우드 도입 관련 제도 개선, 전자 정부 클라우드 플랫폼 구축·확산 등 세 가지를 골자로 2021년까지 세부 계획을 시행한다.

정부는 올해 공공부문 민간 클라우드 도입이 본격 확산하는 한 해가 될 것으로 예상한다. 지난해 AI 보건소 등 주요 공공 사례가 확보되면서 올 해는 저변을 더 넓히는 방향으로 사업을 진행한다.

지난해 공공민간 클라우드 도입 확산을 위한 사업과 정책 개선이 이뤄 졌다. 민간 클라우드 도입 대상이 기존 공공기관에서 지자체와 중앙부처 로 확대되면서 공공 클라우드 시장이 커졌다. 이에 따라 공공부문 민간 클라우드 이용 가이라인도 지난해 12월 개정했다. 기존 민간 클라우드 이 용 대상시스템은 '안보, 수사·재판, 민감정보처리 또는 개인정보 영향 평가 대상 이외시스템'으로 제한적이었다.

개정안에는 '민감정보처리 또는 개인정보 영향평가 대상시스템'을 삭 제했다. 기존에는 클라우드 보안인증(IaaS, SaaS) 받은 서비스만 이용 가 능했지만 앞으로 SaaS 경우 간편등급 보안인증을 받은 제품도 이용을 할 수 있다. 각급학교에서 교육 목적으로 이용하려는 경우에는 보안인증 되 지 않은 서비스 이용도 가능하다.

공공 클라우드 사업 규모도 커졌다. 지난해 대비 총예산 금액은 9.4% 증가했고, 사업 수도 7.4% 늘었다. 총예산 8284억원 가운데 민간 클라우 드 도입 예산은 22.8%(1888억원)으로 집계됐다.

범정부 차원에서 다양한 클라우드 도입이 탄력 받을 전망이다. 정부는 지난해 10월 '디지털 정부 혁신 추진계획'을 발표하며 공공부문 클라우 드와 디지털서비스 이용을 적극 추진한다고 밝혔다.

개방형 클라우드 플랫폼이다. 지난해 말 개정한 민간 클라우드 이용범위 확대 조치뿐만 아니라 개방형 전자정부 클라우드 플랫폼 구축도 진행한다. 개방형 클라우드 플랫폼 센터를 설치, 공공 · 민간, 글로벌 · 국내 오픈소스 커뮤니티를 연결하는 구심점으로 기능개선과 기술지원을 전담한다. 종량제, 장기계약, 서비스 상세 협상 등 디지털 서비스 이용 계약에 필요한 특성을 반영해 '디지털 서비스 전문계약제도'를 마련한다. 전문계약 제도 효율적 운영을 위한 클라우드 전문 유통 플랫폼도 운영한다.

송영선 한국상용소프트웨어협회 회장은 "AI 시대, 기반시스템인 클라우드 역할은 더 중요해진다"면서 "지난해 구축한 은평구 AI 보건소를 시작으로 AI와 클라우드를 결합한 다양한 혁신 서비스와 사례가 많이 발굴돼 공공민간 클라우드 도입 확산에 기폭제가 되길 기대한다"고 말했다.

(3) 종이문서 대체

행정안전부는 정부의 일하는 방식을 바꾸는 '정부혁신'을 추진한 지난 1년간 달라진 현장의 모습을 4일 소개했다. 행안부는 무엇보다 정보통신기술(ICT)을 활용한 결과 공공기관을 직접 방문해 많은 서류를 제출하는 대신 온라인으로 접수해 처리하는 시스템이 도입된 점을 큰 변화로 꼽았다. 실제 어린이집과 구청 담당자 간 전자문서 유통으로 종이문서 제출이 전년보다 91% 줄었다(연합뉴스, 2018.11.4).

전문가 중심이던 정부혁신, 국민 참여 강화한다; 문재인표 '정부혁신' 브랜드로 '보다 나은 정부' 확정; 인쇄비와 교통비 등 행정비용도 1천390억원 절감했다. 건축심의 때도 도면을 제본해서 제출하는 대신 파일로 전송하도록 하고 심의위원들은 태블릿 PC로 심사하는 '전자건축심의' 방식으로 연간 제출서류와 비용을 약 96% 절감했다고 행안부는 분석했다.

또 지방세 상담이나 지방자치단체 여권 민원 대응, 생활법률지식서비스 제공 등에 인공지능 챗봇을 도입해 시간과 장소에 구애받지 않는 민원

상담이 이뤄지고 있다고 소개했다.

이밖에 드론을 활용해 광범위한 지역에서 산불감시나 취약지역 순찰을 하고 문화재 발굴도 추진하고 있다.

김일재 행안부 정부혁신조직실장은 "기존의 일하는 방식 혁신은 내부 업무 효율성 향상에 그치는 경우가 많았다"면서 "이제는 늘어나는 국민 수요에 비해 부족한 행정력을 보완하고 행정 서비스 사각지대를 예방해 국민 신뢰를 제공할 수 있도록 정부 운영 방식을 전반적으로 혁신하는 쪽으로 나아가고 있다"고 말했다.

행정안전부는 정부의 일하는 방식을 바꾸는 '정부혁신'을 추진한 지난 1년간 달라진 현장의 모습을 4일 소개했다. 행안부는 무엇보다 정보통신기술(ICT)을 활용한 결과 공공기관을 직접 방문해 많은 서류를 제출하는 대신 온라인으로 접수해 처리하는 시스템이 도입된 점을 큰 변화로 꼽았다(연합뉴스, 2018.11.4).

실제 어린이집과 구청 담당자 간 전자문서 유통으로 종이문서 제출이 전년보다 91% 줄었다.

전문가 중심이던 정부혁신으로 국민 참여를 강화했다. 건축심의 때도 도면을 제본해서 제출하는 대신 파일로 전송하도록 하고 심의위원들은 태블릿 PC로 심사하는 '전자건축심의' 방식으로 연간 제출서류와 비용을 약 96% 절감했다고 행안부는 분석했다.

또 지방세 상담이나 지방자치단체 여권 민원 대응, 생활법률지식서비스 제공 등에 인공지능 챗봇을 도입해 시간과 장소에 구애받지 않는 민원 상담이 이뤄지고 있다고 소개했다.

이밖에 드론을 활용해 광범위한 지역에서 산불감시나 취약지역 순찰을 하고 문화재 발굴도 추진하고 있다.

4. 사례적 측면

(1) 블루시그널

본투글로벌센터(센터장 김종갑)의 멤버사 블루시그널(대표 백승태)이 4일 중국 산시성 시안에서 열린 '2019 한중 스마트시티 포럼 및 상담회'에서 화뤼그룹(China Hualu Group)과 업무협약(MOU)을 체결했다(G밸리뉴스, 2019.7.11).

블루시그널은 인공지능(AI) 기반의 미래 교통상황 예측 솔루션을 개발한 기업이다. 자동차, 물류 등 곳곳에서 발생할 수 있는 교통상황들을 알고 대비할 수 있도록 교통예측 정보를 제공하고 있다.

이번 업무협약 체결 규모는 4100만 위안(한화 약 70억 원 규모)이며, 이를 통해 블루시그널은 중국 화뤼그룹의 교통 데이터를 기반으로 구축하게 될 인공지능 스마트 교통시스템 조성 프로젝트에 직접 개발한 미래 교통예측 기술을 공급하게 된다. 화뤼그룹과의 중국내 합자회사 설립도 논의 중에 있다.

또한 블루시그널은 중국 창사, 옌타이, 후저우, 지난 시에 조성되는 징동윈(JD Cloud)의 도시 통합 데이터 분석 플랫폼에 들어갈 인공지능 스마트 교통시스템 개발에 힘을 보탠다.

도시 통합 데이터 분석 플랫폼은 공공, 복지, 교통, 인구, 기상 등에서 나오는 모든 데이터를 통합, 분석해 도출된 정보를 앱 형태로 도시 구성원들에게 제공한다. 이는 스마트시티에서 필요한 이상적인 데이터 통합 분석 플랫폼 형태로 유명하다.

백승태 블루시그널 대표는 "이번 업무협약은 블루시그널의 인공지능을 중심으로 한 미래 교통예측 기반의 지능형 교통시스템이 중국에서 진행중인 다양한 스마트시티 프로젝트에 적용 가능하다는 것을 나타낸 것"

이라며 "중국은 물론 캐나다, 중동 등 글로벌 시장으로의 사업 확장에 적극 나설 계획"이라고 밝혔다.

한편 블루시그널은 중국 알리바바와 실시간 신호시스템에 인공지능을 기반으로 한 교통예측에 대해 지능형 교통시스템을 협업하는 모델을 구상 중에 있다. 24일 코엑스에서 열리는 '차이나 챌린저스 데이'에서 중국 내 스마트시티 프로젝트는 물론 알리바바에서 진행하는 블루시그널의 글로벌 구축사업 협업 모델에 대한 사례를 소개할 예정이다.

블루시그널은 자동차, 물류 등 도로에서 발생할 수 있는 교통 상황을 미리 알고 대비할 수 있는 교통 예측 정보를 제공한다. 예측 범위는 2분 후부터 이틀까지 가능하다. 기상 예보로 날씨를 미리 예측하듯 운전자가 목적지까지 교통 상황과 교통 신호를 정확히 예측해 가장 빠르고 사고 위험 없이 내비게이션이나 헤드업디스플레이(HUD)를 통해 안내한다.

이번 MOU로 블루시그널은 화뤼그룹의 AI 스마트 교통시스템 조성 프로젝트에 미래 교통 예측 기술을 공급한다. 화뤼그룹과는 중국내 합자회사 설립도 논의하고 있다.

블루시그널은 중국 창사, 옌타이, 후저우, 지난에 조성되는 징둥원 도시 통합 데이터 분석 플랫폼에 들어갈 AI 스마트 교통시스템 개발에도 참여한다.

회사는 중국뿐만 아니라 미국 카포스와도 교통 체계 관련 MOU를 맺었다. 오는 9월에는 아랍에미리트(UAE) 두바이 정부 사업에 현지 업체와 컨소시엄으로 들어간다. 태국·캐나다 물류 업체와도 MOU를 맺는 등 글로벌 진출 발판을 마련했다.

블루시그널의 기술력은 해외에서 먼저 인정받았다. 2016년에 중국 선전 'K-글로벌 중국'에서 선전시로부터 60억원 규모의 교통 상황 예측 플랫폼 실증 사업을 수주했다. 2017년에는 베이징 '국제 지능형자동차 기술대전'에서 국내 기업 최초로 '심사위원 특별상'을 받았다. 지난 1월에는 알리바바가 주최한 국제대회에서 '스마트시티분야 글로벌 톱'에 뽑혔다.

국내에서는 지난해 대전시 사회문제실증사업 지능형 교통제어시스템 분야 및 경기도 4차산업혁명 사회 도시문제 실증사업에 참여했다. 내년에는 경기도 성남시 판교, 용인시, 구리시, 하남시 등의 교통 혼잡지역에서 신호제어 실증 사업을 진행한다.

회사는 물류·신호등분야가 안정되면 예측분야에 활용할 수 있는 보험, 재난, 차량공유 등으로 확대할 계획이다.

백승태 블루시그널 대표는 17일 "최근 서울 송파·강남지역 도로 500곳을 대상으로 실시한 예측 평가에서 정확도가 94.8%가 나와 한국정보통신기술협회(TTA) 인증을 받았다"면서 "구글에 교통 예측 솔루션을 공급하는 인릭스의 정확도 80% 후반보다 높아 글로벌 경쟁력은 충분하다"고 말했다.

(2) 코메디닷컴

성전문가들은 "섹스로봇시대 사회적 합의 시급"(2019.6.1) 하다고 주장한다. 미래학자 이안 피어슨 박사는 2025년에는 로봇과의 성관계가 흔해질 것이고, 2050년에는 로봇과의 성관계가 사람간의 성관계를 완전히 대체할 것이라고 전망했다. 섹스로봇은 이미 많은 국가에서 상용화됐다. 전문가들은 우리나라에서도 곧 닥치게 될 미래라고 말한다.

이런 섹스로봇시대를 맞이한 세미나가 서울 강남구 삼성서울병원 대강당에서 열린 대한성학회 춘계학술대회에서 이뤄졌다.

첫 번째 발표에 나선 이원기 한림의대 비뇨의학과 교수는 섹스로봇이 가져올 여러 가지 병폐에도 불구하고 섹스로봇시대는 피할 수 없는 현실이 될 것이라고 봤다. 이 교수는 '인간의 본능을 죽여서는 안 되고 규제해야 한다. 그런데 그 본능을 규제하는 일은 그 본능을 죽이는 일보다 더 어렵다'는 장 자크 루소의 말을 인용하기도 했다. 그는 "윤리적, 사회적으로 어떻게 수용할 것인지, 얼마나 허용할 것인지, 어떻게 규제할 것인지에 대한 사회적 합의가 필요하다"고 말했다.

한진 법무법인 세승 변호사도 이 교수의 의견에 동의했다. 한 변호사는 2000년대 초반 인형체험방이 법의 공백을 이용해 영업을 했던 예를 소개하며 "대개 법률이 기술 발전의 수준을 못 따라간다"고 말했다. 그는 "로봇과의 결혼이 가능할지, 로봇과의 성관계가 이혼사유가 될 수 있을지, 성매매특별법으로 처벌해야 할지, 아동형태의 로봇은 아동청소년법으로 처벌이 가능할지 등등 법적·윤리적 문제가 산재해 있다"고 설명했다.

이성주 코메디닷컴 대표는 산업적 측면에서 섹스로봇 시장을 고찰했다. 이 대표는 "산업적 측면에서 성장 가능성이 무궁무진한 시장"이라고 밝혔다. 하지만 우리나라에서 암묵적으로 성산업은 금기시되어 있다, 정부지원 사업이나 R&D 과제에서 제외되기 일쑤. 이 대표는 "세계 최고 수준의 마네킹, 실리콘 제조 기술, 로봇 기술 등을 가지고 있으면서도 이를 활용하지 못하고 있다"며 안타까움을 드러냈다.

변화의 기미는 감지되고 있다. 섹스로봇의 전 단계라고 할 수 있는 섹스돌(리얼돌) 수입 통관 금지에 대한 행정소송에서 2심 법원이 수입업자의 손을 들어준 것. 업계 관계자들은 대법원에서도 수입업자가 이긴다면 봇물 터지듯 섹스로봇들이 유입되고 시장도 기하급수적으로 성장할 것으로 예상하고 있다.

제4장

삼봉의
융합민본사상과 주민자치

I. 들어가는 글

본 연구는 조선창업 사상을 『조선경국전(朝鮮經國典)』에 담은 삼봉의 국가제도를 정초한 지혜와 시사점을 민본사상(民本思想)과 반자율적 주민통제 제도인 향헌(鄕憲) 등의 제도형성에서 찾아보는 데 연구목적이 있다.

삼봉 정도전(1342~1398, 56卒)의 권력제도의 근원은 민본(民惟邦本)에서 유래(진희권, 2004:68; 이종수, 2014:121)했으며, 그는 백성, 국가, 군주의 순으로 그 중요성을 자리매김한다(『朝鮮經國典』).

삼봉사상의 특성은 문무융합과 학문융합을 통하여 조선창업의 대역사(大役事)를 창조하였으며, 그의 융합사상은 오늘날 4차산업혁명시대의 주민자치시대 대응을 위한 처방방향에 유용한 시사점을 주고 있다.

삼봉은 성리학을 주로 하면서도 사공학(事功學) 등을 창조적으로 융합, 학문융합과 이론과 실천 융합(문무사상 융합과 실덕 실천의 제도화)을 통하여 조선에 적용시켰다(서정화, 2017.4).

　연구의 필요성은 4차산업혁명시대 블록체인(AI 포함)의 등장은 시민 플랫폼을 통한 정치참여와 정치 투명화를 열어 가고 있다. 특히 정치참여 내실화와 공유권력이 급속히 확산될 전망에 따라 주민자치와 참여를 통한 공공공책 참여제도화가 시급하여 그 대응을 지역별 주민자치와 참여방안을 중심으로 모색하고자 한다(이종수, 2018.12:8).

　주요 내용은 향헌과 현대적 주민자치와의 관계를 입법, 조직, 행정, 재정, 참여 측면을 중심으로 비교 분석(이종수 외, 2015.2)하고, 현대 주민자치(회) 적용방안과 과제를 지역향교 등 주민자치 플랫폼화 하는 방안을 찾고자 하였다.

　주요 접근방법으로는 필자의 선행연구(이종수, 2000; 2002; 2016; 2017; 2018), 전문학술지 분석(김영수, 2016; 이춘복, 2010), 일간신문 활용, 전문가 의견 수렴 등 활용(김세균, 2009)과 사회과학과 인문학을 토대로 한 학제적 접근(이종수, 2002; 2018)을 모색하고, 삼봉의 새로운 사상 융합적 공동체 대안을 제시하고자 한다.

　연구의 범위 측면으로는 함흥향헌의 주요 내용과 영향 및 현대의 주민자치(회) 시범실시 사업과의 유사, 상이점, 시사점을 도출하고 현대적 주민자치 활용방안을 제시한다.

II. 삼봉 융합민본사상의 구조와 특성

제1절 융합민본사상과 구조적 특성

1. 구조와 특성

(1) 『조선경국전』, 『경제문감』의 구조

첫째, 삼봉의 새로운 국가구상은 『조선경국전(朝鮮經國典)』과 『경제문감(經濟文鑑)』에서 구체화 된다. 그는 이 두 권에서 조선이 나아갈 정치철학과 이념, 제도들을 제시하였다. 전자가 제도나 법령, 주체에 주력했다면, 후자는 치자층에 중점을 뒀다.

삼봉의 『조선경국전』(1394)은 상·하 2권으로 된 필사본으로 치국의 지침을 삼기 위해 육전(六典)에 따라 조선왕조의 모든 관제의 대강을 서술했다(정긍식, 2015:101-107). 조선경국전의 상권은 왕과 관련된 사항 및 치전, 부전, 예전을, 하권은 정전과 헌전의 내용이다.

삼봉이 중시한 건국사상의 핵심은 백성, 국가, 군주 순이었다. 먼저 백성 측면의 삼봉의 '민유방본(民惟邦本) 본고방령(本固邦寧)'은 『서경(書經)』과 『주례(周禮)』에 근거한 말이다. 즉 민본사상(民本思想)은 민심을 근본으로 하는 사상으로, 백성과 더불어 함께하며, 이념적으로는 모든 사람이 선(善)에 이르도록 지향하려는 데 목적이 있었다.

둘째, 삼봉은 국가권력의 근원과 관련 권력남용 방지를 위해 여러 기관에 권력을 분배해야 한다고 했으며, 기관간 견제와 균형을 유지해야 한다고 봤다. 주대의 삼공체제와 유사한 삼재상합의체제(三宰相合議體制)를 유지코자 하였다. 재상은 군왕을 바르게 하고, 백관을 임명하고, 재정관리권, 군사통수권 등을 가져야 한다고 했다. 삼상(領相, 左右相)제도는 조선 500년 동안 시행되었으며, 그의 재상제도는 3정승(영, 좌, 우의정: 정1품), 2명의 좌우찬성(종1품), 2명의 좌우참찬(정2품) 등 7명의 재상이 중심이 되는 구조였다.

군주를 보필하는 재상은 백관을 관리하고, 백성을 다스리는 일을 소임으로 삼았다. 즉 군주의 부족한 부분을 보상한다는 의미의 '상(相)'과 백관들이 자신의 직분에 어긋나지 않도록 제한한다는 의미의 '재(宰)' 자로 구성됐다. 삼봉이 재상중심주의 제도를 주창한 이유는 자신과 동료들의 권력강화 목적도 있었으나 그것보다는 昏(혼)·明(명)이 불확실한 세습군주의 전제정치로는 민본정치(民本政治)를 보장할 수 없다는 신념에서 기초한 것이었다.

지방통치구조에서 관찰사는 직계권, 국왕직속, 수령에 대한 지도, 감독, 직권남용 견제, 포폄권 등을 보유했다. 贓吏(장리)를 석서(碩鼠)라고 하여 엄히 평가하고자 했으니 삼봉의 법치사상은 순자와 유사하다(이종수, 2018.12).

셋째, 군주는 통치권의 제한을 받아야 한다고 했다. 삼봉의 통치체제 구상은 민의 보호를 위해 지방토호에 의한 자의적인 지배를 배제하고 중앙정부에 의한 전국적 지배를 강화하는 중앙집권체제를 지향했으며, 그 중심은 군주였다. 민본정치의 실현을 위해서는 외적의 침략을 막아내는 부국강병이 필요하고, 이를 위해 병농일치를 통한 국방체제의 강화와 중앙군의 증대를 통한 수도치안의 강화를 지향했다.

넷째, 『경제문감』(1395)은 경국제세(經國濟世) 내용으로 치전을 보강한 내용이다(정호훈, 2006:188). 적어도 고려 말의 혼란상의 극복하고 새로운 왕조를 성립시키는 일에 기여하였다. 삼봉이 생각하는 경세제민이란 결코 어렵고 복잡한 것이 아니라 자연스럽고 쉬우면서도 그 혜택이 일반백성들에게 미치는 실용적인 것이었다는 점이다. 민본정치·현인정치·위민정치 같은 것이 통치의 원칙을 제시한 것이라면, 삼봉이 『경제문감』에서 고민한 것은 어떻게 그 이상을 성취할 것인가 하는 보다 쉽고도 구체적인 문제였다. 오랜 유배생활을 통하여 백성들이 원하는 세상이 학자들이 머릿속에 그리는 추상적인 것이 아니라 매우 실제적인 것이라는 점이다.

나섯째, 『경제문감별집(經濟文鑑別集)』(1397)은 군주론에 초점을 둔다. 주요 내용은 태조 6년(1397)에 지은 것으로, 중국의 요·순으로부터 원에 이르기까지 중국의 왕들에게서 본받을 만한 것과 경계해야 할 것을 서술하였으며, 고려의 30대 동안의 득실을 또한 기록한 후 주역을 인용하여 군주의 도리와 역할 등을 논했다(진희권, 2004:59).

『서경(書經)』은 동아시아 역사상 최고의 성군으로 일컬어지는 하·상·주나라, 이상 삼대 성왕의 공고한 왕권을 기록한 사관들의 기록으로 정도전의 군주론인 『경제문감별집』에서는 서경에 등장하는 성왕들을 이상적인 모델로 제시한다. 『서경』은 유교의 십삼경 중에 하나로 요순시대, 하나라, 상나라, 주나라의 왕들이 내린 포고문, 신하들의 상소, 왕의 연설문 등 각종 정치문헌을 모아둔 것으로 공자가 편찬하였다고 전한다. 전한시대에 유학이 국가이념이 되자 존중의 의미를 담아 상(尚)자를 붙여 상서라고 불렀다. 이후 송나라가 되면서 삼경에 든다는 의미로 『서경(상서)』이라고 칭해졌다.

끝으로, 『편민사목(便民事目)』(1392)은 신생 조선 신흥사대부가 국가운영의 주도권을 장악하고, 유교에 의해 국가를 다스리고자 「즉위교서」에 포함한 내용이다(정긍식, 2015:88;95-102). 이들은 중앙집권적인 문치주의를 표방했다. 이성계의 즉위교서 『편민사목』17조에 포함된 내용은 관혼상제, 수령, 전곡, 역관, 호포, 형률에 이르기까지 다양하며, 새 왕조가 새로운 세상을 열려는 열망을 담은 것이다.

(2) 특성

첫째, 역성혁명과 유교적 이상국가 건설을 통한 민본사상 구현 측면에서의 혁명과 민본 이념은『맹자』에서 차용했으나, 맹자의 혁명이론은 개인과 개인 사이에 이루어지는 선양(禪讓)과 방벌(放伐)의 두 가지 형식이었으나 삼봉은 선비나 백성의 집단이 그 주체세력이 될 수 있다는 점에서 독창적이다. 삼봉의 통치, 혁명사상은 철저한 민본정신을 바탕으로 하고 있으며, 이러한 민본 중심의 민사상은 현대의 정치 행정사상으로 재조명되어 한국적 민본정신으로 이어져 나갈 필요성이 있다.

둘째, 삼봉은 12~13세기 주자학을 민본사상적으로 융합(融合)하여 조선통치의 골간과 후대의 실학의 토대를 제시하였다는 점에서 또 다른 측면에서 독창적으로 그의 민본융합사상의 핵심은 소개동의 민초(民草), 정침의 의(義), 주자학과 사공학의 실천적 융합, 불교 축출(逐出) 등이 믹서(융합)된 백성 중심의 정치철학이었다.

셋째, 삼봉 민본사상의 융합적 접근인『경제문감』은 중국 남송대에 만들어진 '주례정의'·'산당고색'·'서산독서기'·'주관신의' 등의 내용을 원용했는데, 이 부분이 '경제문감' 전체의 60%, 5분의 3 이상을 차지한다. 특히 '산당고색(군서고색후집)'을 토대로 주자의 주례관을 원용하며 중앙집권적 정치체제와 재상정치론을 제시한다.

조선경국전의 구조가 중국의『주례』와 차별적인 점은 무엇보다도 민본을 중시하고 있다는 점과 王의 규정과 재상론(三政丞) 등으로 이는 성리학을 주로 하면서도 사공학 등을 융합적으로 반영하여 조선에 적용시킨다(서정화, 2017.4). 삼봉은 신왕조의 정권을 이론적으로 정당화하기 위하여 광범한 헌법적 원리를 융합적 민본사상을 중심으로 접근하였던 것이다(김경록, 2004:112).

정도전의 사공학(事功學) 수용 측면은 삼봉은 성리학을 주로하고, 사공학을 수단으로 수용한다. 정도전의 통유론적(通儒論的) 관점의 사공을 중시했다. 먼저 체제개혁의 이념적 근거를 『주례(周禮)』에서 원용하고, 둘째, 사공학의 재상정치론을 도입하였으며, 셋째, 능력중심 시험제도 (포폄 등)를 도입 적용 및, 넷째, 민생안정과 재정확충 방법에 주력하였다. "상과 벌은 공적인 데서 나오지 않으면 안 된다"는 것이 기본적 관점이다.

(3) 융합성

학문통합과 삼봉의 3교 통합사상(이종수, 2018.8:49) 등을 예로 들 수 있다. 인공지능의 발달로 인한 문제를 해결하기 위한 학문융합과 관련 "공학자와 인문학자, 사회과학자가 합심해 해결해 나가야 한다"고 강조되는 시점이다.

'융합'을 "다양한 형태의 만남과 깊이 있는 접촉"을 의미하는 것으로 보면 2010년 스티브 잡스(Steve Jobs)가 iPad2 발표에서 인문학과 결합된 기술을 강조하는 지점이 융합이다. '스티브 잡스'가 아이폰을 세상에 소개할 때 '인문학과 과학기술이 교차하는 지점'이라고 했듯이 '자연과학과 인문학'이 만나고, '기술과 예술'이 융합하면 개개의 분야에서는 찾아볼 수 없는 창조적인 일들이 만들어진다. 삼봉의 3교 통합사상 등을 예로 들 수 있다.

15세기 전후의 삼봉의 『조선경국전』 융합민본사상은 마키아벨리 정치학이나 헤겔의 지적을 무색하게 한다(서정화, 2017; 이종수, 2018.2). 그의 『조선경국전』 법치사상은 전문을 포함한 백성중심의 통치제도를 성리학, 사공학, 경세학을 융합하여 현실사회에 구체화 했다는 점이다.

에드워드 윌슨의 'Consilience'(2007)은 '통합(Integration), 융합(Convergence), 통섭(Consilience)'을 구분한다. 융합(Convergence)은 화

학적(Chemical) 결합으로 '다른 종류의 것이 녹아서 서로 구별이 없게 하나로 합함'이다. 통합이 물리적인 합침이라면 융합은 화학적 합침이다. 학제간 벽을 허물고 통합하자는 의미가 통섭이다. 이질적인 두 분야를 단순 통합하거나 종합하는 것이 아니라 이질적 학문분야 간의 소통을 강조한다. 통섭은 생물학적(Biological) 결합으로 전체를 도맡아 다스린다는 뜻으로 학문이 널리 통하는 큰 줄기(統)를 잡(攝)는다는 의미다.

정도전은 유교 경전인 사서오경을 현실정치에 활용하여 독특한 경학체계를 수립했다. 또한 경학체계를 근거로 조선 왕조의 건국과 체제 정비에 필요한 정치사상과 법제개혁을 구상했다(이종수, 2017.12). 삼봉의 개혁구상은『조선경국전』,『경제문감』,『불씨잡변』 등에 전한다. 그의 개혁의지와 사상체계는 기본적으로 주자학을 바탕으로 하면서도 기층신앙으로 굳어진 불교, 도교, 참설 등을 묘합과 융합원리로 적용시켰다. 삼봉의 행정사상의 특징은 유교적 이상국가의 건설, 민본, 혁명사상의 발전적 체계화, 재상중심 통치체제의 구상, 배불론의 체계화, 민족적 자주의식의 고양 등으로 요약된다.

(4) 삼봉사상의 차별성과 가치

삼봉의 민본사상은 단순히 6백 년 전의 낡은 이념이 아니라 21C를 살아가는 오늘의 우리에게도 여전히 사표가 된다는 점으로 "삼봉은 문무를 통합, 이론과 실천의 융합을 이룬 당대의 창조적 정치가로 세계정치사에서 가장 위대하고 성공적인 정치가의 한 사람이다."

많은 지식인이 위기에 처한 민주주의를 살리는 길은 동양의 민본사상임을 깨닫기 시작하고 있다.

첫째, 삼봉사상의 차별성은 이상과 현실의 조화와 제도적 실천이었다. 유학의 비조 공자도, 역성혁명을 주장했던 맹자도, 신유학의 태두 주자도, 그 어느 유학자도, 서양의 정치학자 마키아벨리, 경제학자 마르크스도, 조선시대 퇴계나 다산도 국가를 건국하여 유교이념을 제도적으로 실천하지 못했으나 오직 삼봉만이 유교이념의 정치적 실천과 국가 통치를 현장에서 시현(示顯)시키고자 하였다. 국가경영의 치도관에서는 왕도적 비전과 패도적 전망을 사상적 충돌 없이 융합한 것이다(권행완, 2012).

둘째, 정침의 義의 내면화이다. 삼봉은 정침의 '義'에서 혁명사상 단초를 다진다(문철영:403). 고려 후기 정침(鄭沉)은 나주(羅州) 사람으로 이 고을에서 벼슬하여 호장(戶長)을 하였는데 말달리기와 활쏘기를 잘하고 집안 살림살이는 돌보지 않았다. 홍무(洪武) 4년(공민왕 20, 1371) 봄에 전라도 안렴사의 명(命)으로 제주도의 산천(山川)에 제사를 지내는 축문(祝文)과 폐백(幣帛)을 받들고 바다를 건너 가다가 왜적(倭賊)을 만났다. 중과부적(衆寡不敵)으로 배에 타고 있는 사람들이 의논을 하였는데, 다른 사람 모두는 두려워서 항복하자고 하였지만 오로지 정침은 불가를 외쳤다. 그는 적들과 싸우기를 결심하고 활시위를 잡아당기니, 적들은 활시위의 소리에 따라 거꾸러지고 감히 다가오지 못하였다. 그러나 그는 화살이 떨어져서 일이 여의치 않음을 알고 관복(官服)과 홀(忽)을 갖추고 바르게 앉아 있다가 스스로 물에 빠져 죽었다. 배안에 있던 사람은 모두 적에게 항복하였고 죽은 사람은 정침뿐이었다(鄭道傳, 『국역 삼봉집』 1376 '정침전'). 삼봉은 "적이 이미 해치지 못하자 자살을 결단하여 헤아릴 수 없는 깊은 물에 몸을 던져 털끝만큼의 더럽힘도 없이 조용하게 의열(義烈)을 이루었으니, 강개(慷慨)롭게 몸을 희생한 것은 옛사람이라 할지라도 그에 미치지 못할 것이다. 이는 모두가 천품이 아름다운 것에서 나온 것이므로 이름을 좋아하는 선비가 목적한 바가 있어서 하는 것과 비교할 수 없다"고 감탄한다.

셋째, 『조선경국전』의 가치 측면이다. 첫째, 『조선경국전』은 조선의 최초의 헌법에 해당한다. 유교적 법치론에 토대했다. 『조선경국전』에서 삼봉은 국가제도를 백성 중심의 민본사상(民本思想)과 국가, 군주 등의 순으로 중요성을 제시하고, 제도적 왕권 견제책인 대간제도(사간원, 사헌부 등) 및 반자율적 주민통제 제도인 향헌(鄕憲) 등을 제도화 하였다. 『조선경국전』은 『경제육전(經濟六典)』을 거쳐 뒷날 『경국대전(經國大典)』이 성립되는 모체가 되었다. 조선이란 국호는 기자조선(箕子朝鮮)에서 기원한 것으로 곧 조선은 동주(東周)임을 강조한다.

『조선경국전』은 정치이론서이면서, 동시에 조선왕조의 최초의 헌법에 해당하며, 근대헌법 이념의 핵심적 요소를 구비했다고 평가된다. 『조선경국전』은 한국사상사 상 관념과 의지가 일치를 이룬 대표적인 지행합일의 저술로서 훌륭한 정치학원론이 되었다. 이후 『경국대전』, 『속대전(續大典)』, 『대전회통(大典會通)』 등으로 이어지는 조선의 기본법전인 『경국대전』은 큰 틀에서의 변화없이 500여 년 동안 유지되었다. F. Hegel(1770~1831)은 동양에는 헌법(Verfassung)이란 관념이 존재하지 않는다고 했지만, 조선에서 14세기에 유교적 통치원리에 의한 입헌주의(constitutionalism)가 구상, 실천되었다는 사실은 세계의 법사상사에서도 주목할 만한 사실이다.

2. 융합민본사상의 의의

삼봉은 통치권이 백성을 위해 기능할 수 있어야 한다는 민본사상을 강조했다. 그는 통치자가 민심을 잃었을 때에는 물리적인 힘에 의해 교체될 수 있다는 역성혁명(易姓革命)을 긍정했으며, 그의 주장은 이성계가 일으킨 역성혁명을 정당화하는 데 확실한 이론적 뒷받침이 된다.

삼봉의 융합적 법치사상은 고대 중국과 유학, 사공학, 경세학, 성리학 등의 주요 사상의 융합과 민본주의를 골간으로 한 백성중심의 권력구조의 제도화였다는 점으로, 삼봉의 인문융합 법치사상은 『書經』, 『周禮』에 토대한 측면과 그의 법치사상과 관료제 사상에는 성리학적 사상과 유배생활에서 체득한 백성 중심의 위민의식이 강하다.

블록체인 융합시대 도래와 관련하여 본 글에서는 융합민본사상이란 AI, MI., 블록체인 기술을 정부 행정에 도입하여 새로운 공공서비스를 제공하는 시민지향 공공조직구조와 기능을 수행하는 공식조직이라는 관점에서 "융합민본사상이란 삼봉의 문무(文武) 융합, 학문융합인 유가(儒家), 성리학, 주자학, 사공학, 경세학 등을 통합한 수기치인(국가 운영관리의 제도화)의 수단으로 성리학적 철학과 이상의 구현을 위한 고대 전국시대 『서경(書經)』, 『주례(周禮)』, 사공학(事功學), 경세학(經世學), 주희의 주자학, 정침의 '의' 사상을 융합하여 조선건국 법제(규)와 한양 도성 등에 투사한 제도 실천의 기반과 이념"으로 정의하고자 하며, 블록체인 행정이란 "대국민 행정 서비스 개선을 위하여 4차산업혁명 기술인 AI, 블록체인 기술을 행정 서비스에 접목하여 새로운 서비스를 제공하는 개인지향의 맞춤형 공직제도와 그 구성원 체제"라고 정의한다.

III. 삼봉의 융합민본사상과 주민참여

제1절 융합사상과 참여

1. 삼봉향헌과 주민자치 관계

태조는 1398년(7년) 그의 향리인 풍패(豊沛)를 위해 향가조목(鄕家條

目) 41조를 제정하고, 『풍패읍향록(豊沛邑鄕錄)』이라는 명목으로 정도전으로 하여금 시행토록 하였다. 태조의 발상지 화령부를 영흥부(쌍성총관부)로 개칭, 다시 풍패현으로 개칭한다. 풍패 향헌은 조선조 초기에 있어서 향풍을 돈후(敦厚)케 하고자 실시를 명한 태조 친제의 향헌 조목을 말한다. 효령 향헌(鄕憲)은 우리나라 향약의 효시격이다.

향헌(鄕憲, 1398)이란 조선시대 지역사회의 자치 규정, 특히 함경도 함흥의 자치 규정을 말한다. 조선시대 지역사회의 자치 규정을 향규(鄕規)라고 하는데, 그 이름을 향헌이라고 하는 경우도 있었다. 특히 조선 왕실의 고향인 함경도 함흥에서 시행된 지방 자치 규약을 향헌이라고 하였다. 『향헌』은 1903년에 고종의 칙명으로 편찬·간행되었다.

1903년에 간행된 함경도 함흥의 『향헌』에는, 권두에 1398년(태조 7) 태조의 명에 따라 효령대군(孝寧大君) 이보(二補)가 쓴 「선향헌목서(璿鄕憲目序)」가 있고, 권말에 1903년 주정섭(朱禎燮)이 쓴 발문(跋文)이 있다. 권1에는 태조가 직접 제정한 41조의 향헌이 실린 「태조고황제어제헌목(太祖高皇帝御製憲目)」이 있다. 또한 이를 바탕으로 효령대군이 권면해야 할 선목(善目) 21조와 경계해야 할 악목(惡目) 35조로 증보·반포해 시행한 「효령대군향헌」이 있다. 「효령대군향헌」은 우리나라 최초의 향약으로 「풍패읍향약안(豊沛邑鄕約案)」이라고도 불린다. 권1에는 또한 1428년(세종 10) 제정된 「유향소복설마련절목(留鄕所敷設磨鍊節目)」과 1797년(정조 21) 정조가 『어정향약(御定鄕約)』을 전국에 반포하면서 내린 윤음(綸音), 그리고 효령대군과 최윤덕(崔潤德)·이지란(李之蘭) 등을 포함한 56명의 임원이 실린 「좌목(座目)」 등이 수록되어 있다.

"방금 함경남도(咸鏡南道)의 진신(縉紳)과 유생(儒生) 이과영(李果英) 등의 상언(上言)에 대한 계하 장본(啓下狀本)을 보니, '삼가 아룁니다. 본도(本道) 각군(各郡)의 향규(鄕規)는 옛날 우리 태조 고황제(太祖高皇帝)

께서 함흥(咸興)에 머물렀을 때 향헌목(鄕憲目) 41조(條)를 직접 지으셨고 뒤이어 효령대군(孝寧大君)이 명을 받들어 계속하여 풍패 향록안(豊沛鄕錄案)과 향헌 56조를 지었으며, 또 향헌비(鄕憲碑)를 세우고 직접 쓴 것이 오늘까지 전하고 있으며, 이어 전후의 책자들을 도내의 열군(列郡)에 반포하였습니다. 이 도(道)로 말하면 태조 고황제께서 직접 지은 향헌목을 준수하여온 지 500년이나 됩니다."

2. 몇 가지 시사점

(1) 지방자치 측면의 영향

첫째, 자치적 측면이다. 지역자치적 효과 측면에서 규범적 특성과 장소적 구심점이 되었다. 둘째, 향약은 자치조직적 성격을 가졌다. 교육적 성격, 생산공동체적 성격, 생활공동체적 성격, 주민참여적 기능을 수행하였다. 셋째, 향약은 하나의 '자치행정법'이었다. 사회법적인 조장행정이었다. 주민들이 상부상조하면서도 서로 꾸짖으면서 화목하게 생활해 나가자는 자치정신의 발로였다. 넷째, 자치철학 측면으로서 과실상규 측면을 들 수 있다. 다섯째, 공론정치적 기능이다. 의사소통과 의사결정구조였다. 끝으로, 영향 측면에서 향헌을 토대로 하여 후대의 향약들이 성립, 발전시키는 기반이 되었다.

(2) 백성들의 생활과 교육운동의 실천장

첫째, 향헌의 영향은 먼저 후대의 조정에 미친 영향으로 세종 10년에 유향소복설절목 9조목에 반영된다(박익환:339). 둘째, 후대 향규약에 미친 영향으로 고현동향약과 퇴계의 예안향약에 효령대군의 향헌이 영향을 미쳤다. 셋째, 조선의 향약은 유학에 근거한 사회제도로 이를 실천하기 위한 생활, 교육운동의 실천장이었다. 넷째, 후대 영향 측면으로 극기복례와 공동결정, 공동체부조, 주민간, 관민간 소통 구조적 역할을 수행한다. 끝으로, 지역자치의 근원이다. 공동체의식 형성이다. 조직성격 측면에서 제3영역에 속한다.

(3) 민본사상적 측면

첫째, 향약과 주민자치 및 민본정치 이념적 측면의 기반을 제공했다. 주민 자치정신의 준거가 되었으며, 민본행정의 바탕이 되었다(이종수, 2014.12). 둘째, 지방자치 사상, 강자가 약자를 업신여겨서는 안 된다는 사상이었다. 셋째, 주민참여 측면(곽효문, 2003:39)에서 환난상휼 등 복지 측면으로 발전하고, 현시대에도 慶弔事 전통이 계승된다. 넷째, 지역공동체 측면이다. 나눔과 배려의 향약의 지혜 측면이다. 공동체 가치설정 측면이다. 마을공동체 중심이었다. 교육적 역할이었다. 의사결정의 만장일치제와 지속적인 공동재산 형성노력이다. 이를 토대로 청소년 교육과 노약자 지원을 이루어냈다.

제2절 향헌과 민본사상

1. 향헌 규약과 빅데이터와 헤테라키 민본주의

한시대의 정치제도는 그 시대를 사는 사람들의 가치관, 지적 수준, 기술 등을 반영한다. 현재의 정치는 시민들의 직접 민주주의로 향하고 있으며, 이제 정치는 시민들이 휴대전화를 쥔 손으로 자신의 의견을 표명하는 '직접 민주주의'를 향해 빠른 속도로 진행한다.

인공지능의 발달로 인한 문제를 해결하기 위한 학문융합과 관련 "공학자와 인문학자, 사회과학자가 합심해 해결해 나가야 한다"고 강조한다. 에드워드 윌슨의 'Consilience'(2007)은 '통합(Integration), 융합(Convergence), 통섭(Consilience)'을 구분했다. 융합(Convergence)은 화학적(Chemical) 결합으로 '다른 종류의 것이 녹아서 서로 구별이 없게 하나로 합함'이다. 통합이 물리적인 합침이라면 융합은 화학적 합침이다. 학제간 벽을 허물고 통합하자는 의미가 통섭이다. 이질적인 두 분야를 단순 통합하거나 종합하는 것이 아니라 이질적 학문분야 간의 소통을 강조한다. 통섭은 생물학적(Biological) 결합으로 전체를 도맡아 다스린다는 뜻으로 학문이 널리 통하는 큰 줄기(統)를 잡(攝)는다는 의미다. 통섭은 '지식의 통합'이라고 부르기도 하며 자연과학과 인문학, 사회과학을 연결하고자 하는 통합학문 이론이다.

지능정보사회는 사회 전체가 하나의 플랫폼으로 작동하게 되어 플랫폼 사회적인 특성이 강화된다. 지능기술은 그것이 구현되는 사회의 플랫폼 수준에 의존한다. 공유와 연결에 지능이 부가되어 사회의 지배질서는 수직적인 위계적 지배 질서로부터 수직·수평적인 혼계적 질서 위주의 사회의 특징을 갖는다. 연결에 의한 관계는 사회 전반이 개방형 사회로 변화하는 기초가 되고, 통치(command and control)보다는 협치(governance)가 더욱 더 요구된다. 이를 헤테라키(heterarchy, 혼합) 민주주의로 정립하고자 한다. 헤테라키 민주주의는 국가, 시민, 시장이 권력을 공유하고(共治), 협력적으로 통치하는(協治) 합의주의형(consensual) 민주주의로, 웹 2.0 시대의 소셜미디어 민주주의보다 한 단계 진화한 민주주의이며, 헤테라키 민주주의를 실현하는 기반이 바로 빅데이터이다(이종수, 2018.12).

지능정보사회는 사회 전체가 하나의 플랫폼으로 작동하게 되어 플랫폼 사회적인 특성이 강화된다. 지능기술은 그것이 구현되는 사회의 플랫폼 수준에 의존, 공유와 연결에 지능이 부가되어 사회의 지배질서는 수직적인 위계적 지배 질서로부터 수직·수평적인 혼계적 질서 위주의 사회의 특징을 가지며, 연결에 의한 관계는 사회 전반이 개방형 사회로 변화하는 기초가 되고, 통치(command and control)보다는 협치(governance)가 더욱 더 요구된다.

이를 헤테라키(heterarchy, 혼합) 민주주의로 명명하고자 한다. 헤테라키 민주주의는 국가, 시민, 시장이 권력을 공유하고(共治), 협력적으로 통치하는(協治) 합의주의형(consensual) 민주주의로, 웹 2.0 시대의 소셜미디어 민주주의보다 한 단계 진화한 민주주의이며, 헤테라키 민주주의를 실현하는 기반이 바로 빅데이터이다.

헤테라키 민주주의는 주권자인 국민과 대표가 쌍방향적으로 정책을 공급, 응답, 소비하는 프로슈머와 프로유저의 관계이다. 바람직한 민주주의는 시민참여 보장이 핵심적 사항이다.

헤테라키 메가트렌드는 빅데이터 기반 민주주의, 수요자중심 민주주의, 광장과 대의제 민주주의의 결합, 정의세우기 등으로 최근 교과부의 숙려민주주의 지역보육 정책결정 사례에서 헤테라키 시대의 출발을 알린다. 최근 교육부는 '유치원 방과 후 영어금지' 정책숙려제로 결정하기로 하였는데, 안건 발굴, 의견수렴, 대안모색, 결정 등 5단계 접근(이데일리, 2018.3.29) 시행 등을 예로 들 수 있다.

빅데이터는 시민들에게 무한한 정보를 제공함으로써 시민들이 '완전한 정보를 가진 시민(informed citizen)'이 되게 하는 기반이 된다. 따라서 빅데이터에 기반한 정보를 가진 시민이 정책의 생산자, 공급자이면서 동시에 정책의 사용자, 운용자인 프로유저(pro-user)가 됨으로써 사회의 대표와 시민간에 진정한 수평적 협력 관계(協治), 권력의 공유(共治)를 실현할 수 있게 한다(한국정보화진흥원, 2016).

그런 한편 빅데이터가 기반이 되는 새로운 민주주의 형태가 오히려 '빅데이터 브라더(Big Data Brother)'가 되지 않도록 유의해야 한다. 인류의 역사는 빅 브라더와 같은 리더에 의해 파행을 겪은 아픔을 고스란히 간직한다. 정부나 파워를 가진 어떤 집단이 독주하지 않도록 개방적인 시민사회의 참여를 통한 견제와 균형이 보완되어야 한다(Nye, J., 2004).

헤테라키(heterarchy)의 속성과 정의(임혁백 외, 2016:18-19; 2017)와 관련 헤테라키 민주주의는 주권자인 국민과 대표가 쌍방향적으로 정책을 공급, 응답, 소비하는 프로슈머와 프로유저의 관계이다. 바람직한 한국민주주의는 시민참여 보장에 있다.

2. 삼봉의 융합민본사상과 융합민주주의 구현

(1) 융합행정

첫째, 관료제는 정보처리 자동화시스템이다. 최근 4차산업혁명이 화두가 되면서 '데이터 민주주의'라는 개념이 회자되고 있다. 정보독재시대에서 정보통제시대를 거쳐 정보개방시대가 열렸다. 작게 보면 행정정보공개정책부터 데이터 민주주의가 시작됐고, '오픈 거버넌트'(열린 정부) 정책의 본격화다. 블록체인은 인간보다 신속, 정확하게 서비스를 제공하게 된다. 세계경제포럼(WEF)은 2025년 전 세계 국내총생산(GDP)의 10%(8조 달러)에 해당하는 거래가 블록체인에 저장될 것으로 전망한 바 있다(이종수, 2018.1:10).

둘째, 블록체인과 '탈(脫)중앙화' 측면이다. 블록체인 기술은 국민들의 정보를 중앙관리자 없이 매칭할 수 있는 기술이기 때문에 사회 구조의 변화를 야기할 수밖에 없다(포춘코리아 2018년도 1월). 블록체인 기술로 할 수 있는 것과 관련 에스토니아의 '엑스로드(X-Road)' 서비스가 대표적이다. 병원에서 아기가 태어나는 순간, 블록체인을 통해 그 사람의 개인정보를 모든 사용자들의 컴퓨터에 분산·저장한다. 개인정보가 필요할 때에는 미리 입력해둔 규칙에 따라 활용할 수 있다. 나중에 이 아이가 자라 부동산 거래를 하게 되면 신분증을 제출하거나 인감증명서를 제출하거나 하는, 별도의 개인 신분 증명을 할 필요가 없다. 태어나는 순간부터 개인인증 정보가 블록체인시스템에 그대로 저장되기 때문이다. 블록체인은 중앙통제 배제와 개인의 주체화 기능, 직접민주주의 투표 기능을 가지니 못할 일이 없다. 힘이 강했던 정부, 정치인, 금융기관 등은 약해질 수밖에 없다. 개인은 자신의 정보와 유통을 직접 통제하며 목소리를 내는 힘을 갖게 된다. 한 마디로 기존질서를 파괴하는 민주화 기술로서 이제 지구촌은 제3의 길로 간다.

셋째, 블록체인기술은 신뢰의 보장, 기술생태계의 활성화, 온라인인증시스템 활성화, 제도 투명성 보장, 지하경제 축소와 세원 증가라는 순기능을 선사한다. Nick은 "블록체인은 만물의 토대"라고 했으며, 빌 게이츠는 "블록체인은 기술적 마에스트로"라고 격찬했다. 블록체인기술을 적용한 공공조직이 DAO(Decentralized Autonomous Organizations)이다(이영환, 2016). 미래학자 해리 덴트는 "경제적 실패가 결국 정치적 혁명을 가져올 것이고, 20년 안에 폭발할 것으로 본다. 이 혁명은 사적 이익만 추구해 온 정치인들에게 빼앗겼던 민주주의의 권리를 미래의 시민들에게 되돌려 줄 것"이라고 예견하며, 이 같은 거대한 변화를 가리켜 산업혁명에 버금가는 네트워크 혁명이라고 명명하였다.

WEF는 역시 "전 세계 은행 가운데 80%가 블록체인 기술을 도입할 것"이며, "2025년에는 전 세계 GDP(국내총생산)의 10%가 블록체인을 통해 이뤄질 것"이라는 보고서를 내놓는다. '가디언' 지는 이 기술을 활용, 금융, 정치, 교육, 의료, 환경, 헬스케어, 과학 등 광범위한 분야에서 새로운 시스템이 개발되고 있다고 전한다.

(2) 융합민주주의와 주민참여

융합민주주의의 가능성과 한계 측면에서 보면 헤테라키는 곧 권력 공유현상이다. "블록체인 혁명은 20년 안에 폭발할 것이며, 이 혁명은 사적 이익만 추구해 온 정치인들에게 빼앗겼던 민주주의의 권리를 미래의 시민들에게 되돌려 줄 것"이라고 예견한다. 이 같은 거대한 변화를 산업혁명에 버금가는 '네트워크 혁명'이라고 할 수 있다.

블록체인 민주주의는 정치개혁, 온라인 의회구현과 국회소환제도의 실현 및 주민주권의 회복 등 블록체인 기술은 다양한 분야에 접목할 수 있다. 대의민주주의를 직접민주주 형태로 보완할 수 있는 것이 블록체인 기술이라는 주장이 강조된다. KAIST가 발간한 제안서 'RE-BUILD 코리아'에 따르면 블록체인에 기반을 둔 융합민주제로 입법부의 혁신이 가능하고 직접민주제를 대변할 수 있는 블록체인 의사결정 시스템으로 '온라인 하원'을 구성하면 상·하원 협치의 장점과 시간, 비용 등의 문제가 해결된 직접 민주제의 장점을 융합할 수 있다. 이렇게 되면 국민소환제 도입이 수월하다.

당장 각종 선거나 여론조사에 블록체인 기술을 도입하면 비용을 획기적으로 절감할 수 있다. 오프라인이 아닌 스마트폰 등을 통해 국민이 정부 의사결정 과정에 쉽게 개입할 수 있기 때문이다. 또 블록체인의 안전성을 고려하면 보안이 부실한 모바일 투표의 문제점도 보완할 수 있다. 가상공간에서 정치인들의 활동을 감시하고 평가할 수 있게 되는 것도 큰 장점으로 부각될 것이다.

(3) 블록체인 융합정부

2016년 현재 민주주의 제도 시행과 관련 현 제도 만족 294명(25.7%), 불만족 849(74.3%), 전혀 만족하지 않는다가 219명이 된다(임혁백 외, 2016:17). 바람직한 민주주의는 시민중심의 참여민주주의(424명)와 시민 참여와 대표를 융합한 새로운 민주주의(524명)으로 응답했다(임혁백 외, 2016:22). 그것을 헤테라키 융합민주제(도)라고 할 수 있다.

주민자치와 백성의 원권(原權) 행사기반이 블록체인 도입에 달려 있다는 점을 암시한다.

특히 국회에 대한 국민의 신뢰도는 15.3%에 그치고, 국민의 84.6%가 국민의 대표기관을 불신한다. 그런데 국회를 통제할 수 있는 기관은 국민밖에 없다. 블록체인을 도입한 전자투표로 직접민주주의를 강화시켜 국가기관을 통제하는 수밖에 없다. 2018 개헌 관련, "국회의원 국민소환제, 국민발안제" 등 도입 예정(2018.3.21)이었다가 무산됐다.

다른 한편 오늘날의 비토크라시(Vetocracy)를 중심으로 한 한국정치는 승자독식, 이념대립, 지역주의 등 갖가지 밧줄에 묶여 시대의 변화 속도에 역행하고 있으며, 그중에서도 가장 단단한 밧줄은 거대 정당이 주도하는 '비토크라시(거부권 정치)'로 비토크라시는 상대 정파의 정책에는 무조건 거부권을 행사하는 극단적 파당정치이다.

이런 상황하에서 대의민주주의를 직접민주주의 형태로 보완할 수 있는 것이 블록체인 기술이라는 주장이 강조된다. KAIST가 발간한 제안서 'RE-BUILD 코리아'에 따르면 블록체인에 기반을 둔 융합민주제로 입법부의 혁신이 가능하다. 직접민주제를 대변할 수 있는 블록체인 의사결정 시스템으로 '온라인 하원'을 구성하면 상·하원 협치의 장점과 시간, 비용 등의 문제가 해결된 직접 민주제의 장점을 융합할 수 있다. 이렇게 되면 국민소환제 도입이 수월하게 된다.

블록체인 기술의 발전은 궁극적으로 가면 국가 권력에 대한 하나의 근본적인 도전이다. 사회를 유지하기 위한 신뢰의 최종적인 담지자 역할을 했던 국가 등 공공기관의 역할이 점차 축소된다.

블록체인이 혁신기술인 이유는 블록체인의 핵심은 '탈(脫) 중앙화'로 국민들의 정보를 중앙관리자 없이 매칭할 수 있다는 뜻이며, 이 기술은 사회구조의 변화를 야기할 수밖에 없게 된다(포춘코리아, 2018.1). 블록체인이 관료적 공공기관을 대체하는 효과를 가져온다는 의미로 사회 구조의 어마어마한 변화가 녹아 있다. "투입 비용에 비해 최악의 성과를 내고 있는 집단이 정부다. 그런데 블록체인 기술이 정부를 더욱 효율적으로 바꿀 것이다.

21세기 세계거대자본이 '제4차산업혁명' 담론을 제기한 것은 정치적인 세계화 거대 담론의 추락에 대응하고자 하는 자기 진로 확보에 기인한다. 정치사회적 세계화에서 과학기술 중심의 '4차산업혁명'을 내세워 거대기업이 변화의 주체가 되고자 함이다. 거대기업들은 법과 규제철폐를 위하여 정치로비와 언론을 통해 기업에 유리한 제도를 창출하고, 이윤을 창출한다.

그러나 사물인터넷(IoT)나 빅데이터 등을 통제하는 것은 거대자본이다. 페이스북이나 구글, 네이버 등의 검색정보는 고스란히 그들 회사에 저장되고, 나아가 거대기업의 이윤창출의 토대가 된다.

국가나 자본은 언제나 자기들 입맛에 맞게 가공하여 이용이 가능하다. 빅데이터는 인간의 행동을 예측하고 통제하게 한다. 글로벌 ICT기업(구글, 애플 등)들은 이제 그 자체가 정치, 경제적 권력자가 된다. 이런 기업을 견제할 주체가 없어진다는 것이 문제이다.

제3절 삼봉 융합민본사상의 제도적 적용

1. 입법적 측면

조선시대의 법전은 징세, 부역, 공납 등 수요 정부 왕실의 수요 조달과 관료제, 왕권체제 유지 내용을 법제화 했으나 지방의 규범체계는 불비돼 있었다. 여기에서 향약이 향촌공동체 내의 쟁송 등에 관한 법의 제정과 집행 등 입법, 사법 여지가 있었다. 예컨대 '서원향약'에는 임원진 결성, 조직 운영 및 상기 규범 위반시 형벌권, 윤리 도덕에 대한 강행규정도 포함됐다.

이처럼 향헌(약)은 13~14세기 주자 증손향약의 유입과 함께 왕족, 사대부, 재지사족 중심의 성리학적, 타율적 규범이었다. 향약은 처음 입약(立約)할 때에는 향촌사회의 공론형성을 주도한 개인이나 수령 등이 창설했다. 향헌(약)은 성문화된 조복이 있었다. 입법사례는 王과 사대부 등이다.

주민자치회 제도 역시 법률과 조례에 의해 시행된다. 대통령소속 지방자치발전위원회는 「주민자치회 설치 및 운영에 관한 법률」(가칭)을 제정할 예정이다(대통령소속 지방자치발전위원회, 2014:21). 법률(안)의 주요 내용은 총칙, 지위, 설립과 해산, 기구, 자치위원회 임원, 회원, 자산 및 회계, 부칙 등으로 조문화 한다. 구체적인 실시방안으로는 임의 실시, 의무 실시, 기타 방안 등이 모색되고 있다. 법령(안)을 토대로 자치단체 표준조례안을 마련할 예정이다.

두 가지 제도 공히 성문법 형태를 띠고 있으나 전자는 성리학적 규범체계로 무장된 유자층이 주도하였으며, 후자는 국가법 체계에서 지역민이 자율적 참여라는 점에 차이가 있다.

2. 조직적 측면

첫째, 향약의 조직은 도약정, 부약정, 직월로 구성됐다. 도약정을 지역의 덕망 있는 사람을 선출하였으며, 직월은 매달 당번을 맡은 사람이다. 이처럼 향헌(약)의 기관으로는 임원조직, 집회독약지례(集會讀約之禮) 등이 성문화되었다.

둘째, 주민자치회란 풀뿌리 자치의 활성화와 민주적 참여의식 고양을 위하여 읍·면·동에 설치되고, 주민의 대표로 구성되어 주민자치센터를 운영하는 등 주민의 자치활동 강화에 관한 사항을 수행하는 조직이다(주민자치회 시범사업실시를 위한 표준조례(안)). 즉 주민중심의 생활근린자치를 강화하여 지역공동체 활성화 및 지역발전을 도모하고자 읍·면·동 단위별로 구성하는 새로운 형태의 주민자치조직을 말한다.

셋째, 먼저 주민자치회의 대표성과 전문성을 제고하기 위하여 시·군·구 단위의 위원선정위원회에서 지역대표·일반주민·직능대표를 공개 모집해 20~30명 규모 주민자치회의 위원을 선출하며, 주민자치회의 권한과 기능을 강화하기 위해 위원은 지방자치단체의 장이 위촉하고 읍면동 행정에 대한 사전 협의, 위탁 업무, 그리고 주민자치 고유 업무 수행 기능을 부여하기로 했다.

주요 과제측면으로는 주민자치 전담부서에서 주민자치회의 행정지원, 행정과 주민간 갈등 조정 등을 맡을 필요가 있다.

3. 행정적 측면

향약의 시행주도자들은 지방사족들이 중앙관료와 함께 왕권체제의 유지를 위해 지방민에 대한 기강 유지기능을 수행한다. 동시에 이들은 지방사회구성원으로서 수령의 행정수탈에 저항하기도 한다. 관찰사는 수령 칠사 관련 수령이 향교를 통하여 향민을 지배하도록 하는 구조였다. 향약 집행부는 선적(善籍)과 악적(惡籍) 등을 기록 관리하였다. 향약은 효율적인 관료지배 장치(구조)였다.

주민자치회는 지방분권 및 지방행정체제 개편에 관한 특별법과 주민 자치회의 구성과 운영에 관한 조례상에 읍면동과 주민자치회의 명확한 역할 분담이 규정되어 있다.

주민자치회의 기능은 『지방분권 및 지방행정체제 개편에 관한 특별법』 제27조에 '풀뿌리자치의 활성화와 민주적 참여의식 고양을 위하여 읍, 면, 동에 해당 행정구역의 주민으로 구성되는 주민자치회를 둘 수 있다. 제28조에 따라 협의업무, 위탁업무 및 주민자치업무로 구분된다.

주민의 자치권한을 확대시킬 수 있는 계기를 마련하였다. 주민자치의 필수적인 요건은 주민 스스로의 힘으로 자치를 할 수 있는 권한을 부여받는 것이다. 권한이 없으면 실질적인 활동을 할 수 없기 때문에 권한의 부여는 주민자치 활성화의 필수적인 요소라고 할 수 있다.

4. 재정적 측면

주민자치회 성공의 관건은 자체재원의 확보에 있다. 그런 점에서 향약의 자체기금 확보와 관리 및 복지, 문화, 교육적 활용은 현대적으로 시사하는 바가 크다.

주민자치의 재원 확대와 관련 기존 주민자치위원회의 재원은 시군구의 사업지원예산, 수강료 수입 등 제한적이었으나, 주민자치회는 국고보조, 위탁사업 수수료, 자체사업 수입 등 다양한 재원조달의 통로를 확보할 수 있게 되었으며, 주민자치회의 재정적 독립에도 기여하게 되었다. 주민자치회가 자율적으로 운영되고 주민참여를 극대화하기 위해서는 주민참여형 사업을 추진하여야 하며, 주민참여형 사업을 지역주민의 요구와 현안을 고려한 지역맞춤형 사업과 지역특성을 고려한 지역특성화 사업, 지역경제 수익사업으로 구분할 수 있다. 동시에 주민의견 수렴 등이 요청된다. 주민자치회 운영에 있어서 주민의견 수렴은 가장 중요한 요소이며, 그 방법은 주민총회, 주민투표, 주민간담회 및 마을회의 등이 있다.

특히 광역 및 기초자치단체에 지원조직 설치 및 전담공무원 배치와 주민자치회가 자치단체로부터 위탁·위임사무나 주민자치사무 발굴 및 운영을 통해 얻은 수수료, 사용료, 수입금 등 자체 재원으로 운영할 수 있도록 할 필요가 있다.

주민자치 재정확보 방안이다. 플랫폼, 재정, 재단, 융자, 기금, 조합 등과 소통, 지원체계 등의 사례를 참조하여 새로운 재정확보 등이 요청된다. 향약의 공동재산 형성노력으로 향약기금 사례 등을 참조할 수 있다. 이를 토대로 서원의 청소년 교육과 향교의 노약자 지원을 이루어냈다는 점에 착안하여 지역도서관이나 노인복지관 등에 대한 지원프로그램을 개발한다.

5. 참여적 측면

향약조직체는 소멸했으나 주민참여의 모습은 다방면에 걸쳐 남아 있다. 예컨대 주민참여 측면(곽효문, 2003:39)에서 환난상휼 등 복지측면으로 발전하고, 현시대에도 경조사(慶弔事) 전통에 계승되고 있다. 향약은 협동적 질서를 자발적으로 유지하게 해 준 우리나라의 유전인자였다. 환난상휼 등의 사례는 IMF시기의 자발적 금 모으기, 붉은 악마의 길거리 응원, 유조선 사고와 기름제거 작업의 자발적 참여를 촉진시킨 밑거름이었다.

6. 주요 특성 비교

현대적 지방자치권의 범주와 관련시켜 입법, 조직, 행정, 재정, 참여 측면으로 구분하여 비교한다. 향헌과 주민자치의 차이점 측면이다. 먼저 입법체제와 관련시키면 향약은 유교적 덕목을 중심으로 한 성문법 형식으로 접근하였으며, 왕족, 재지 사족 등이 주체가 되었다.

주민자치(회)와 관련시키면 제도적 측면은 첫째, 법률과 조례 등에 의한다.

둘째, 조직과 인사 측면은 유향소, 향교, 서원이 중심이 된다. 주민자치회는 복지증진 공론장이나 주민대표가 논의하여 처리하는 데 향약과는 다르다. 지방의제 측면에서는 환경문제에 국한된다. 주민일상, 상벌교화 측면의 교육기능은 없다.

셋째, 행정집행은 유향소, 향교가 중심이었다. 행정집행은 반 자율적 구조에 의한다.

넷째, 재정은 유향소, 향교, 서원 지원비 등과 공동 재산 형성을 통하여 해결하였으며, 주민자치회 재정은 공공재정 및 수익사업 등을 통하여 접근하고 있다.

다섯째, 참여 측면은 반 자율적, 타율적 참여였다. 주민자치회 참여 측면은 자율적 참여구조이다.

Ⅳ. 융합민본사상의 주민자치 활용방안

제1절 주민자치(회)의 활용방안

1. 민주화 이탈 예방

주민자치는 대의민주제의 결점치유를 위해 주민참여를 강조하는 접근
이라는 점이다. 이와 관련 향헌은 주민자치 및 민본정치의 이념적 측면의
기반을 제공했다. 향헌은 주민 자치정신의 준거가 되었으며, 민본행정의
바탕이 되었다.

인기에 영합한 독주는 견제와 감시를 받지 않으면 부패할 수밖에 없다.
무엇보다도 대통령과 국회, 대법원 등 3권 분립 구조, 기타 권력기관과 공
기업 등의 구조적인 유착과 부패고리를 투명화시켜야 한다. 4년 이후 '이
들'도 '그들'이 되지 않는다는 보장은 어디에도 없다. 문재인정부의 현
직자들에게는 전(前)정부 공직자 유사직책 범죄의 개연성이 상존한다(이
종수, 2017.11; 2018.5). 권력 교만의 극치다. 2018년 현재 문재인 정권은
正으로 부정부패, 적폐 해결 등에 앞장서고 있으며, 삼봉의 사상과 흡사
한 정책을 펼치며 접근중이나 아직 그 효과는 미약하게 나타나고 있다.

2. 지역공동체(大同社會) 형성

지역공동체 측면으로 나눔과 배려의 향약의 지혜 측면과 공동체 가치
설정 측면이다. 의사결정의 만장일치제와 지속적인 마을공동재산 형성
노력 등을 들 수 있다. 이를 토대로 청소년 교육과 노약자 지원을 이루어
냈다. 한국민의 대동단결, 붉은 악마, 금 모으기, 새마을운동, 자원봉사

줄서기 등의 실천과 자율적 참여를 촉발하게 하는 민족정신의 토대로 기능하고 있다는 점이다.

백성 측면에서 보면 현대사회 공동체 형성과 관련 현대사회는 개인주의 발호로 공동체정신이 말살된 지 오래다. 예전의 선인들은 향도(香徒)와 사장(社長) 전통에 토대하여 상두꾼(장례공동체), 사장(두레패), 향약 등으로 발전시켜 왔다. 따라서 현대 주민자치제도와 접맥시킬 수 있는 접점을 향헌 56조와 후대의 향약 시행 결과에 따른 사례를 중심으로 유형화하여 개발시킬 필요성이 제기된다.

3. 새마을운동과 ODA 지원, 의병정신의 이념적 토대

첫째, 향약, 동약(계) 사례를 발전시켜 새마을운동을 주민자치에 의한 새 생활 운동으로 발전시키는 이론적 토대가 될 전망이다.

둘째, 향헌은 최초의 주민자치 이념과 정신의 기원이자 본향이라는 중대한 가치를 지닌다. 이러한 사상이 의병운동, 3.1운동, 새마을운동 등으로 꽃피게 되었던 것이다. 향후 개도국 ODA와 문화지원시 향약의 상부상조 이념을 동시에 수출할 필요가 있다. 새마을운동 이념이 되고, 동시에 임진왜란 등과 독립운동 등의 의병기반이 되었음과 동시에 새마을운동의 빈곤퇴치 운동, 소득증대 효과의 연원이 된다.

4. 주민자치와 마을공화국 「마을헌법(鄕憲)」의 중심 '지역향교'

블록체인의 특성 중의 하나가 분산화(distributed)이다. 집권, 분권화를 지나 완전한 주민자치시대가 도래하고 있다. 현대적인 주민자치의 토대로 기능할 수 있는 가능성을 열어놓는다. 삼봉의 민유방본의 이념에는

'民'은 단순한 교화의 피동적인 객체로서 한정되어 있는 것이 아니라 교화를 통해 인격적이며 도덕적인 품성을 계발할 수 있다는 주체적 의미가 내포된다. 덴마크의 '타운홀'은 공개적인 토론장이다. 공식, 비공식적인 지역문제를 여과없이 토론에 부칠 수 있다. 우리 사회도 온·오프라인 상에서 주민 토론장을 제도화시켜 나가야 할 것이다. 예전 향헌(약)은 벌칙까지 결정할 수 있었다.

예컨대 「주민창의감성센터」로서의 지역 향교 부활을 상정한다. 4차산업혁명시대형 융합인재는 창의, 소통과 감성, 공감능력이 유효하다. 기계가 못하는 자신의 강점을 극대화하여 대응할 것을 요청된다(이종수, 2018.8). 예컨대 문제를 찾는 능력, 이질적 내용의 융합과 결합을 통한 해법 발견 능력 등으로 현대적으로는 지역향교의 창조융합적 활용 제도화를 통하여 접근할 수 있다.

5. 향약적 거버넌스, 블록체인 접근

첫째, 거버넌스의 출발점은 구성원들의 권리 의무 등을 규정하는 규칙에 의한 지배다. 거버넌스 논의의 기저에는 해당 거버넌스 차원에서는 구성원 모두가 주어진 규칙에 따라 행동한다는 가정이 존재한다. 각각의 거버넌스 내에서 구성원들은 모두 거버넌스의 규정을 준수하고 법 또는 규정에 의해서 주어진 권한과 의무에 따라 행동하게 된다(김일중, 2010).

둘째, 거버넌스를 사회 전체적 차원에서의 방향잡기 또는 지도라고 정의한다(Williams, 2001). 즉 국가전체적인 차원에서의 정책목표 조정 정책결정 정책평가 및 환류 등 소위 메타정책(meta-policy)이 거버넌스라는 것이다. 이는 아주 오래된 정부의 기본기능이다. 향약에 있어서도 풍속교화(風俗敎化)는 매우 중요한 기능 가운데 하나이다. 유교에서 내세우는 가장 이상적인 통치방식은 교화인데 이 주체는 유자인 사족이었다. 유자(儒者) 스스로 덕과 예를 갖추도록 노력하고 일반백성을 교화하는 것이다. 이를 보면 수신 규범으로서 향약시행은 가장 원형적인 통치행위이기도 하다. 개별적으로 사족이 주도하여 실시한 향약은 이른바 교화라는 향촌 안의 이데올로기 보급확산이 되는 중심 기능이었다.

셋째, 거버넌스의 특징이 네트워크이다(Jessop, 1997; Peters, 2000). 네트워크는 비공식적이고 유동적인 존재로 구성원의 빈번한 교체 모호하게 규정된 권리 의무, 관계 등을 특징으로 한다. 여기에서 중요한 것은 이러한 네트워크는 정부의 명령이 아니라 정부와의 협상의 결과로 형성되는 것으로 정부와의 공식적인 파트너십과는 개념적으로 뚜렷하게 구분될 수 있다는 사실이다. 향약이 구성원들 간의 관계, 네트워크를 중시했음은 물론이고 통치조직과의 관계에서도 상호의존적이었다고 하겠다.

넷째, 시장과 계층제 또는 관료제의 중간적인 형태를 갖는 사회적 조정방법의 특수한 유형으로의 민주주의에 해당하는 거버넌스라 할 수 있다. 협의의 거버넌스는 정치적 권위의 영역 내에서 관료제의 역할이 축소되고 민주주의 네트워크 의 역할이 증가하고 있는 것이 바람직하며 경험적 사실이기도 하다는 것이다(Harmon and Mayer, 1986; Stoker, 1998). 이 점에서 이들 사이를 연결하는 중간계층으로서의 역할을 하였던 것이다.

끝으로, 대부분의 논의에서 거버넌스는 구성원과 구성원간의 관계 자원의 배분 조직 등의 구조적 측면과 규칙 규범 인식 등의 문화적인 측면을 포함하는 존재로 파악된다(Kickert, 1997; Roderick et al. 2000). 향약에 있어서도 제도적 장치로서의 내용을 풍부하게 가지고 있다고 본다. 자체의 권선징악적 규칙들이 법과 제도의 범주 속에 들어간다. 과실상규 특히 그 내용은 널리 제정되어 시행된 것을 확인할 수 있다(박현순, 2004).

제2절 주민자치의 시사점

1. 정치적 기능 측면

향교는 중앙정치력과 지방사족들의 자연스런 만남의 장소이자 정치력의 구현 장소라는 점에서 정치적 구심처가 되고 있었다. 우선 중앙정치력의 지방침투를 위한 재정 기반의 양태는, 이른바 주·부에 학전(學田) 7결, 학노(學奴) 30~20명과 군, 현에 학전 5결, 학노 10명이라는 법제적 조처였다. 향교 운영을 위한 재정적 투자 이외도 지방 수령들의 전곡(錢穀) 기부나 지방 유림들의 유전(儒錢) 갹출, 일반 인민들의 원납전 징수 등이 있었다.

지방에서의 향교 건립과 보수에 대한 막대한 재정투자는 지방 정치력의 구현 기준이 되는 것으로, 이와 같은 재정 투자 이면에는 이에 상응하는 정치적 반대급부, 즉 조세, 또는 군역 부담 등에서 일정한 혜택이 있었다. 지방 지식인들은 향교의 운영에 직접 참여함으로써 향교를 통한 합법적인 면역과 지방정치에서 구현되는 정치력의 구심 세력이 될 수 있었다.

2. 지역복지적 측면

과실상규와 환난상휼의 세부적 실천과 동약(洞約)으로서의 혼인계(婚姻契), 초상계 발달을 가져왔으며, 공동체 삶의 형성에 기여한다. 또한 농업경제적 향촌사회에 착근했다는 점 등을 지적할 수 있다.

향약의 결사체 기능측면에서 계의 성행과 발전측면이다. 계는 우리나라의 독특한 사회제도이고, 조직형태이다. 그동안 계는 전근대사회에서 성행했던 조직형태라는 점 때문에 흔히 '공동체'로 규정되어 왔지만 최근에는 조직구조적 특성에서 볼 때 공동체라기보다는 오히려 결사체적인 것으로 파악해야 한다는 견해도 나오고 있다.

3. 교육적 기능

첫째, 향교의 교육적 기능은 조선왕조에서의 확대된 공간적 범위에서 유학 교육의 기회를 넓혔다는 것이다. 중앙정부는 이를 위해서 유학의 소양이 있는 지식인으로 교육할 수 있는 인재를 교관으로 삼고, 수령과 함께 파견하도록 법제화하였다. 『경국대전』에 의하면 교관을 교수(教授, 종6품), 훈도(訓導, 종9품)로 구분하여 군(郡), 현(縣)에는 훈도를, 부(府), 목(牧) 이상은 교수를 파견하도록 하였다.

둘째, 교육대상 측면이다. 향교는 유교문화 이념에 따른 질서체제를 유지하기 위한 교육기관으로 그 교육대상은 양인 전체였다. 그러나 향교는 지방에 널리 분포되어 있었으므로 중앙의 소수 양반만이 전담하는 배타적 속성에서 벗어나 보다 많은 양인신분층에게 유학교육의 기회를 부여하였다.

셋째, 사회교육이나 평생교육의 장인 향촌은 개인에게 있어서 평생 교육의 장이며 생활공간 그 자체이다. 또한 향약의 내용은 상호규계교육(相互糾戒教育), 자기교육의 내실을 기하게 했다.

4. 문화적 기능

향교는 지방에서 지식인들의 구심처가 되고 있다. 이 때문에 지방단위의 문화행사, 특히 유교문화 이념에 따른 행사, 춘추의 석전례(釋奠禮)와 삭망의 분향, 사직제, 성황제, 기우제, 여제 등이 향교를 중심으로 이루어지고 있었다. 향교는 지방 지식인들의 집합소 이외에 중앙정부의 정치적 의지의 구현처로서 왕의 윤음을 비롯한 중대한 정치적 내용이 직접 지방민들에게 전달되는 공식적인 장소가 되기도 했다.

자치와 자립으로서 유교적 가치를 통한 역량을 강화시켜 마을 일은 마을 안에서 해결하는 자치력을 향상시켰으며, 행정적 처벌 이전 단계인 제재조치를 엄격히 시행하였다.

5. 알고리즘 감시 시민연대와 생활자치

먼저 우상파괴적 접근으로 백성의 민본사상 융합주민자치권과 보편적 인간존중 제도화가 요청된다.

둘째, 인공지능정부 감시연대 거버넌스 구축이다. 알고리즘의 위험성은 인권문제 등을 보완하면 현재보다 진일보한 민본체제에 접근하는 한 수단이 되는 것은 분명하다. 이를 위하여 세계자본의 흐름추적과 통제적 접근, 국가자본의 흐름추적과 통제, 국가예산집행의 추적과 통제 활동이 필요하다.

셋째, 변화 대응의 제주체로서 실천하는 시민세력 구조화가 필연적이다. 열린 정책사회에서 시민들이 정책주체의 한 당사자로 설정됨에 따라 시민들이야말로 닫힌 정책구조에서 숙의민주제의 융합적 연계역할을 할 수 있다. 유럽은 CAPS를 통해 시민단체의 정책플랫폼 구축을 지원한다.

넷째, 주민(시민) 참여와 대표를 융합한 주민중심 민본주의의 실현을 앞당기는 거버넌스 구조화가 시급하다.

끝으로, 여기에서 한 걸음 더 나아가 지역민 개개인의 블록체인 플랫폼의 연계를 통한 공공의 '빙공영사(憑公營私) 행위'를 감시 방지하고(예천군 등) 투명한 국가사회제도를 실현하고자 하는 것이다.

6. 본 연구의 의의

본 연구의 의의는『조선경국전』과 함흥 향헌의 지방자치행정학적 접근을 통한 행정자치적 측면의 의의를 찾고 그 현대적 활용방안을 주민자치 실질화를 중심으로 강구하였다. 조선 건국의 이념적 토대인 유교지상주의와 그 실천방안의 하나였던 향헌의 자치기능을 현대 주민자치, 생활자치의 시원으로 연계시켰다는 점으로 우리나라 향약의 효시로서의 시행 결과와 영향측면의 시사점을 찾아 현대 주민자치회 시사점과 활용방안을 찾아보았다.

지방자치와 주민자치가 민주제도의 핵심이라는 관점에서 본다면 한국적인 주민자치의 연원의 발견과 그 시행 사례와 한계 등의 역사적 사실들은 오늘의 지방자치와 주민자치 제도에 던져주는 메시지로서 적지 않은 자부심을 얻을 수 있다.

이론적 측면은 삼봉의 융합민본사상과 현대 헤테크라시의 접목가능성과 방안 등을 통하여 조선시대 백성과 현대국가 국민의 민본, 민주적 참여와 한계 측면 조명과 극복방안을 블록체인 프로그램 도입과 정착으로 접근하였다. 한국의 지방자치 25주년을 맞이하며 주민자치(회)의 현대적 의의와 시사점, 활용방안을 분석하여 서구중심의 지방자치의 이론적 근거를 '우리 이론(근거)' 중심으로 그 틀을 전환시키고자 하는 데 연구의 의의가 있으며, 주민자치(회)의 시원을 말하면서 서구제도를 앵무새처럼 들먹일 필요는 없어졌다는 점에 본 연구의 창의적 의의가 있다.

2015년 6월 한국정책학회 하계학술대회에서 필자가 발표한 "효령대군 향헌 56조 연구"토론자 하현상(국민대) 교수와 사회자 노화준(서울대) 교수는 "우리나라 자치의 '기원 발견'이란 의미 있는 연구"라고 가치를 부여했다. 동년 8월 한국지방자치학회 하계학술대회에서 한형서(중원대)

교수는 "풀뿌리 찾기의 기원의 의의"를, 함요상(대구대) 교수는 "주민자치회에 향헌정신 접목 필요성"을, 정세욱(명지대) 교수는 "자치정신의 뿌리 조명에 의의"가 있다고 하였다.

V. 나가는 글

이 글은 삼봉의 융합적 국가제도를 정초한 지혜와 시사점을 민본사상과 반 자율적 주민통제 제도인 향헌 등의 제도형성에서 찾아보았다. 삼봉 정도전의 권력제도의 근원은 민본(民惟邦本)에서 유래했다. 삼봉은 백성, 국가, 군주의 순으로 그 중요성을 자리매김한다.

우리나라 향약의 효시로서의 시행 결과와 영향 측면의 시사점을 찾아 현대 주민자치회 적용방안과 과제를 찾아보는 것은 주민자치 디딤돌이 될 것이란 역사적 의의가 있으며, 특히 삼봉의 『조선경국전』 민본융합사상의 토대를 작용한 함흥 향헌을 구체적으로 분석하여 지방자치와 주민자치의 한국적 측면의 이론적 연원을 밝혔다는 점에 본 연구의 이론적 가치가 있다.

본 연구의 의의는 함흥 향헌의 지방자치행정학적 접근을 통한 행정자치적 측면의 의의를 찾고 그 현대적 활용방안을 강구함에 조선 건국의 이념적 토대인 유교지상주의와 그 실천방안의 하나였던 향헌의 자치기능을 현대 주민자치, 생활자치의 시원으로 연계시켰다는 점에 있다. 우리나라 향약의 효시로서의 시행 결과와 영향 측면의 시사점을 찾아 현대 주민자치회 시사점과 활용방안을 찾아보았다. 지방자치와 주민자치가 민주제도의 핵심이라는 관점에서 본다면 한국적인 주민자치의 연원의 발견과 그 시행 사례와 한계 등의 역사적 사실들은 오늘의 지방자치와 주민자치 제도에 던져주는 메시지로서 적지 않은 자부심을 얻을 수 있을 것이다.

결론적으로 한국의 지방자치 25주년을 맞이하며 주민자치(회)의 현대적 의의와 시사점, 활용방안을 분석하여 서구 중심의 지방자치의 이론적 근거를 '우리 이론(근거)' 중심으로 그 틀을 전환시키고자 하는 데 연구의 의의가 있다. 우리나라의 주민자치(회)의 시원을 말하면서 서구제도를 앵무새처럼 들먹일 필요는 없어졌다는 점에 본 연구의 창의적 의의가 있다.

[참고문헌]

곽효문(2003). 「조선향약의 복지행정기능과 의의」, 『행정논총』 41/4호.

김세균(2009). 「자연과학과 (인문)사회과학의 만남, '해석학적 비판과학'의 학문통합을 위하여」, 『한국사회과학』 제31권, 서울대.

김영수(2016). 「권리와 권력의 융합과 대안적 자치권력」, 『국제지역연구』, 20/3, 외국어대.

김일중(2010). 「향약, 거버넌스에로의 초대」, 『문화금당』 제9호, 광주광역시 남구문화원.

김정진(1996). 「효령대군의 향헌과 유교학적 의의」, 『효령대군 탄신 600주년 기념학술대강연회』 (사)청권사.

박익환(1997), 「함흥 향헌, 향규고」, 『조선전기논문선집(향촌 3)』 삼귀문화사.

_____(1997). 「태인지방의 향약 고현동 향약고」, 『조선전기논문선집(향촌 3)』 삼귀문화사.

박현순(2004). 「조선 전기 향벌의 내용과 추이」, 『국사관논총』 제105집,

국사편찬위원회.

서정화(2017.4). 「삼봉 정도전 법치사상과 『朝鮮經國典』」, 「서울대총동창
　　　신문」, 제469호, 서울대학교.

이종수(2018.12). 「정도전 『조선경국전』 법치사상 분석」, 『퇴계학논집』
　　　제23호, 영남퇴계학연구원.

_____(2018.12). 「삼봉의 융합민본사상과 헤테라키」, 『한국선비연구』 제
　　　6호, 동양대.

_____(2018.8). 「화성시 창의교육 차별화와 진로」, 『화성창의지성』 제5
　　　호, 화성시.

_____(2018.5). 「블록체인 정부관료제 대응과제」, 『춘계학술대회논문
　　　집』 한국인사행정학회.

_____(2018.2). 「삼봉 『朝鮮經國典』의 10차 개헌 시사점」, 『동계학술대
　　　회논문집』 한국이지방자치학회.

이종수·이병렬(2017.12). 「삼봉 정도전 수기관의 현대적 시사점」, 『한국
　　　행정사학지』 제41호, 한국행정사학회.

이종수(2016.12). 「삼봉 정도전의 포폄관 분석」, 『한국선비연구』 제4집,
　　　동양대학교.

이종수(2016). 「주민자치의 재정확보방안에 관한 연구: 수원왕갈비문화
　　　를 중심으로」, 『정책과학연구』 25권 1호, 단국대 정책과학연구소.

이종수·이병렬(2016.6). 「조선전기 향헌 56조의 주민자치 활용방안」,
　　　『한국행정사학지』 제38호.

이종수(2015. 8). 「효령향헌의 현대적 활용방안과 과제」, 『한국지방자치
　　　학회 하계학술대회논문집』 한국지방자치학회.

이종수, 이병렬(2015. 봄). 「주민자치회 시범실시의 제도적 한계와 발전
　　　과제」, 『한국지방행정학보』 제29권 1호, 한국자치행정학회.

이종수(2015.12). 「조선개국기 향헌의 현대적 활용방안과 과제」, 『시민과 세계』 참여연대.

이종수·이병렬(2014.12). 「정도전의 민본행정사상 연구」, 『한국행정사 학지』 제35호, 한국행정사학회.

이종수(2014.8). 「삼봉의 과전법 집행사례분석: 사전개혁론과 개선론을 중심으로」, 『공공정책연구』 제21권 1호, 한국공공정책학회.

이춘복(2010). 「청말 정치사상의 東西融合과 유가 정치사상의 근대화」, 『동양사학연구』 제111집, 동양사학회.

정긍식(2015.6). 「'조선경국전' 과 조선초기 법제 정비」, 『법학』 제56권 2 호, 서울대.

鄭道傳(1395). 「經濟文鑑」 下, 監司條.

鄭道傳(1971). 『三峰集』, 국사편찬위원회.

鄭道傳 저, 심경호 역(2013). 『삼봉집, 조선을 설계하다』 한국고전번역원.

정순우(1999). 「조선전기 영남지역 평민층에 대한 교화와 교육」, 『정신문 화연구』, 22권 3호.

조항덕(2005). 「삼봉 정도전의 『조선경국전』 연구: 이상적인 공동체의 모 습을 찾아」, 『한문고전연구』 제11집, 한국한문고전학회.

진희권(2004). 「조선초기의 관료제의 성립과 정도전을 통해선 본 사상적 기반」, 『안암법학』 제18호, 안암법학회.

Harmon, M. & R. Mayer(1986). *Organizational Theory for Public Administration*. Glenview: Scott, Foresman.

Jessop, B(1997). The Governance of Complexity and the Complexity of Governance: Preliminary Remarks on Some Problems and Limits of Economic Guidance. in Ash Amin and Jerzy

Hausner(1997). *Beyond Market and Hierarchy: Interactive Governance and Social Complexity.* Lyme, U.S. Edward Elgar.

Kickert, W(1997). Public Governance in the Netherlands: An Alternative to Anglo-American 'Managerialism'. *Public Administration.* 75.

Peters, G(2000). Globalization, Institutions, Governance. in G. Peters and D. Savoie(eds.), *Governance in the Twenty-first Century: Revitalizing the Public Service.* London: McGill-Queen's University Press.

Roderick, M., B. Jacob, & A. Bryk(2000). Evaluating Chicago's Efforts to EndSocial Promotion. in C. Heinrich and L. Lynn, Jr(eds.), *Governance and Performance: New Perspectives.* Washington D.C.: Georgetown UniversityPress.

Stoker, G(1998). Governance as Theory: Five Propositions. *Governance-International Social Science Journal*, 155.

Williams, D(2001). Macro-Policy and Cumulative Effects: Elements Necessary to Move from Government to Governance. paper presented at 14th annual PAT-Net Conference. *Changing Discourses: Democracy, Institutions and Civil Space.* Leiden University, The Netherlands, June.

제5장

블록체인과
AI 기술 진단

제1절 AI 기술 진단과 전망

1. 기술적 측면

첫째, 인공지능 챗봇 및 검색 SW 전문기업 와이즈넛 사례다. 공공분야 경기도청 세정봇, 인천공항공사 에어봇, LX한국국토정보공사 랜디톡, 산업분야 신한은행 쏠메이트 오로라, 대신증권, 아주대학교 새봇, 노랑풍선 챗봇 등 실제 상용화 된 40여 건 이상의 분야별 국내 최다 챗봇 서비스가 그것들이다(아웃소싱타임스, 2019. 7. 18).

와이즈넛의 앞선 기술력에 고무된 각 분야 전문가들의 상담 요청이 이어진 건 당연한 수순이었다. 특히 와이즈넛은 고객사마다 상이한 비즈니스 환경과 규모, 예산, 업무 범위, 인력 등에 맞춰 가장 적합한 챗봇을 선택적으로 도입할 수 있도록, 구축형 챗봇(On-premise)과 서비스형 챗봇

(Cloud)에 대한 사례와 기술도 소개했다.

둘째, 삼성「AI반도체」이다. 삼성전자는 5년 전부터 인공지능 반도체 분야의 기술 확보에 나선 상태다. 세계적 석학 연구팀과 협업해 선행 연구와 반도체 제품을 개발해 온 것이다. 삼성전자가 인공지능 반도체를 타깃 시장으로 한 이유는 향후 활용분야가 무궁무진하기 때문이다.

예컨대 인간과 대화를 하는 인공지능 기능은 앞으로 자율주행차에서 스마트폰, TV, 냉장고 등 거의 모든 전자제품에 탑재된다. 핵심 반도체분야인 것이다. 하지만 기술 구현이 너무 어려워, 아직 확실한 시장주도 기업이 없다. 미국 퀄컴이나 중국의 하이실리콘(화웨이의 자회사)도 막 이 분야에 진입한 상태다.

NPU(Neural Processing Unit; 신경망 처리장치) 사람 뇌의 신경망을 모방한 반도체다. 예전 PC에 쓰이는 중앙처리장치(CPU)는 한 번에 한 개씩 연산을 빠르게 순차 처리했지만, 이 반도체는 한꺼번에 수십~수천 개의 연산을 동시에 진행한다. 예컨대 알파고는 이세돌 9단과 바둑 둘 때 이런 방식으로 엄청난 '경우의 수'를 한꺼번에 계산했다.

셋째, 감성지능 플랫폼이다. 비피유홀딩스(대표 오상균)가 미국 애리조나 지역 주립병원에 치매나 정신 질환을 겪는 환자를 위한 감성 인공지능 플랫폼 'AEI(Artificial Emotion Intelligence) 프레임워크'를 제공한다([미래기업포커스] 비피유홀딩스 'AI+감성' 환자지원 프레임워크 제공(전자신문, 2019.8.1).

회사는 미국 애리조나대학교 연구팀과 협업해 프로젝트를 진행했다. AEI 프레임워크란 의료부문을 돕는 인공지능에 감성을 덧붙인 비서 개념이다. 가상 간호사나 디지털 환자 도우미 역할을 한다. 이 서비스에서는 환자가 라이브 챗봇에 참여하도록 한다. 라이브 챗봇은 환자 감정과 인지 상태를 추적한다.

환자에게 중요한 감성을 강조한 것이 특징이다. 환자의 일상생활 습관을 파악한다. 약 복용을 알려주고 끼니때 음식을 주문하게 한다. 나아가 진료실 이외 장소에서도 신체적 증상을 파악해 응급 상황이 발생하는 경우 다양한 기기로 주치의나 인근 병원에 상황을 신속히 알려준다.

AEI 프레임워크는 기본적으로 환자 신체 상태와 연관한 감정을 모니터링하고 교감, 상호 작용할 수 있도록 설계됐다. 자연어 분석, 기계 학습, 감성지능 기술을 기반으로 만들어졌다.

비피유홀딩스는 세계 인공감성지능(AEI) 기술 시장에 특화된 스타트업이다. AEI 프레임워크를 개발하며 인공지능(AI)을 넘어 인간의 '감정'을 구현하는 AEI 기술로 주목 받고 있다. 클라우드 펀딩으로 600억원 규모 투자도 받았다. 금융권 출신 오상균 대표가 2012년에 창업한 비피유홀딩스는 미국, 유럽 등에 현지 법인을 설립하며 해외진출에 적극적이다.

오 대표는 "인공지능을 넘어서 훨씬 더 복잡한 인간의 감정 상태까지 분석, 패턴화 할 수 있는 독보기술로 인공 감성시장을 선도할 것"이라고 말했다.

넷째, 교육의 초격차 측면이다. "인공지능(AI)으로 상상도 못했던 교육 서비스가 가능해질 것입니다." 서울시 금천구 천재교육 AI연구소에서 만난 이정환 본부장은 "AI가 교육기업간 경쟁요소가 될 것"이라며 "새로운 사업과 서비스가 쏟아질 것"이라고 확신했다(전자신문, 2019.9.1).

이 본부장은 "AI가 활성화하면 단순 정답 채점뿐 아니라 학생이 문제 푸는 과정을 인식해, 어떤 부분이 잘못됐는지, 그 잘못된 풀이 과정이 어떤 이유에서 발생했는지도 분석해 주는 교육 서비스가 나올 것"으로 전망했다.

천재교육도 AI를 활용한 새로운 교육 서비스를 시도한다. 이 본부장은 "하반기에는 문제를 이미지로 인식해 유사문제를 찾아주는 서비스를 선보일 예정"이라고 밝혔다.

이 본부장은 "현재 나와 있는 AI교육서비스는 텍스트만을 인식해 검색하지만 이미지와 텍스트 동시 인식이 가능해지면 더욱 정교한 유사문제를 제공할 수 있다"고 강조했다. 천재교육은 이를 활용해 AI수학서비스 '닥터매쓰'가 지원하는 과목과 서비스를 확장할 계획이다.

천재교육은 선생님 없이 학생 스스로 학습이 가능한 AI서비스 연구개발도 하고 있다. 이 본부장은 "객관식과 달리 서술식 문제는 자동 채점이 힘들다"며 "이를 해결하기 위해 학생의 손글씨 이미지를 인식해 서술형에 대한 피드백이 가능한 교육서비스를 연구 중"이라고 전했다.

2. 프로그램(상품) 사례

"맞춤형 데이터"(매경, 2019.2.17) "최근 인공지능(AI)은 단순히 빅데이터를 분석한 결과만 알려주는 게 아니라, 왜 이런 결과가 나왔는지까지 설명하도록 진화하고 있다. 잘못된 결과가 나오면 어느 부분에서 오류가 있었는지 바로잡을 수 있게 된다. 이렇게 엄청난 속도로 진화하면서 현실에 접목되고 있기 때문에 빅데이터와 인공지능을 모르면 도태될 수밖에 없다."

빅데이터는 이미 우리 일상에 속속들이 스며들었고, AI는 하루가 다르게 산업현장을 바꾸고 있다(매경, 2019.2.17).

스마트팩토리를 구축하면 수십 년 일한 기술 장인이 경험으로 알 수 있는 것을 표준화해 모든 구성원이 공유할 수 있게 된다. 과거 데이터사이언티스트들이 연구실에서 분석에만 몰두했다면, 요즘은 현장에서 직접 일하며 '맞춤형 데이터 분석'을 솔루션으로 제시하는 시대가 됐다. 지난 15일 코엑스 그랜드볼룸에서 개최된 제1회 매경 빅데이터·인공지능포

럼에서 쏟아진 생생한 이야기들이다.

최성호 전무는 "AI가 모든 산업을 재정의할 것"이라는 손정의 소프트뱅크 회장의 말을 인용하며 '사물인터넷(IOT)─클라우드─빅데이터─AI'의 융·복합이 만드는 가치사슬과 비전을 제시했다. 그는 "우리는 모바일·IOT 중심을 지나 AI 중심시대를 살고 있다"며 "빅데이터는 문제해결의 시작점이 가장 중요하다. 시작점에서 질문을 통해 어떤 문제를 풀지 이해하고 정의해야 원하는 결과가 나온다. 그러기 위해서는 전혀 다른 언어를 사용하는 현장 전문가와 빅데이터 전문가가 서로 이해하며 긴밀히 소통해야 한다"고 강조했다.

기업 세션은 실제 빅데이터를 활용해 성공 사례를 만든 회사들과 AI·IOT·블록체인·클라우드 서비스로 미래 혁신을 돕는 회사들로 나뉘었다. 빅데이터 세션에서는 우상수 신한카드 셀장과 이욱재 코리아크레딧뷰로 본부장이 카드 빅데이터와 공공·민간 빅데이터에서 가치를 발굴한 경험담을 들려줬고, 최석재 한국IBM 실장이 데이터 분석 속도를 높이는 노하우를 알려줬다.

이창수 비투엔 부사장은 공공데이터 개방에 대한 제언을 내놓았고, 김미영 글로벌로드 팀장은 데이터 전문가 모시기에 힘쓰고 있는 일본 사례를 소개했다. 빅데이터로 혁신을 고민하는 청중은 국내 대표 SI 기업들의 발표에 귀를 기울였다. 이은주 삼성SDS 상무(빅데이터센터장)는 전 세계 삼성의 스마트팩토리에 적용되는 '브라이틱스AI' 솔루션을 예로 들며 지난 10년간 AI 생태계가 어떻게 진화했으며 앞으로 어떻게 발전할지 조망했다. 이 상무는 "인구통계, 날씨 그 나라의 캘린더, 경쟁사 정보 등을 분석해 어떤 마케팅 프로모션이 효과적일지 판단하는 것은 기본이다. 선적부터 통관까지 해운 물류 관리를 실시간 처리하는 것은 물론, 리스크 모니터링으로 가장 안전한 경로, 비용이 가장 저렴한 경로를 추천하는 등 활용분야가 무궁무진하다"고 설명했다.

이주열 LG CNS 팀장은 딥러닝이 진화하고 있는 모델인 '설명 가능한 AI'에 대해 쉽게 설명했다. 이주열 팀장은 "기업 AI 영역의 데이터는 비용이 많이 드는데, 적은 비용으로 99.99% 목표를 달성하기 위한 고민이 필요한 시기"라고 조언했다.

서정욱 SK(주) C&C 팀장은 비전문가도 쉽게 딥러닝과 AI 분석을 활용할 수 있게 도와주는 '아큐인사이트 플러스' 플랫폼을 소개했고, 조성원 포스코 ICT 기술전략 그룹장은 스마트팩토리 구축에 대한 고민을 '밥 짓기'에 비유하며 쉽게 설명해 공감을 얻었다.

AI, Context(맞춤형 AI) 사례를 예시한다.

"최근 인공지능(AI)은 단순히 빅데이터를 분석한 결과만 알려주는 게 아니라, 왜 이런 결과가 나왔는지까지 설명하도록 진화하고 있습니다. 잘못된 결과가 나오면 어느 부분에서 오류가 있었는지 바로잡을 수 있게 되는 것입니다. 이렇게 엄청난 속도로 진화하면서 현실에 접목되고 있기 때문에 빅데이터와 인공지능을 모르면 도태될 수밖에 없습니다."

AI · 빅데이터 전성시대는 '데이터도 맞춤형'이 되고 있다. 빅데이터는 이미 우리 일상에 속속들이 스며들었고, AI는 하루가 다르게 산업현장을 바꾸고 있다(매경, 2019.2.17).

스마트팩토리를 구축하면 수십 년 일한 기술 장인이 경험으로 알 수 있는 것을 표준화해 모든 구성원이 공유할 수 있게 된다. 과거 데이터사이언티스트들이 연구실에서 분석에만 몰두했다면, 요즘은 현장에서 직접 일하며 '맞춤형 데이터 분석'을 솔루션으로 제시하는 시대가 됐다.

4차산업혁명시대에 개인에 원하는 것이 무엇인지 정보를 수집하고 파악하고 대응하는 사람이 미래를 선점한다는 내용으로, 책의 부제도 '컨텍스트를 수집하고 파악하고 대응하는 자가 미래를 지배한다!'다. 4차산업혁명에는 어떤 것들이 있는지, 인공지능(AI), 빅데이터, 스마트팩토리, 로봇, 사물인테넷 등이 된다.

컨텐츠라는 단어는 많이 들어보았으나 컨텍스트는 드물다. 컨텍스트 (context)란 유저의 성향, 원하는 것, 즐겨 찾는 것, 자주 가는 곳, 주문 정보 등의 정보를 수집, 가공, 분석해서 적절히 대응하는 것을 말한다. 빅데이터를 대상으로 내용을 찾고 용도에 맞게 창조한다.

대한민국 인공지능 산업 생태계 조성에 앞장서는 인공지능 대표기업 와이즈넛은 도드라지는 기술력을 과시하며 올해로 2회째를 맞이한 국제 인공지능대전 행사를 주도했다.

첫날인 17일부터 참관객의 발길이 끊이지 않았던 와이즈넛의 전시부스는 분야별 성공 사례로 수놓아졌다. 공공분야 경기도청 세정봇, 인천공항공사 에어봇, LX한국국토정보공사 랜디톡, 산업분야 신한은행 쏠메이트 오로라, 대신증권, 아주대학교 새봇, 노랑풍선 챗봇 등 실제 상용화된 40여 건 이상의 분야별 국내 최다 챗봇 서비스가 그것들이다.

와이즈넛의 앞선 기술력에 고무된 각 분야 전문가들의 상담 요청이 이어진 건 당연한 수순이었다. 특히 와이즈넛은 고객사마다 상이한 비즈니스 환경과 규모, 예산, 업무 범위, 인력 등에 맞춰 가장 적합한 챗봇을 선택적으로 도입할 수 있도록, 구축형 챗봇(On-premise)과 서비스형 챗봇(Cloud)에 대한 사례와 기술도 함께 소개함으로써 합리적으로 챗봇을 적용하고자 했던 참가자들의 도입 문의가 쇄도했다.

'공공부문 발주자 초청 세미나'에서는 김분도 공공사업부 이사가 '인공지능 챗봇을 활용한 지능형 대민 서비스 구축 사례 및 전망'을 주제로 대민서비스 편의성 및 행정 업무 효율 증가를 위한 자사의 공공분야 관련 챗봇 사례와 지능형 정부를 위한 챗봇 활용 등을 제시하며 참가한 공공부문 담당자들의 이목을 집중시켰다.

글로벌 정보통신기술(ICT) 선도기업은 인공지능(AI)으로 고객 대상 상품·서비스와 업무 프로세스를 진화하기 위한 '인공지능(AI) 퍼스트' 전략을 강화하고 있다. AI는 산업 전반에 파괴와 혁신을 가속화하고 있다.[9] 글로벌 기업 전략 속에는 코로나19가 가져온 경제 위기와 맞물리며, AI는 기업에 선택이 아닌 생존 문제와 직결된다는 위기감이 감지됐다.

김주민 LG전자 인공지능연구소장(상무)은 AI 기술 고도화를 통한 제품 혁신으로 고객 라이프스타일을 바꿔놓을 것이라고 자신했다. LG전자 AI 전략은 고객요구를 바탕으로 스스로 진화하고 고객 접점을 통해 수집한 정보를 클라우드가 고도화하고 산업 생태계에 대한 개방성을 바탕으로 더 빠르게 더 좋은 서비스와 품질을 제공하는 것으로 요약된다. 이용자의 냉장고 사용 패턴을 파악해, 특정 음식을 지나치게 자주 먹으면 건강이 악화될 수 있다고 알려주는 방식으로 고객이 직접 체감하고 삶에 도움이 되는 방향으로 AI를 진화시키겠다는 목표다.

정 이사는 "화웨이는 미래 B2B 서비스가 필요로 하는 5G·AI 성능을 일관적으로 접목하기 위해 실증사업을 통해 '토털 AI 플랫폼'을 진화시키고 있다"면서 "스마트시티와 스마트캠퍼스, 스마트의료 등 서비스에 일관적으로 접목돼 비즈니스 혁신을 가져오게 될 것"이라고 말했다. 기업과 사회가 AI시대에 대응해 안정적으로 진화할 수 있도록 제도혁신 필요성도 제기됐다.

---

9) [IT메가비전 2020] AI, 포스트코로나시대 비즈니스 혁신 원동력(전자신문, 2020.5.21)

제2절 융합효과

1. AI, 블록체인 융합의 필요성

인공지능과 블록체인이 융합되면, 이것은 서로와 세계를 변화시킬 수 있다. 인공지능은 역사에서 배우는 효과적인 방법을 제공하며 블록체인은 비즈니스 네트워크를 따라 신뢰관계를 구축할 수 있게 한다. 이 둘이 함께하면 변화에 적응할 수 있는 능력을 갖게 된다.

또한 신뢰할 수 있는 데이터는 인공지능의 생명의 피이며 블록체인은 신뢰할 수 있는 데이터를 유지하도록 설계되었다. MATRIX의 동료들은 '블록체인은 시간과 공간을 통합하고 AI는 역사에서 미래를 예측합니다' 라고 하는 합의를 공유한다. 블록체인과 AI 기술은 흥미로운 방식으로 수렴하고 있다. 혁신적인 기업은 대규모 데이터의 힘, 블록체인의 보안 및 AI의 가치 배율을 활용하여 전 세계를 이해하고 제공한다. 블록체인의 특성은 인공지능(AI)에도 크게 기여한다. AI가 데이터를 수집한 후 학습해 의사결정을 하는 시스템이라면 블록체인은 데이터를 저장하고 공유함으로써 사용자들에게 신뢰를 주는 시스템이다.

과기부(2020)는 「2020 업무계획」에서 블록체인, 실감콘텐츠, 스마트시티 등을 집중 육성하고자 한다. 특히 블록체인 기반 모바일전자 증명서비스 등을 공공분야로 확대한다. 인공지능과 블록체인 등 신기술을 활용, 공공서비스를 혁신하고자 한다.

국민여론조사 국민 70%가 "정부 서비스에 AI인공지능 적용 필요성을 공감"한다. 행안부는 지능형 정부 로드맵 수립을 위한 대국민설문조사 결과를 발표했다(도시미래신문, 2018.12.4). 국가정보화사업 '지능화' 추진이다(뉴스1, 2018.12.30). 정부가 국가정보화사업에서 인공지능, 빅데이터, 클라우드 등 첨단기술 활용을 대폭 늘려 '지능형 정부' 구축에 나선다. 정부는 지난 28일 제10회 정보통신전략위원회를 통해 이 같은 내용을 담은 '제6차 국가정보화기본계획'을 심의·확정했다고 30일 밝혔다.

이번 기본계획에서 정부는 국가정보화사업의 정책방향을 컴퓨터, 인터넷 기반의 '전산화·정보화'에서 인공지능·빅데이터·클라우드에 기반한 '지능화'로 전환하는 기본방향을 제시했다. 그동안 전체 공공분야 정보시스템 관련 예산 약 3조 2200억 원에서 인공지능 관련 사업 비중은 고작 0.8%에 불과했고, 빅데이터(9.3%), 사물인터넷(0.3%), 클라우드(13.1%) 등도 미미한 수준이긴 마찬가지였다.

이에 정부는 지능정보기술을 활용하는 정보화사업 비중을 2022년 35% 이상으로 확대하기로 했다. 기존 정보화사업 가운데 기능·분야별로 유사한 사업은 통합해 플랫폼 형태로 운영하고, 노후화된 정보시스템은 최신 기술을 활용하는 방식으로 교체해 나간다. 이를 통해 정부는 인공지능이 국민이 원하는 공공서비스를 알아서 미리 찾아주고, 빅데이터를 분석해 의료·복지·고용 등의 대국민 서비스를 개인 맞춤형으로 제공하는 '지능형 정부'를 구현한다는 계획이다.

민간에선 기업의 빅데이터 이용률을 2022년 20%까지 높이고, 소프트웨어 전문·융합인재 2만 명을 육성하는 등 지능화 기반을 닦아 자율주행차, 드론, 핀테크 등 미래형 산업을 육성한다. 이와 함께 지능화 사회의 필수 인프라인 5세대(5G) 이동통신 무선 네트워크를 2019년 조기 상용화하고, 10기가 유선 네트워크도 2022년 50% 수준까지 확충해 나갈 계획이다. 정부는 지능정보사회 추진에 있어 발생할 수 있는 디지털 불평등 해소를 위해 우체국과 도서관을 이용한 취약계층 정보역량 교육을 강화하고, 지능정보사회 윤리규범을 마련해 과의존 예방 등 건전한 온라인 이용환경도 조성할 방침이다.

국민 1000명 중 700명은 정부 서비스에 인공지능기술 적용이 필요하다고 생각하는 것으로 조사됐다. 4일 행정안전부는 지난 11월 1일부터 6일까지 한국갤럽과 함께 국내 거주 국민 만19세에서 79세까지 1012명을 대상으로 지능형 정부 로드맵 수립을 위한 전화 설문조사를 진행했다고 밝혔다(도시미래신문, 2018.12.4).

조사결과 조사대상 국민의 85.7%가 인공지능 개념을 인지하고 있으며, 기술적용이 필요한 정부 서비스로 38%가 '민원신청 및 처리'를 꼽았고 다음으로 '행정정보에 대한 안내'가 22.1%, '콜센터 등 궁금한 사항에 대한 질의응답'이 21.7% 순으로 나타났다. 국민들은 지능형 정부 서비스가 제공되면 24시간 어디서나 서비스 이용 가능(41.8%), 대기시간 없는 민원처리(26.9%), 몰라서 받지 못했던 혜택 받기(19.6%) 등이 좋아질 것으로 기대했다.

인공지능 기술이 우선 도입돼야 할 서비스분야는 의료ㆍ복지(30.3%)를 가장 많이 선택했으며, 다음은 주민생활(20.1%), 교통ㆍ이동(18.4%), 안전ㆍ환경(16%) 순으로 나타났다. 의료ㆍ복지 세 분야에서는 예방접종ㆍ건강검진 안내가 22.8%, 병원ㆍ약국 정보검색 및 예약이 22.5%로 가장 높게 나타났고, 주민생활에서는 증명서 발급이 28.2%, 뒤이어 법률상담과 세금정산ㆍ납부가 각각 16.9%, 16.8%로 나타났다. 교통ㆍ이동분야 중 교통정보 관련 추천ㆍ안내가 43.9%로 대중교통 예약 20.3%에 비해 2배 이상 많았고, 안전ㆍ환경분야 중에서는 재난예방ㆍ대피 안내가 31.1%로 가장 높았다.

국민들은 궁극적으로 미래의 지능형 정부 서비스가 '몸이 아프거나 도움이 필요한 사람을 실시간으로 확인해 도움을 요청하거나 지켜주는 듬직한 동반자(88.5%)'로 발전하기를 가장 원했다.

이외에도 24시간 편리한 도우미(82.9%), 내 상황을 알고 처리해 주는 똑똑한 개인비서(75.6%)의 모습이 되길 바라는 것으로 조사됐다.

이번 조사는 인공지능 기술도입에 대한 국민선호도와 서비스 추진방향에 대한 국민의견을 반영하기 위해 추진됐다. 표본오차는 ±3.1%p, 신뢰수준 95%, 성·연령·지역별 비례배분에 따른 표본에 대한 유무선 RDD(Random Digit Dialing) 방식을 활용했으며 구조화된 질문지를 학습한 면접원들이 시행했다.

단, 기대에도 불구하고 국민들은 지능형 정부 서비스 이용시 개인정보 오·남용(36.9%)부터 부정확한 답변 등 낮은 서비스 품질(33.9%), 어려운 이용방법(14.9%) 등에 대해 우려하고 있는 것으로 드러났다.

2. 인공지능, 블록체인융합 접목 사례

블록체인과 AI에 모두 영향을 미치는 가장 흥미로운 개발 중 하나는 두 기술 간의 융합이다(서정화·이종수, 2019). 혁신적인 회사는 큰 데이터의 힘, 블록체인을 사용하는 범위 내에서의 신뢰와 검증 및 AI가 거의 모든 비즈니스에 가져올 수 있는 가치 창조 배율을 활용한다.

AI를 활용하여 고도의 자연어 기반의 추론 엔진을 개발하는 회사인 Mind AI의 CEO인 Paul Lee는 블록체인과 AI의 결합의 놀라운 잠재력을 보고 있다. "블록체인은 개인 소유권 및 데이터 제어를 통해 오늘날의 데이터 과점을 무너뜨릴 잠재력이 있다"라고 Lee는 말한다. "이전에는 없었던 AI 개발자가 사용할 수 있는 방대한 데이터 소스에 액세스할 수 있다. 그러한 데이터에 대한 액세스 즉, 데이터 마켓 플레이스가 있을 것이다. 데이터 마켓 플레이스는 개발자가 프로젝트의 특정 유형의 데이터를 찾는 자유 시장일 수 있다. 동일한 의미에서 AI는 블록체인을 향상시킬 수 있다. 블록체인 기술의 가장 강력한 유스 케이스 및 초기단계 응용 프로그램은 AI 연구를 지원하는 데이터를 위한 것이다. 이것은 블록체인 기술의 진보로 AI와 보다 잘 융합될 수 있는 길을 열어주는 데 도움이 될 것이다. 이러한 진전과 그 응용은 필연적으로 다른 영역으로의 파급 효과를 가져올 것이고, 블록체인 채택률을 높이는 데 도움이 될 것이다."

AI와 블록체인 사이에는 눈에 띄는 통합이 있었다. 그 중 하나는 스마트 컨트랙트 테스트를 향상시키기 위해 만들어진 Singularity. Net인데, 이는 블록체인 및 AI 프로그램을 포함한다. 제조사인 Nahame은 또한 블록체인 기술과 AI를 통합하여 회사가 감사를 원활하게 할 수 있도록 지원하며, 피어투피어(Peer-to-Peer) 렌터카 회사가 블록체인 기술을 기반으로 자가용 자동차를 생산할 계획도 가진다.

금융서비스에 블록체인(blockchain) 기술의 사용이 증가하면서 사람과 계약, 거래 등에 대한 '관계 데이터(relationship data)'의 패턴을 자동적으로 분석하는 기술에 인공지능이 활용될 것이다(AI and blockchain will meet in 2018, 해외과학기술동향 2018.1.23).

미 실리콘밸리에 위치한 분석 소프트웨어 기업인 FICO의 최고 분석책임자이자 인공지능분야에 권위 있는 전문가인 스코트 졸디(Scott Zoldi) 박사는 두 개의 새로운 기술이 합쳐질 것이라고 전망한다.

암호화폐(cryptocurrencies)를 넘어 블록체인 기술은 곧 계약, 상호작용 등 '사건의 시간'을 기록할 것이라고 졸디 박사는 말한다. 자동차를 빌리는 것을 예로 들면, 한나절 자동차를 빌릴 수 있을 만큼의 소액융자(micro-loan)를 승인받을 수도 있을 것이라고 한다.

이 경우 소액융자는 블록체인에 붙어 보험계약으로 이루어질 수 있으며, 차량의 운전자 정보, 사고나 수리 이력, 관리 기록 등이 남는다. 운전자가 도시를 지날 경우, 통행료 납부 및 주차 등을 위해 상호작용하며 이러한 모든 정보는 블록체인에 자동적으로 기록되고 모니터링 된다. 차량을 놔두고 잠그면 대여는 끝나고 여러 정보에 대한 감사가 이루어진다. 이러한 데이터 이벤트 체인은 새로운 분석 기회를 제공하게 되고, 대규모 관계 데이터를 분석할 수 있는 새로운 인공지능 알고리즘을 개발한다.

사기 대응 및 사이버 보안 등과 같은 솔루션을 위한 인공지능 분석기술을 개발하고 있는 졸디는 '방어 인공지능(defensive AI)'의 증가를 목격하고 있다. 그는 공격자들이 기업의 보안시스템을 우회하기 위해 악의적인 인공지능을 사용하고 있다고 지적, IT 보안기업인 McAfee가 2018년 보안 전망에 범죄자들이 공격을 위해 머신러닝을 이용하면서 선의로 이를 개발하는 측과 경쟁이 벌어지는 상황을 포함시킨 바 있는데, 2018년에는 인공지능시스템의 대응을 학습하는 공격자를 유인하고 판별하는 새로운 시스템의 출현을 목격할 것이라고 한다.

졸디 박사는 챗봇(chatbots)이 점점 더 영리해지고 더욱 많은 인공지능을 사용하면서, 인간을 보다 잘 이해할 뿐만 아니라 우리를 속일 수 있는 능력도 높아질 것이라고 전망한다. 졸디 박사가 2018년에 제시한 인공지능(XAI) 관련 다른 예측사항으로는 인공지능은 스스로를 설명할 것이라는 점 등이다.

3. XAI(인공지능 설명)

설명을 할 수 있는 인공지능(XAI, Explainable AI)의 필요성은 유럽연합의 일반개인정보보호규정(GDPR)과 같은 규정에 의해 더욱 촉발될 것이다. 同 규정은 인공지능과 머신러닝시스템에 의해 생산된 점수를 포함하여 종합적인 판단에 근거한 설명을 필요로 한다.[10]

---

10) Kistep, 2018:11.

인공지능은 우리의 능력을 배가시킬 것이다. 인공지능이 데이터 분석을 위한 정보 수집뿐만 아니라, 새로운 주제를 학습하는 우리의 능력을 개선할 것이다. 즉, 인공지능은 새로운 정보를 처리하는 우리의 능력을 증진시킬 것이다. 문제는 인간의 두뇌가 데이터의 양과 빈도에 맞추어 개선될지 혹은 진화할지에 대한 것이다.

인공지능의 운영은 보다 쉬워질 것이다. 2018년에 기업들은 인공지능의 운영에 초점을 둘 것으로 보이는데, 특히 클라우드를 통해 쉽게 구축할 수 있고, 이를 통해 머신러닝 환경을 고도화할 수 있을 것이다.

졸디 박사는 사기, 사이버보안 및 기타 어플리케이션 분야에서 인공지능과 머신러닝 분석의 새로운 응용분야를 연구한다.

4. 마인드 AI

'마인드 AI'는 인공지능에 대한 완전히 새로운 접근을 제공하기 위해 만들어진 인공지능 엔진 및 생태계이다. 병렬 처리, 슈퍼컴퓨터 및 대용량 자료가 있어야 하는 구조를 구축하기보다는 캐노니컬(Canonical)이라는 명칭을 부여한 국제적으로 특허 받은 완전히 새로운 데이터 구조에 기반한 핵심 추론(Reasoning) 엔진을 만들었다. 즉 대용량 데이터가 필요하지 않은 완전히 새로운 구조를 만든 것이다.

지금까지의 인공지능은 '딥러닝'이라는 단어로 표현할 수 있는데, 마인드 AI는 이것보다 더 진화한 자연 언어를 통한 추상적인 추론과 실시간 자동 학습 및 일반화 등 더 강하고 혁신적으로 진보를 추구하며, 또한 인간의 방식으로 생각하지 못하는 방식으로 문제를 해결하고 새로운 모델, 방법들을 만들어내기 위해 전 영역에 걸쳐 일반화 적용이 가능하다.

또한 마인드 AI는 인간과 유사한 추론 엔진으로 작동하는 세계 최초의 자산관리 플랫폼을 구현하기 위해 코인페이먼트(CoinPayments)와 전략적 제휴를 체결, 코인페이먼트의 대표인 알렉스 알렉산드로프(Alex Alexandrov)는 마인드 AI의 개인 토큰 세일에 투자, 이외에도 마인드 AI는 다수의 벤처캐피탈에 투자를 받기도 한다.

특히, 마인드 AI의 창립자이자 대표인 폴 리(Paul Lee)는 제네바 팔렉스포(Palexpo)에서 1월 21일 열리는 제네바 블록체인 대회(Geneva Blockchain Congress)에 연사로 초청받아 마인드 AI의 공동블록체인 기반 생태계와 특허 받은 새로운 데이터 구조에 대한 개요를 제시한다.

지난 10월, 세계적인 블록체인 벤처캐피탈인 'OK 블록체인 캐피탈'에게 투자를 유치해 주목 받았던 ㈜코봇랩스(대표 함정수)는 AI를 이용한 '코봇 플랫폼(Korbot Platform) 프로젝트'를 진행중이다.

코봇랩스는 블록체인 기술을 기반으로 개발된 플랫폼을 통해 시장에서 다년간 검증된 알고리즘 봇과 다양한 투자 보조 도구를 제공하여 사용자들이 즉각적이고 투명하게 사용할 수 있는 암호화폐 자동거래 서비스를 제공할 계획이다.

이처럼 코봇랩스는 확실한 기술력과 높은 신뢰, 그리고 편의성을 극대화한 자동거래 서비스를 통해 연간 2조원 규모의 암호화폐 차익거래 시장을 선점하고, 암호화폐 시장내의 자동거래 매매 비중을 90% 이상으로 끌어올린다는 계획이다.

한편, 코봇랩스는 지난 1달 동안 서비스 사용에 대한 수수료 지불 등에 사용될 플랫폼의 기축통화인 코봇토큰(KBOT)을 국내 거래소 '비트레이드(B-Trade)'와 홍콩 기반 거래소 'CoinAll(코인올)'에 상장하며 프로젝트 현실화에 돌입했다(jamie@tokenpost.kr).

AI, 블록체인 융합은 기존의 정치, 행정 등 권부의 '불공정', 지역과 연고주의 등 권력현상과 결정, 집행, 평가, 피드백 등의 제 프로세스를 격침

시키고, 그 구조 조직, 기능, 서비스, 재정, 인력 등의 전반에 제로베이스의 관점에서 재설계할 것을 요구한다.

따라서 권력현상과 질서, 세계화, 교류 등의 신질서를 요청함에 따라서 정부의 효율화, 간편화, 초연결사회 대응 등이다.[11]

블록체인과 AI에 모두 영향을 미치는 가장 흥미로운 개발 중 하나는 두 기술 간의 융합이다(서정화 · 이종수, 2019). 혁신적인 회사는 큰 데이터의 힘, 블록체인을 사용하는 범위 내에서의 신뢰와 검증 및 AI가 거의 모든 비즈니스에 가져올 수 있는 가치 창조 배율을 활용한다.

AI를 활용하여 고도의 자연어 기반의 추론 엔진을 개발하는 회사인 Mind AI의 CEO인 Paul Lee는 블록체인과 AI의 결합의 놀라운 잠재력을 보고 있다.

"블록체인은 개인 소유권 및 데이터 제어를 통해 오늘날의 데이터 과점을 무너뜨릴 잠재력이 있다"라고 Lee는 말한다.

"이전에는 없었던 AI 개발자가 사용할 수 있는 방대한 데이터 소스에 액세스할 수 있다. 그러한 데이터에 대한 액세스 즉, 데이터 마켓 플레이스가 있을 것이다. 데이터 마켓 플레이스는 개발자가 프로젝트의 특정 유형의 데이터를 찾는 자유시장일 수 있다. 동일한 의미에서 AI는 블록체인을 향상시킬 수 있다. 블록체인 기술의 가장 강력한 유스 케이스 및 초기 단계 응용 프로그램은 AI 연구를 지원하는 데이터를 위한 것이다. 이것은 블록체인 기술의 진보로 AI와 보다 잘 융합될 수 있는 길을 열어주는 데 도움이 될 것이다. 이러한 진전과 그 응용은 필연적으로 다른 영역으로의 파급 효과를 가져올 것이고, 블록체인 채택률을 높이는 데 도움이 될 것

---

11) 탈중앙화된 AI의 탄생이다. 「블록체인의 미래」Nov. 23, 2018(Decentralized AI: Blockchain's bright future) 블록체인과 인공지능은 전 세계적으로 기술 혁신을 주도하고 있으며, 둘 다 우리의 개인 데이터뿐만 아니라 비즈니스의 미래에도 깊은 영향을 미친다.

이다."

최근에는 KB금융그룹은 LG그룹과 블록체인, AI 등 디지털 신기술 기반 공동사업 추진을 위한 업무협약을 체결했다. 28일(현지시간) 다수의 언론보도에 따르면 블록체인 기반 AI 프로젝트 '마인드 AI'와 '코봇랩스' 관심이 크다. 블록체인 기반 인공지능(AI) 프로젝트인 '마인드 AI' (MIND AI)는 새로운 개념의 데이터 기반을 구조 기반으로 핵심적인 추론 (Reasoning) 엔진으로 지금까지 없는 새로운 AI 접근 방식을 제공한다.

'마인드 AI'는 인공지능에 대한 완전히 새로운 접근을 제공하기 위해 만들어진 인공지능 엔진 및 생태계로서 병렬 처리, 슈퍼컴퓨터 및 대용량 자료가 있어야 하는 구조를 구축하기보다는 캐노니컬(Canonical)이라는 명칭을 부여한 국제적으로 특허 받은 완전히 새로운 데이터 구조에 기반한 핵심 추론(Reasoning) 엔진을 만들었다. 즉 대용량 데이터가 필요하지 않은 완전히 새로운 구조를 만든 것이다.

지금까지의 인공지능은 '딥러닝'이라는 단어로 표현할 수 있는데, 마인드 AI는 이것보다 더 진화한 자연 언어를 통한 추상적인 추론과 실시간 자동 학습 및 일반화 등 더 강하고 혁신적으로 진보를 추구한다. 또한, 인간의 방식으로 생각하지 못하는 방식으로 문제를 해결하고 새로운 모델, 방법들을 만들어내기 위해 전 영역에 걸쳐 일반화 적용한다.

또한, 마인드 AI는 인간과 유사한 추론 엔진으로 작동하는 세계 최초의 자산 관리 플랫폼을 구현하기 위해 코인페이먼트(CoinPayments)와 전략적 제휴를 체결했다.

(주)코봇랩스(대표 함정수)는 AI를 이용한 '코봇 플랫폼(Korbot Platform) 프로젝트'를 진행하며, 업계에 암호화폐 자동거래라는 신선한 바람을 불어넣었다. 코봇랩스는 블록체인 기술을 기반으로 개발된 플랫폼을 통해 시장에서 다년간 검증된 알고리즘 봇과 다양한 투자보조 도구

를 제공하여 사용자들이 즉각적이고 투명하게 사용할 수 있는 암호화폐 자동거래 서비스를 제공할 계획이다.

이와 더불어 코봇랩스의 플랫폼 안에서 사용자는 자신의 자산을 거래소에 보관한 상태에서 해당 거래소의 통합 API를 바탕으로 암호화폐 자동거래를 진행, 이를 통해 사용자는 자신의 자산에 대한 권한을 그 누구에게도 양도하지 않은 상태로 플랫폼이 제공하는 자동거래 서비스를 사용한다.

이처럼 코봇랩스는 확실한 기술력과 높은 신뢰, 그리고 편의성을 극대화한 자동거래 서비스를 통해 연간 2조원 규모의 암호화폐 차익거래 시장을 선점하고, 암호화폐 시장내의 자동거래 매매 비중을 90% 이상으로 끌어올릴 계획이다.

한편, 코봇랩스는 지난 1달 동안 서비스 사용에 대한 수수료 지불 등에 사용될 플랫폼의 기축통화인 코봇토큰(KBOT)을 국내 거래소 '비트레이드(B-Trade)'와 홍콩 기반 거래소 'CoinAll(코인올)'에 상장하며 프로젝트 현실화에 박차를 가한다(jamie@tokenpost.kr).

제3절 응용 사례

1. 응용 측면

인공지능과 블록체인이 융합되면, 이것은 서로와 세계를 변화시킬 수 있다. 인공지능은 역사에서 배우는 효과적인 방법을 제공하며 블록체인은 비즈니스 네트워크를 따라 신뢰관계를 구축할 수 있게 한다. 이 둘이 함께하면 변화에 적응할 수 있는 능력을 갖게 된다.

블록체인과 AI 기술은 흥미로운 방식으로 수렴하고 있다. 혁신적인 기업은 대규모 데이터의 힘, 블록체인의 보안 및 AI의 가치 배율을 활용하여 전 세계를 이해하고 제공한다.

　블록체인과 인공지능(AI)은 지금의 디지털 생태계를 뒤흔드는 대표적인 기술 키워드로 꼽힌다. AI와 블록체인은 따로 봐도 대형 변수지만 합쳐서 보면 더욱 강력하다.

　블록체인이 현재 AI 기술의 빈 구멍을 메워주는 확실한 보완재 역할을 할 수 있다는 이유이다. 이를 기반으로 현재 중앙집중식 서비스 모델로 IT생태계를 들었다 났다 하는 구글이나 페이스북 같은 거대 인터넷 기업들을 견제하는 시나리오가 현실화될 것이다.

　블록체인 기반 AI, 왜 파괴적인가? 블록체인 네트워크에 올라오는 데이터들은 모두 사실에 기반한 것들이다. 여러 사람들에 의해 검증됐고 삭제도, 변경도 할 수 없다. AI가 이런 데이터를 활용하면 보다 정확한 미래 분석이 가능해진다.[12]

　블록체인으로 인해 페이스북, 아마존, 넷플릭스, 구글, 바이두, 알리바바, 텐센트 등 거대 인터넷 회사들의 빅데이터 경쟁력은 약화된다. AI 기반 모바일 보안업체 지그라의 디팩 더트 CEO는 "데이터가 범용화 되면 AI 알고리즘이 생태계에서 가장 중요한 요소"라며 "앞으로 대규모 데이터를 소유한 사람들에서 유용한 알고리즘을 만드는 이들로 권력이 넘어갈 것이다"고 말했다. 카카오브레인의 인치원 CSO도 올해 주목할 흐름으로 AI와 블록체인의 결합을 거론한다.

　AI와 블록체인의 융합은 다양한 분야에 적용된다. 금융을 예로 들면 블록체인에 있는 데이터를 사용해 AI는 특정 소비자층이 이용하는 대출 상

---

12) 테크M, 제58호.

품 유형을 분석하고, 이들 대출 패턴에 기반해, 금융기관들은 소비자들에게 제공할 금융 상품 유형을 예측하게 한다.

유통분야에서도 매력적이다. 블록체인 데이터 마이닝(Mining)을 통해 AI는 기존 방식에선 놓쳤을 수도 있는 상관관계를 발견하는 것이 가능해진다. AI와의 융합을 겨냥한 블록체인 프로젝트들도 등장하였다. 개인들이 탈중앙화된 마켓플레이스를 통해 자신들의 데이터를 공개하고 대신 암호화폐를 보상으로 주는 성격의 프로젝트들도 공개하였다.

오션 프로토콜이 대표적이다. 오션은 AI 모델용으로 쓸 개인 데이터를 공개하도록 유도하는 탈중앙화된 데이터 교환 프로토콜과 네트워크를 만드는 것이 목표이다. 사용자가 오션 네트워크에 올린 데이터는 다른 누군가가 AI 모델을 훈련시키는 데 사용된다. 데이터를 올린 사람은 대신 암호화폐를 보상으로 받게 된다.

이같은 방식이 힘을 받을 경우 구글을 위협한다. 예를 들어 구글 산하인 네스트가 제공하는 자동온도조절기가 수집하는 데이터는 구글로 업로드된다. 구글은 네스트 자동온도조절기 사용자들의 데이터를 기반으로 AI 서비스를 개발하게 된다.

구글이 확보한 사용자 데이터는 상당한 가치를 지님에도 불구하고 그런데도 구글은 이를 무료로 가져다 쓰고 있다는 지적을 받고 있다. 이를 감안하면 오션 네트워크는 기업가 정신이 강한 사람이 구글보다 좋은 AI 모델을 만들 수 있는 가능성을 제시한다. 오션을 통해 사용자 데이터를 쓰고, 암호화폐로 보상할 수 있게 한다.

2. 외국의 사례와 효과

첫째, 러시아 니즈니노브고로드(Nizhny Novgorod)주가 공공 행정업무를 처리하기 위한 블록체인 기반 앱 '시티엔(City N)'을 시범 사용한다. 러시아 주정부의 행정 처리를 위한 블록체인 기반 앱 테스트이다(코인리더스, 이선영 desk@coinreaders.com, 2019.5.29).

28일(현지시간) 암호화폐 전문매체 코인텔레그래프에 따르면 시티엔 앱을 통해 블록체인 기반 플랫폼 보스토크(Vostok)에서 세금 신고를 진행할 수 있으며, 신원인증, 공공서비스 포털의 예산편성 확인 등이 가능하다.

글레프 니키틴(Gleb Nikitin) 주지사는 "블록체인 기술이 행정에 투명성을 더하고, 시민 참여를 촉진할 것으로 기대한다"고 밝혔다. 이어 그는 "새로운 블록체인 기술로 인해, 시민 참여형 예산 책정이 가능해진다. 시민들이 도시 관리에 더욱 활발히 참여할 수 있을 것"이라며, "블록체인이 주정부와 개인을 투명하게 연결해 줄 것"이라고 전했다.

2020년 연방 예산에서 할당된 자금으로 다른 지역에서도 파일럿을 진행할 예정이다. 로스텍(Rostec) 국영정보화센터가 전국 도입을 감독할 것이라고 알려졌다. 최근 러시아 국영기업 로스텍은 254억 달러 창출이 예상되는 5개년 블록체인 국가전략 제안서를 작성했다. 또한 국가 디지털 인프라에 블록체인 기술을 도입하기 위해 보스토크와도 협력 중이다.

둘째, 일본 사례이다. 후쿠오카시 지역포괄케어 정보플랫폼(福岡市地域包括ケア情報プラットフォーム)은 다가오는 초고령 사회에 대비해 주거·의료·요양·예방·생활 지원을 통합적으로 시행하는 지역포괄케어 체계를 마련할 계획이다. 지역포괄케어 실현을 위해 데이터 수집시스템, 데이터 분석시스템, 주택연계 지원시스템, 정보 제공시스템의 4가지 시스템으로 구성된 정보플랫폼을 구축한다.

AI를 활용해 이주 희망자와 이주 후보지역을 매칭하는 이토시마시는 2016년 11월부터 2017년 3월까지 AI를 활용해 이토시마시로의 이주 희망자와 이주 후보지를 매칭하는 실증실험을 진행중이다. 빈집 대책과 지역 활성화의 관점에서 후지쯔연구소 · 규슈대학과 공동으로 추진, 이주 희망자가 전용 사이트에 희망 조건을 입력하면 AI가 최적의 이주 후보지와 해당 후보지의 구체적 정보를 전달하는 방식이다.

최근 AI 기술이 빠르게 발전하면서 그 응용범위도 점차 넓어지고 있다. 일본 정부는 자치단체가 전자 데이터를 널리 사용할 수 있는 근거법을 마련하고, 총무성에 '지역 IOT 추진 태스크포스'를 설치해 빅데이터 · AI 활용 방안을 검토중이다(일본 오사카市 외, 세계도시동향, 부동산뉴스, 2019. 3. 14).

'마이넘버법'(行政手續における特定の個人を識別するための番号の利用等に關する法律; 특정개인의 식별번호 이용 등에 관한 법률), '관민 데이터 활용추진기본법'(官民 データ活用推進基本法) 등이 근거법으로 기능한다.

이러한 배경하에 일부 지자체를 시작으로 고도의 AI 기술을 효율적으로 활용하려는 움직임이 본격화되고 있다.

키워드나 단문을 입력하면, AI가 시민과 대화하면서 원하는 정보가 게재된 홈페이지에 자동 유도하는 서비스로서 서비스 이용자의 60%가 편리하다고 평가하였고, 90% 이상이 계속 이용할 의향이 있다고 하였으며, 80%가 원하는 정보의 절반 이상을 얻었다고 한다.

오사카시는 호적업무 위주로 신청서류 심사 · 판단 업무지원에 AI를 활용한다. 경험 많은 직원의 대량 퇴직, 직원수 삭감, 인사교류 활발화에 따른 잦은 인사이동, 고용형태의 다양화(재임용 · 임시직 · 파견직 등) 등에 따른 과제 해결이 목적이다.

앞으로 사무처리에 많은 시간이 필요하거나 전문적 지식과 경험이 업무처리에 많은 영향을 미치는 업무에 AI를 활용할 계획이다.

요코하마시는 대화형 쓰레기 배출방식 안내 서비스를 시작했다. 2018년 4월부터 AI를 활용한 대화 형식의 쓰레기 배출 방식 안내 서비스 '이오 쓰레기 분별 안내'(イ一才のごみ分別案内)를 도입했다. 'NTT 도코모'와 공동실증실험을 진행해 개발하였으며, 배출하려는 쓰레기의 명칭만 입력하면 되는 간편한 방식과 365일 24시간 이용 가능한 점이 특징이다.

AI기술 개발과 활용을 담당하는 '삿포로 AI랩'(札幌ＡＩ ラボ)을 설립한 삿포로시는 2017년 6월 AI 개발·활용·보급 등을 추진하는 연구센터를 설립하고, AI 기술을 활용한 새로운 사업 창출 촉진, AI 관련 기업정보 수집 및 창업 촉진, AI 인재 확보·육성 촉진, AI 기술의 실제사용 촉진을 목표로 한 AI 연구·개발, 인재 확보·육성, AI 활용 프로젝트 추진, 커뮤니티 지원 등을 담당한다.

후쿠오카시 지역포괄케어 정보플랫폼(福岡市地域包括ケア情報プラットフォーム)은 다가오는 초고령 사회에 대비해 주거·의료·요양·예방·생활 지원을 통합적으로 시행하는 지역포괄케어 실현을 위해 데이터 수집시스템, 데이터 분석시스템, 주택 연계 지원시스템, 정보 제공시스템의 4가지 시스템으로 구성된 정보플랫폼을 구축한다.

3. 인간 지식 넘보는 AI, 그리고 공존

"사람의 지능을 훨씬 뛰어넘는 울트라 인텔리전트 AI가 등장했을 때 기대할 수 있는 가장 자비로운 상황은 그들이 우리를 애완동물처럼 대하는 것뿐이다."(일론 머스크 테슬라 대표).

"AI는 전 세계적으로 적용되는 큰 영향력을 가진 기술이다. 이 기술은 매우 빠르게 성장하고, 또 강력하게 영향을 미치고 있다. 인류가 합심해서 AI가 인간의 경험을 개선하는 올바른 목적에 쓰이도록 노력해야 한다."(MS 스티븐 A, 크라운 인권법률자문담당 부사장).

세계 각국이 AI 기술 연구개발(R&D)에 뛰어든 가운데, 미래의 AI가 인간의 존엄성을 해치지 않고 공생할 수 있는 윤리와 법제도 마련이 필요하다는 목소리가 높아지고 있다. 또 기계가 사람의 일자리를 대체할 가능성이 높아지게 되는 만큼, 안정적인 고용정책의 필요성도 커지고 있다.

이에 우리 정부는 AI를 국가 전략 핵심 중 하나로 세움과 동시에, AI 확산과 함께 따라 커지는 불안을 선제적으로 없애기 위한 정책을 추진하기로 했다. 신기술분야 중심으로 직업훈련을 전면 개편해 고용 가능성을 높이고, 역기능과 보안 위협에 대비한 AI 윤리규범을 확립한다는 방침이다.

오늘날 기술, 금융 및 건강분야에서 인공지능의 조용한 터치가 주로 느껴지지만, 산업 전반에 미치는 영향은 빠르게 확산되고 있다. 인공지능은 우리가 발명한 방식을 재창조하고 있다(박영숙, 『블록체인혁명 2030』).

DeepMind의 알고리즘은 Go and StarCraft에서 사람을 쉽게 이길 수 있으며 DeepStack은 무제한 홀덤 포커에서 사람을 이긴다. 종종 이러한 실리콘 두뇌는 인간의 마음과는 다른 게임 플레이 전략을 생성한다.

샌프란시스코에서 열린 Singularity University Global Summit에서 인공지능 및 로봇공학 회장인 Neil Jacobstein은 이미 존재하는 인류를 위한 더 나은 인공지능 기반 미래의 그림을 그렸다.

클라우드 기반 인지 플랫폼 덕분에 딥 러닝과 같은 정교한 인공지능 도구는 더 이상 학술 실험실로 강등되지 않는다. 인류의 큰 과제를 해결하려는 신생기업의 경우 인공지능을 임무에 효율적으로 통합하는 도구를 즉시 사용할 수 있다. Jacobstein은 인공지능의 진보가 엄청나게 가속화되고 있다고 지적했다.

Jacobstein이 그의 연설에서 강조한 것처럼, 두뇌 기계 마인드멜드의 미래는 우리 자신을 강화하는 협업 지능이다. "인공지능은 우리가 발명한 방식을 재창조하고 있다"고 그는 말했다.

머신 러닝 및 기타 인공지능 기반 방법은 학문적이며 모호한 것처럼 보일 수 있다. 그러나 Jacobstein은 이미 많은 실제 인공지능 응용 프로그램 프레임 워크가 있다고 지적했다.

이 플랫폼은 데이터를 정리할 뿐만 아니라 누구나 내장된 보안 및 드래그 앤 드롭 코딩 기능을 포함하여 복잡한 기계 학습 알고리즘을 실험 할 수 있는 올인원 솔루션 역할을 한다.

예를 들어 Google Cloud의 Anthos를 사용하면 누구나 다른 서버(예: IBM Watson 또는 AWS)에서 데이터를 마이그레이션할 수 있으므로 사용자는 다양한 컴퓨팅 플랫폼과 알고리즘을 활용하여 데이터를 통찰력과 솔루션으로 변환할 수 있다.

Jacobstein은 처음부터 코딩하는 것이 아니라 이미 플랫폼을 뛰어넘어 플레이할 수 있다고 말했다. 인공지능의 민주화는 우리가 알지도 못했던 문제, 또는 오랫동안 불가능하다고 생각했던 문제에 대한 해결책을 모색할 수 있는 방법이다. 인공지능의 민주화는 인쇄기의 탄생과 같다. 기계적인 인쇄는 누구나 저자가 될 수 있게 했다. 오늘날 iPhone은 누구나 영화의 걸작품을 촬영할 수 있다.

4. 금융 및 공공부문 평가

금융부문 2019년도 디지털 성숙도 수준은 은행 업종이 3.2점으로 가장 높다. 은행권이 금융산업의 디지털 탈바꿈을 선도하고 있으며, 은행 업종은 2.9점에서 3.2점으로 성숙 수준이 상승한 반면에 보험 업종과 증권 업종은 지난해와 비슷한 수준으로 조사됐다.

공공부문은 평균 2.5점으로 도입 단계인 것으로 나타났다. 보건복지분야가 확산 수준인 3.1점으로 가장 높았다. 보건복지분야는 특히 데이터 분석 영역에서 높은 수준으로 측정되었다. 뒤를 이어 행정안전분야가 2.9점으로 다소 높은 수준을 보였다. 반면에 국토교통분야는 2.3점, 정보통신분야는 2.4점, 공공금융분야는 2.2점 등 도입수준 초기로 나타났다(전자신문, 2019.4.26).

세계 각국 정부와 기업은 디지털 수준을 조사해 이를 바탕으로 디지털전환 등 디지털화 전략과 투자규모를 측정한다. 호주 정부는 공공기관 디지털 성숙 수준을 최소 도입, 정보 확보, 전이, 고객 주도, 탈바꿈 등 다섯수준으로 구분해 현 상황을 파악하고 새로운 사업을 추진한다.

5. AI 가치와 가능성

AI 활용의 더 큰 가치는 연구자로서 인간이 생각하는 방식을 바꿔 R&D 생산성을 향상시킬 수 있다는 데 있다. 최근 경제학자이자 ITIF 창립자인 Atkinson은 지금의 미국 정부 R&D 투자는 생산성을 향상시키는 기술 발전에 초점을 두지 않았다고 주장한다. 즉, 생산성 향상을 이끌 유망한 분야의 R&D에 집중적으로 투자하도록 정부 투자전략이 수정되어야 한다는 것이다. R&D 투자를 결정할 때 가장 상위 목표는 생산성 향상이며, 이것이 정부의 새로운 미션이 되어야 한다는 것이다. 생산성 향상을 위해 그가 지목한 대표적인 R&D 분야는 AI, 로봇, 자율주행교통시스템, 재료과학, 생명과학 등이다. 정부는 이 분야에 집중적으로 투자함으로써 노동생산성을 획기적으로 개선할 수 있다는 것이다

보고서는 "AI의 진정한 가치는 지식 생산성 향상"이라며 "데이터 복잡성에 가장 강한 강점을 보이는 AI는 연구자로서 인간이 생각하는 방식을 변화시켜, 지식의 생산성을 획기적으로 높일 수 있다"고 주장했다.

이어 "혁신의 역설을 극복하기 위해서는 생산성 유망분야에 투자하는 것만으로는 부족하다"면서 "AI 기반 R&D 혁신을 통해 총요소생산성을 향상시킴으로써 경제성장의 돌파구를 마련할 수 있다는 주장에 주목할 필요가 있다"고 밝혔다.

즉, 지금까지의 R&D 혁신은 개인의 창의성, 집단지성, 방법론 등 사람 중심으로 진행되어 왔으나, 앞으로는 AI가 연구자로서 인간이 생각하는 방식을 변화시킬 수 있다는 것이다. 보고서는 "AI가 과학연구의 방식을 바꿀 수 있다면, 자율주행자동차나 의료에 사용했던 AI를 뛰어넘는 결과를 낳을 것"이라며 "AI의 진정한 가치는 여기에 있다"고 강조했다.

넓어지고 깊어지는 AI 창작지능이다. AI가 만든 그림, 소설, 영화는 인공지능이 창작까지 할 수 있음을 보였다. 나아가서 단순한 모방 수준이 아니라 인간을 넘어서는 설계, 전략 도출의 가능성에도 주목한다고 보고서는 진단했다.

인간이 인간임을 자랑스러워하는 이유 중 하나는 세상에 없던, 무언가 멋진 것을 만들어내는 능력이다.

그런데 이 영역에 AI가 발을 들이밀고 있다. 이미지를 인식하는 딥러닝 알고리즘, 언어를 번역하는 알고리즘을 넘어 새로운 무엇인가를 '창작'하는 AI를 개발한다는 소식들이 눈에 띄고 있다.

딥드림, GAN(Generative Adversarial Networks) 등 AI 방법론 들은 학습 데이터 셋에 존재하지 않았던 새로운 데이터 덩어리를 만들어 내고 있다. AI가 만들어내는 그림, 소설, 영화는 심층신경망이 단순한 인식 기계에만 머물지 않고 '창작'하는 기계로 변모하고 있음을 보여주고 있다고 지적했다.

보고서는 "고급 지능은 다양한 분야에서 더 깊은 추론과 제어기능 학습이 이루어지고 축적된 각 분야 전문지식이 통합될 때 가능할 것이다"

라고 지적했다.

　사회정치적 의사결정 지원용 인공일반지능의 가치, 사회정치적 의사결정 로바마 AI엔진의 복잡성은 너무나 다양하고 엄청난 데이터 인풋에 기인한다. 인간은 이렇게 복잡한 데이터를 처리할 수 없다. 인풋 데이터는 자연인간체계의 엄청난 데이터, 국내 모든 법과 정책, 인간의 행동과 삶에 필요한 다양한 관측 데이터 등이다.

　그 외에 다양한 아웃풋 의사결정은 정책, n차 선택 등이다. 일반적으로 AI소프트웨어 접근방식이 다양할수록 더 다양한 데이터가 나온다. 그래서 한 가지 접근방식보다 다양한 접근방식으로 알고리즘을 만드는 것이 더 좋은 의사결정을 도출할 수 있다. 다양한 알고리즘을 사용하면 다양한 문제를 더 손쉽게 해결해 줄 수 있다.

　통합적인 접근의 시작은 신경-심볼릭 통합이다. 심층 신경망을 포함한 신경 회로망은 정량적 데이터 및 영상, 음성 데이터를 처리하는 데 특히 적합하다. 반면에 확률 및 퍼지시스템을 포함한 심볼릭 로직시스템은 법률, 판례, 비즈니스 규칙 및 공식 정책과 같은 공적인 지식을 처리하는 데 적합하다. 확률 로직엔진과 함께 심층 회로망을 통합하는 시스템을 만드는 것이 사회 정치적 시스템의 전체적인 복잡성과 씨름하는 AI를 활용하는 데 매우 가능성이 높은 방법 중 하나이다.

　현 정책에 대한 결과평가는 해당 데이터가 가능한 정량, 예를 들면 딥러닝 모델의 도움을 받아 로직엔진을 통해 수행할 수 있다. 그리고 새로운 정책의 창조적 개념을 이해하려면 논리적이고 심층적인 학습뿐만 아니라, 근본적으로 새로운 것을 받아들이는 데 적합한 진화적 학습과 개념 융합과 같은 기술들이 필요하다.

　효과적인 사회·정치적 의사결정은 '마음 이론'-특별한 인간의 마음과 사회 집단의 '마음'(공유인지모델)이 지닐 수 있는 내용을 모델링할 수 있는 능력과—을 갖춘 AI를 요구하는 문화적, 심리적 요인의 통합을 필요로 한다. 인간은 논리추론, 경험패턴인식, 공감 모델링의 조합을 통해 '마음 이론'을 수행한다. 궁극적으로 사회·정치적 의사결정 AI는 이러한 모든 측면의 가능성 또한 통합해야 한다.

AI는 역사에서 배우는 효과적인 방법을 제공하며 블록체인은 비즈니스 네트워크를 따라 신뢰 관계를 구축할 수 있게 한다. 함께 하면 변화에 적응할 수 있는 능력을 갖게 된다. 또한 신뢰할 수 있는 데이터는 인공지능의 생명의 피이며 블록체인은 신뢰할 수 있는 데이터를 유지하도록 설계되었다. MATRIX의 동료들은 '블록체인은 시간과 공간을 통합하고 AI는 역사에서 미래를 예측합니다'라고 하는 합의를 공유한다.

AI가 발전하고 데이터가 쌓일수록 블록체인의 역할이 더 커져가는 결과가 나타난다. 김종현 정보통신기획평가원(IITP) 블록체인·융합 PM은 지난 1월 17일 양재 엘타워에서 열린 '2019 소프트웨어 컨버전스 심포지움'에서 '블록체인 혁신과 데이터 공유'를 주제로 한 강연에서 "사물인터넷(IOT)과 인공지능(AI)을 신뢰할 수 있을지가 문제로 떠오르고 있는데 블록체인을 통하면 이는 간단히 해결된다"며 "AI가 발전하고 데이터가 쌓일수록 블록체인이 더 큰 역할을 할 것"이라고 설명한다(토큰포스트, 2019.1.29).

제6장

염불과
명상 융합효과

I. 들어가는 글

본 연구는 급변하는 4차산업혁명 기술사회 환경에서 인간의 고유성 측면인 감성과 창의성 신장을 위하여 인지, 감성과학과 염불, 융합명상 프로그램 효과 분석을 통한 현대인의 심신건강 지키기와 개인별 창의성 함양 프로그램 정교화 방안을 필자의 융합명상법을 중심으로 접근, 그 창의적 활용방안을 제안하고자 한다.

이를 위한 이론적 접근은 다중지능이론(multiple intelligences)과 인지과학(cognitive science)과 미러뉴런(mirror neuron) 활용 등이다. 먼저 제4차산업혁명시대 대응을 위한 이론체계로 정신신경학의 미러뉴런(mirror neuron)을 롤모델로 설정하고, 뇌지능과 심장지능 연계방안을 통한 심신 배양법과 동양 전통의 육예적 접근 방안을 결합시켜 창의, 감성, 소통, 협동 융합능력 배양을 중심으로 접근한다.

본 연구의 질문은 먼저 인공지능사회 감성과 창의란 무엇이며, 둘째, 그 대응을 위한 감성, 창의융합명상의 방법과 효과에 대하여 답하고자 한다. 환언하면 급변하는 4차산업혁명 기술사회 환경에서 인간의 고유성 측면인 감성과 창의성 개발(서정화·이종수, 2019)에 답이 있기 때문에 창의와 감성 고양 방안으로서의 융합명상과 염불융합 프로그램과 효과 분석을 통한 국민건강과 창의성 함양 프로그램을 개발함이다.

이 융합명상 연구를 통하여 정신 측면에 미치는 음악과 운동, 연구 효과와 신체에 미치는 음악과 운동 면역 및 치유효과 등을 의학적, 면역적, 임상적으로 확인하고, 일반인의 일상생활을 정중동의 조화 프로그램 속에 일상화하여 건강한 심신을 유지하는 데 도움을 얻을 수 있다는 점이다.

본 연구의 방법은 주요 선행연구 활용과 일간지, 필자(이종수, 2002~2020)의 선행연구 결과를 활용하였으며, 본 연구의 차별성은 Covid-19 비대면 사회 대응을 위한 AI & 블록체인 융합정부 제도화와 동시에 새로운 사회 환경에 개인이 적응할 수 있는 「심신융합명상법」을 개발하여 면역 증대에 기여코자 했다는 점이다.

연구의 범위 측면은 4차산업혁명시대 감성계발과 관련된 감성, 창의(전통적 육예 융합)과 음악(합창) 등 운동과 음악(합창, 악기 연주) 체험을 융합과 미러뉴런 공감, 모방효과를 검증(이종수, 2015.12; 이종수, 2016.6)하고 대안으로 「융합명상법」을 제안하였다는 점에서 창의적, 차별적이다.

II. 염불, 명상 융합수행의 창의적 의의

제1절 염불과 명상융합

1. 염불(佛祖光明)과 명상의 의의

"수행이란 아는 것(분별심, 번뇌심, 업 등)을 버리고 모름의 세계로 뛰어드는 것"이다.(『봉은법요집』:329). 그 접근법이 참선, 간경(사경 등), 주력, 절, 염불 등이다. 주력(呪力)은 「대다라니」, 「능엄주」, 「광명진언」 등이 있다.

염불은 불보살님의 명호를 부름이다(『봉은법요집』:353). 부처님 명호와 자신의 마음이 합일이 되도록 끝없이 염불하는 '자성염불'은 참선과도 통한다. 번뇌와 분별심이 사라진다. 이는 타력이기보다는 자력 수행이된다. 일상생활 중 어묵동정 간에 염불을 함께 한다.

염불(念佛)이란 불보살님을 잊지 않고 그 명호를 부름이다. 단순히 암송하기보다 불보살님을 보고(觀), 마음에 새기고(念), 소원을 기원함이다. 불교 수행의 형태로 논하자면, 자력(自力)의 대표적인 수행인 선(禪; 門)과 타력(他力)을 비는 대표적인 수행인 정토(淨土; 門)으로 나누어 볼수 있다. 지명염불은 칭명염불이라고 하는 것처럼 우선 입으로 부르는 구념(口念)이 깊어져 순일하게 되어 입으로 부르지 않더라도 마음속에 소리가 들리는 심념(心念)까지 이루어질 때까지 해야 한다. 이 경지에 이르면 어떤 상황에서도 명호를 간직하게 된다.

중생이 마음이 부처님을 기억하면서 염불(念佛三昧)하면 현생이나 후생에 반드시 부처님을 보게 되어 마음이 열린다. "깨끗한(淸淨) 생각이 계속 이어지게 함으로써 삼마지에 들어간다"(『능엄경』:1981). 염불이란 천만 가지로 흩어진 정신을 일념으로 만들기 위한 공부법이요, 순역(順逆) 경계에 흔들리는 마음을 안정시키는 수행법이다. 그 공덕은 좌선의 공덕과 같다.

명상(冥想; 瞑想)의 한자풀이는 "고요히 눈을 감고 깊이 생각함. 또는 그 생각" 또는 "생각(想)을 잠재운다(冥)"는 뜻이다. 불교와 힌두교 등의 수행방법을 주로 이른다. 인도철학의 dhyāna라는 개념을 영어로 meditation이라 번역했다. 주관적인 관점에서 벗어나 자신의 내면으로 몰입시켜 객관적으로 바라보는 자아성찰법이다.

초기불교시대의 명상법, 즉 부처님께서 직계 제자들에게 지도했다고 믿어지는 명상법은 『아함경』이나 '빠알리어 니까야'에서 확인할 수 있다. 깨달음에 이르는 성스러운 여덟 가지 도 닦음을 '팔정도'라 한다.

불교 명상은 부처님 가르침을 배워 바른 견해를 익히고 계율을 잘 지키면서, 이 토대 위에 삼매를 닦고 지혜를 계발하는 훈련을 하는 것이다. 이 불교 명상의 최종 목적은 모든 괴로움의 완벽한 소멸, 열반이다. 괴로움의 원인은 삼독(三毒: 貪瞋癡)이므로, 불교 명상의 목적은 탐욕, 성냄, 어리석음을 모두 제거하는 것이다. 다시는 태어나지 않는 경지인 완전한 열반에 이르면 모든 정신적 고통도, 육체적 고통도 '영원히' 사라진다.

좌선이란 안락(安樂)하는 법문이다. 하루 중 가장 행복한 시간은 "선방에 앉아있는 시간"이다(이종수, 2017.12:41). 인체는 모두 음(陰)이나 오직 흰 눈동자만 양이다. 이것을 사방팔방으로 굴려 모든 음을 물리쳐야 한다. 붓다는 '진리는 정법안장(正法眼藏)이라고 설했다. 정법은 '코끝에 있다'는 의미로 '니밋따'를 의미한다. 형형색색의 니밋따는 심신이 고요할 때만 나타난다. 목(目)은 눈동자를 말한다. 안(眼)은 보기를 중시하며, 시(視)는 대상과 관계를 의미한다. 정법안장이라 함은 니밋따가 코끝에 있음(정확하게는 홀로그램처럼 內外가 없음)을 눈으로 보라는 말씀이다.

2. 『능엄경』과 필자의 융합명상 구분

『능엄경(楞嚴經)』의 "불가호흡법은 코끝이나 인중에 부딪치는 곳에 집중하여 니밋따를 생성하고자 하며, 신선(神仙; 道家)호흡법은 하단전 기혈에 집중, 하단전 기혈(氣穴)에서 소약을 생성코자 수행하는 데 차이점이 있다."(이종수, 2019:151).

좌선(坐禪; 冥想)이란 성명(性命)을 호흡으로 섞어 하나를 이룸이다. 좌선의 효과는 비움(空)이 치유의 길이요, 핵심임을 절실하게 체험함에 있다. 내·외부의 변화에 대한 하나의 부동심이다(이종수, 2018.9:41).

모든 명상이 동일한 목적 혹은 효과를 추구하는 것은 아니다. 명상수행자가 기대하는 효과와 목적에 맞게 융합하여 수행할 수 있으면 된다. 가능한 현대적 Covid-19 팬데믹 상황에 적합한 창조적인 명상법 개발이 필요하다.

몸과 마음을 융합시키는 것이 숨(氣)이다. 융합명상은 숨을 녹여 합일시켜 일체화시키는 심신융합수행법으로 그 체험적 토대가 명상(좌선)수행이며, 학문적 토대가 인지과학과 감성과학, 감정해부학, 신경정신과학 등을, 신체적인 토대는 운동이다(이종수, 2019.8:62). 필자는 새벽마다 염불과 좌선 융합, 운동과 집필, 음악 듣기 생활을 수십 년 동안 지속 중이다.

이런 생활을 기초로 한 필자의 "융합명상이란 재가자의 자비실천 수행법으로 좌선(명상), 염불 융합수행으로 삼독(三毒)에 대응하고, 음악(합창, 연주)과 체육(체조), 음식 조절 등으로 마음을 다스린 결과 고요한 정신으로 창작에 임하는 수행법으로 종적, 횡적, 사방팔방으로 심신을 녹여 융합시켜 나온 명상수행법"으로 잠정 정의한다(이종수, 2018, 2019).

그 체험적 토대가 염불과 명상수행이며, 학문적 토대가 인지과학, 감성과학, 감정해부학, 신경과학 등으로 실천수단이 명상, 운동, 음악, 음식조절 등이다.

제2절 심장과 뇌 관계

1. 심장과 뇌의 의의

(1) 심장

첫째, 심장지능측면이다. 두뇌가 객관적인 정보를 분석하는 기억의 창고라고 하면, 심장은 직관적인 정보를 분석하는 마음과 영혼의 집이다. 뇌가 인지를 담당한다면 심장은 감성을 인지하는데 이는 동시적으로 교호 작용하는 인체의 현상이다.

최초의 장기 심장은 태아의 두뇌가 생기기 이전부터 뛴다. 심장에는 뇌와 같은 뉴런이 있고, (심장)지능이 있다. 심장지능은 감각기관을 통해서 들어오는 정보를 정서로 바꾼다(이종수, 2015.12:54). 심장에는 약 4만 개의 신경이 있으며 특별한 목적만을 위한 신경전달물질이 있기 때문에 뇌의 연장선이라고도 말할 수 있다.

본인을 가리킬 때 대부분 자기 심장 쪽을 가리키는 점은 꽤나 흥미롭다. 거의 즉각적으로 내면의 어디선가 우리의 양심이 거기 있음을 말해주는 듯하다(HMI; peace maker, 2008. 10. 29).

둘째, 심장호르몬(ANT)이다. 인간의 의식에 지대한 영향을 끼치는 호르몬을 분비하는 기관이다. 심장에서 분비되는 이 호르몬은 ANF(Atriol Neuriatic Factor)라고 불린다. 이 호르몬은 우리가 '감정두뇌'라고 부르는 뇌의 변연계 구조의 모든 움직임에 깊이 영향을 주는 호르몬이다. 변연계란 '감정과 정서의 뇌'로 대뇌의 양 옆에 있는 측두엽 안의 깊숙한

곳에 있다. 편도체와 해마로 구성되어 있는데, 편도체는 우리의 감정과 공격성을 억제하는 기능을 하고 있으며 해마는 학습과 기억에 중요한 역할을 한다.

셋째, 심장 전자기장이다. 심장은 팔뚝이나 허벅지와 같은 근육 덩어리가 아니라 뇌와 같은 신경전달 세포로 구성된다. 생물물리학자들은 심장이 매우 강력한 전자기를 발생시키는 장기라는 사실을 발견했다. 심장에서 만들어진 전자기장(電磁氣場)은 인체를 감싸며, 몸에서 8 내지 12피트 떨어져 있는 거리까지 영향을 미친다. 이 전자기장이 제공하는 전파를 통해서 두뇌가 세상에 대한 우리의 경험을 구성하는 것이다.

(2) 뇌

첫째, 뇌연구와 관련 뇌의 기억용량은 25GB 컴퓨터 100대에 맞먹는다. 좌뇌는 언어의 뇌고, 우뇌는 이미지 뇌라고 한다. 기존의 IQ는 주로 좌뇌에 해당한다. 가드너의 이론은 좌우뇌를 포괄한 전반적인 기능 측정과 관련된다. 뇌는 대뇌, 소뇌로 구성된다(문용린, 2013). 대뇌피질의 앞은 전두엽, 뒤쪽은 후두엽이다. 대뇌는 크게 대뇌 신피질(전두엽/측두엽/정엽/후두엽), 대뇌 연변계(해마/편도핵/측좌핵 등), 대뇌 기저핵(미상핵 등)의 세 부분이다. 이 중 대뇌 연변계에 속하는 '해마' 란 부분이 기억에 중요한 부분이다.

둘째, 미러뉴런과 뇌가소성을 불교의 수행론 관련시켜 보면 뇌과학적, 인지과학적 접근은 인간의 뇌는 반복적인 활동을 통해 변화될 수 있는 가소성(plasticity)에 주목하며, 이것은 자기습관이나 마음의 변화를 통해서 인간이 질적으로 변화될 수 있다는 점이다. 불교가 추구했던 수양법이 뇌과학의 방법을 통해서 그렇게 될 수 있다. 뇌를 훈련하면 '집착' 에서 벗어날 수 있다. 집착은 좌, 우뇌의 균형을 파괴한다. 안정된 애착관계가 좌우뇌를 고르게 발달시킨다. 미러뉴런의 모방측면(mirror neuron effect)이다(권준수, 2012:59; Dickenson, at als).

양자물리학과 신경과학은 불교적 수행효과에 대한 데이비드슨의 명상효과 연구와 카밧진(Kabat-Zinn, 1990)의 10주 명상 결과 뇌의 부분인 전두엽 부근에서 전기 활동이 점진적으로 매우 증가하고, 행복한 마음과 건강한 신체에 영향을 주고, 스트레스를 감소시킴과 동시에 독감 항체 수준이 증대하고(욘게이 밍규르 린포체, 2011; 이향준, 2014), 면역체계를 강화시켰음을 입증했다(이종수, 2015.12:55).

필자는 경로분석을 통하여 미러뉴런 공감, 모방효과를 검증하였다(이종수, 2015.12; 이종수 외, 2014; 이종수, 2016.6). 2015년 광명시 '오리 이원익 청렴, 인성교육체험' 효과를 검증한 바 있다. "현장에서 오리 청렴이야기를 듣고(강연), 체험하고(신도비 유적지), 공감(고공답주인가)하면, 청렴사상을 따라하게(mirror neuron) 된다"를 오리인성체험 프로그램의 신뢰도, 참여 동기 및 프로그램 만족도로 구분하여 3개의 가설을 검증하였다(이종수, 2016:93-126).

셋째, 미러뉴런과 심기(心氣) 혈정원리이다. 마음이 가는 곳에 기(에너지)가 흐른다. 기는 혈(血, 피)을 동반하고, 혈은 기(氣)를 따른다. 혈이 모이는 곳에서는 생명력의 변화가 생겨 비로소 눈으로 볼 수 있는 물질의 변화가 일어난다. 심기혈정(心氣血精)은 '마음이 있는 곳에 기가 있고, 기가 있는 곳에 피가 흐르고, 피가 있는 곳에 정이 있다'는 뜻이다. 목적은 피가 잘 흐르게 하여 사통팔달, 혈관이 가 있는 곳이라면 어디든 피가 잘 흐르도록 조치하는 것으로 중요한 것은 피가 잘 통하게 해 주는 것이며, 한 가지 방법이 유연체조 등이다.

본고에서는 "미러뉴런(mirror neuron)이란 인간(동물)이 특정 움직임을 행할 때나 다른 개체의 특정 움직임을 관찰할 때 활동하는 신경세포로서, 인간이 타인의 행동을 흉내 내고(공원에서 운동하는 타인들을 보고 따라 하거나 하고픈 충동 등), 효과적으로 반응하도록 도와주는 신경세포"라고 정의한다(이종수, 2015:54).

2. 심장과 뇌, 마음관계

첫째, 심신 일체성 규명은 현대 의학의 중요한 발견이다. 몸과 마음은 항상(一體) 대화를 나누고 있다. 하버드 의과대학의 허버트 벤슨 박사와 그의 제자들, 매사추세츠 대학의 존 카밧진 교수와 그의 제자들은 명상의 치유효과를 주된 연구주제로 삼고 있으며, 심신관계(psychosomatic), 심신의학(mind/body medicine) 등을 예로 들 수 있다(한국정신신체의학회, 2012; 이종수, 2014, 2016.11:31).

PNI(psychoneuroimmunology)는 마음과 뇌와 면역조직 사이를 연결하는 데 초점을 둔다(이종수, 2014.6:9). 명상과 심리신경면역학의 경우 감정에 따라 뇌뿐만 아니라 몸속(세포)에도 감정의 생화학물질인 뉴로펩타이드가 분비되기 때문에 감정을 제어하는 방법을 알아야 한다. 심리생리 의학 전문가들은 모든 건강의 90% 이상이 감정의 영향에 연결되어 있다고 말한다. 몸과 마음은 둘이 아니라 하나이다. 심신의학(mind-body medicine)은 감정과 느낌의 변화는 인체에 진동하여 형상을 만든다고 보고, 생각은 자장을 만들고 인체에 영향을 미친다고 보고했다(김선숙:12-22). 신체 문제의 90%는 감정에 기인한다(이종수, 2016.11:31-32).

심장은 항상성을 책임진다. 즉, 다른 필수적 기능도 있지만 정서적 균형을 담당한다는 것이다. 이는 옥시토신과 같은 호르몬 분비를 통해 스트레스를 제어하기 때문이다. 이런 과정을 통해 일종의 내분비선과 같은 역할을 해낸다. 몸에 생기를 불어 넣어주는 불꽃, 몸의 생명을 돌보는 자가 심장이다(샌디프 자우하르, 2019).

심장과 뇌 사이의 상호작용을 위한 가장 좋은 방법은 신체와 두뇌를 가능한 한 자주 사용하는 것이다. 또한 혈압, 콜레스테롤, 혈당을 적정 수준으로 유지하며 과일과 야채, 곡물, 생선, 단순단백질과 식물성 기름을 섭취하고 포화지방산, 가공된 탄수화물 및 붉은 육류의 섭취를 줄이는 것이다(Harvard Health Letter, October 2009).

둘째, 마음의 위치(필자의 '心臟' 주장 중심)와 관련 바왕가, 즉 의식(意識)은 거처로써 심장을 가지고 있으며 자기 거처와 그 주변을 연결하고 있는 거미집의 거미줄처럼 심장에 의해 주입된 피가 혈관을 통해서 온몸에 퍼진다. 그리고는 눈에 있는 형상이 심장에 있는 바왕가를 자극하면 그것은 안문(眼門) 인식과정을 통해서 안식(眼識) 등으로 변환된다. 그리고 나서 바왕가는 원래의 자리로 돌아온다. 소리[聲]와 냄새[香] 등에 대해서도 각각에 해당되는 감각기관과 함께 같은 방법으로 설명된다.

몸이 있는 곳에 마음이 있고, 마음이 있는 곳에 몸이 있다. 그래서 서로 의존한다. 이런 의존 관계는 눈, 귀 등 다섯 가지 감각기관에서도 확인할 수 있다. 안식은 눈을 의지하여 일어나고, 이식은 귀를 의지하여 일어난다. 만일 눈이 없다면 안식이 일어나지 않을 것이다. 법구경에 따르면 마음은 "신체가 없이 동굴에 숨어 있는 것(asarīraṃ guhāsayaṃ)"이라 하였다. 여기서 말하는 동굴은 주석에 따르면 심장(hadaya)을 뜻한다. 그래서 '동굴에 숨어 있는 것(guhāsayaṃ)'이라 하였는데, 이는 심장을 토대로 한다는 말이다.

붓다는 마음은 "동굴에 숨어 있는 것(asarīraṃ guhāsayaṃ)"이라 하였다. 주석에서는 이를 마음의 심장토대로 보고 있다. 그런데 초기경전 어디에도 마음이 뇌에 의지하고 있다는 말은 보이지 않는다.

마하시사야도는 마음의 심장토대설에 대하여 다음과 같이 법문하였다. 눈이 있어서 형상을 보았을 때 마음이 일어나듯이 마음은 대상이 있어야 일어나는 것이다. 사유도 마찬가지이다. 우리가 사유할 때 역시 사유의 대상이 있어야 한다.

그렇다면 일어난 마음은 몸의 어느 곳을 의지해 있는 것일까에 대하여 주석가들은 "심장이 모든 정신활동의 토대가 된다"라고 하였다. 바왕가, 즉 의식(意識)은 거처로써 심장을 가지고 있으며 자기 거처와 그 주변을 연결하고 있는 거미집의 거미줄처럼 심장에 의해 주입된 피가 혈관을 통해서 온몸에 퍼진다. 그리고는 눈에 있는 형상이 심장에 있는 바왕가를 자극하면 그것은 안문(眼門) 인식과정을 통해서 안식(眼識) 등으로 변환된다. 그러고 나서 바왕가는 원래의 자리로 돌아온다. 소리[聲]와 냄새[香] 등에 대해서도 각각에 해당되는 감각기관과 함께 같은 방법으로 설명된다. 몸[身]이라는 감성의 물질을 토대로 한다. 그리고 의식(意識)은 모두 심장토대를 토대로 한다. 의식이 일어나면 신체의 특정 부위에 토대를 둔다고 보았는데 아비담마에 따르면 심장을 토대로 한다고 하였다 (2014.9.5. 진흙 속의 연꽃).

셋째, 뇌와 심장은 서로 소통하고, 몸과 우리 주변의 세상과도 소통한다. 뇌와 심장이 보내는 신호는 우리가 어떤 방식으로 행동하고 느끼는지 결정한다.

우리는 우리가 의식하지 못하는 사이에도 심장과 두뇌 간의 24시간 지속되는 대화에 참여하게 되는 것이다. 다시 말하자면, 심장이 보여주는 반응이 인간의 신체 전체에 영향을 준다는 것이다. 김선숙(2016)의 미러 뉴런 연구와 김경회(2019)는 몸과 마음은 하나라고 하며, 이향준(2014)은 분노감정을 신경과학적으로 분석했다.

마음은 뇌와 심장(몸)의 통합적 활동을 통해 발현되며, 인간의 의식, 정서, 욕구, 기억 등의 영향하에 환경의 외적 자극과 신체의 내적 자극을 받아들여, 인지 활동을 거쳐 행동으로 표출하는 일련의 정보처리 과정이다. 마음은 물질이 아니며, 하나의 과정이다. 마음은 뇌가 아니며, 다만 뇌의 기능이자 활동일 뿐이다(이종수, 2020.3:48-51).

　　그래서 고정된 위치나 형태가 없다. 마음은 본래 처소가 없으나(心無本處), 감정을 느끼는 것은 심장에 토대한다(Heart Math, 피스메이커). 심장(心臟)에서 육식(六識)이 나온다(『능엄경』; 이종수, 2020.11:255-256). 임시로 존재하는 자아란 감성적인 심장의 감정과 신체의 감각을 융합적으로 인지하는 뇌의 작용일 뿐이다. 마음이란 심장에 70%, 머리에 30% 정도로 비중을 차지하며 생멸하는 환구(幻垢)이다(이종수, 2020.11:255-256).

제3절 본 연구의 창의성, 차별성, 분석틀

1. 창의성

　　첫째, 염불과 명상융합(이종수, 2019), 명상체험과 음악활동, 템플스테이 미러뉴런 힐링효과(이종수, 2015:63-64)에서는 명상과 사찰음식 공감과 면역효과를 검증하였다. 명상과 불교, 분노의 치유(정용환 외, 2011), 불안과 공포주관 뇌부위 변화(이성동, 2013), 신경과학과 명상 특성(석봉래, 2014), 심장질환과 명상효과(장준환, 2012), 뇌건강법(박혜윤, 2013), 암과 명상치료(박혜윤, 2012), 명상과 면역(최요원, 2012), 명상과 뇌과학(윤희조, 2012), 불교음악(윤소희, 2012) 등은 의학적 측면과 단전호흡 건강효과를 검증했다(한상미 외, 2019).

　　둘째, 융합명상효과 측면(이종수, 2016~2021), 융합수행효과(이종수,

2019:136-137)를 구체적으로 심장과 뇌에 미치는 영향을 이론적, 실제적으로 분석, 검증한다. 수행체험을 중심으로 현실적 삶에 미치는 주요 효과로 구분하여 제시한다. 필자의 탈근대 패러다임(1996, 1997, 1998, 1999)과 인지과학 결과 및 포스트 휴먼과 융합명상 등을 들 수 있다. 명상체험과 음악활동, 템플스테이 미러뉴런 힐링효과(이종수, 2015:63-64)에서는 명상과 사찰음식 공감과 면역효과 검증, 융합연구(이종수, 2005, 2017, 2018, 2019; 서정화·이종수, 2019) 등 선행연구를 참조하였다.

셋째, 뇌과학, 심장과학, 신경과학 등의 심장과 뇌관계 측면이다. 장현갑(2000, 2001), 권준수(2012), 정선훈 외(2007), 윤종모(2005); 이종수(2020.11) 등은 심장과 뇌의 상관관계를 분석하였다.

본고의 창의성은 covid-19시대 비대면 융합명상의 창의, 건강효과를 전통문화(六藝)를 융합하여 심신건강 유지방안으로 적용하여 남녀노소 누구라고 수행하여 개인의 감성과 창의성을 함양할 수 있는 개인적 수행체험적 방안으로 재구성하여 Covid-19 면역력 증대와 감성, 창의성 계발(啓發) 프로그램으로 제안하였다는 점이다.

2. 차별성

본 연구의 선행연구와의 차별성은 필자의 지난 2020년 11월과 8월 자치학회 "AI & 블록체인융합 행정효과분석"에 비교하여 인지과학에 근거한 감성과학적 디바이스들과 필자의 융합명상법의 구체적인 내용, 의학적, 생리학적 효과 등을 연계할 경우 인간의 지적, 신체적 역량을 강화시킬 수 있음을 밝히고자 하며, 특히 포스트휴먼시대 기존의 선불교 수행에 머물지 않고 전통문화(六藝)를 융합하여 심신건강 유지방안으로 적용하여 남녀노소 누구라고 수행하여 개인의 감성과 창의성을 함양할 수 있는 체험적 방안으로 한국(불교) 전통문화 수행법을 포스트휴먼시대에 맞게 재구성하여 인성계발 프로그램으로 제안하였다는 점이다.

코비드-19 비대면시대 기술과 기계의 순기능과 역기능 대응을 위하여 "현대적 융합명상 프로그램의 개발과 적용원리"는 "쉽게 따라 하고, 창의적 효과"가 있도록 하는 데 두었으며, 본 염불과 명상융합수행의 효과와 결과는 마음의 평강(平康)과 육신의 건강을 견인한다는 점이다.

III. 염불, 명상융합 사례와 효과 분석

1. 명상(세수경: 골수 수련)

(1) 골수(骨髓)

염불과 명상 효과성 측면이다. 달마는 『세수경(洗髓經)』에서 "마음을 비우면 몸이 스스로 변화하니 가는 대로 맡겨두라"고 했다. 도(道, 眞)를 닦는다는 것은 기(氣)와 마음을 닦는 것이다. 사대(四大)로 몸을 튼튼하게 하여야 한다는 것은 음식, 공기, 물, 운동 등 물질세계로 몸을 튼튼하게 유지해야 한다는 의미다. 몸이 허약하면 포려(暴戾)와 재해가 핍박한다고 했다. 세수경의 비밀은 골수를 튼튼하게 하는 것이다. 골수가 튼튼해지는 방법은 뼈의 정렬을 맞추는 데 있다. 좌선을 장기간 하게 되면 인체의 근골이 서서히 제자리를 찾아간다.

붓다는 진리는 '정법안장'이라고 설했다. 정법은 코끝에 있다는 의미로 니밋따를 의미한다. 형형색색의 니밋따는 심신이 고요할 때만 나타난다. 목(目)은 눈동자를 말한다. 안(眼)은 보기를 중시하며, 시(視)는 대상과 관계를 의미한다. 정법안장이라 함은 니밋따가 코끝에 있음(정확하게는 홀로그램처럼 (內外가 없음)을 눈으로 보라는 말씀이다.

"성품이 나타날 때와 성(性)과 명(命)이 합해질 때 양 눈 사이의 인당혈 (印堂穴)에서 번뜩하고 섬광이 나타나면서 입속에 고였던 맑은 침이 위장을 뚫고 내려갑니다. 그러면 뱃속에서 뇌성과 같은(우글거리는) 소리가 나면서 성(性)이 명궁에 들어가는 양상이 일어납니다. 이때를 당해서 주인공은 이 핵(眞性)을 문수사로 유도하면 몸 안의 모든 경락을 휘젓고 다니면서 잘못된 곳이 있으면 그곳에서 오래 머물렀다가, 이상이 없으면 임독맥(任督脈)의 통로를 통해 다니다가 다시 본궁에 돌아와 조용히 쉬곤 합니다. 명과 성이 합해지면 오래도록 잊어버렸던 고향 집을 찾아온 것과 같습니다." 개운조사는 대약이 생성되는 순간을, "性이, 命宮에 들어가서, 命과 性이 합해질 때"(性入命宮 命與性合)로 표현하고 있다.

21년 수행하니 니밋따(nimitta, 靈光)가 나와 허공에 걸리고, 우레소리 흉중에 머물고, 가슴 복판에 "뚝뚝" 소리와 변화가 이어지고, 채식(菜食) 이 당기고, 달마의 말처럼, 심신의 변화가 일어나고 있음을 체감한다(이종수, 2021.4.28).

(2) 체육(易筋經; 筋骨 수련, 신체운동)

『역근경(易筋經)』은 달마의 저술을 반라밀제가 한역한 의료체육과 신체단련 서적으로, 근(筋, 筋骨), 신체를 개선하는 방법이다. 역근은 근(筋) 을 바꾸어(易) 튼튼한 몸을 만드는 행법이다.

육예와의 연관성으로 사(射), 어(禦) 등을 들 수 있다. 사, 어는 신체 운동을, 현재적으로는 체조를 들 수 있다. 사(射)로 활쏘기, 무예로 신심을 단련했고, 그 토대가 정좌(靜坐)였다. 신체를 중심으로 본다면 동물적 특성으로서의 육체는 결가부좌시에 양 허벅지 하부 근육에만 체중을 유지하고 무릎뼈와 엉치뼈를 온전하게 근육에 위탁한다. 우측 대퇴근 하부에 하중을 둔다는 것은 무릎이나 골반뼈 등이 지면에 닿는 곳이 없이 근(육)에만 체중을 의탁함이다. 바위에도 오래 앉을 수 있다. 어(御)로 말과 수레 다루기의 기술적 소양을 익혔다. 현대사회의 다중지능 이론은 신체운동 지능을 춤·운동·연기 등을 쉽게 익히고 창조하는 능력으로 본다.

동양의 전통무술(예)인 검도나 태극권, 태권도의 기본수행이 정좌(명상, 좌선)였다. 주희나 퇴계, 율곡 등도 반일 정좌, 반일 수학을 생활화하였다. 명상 중에는 세타파와 감마파가 발생하며 좌측 전두엽 부위가 활성화 된다. 국선도 3년 이상 수련자의 경우 자신감, 행복감, 삶의 질에 높은 점수를 나타냈다(양춘호·이성현·김중인 외, 2000:27~38). '단전주명상'의 경우도 정서지능, 마음가짐, 감사행동 점수가 매우 높게 나타났다(박세훈·장진영·고시용, 2015:7-28). 이처럼 동양의 심신의학은 심리적, 신체적 건강을 다스리는 데 기공이나 명상, 요가 등을 꾸준히 발전시키며 건강의 수단으로 삼아왔다(이종수, 2015:55).

미국 보스톤 심포니 오케스트라 지휘자 안드리스 넬슨스는 "태권도 수련이 정신수양과 음악활동에 많은 도움이 되었다"(동아일보, 2020.1.22)고 토로한다. 근래의 뇌과학과 정신신경과학, 신경면역학, 감성과학, 인지과학 등은 음악과 체육, 명상을 결합한 심신융합적 활동이 인간의 감성 고양과 창의성 신장에 상당한 영향을 미친다는 결과를 입증하였다(이종수, 2020.3:50).

2. 음악

붓다는 『아미타경』에서 "불국토에는 항상 천상음악이 연주되고, 대지는 황금색으로 빛난다" 하셨다(이종수, 2020.3:49). 독불(讚佛)하는 불자(佛子)들 내면에 붓다를 모셔 염불수행하게 돕는다(이종수, 2020.3:49).

불교 대중이 가장 친근하게 의존하고 있는 관세음보살(觀世音菩薩; Ava lokitesvara)의 명호가 '세상(世; loka)의 소리(音; svara)를 본다(觀:Ava)'는 뜻을 지닌 것은 소리에 대한 불교의 세계가 얼마나 심오한지 말해 주고 있다(윤소희, 2012).

불교음악의 범주는 소리가 없는 세계인 무외음(無外音)에서부터 물소리 바람 소리와 같은 '자연의 소리', 일정한 진동수로 발현되는 '음악'에 이르기까지 그 폭이 무한히 넓다. 이와 같이 우주 현상에 대해 무한히 열려 있는 불교인지라 옛 조사들의 게송에는 허공의 소리, 소리 없는 소리, 없음도 있음도 아닌 소리에 대한 구절들이 많다.

음악에 대한 부정적 견해로는 초기불교 승단(僧團)은 계율에 따라 수행자의 '악가무'를 철저히 금하였다. 그리하여 오늘날 남방불교에서는 일반인이 수행할 때도 8계를 지키는 것을 원칙으로 하고 있다. 이에 해당하는 계율을 보면, "스스로 춤추거나 다른 이를 춤추게 시켜 즐기지 말 것이며, 스스로 노래하거나 다른 이를 노래하게 시켜 즐기지 말 것이며, 스스로 악기를 연주하거나 다른 이를 연주하게 시키지 말라"는 것이다. 이러한 내용은 대승불교권인 중국의 경전 중일아함 『마하승기율(僧祇律)』 등에도 보인다.

경전에서의 음악에 대한 부정관을 설하는 부처님의 말씀을 들어보면 출가 수행자에게 요구되는 것이고, 남방불교에서 신도들에게 8계를 수지할 때도 집중 수행기간에 요구하는 계율이므로 음악이나 율조 자체를 부정적으로 본다기보다 재주(기교) 부리거나 쾌락을 좇는 음악으로 이해한 것이다. 음악에 대한 긍정관은 대승불교권에서 특히 많이 강조되었다. 이는 불교의 포교와 신행중에 대중이 한 데 모여 의례를 행하는데 그 어떤 것보다 효용성이 큼을 알았기 때문이다. 그리하여 초기 승단에서 경전을 합송하는 정도의 율조만 있던 데서 불보살을 찬탄하는 노래가 새로이 만들어지고, 이러한 노래를 통하여 의례가 장엄되었다.

『법화경(法華經)』에는 다음과 같은 내용이 실려 있다(이종수, 판전, 2019,6:42). '만약 사람을 시켜 음악을 연주하게 하되 북을 두드리고 각패(角貝; 나팔)를 불며 퉁소·피리·거문고·공후며 비파(琵琶)·징· 바라 등 이와 같이 갖가지 미묘한 소리를 모두 가져다가 공양을 올리면 그들은 모두 부처님의 도를 이루리라.'

3. 운동 측면(武藝, 스트레칭 등)

정신적인 불안신경증을 치료하는 방법이 규칙적인 운동요법이다. 감정 뇌를 자극해 주는 운동은 항우울제나 항불안제의 역할을 하는 엔도르핀을 분비하여 신체내 저항력과 면역력을 높여준다.

체조와 운동을 통하여 근력과 지구력을 기르고, 유연성 강화는 요가, 유연체조, 스트레칭, 태권도 동작 등과 나무나 평행봉 매달리기 등이 도움이 된다. 유연성을 확대시켜 나가면 상당한 심신의 쾌적감과 중독감 등을 느껴 지속성이 생긴다.

마음과 신체의 관계(웬디 스즈키:149)를 보면 신체 운동은 해마의 부피나 크기, 해마뉴런에 있는 수상 돌기가시의 수를 증가시키고, 해마 뉴런의 생리학적 특성을 강화한다. 운동은 노년기의 치매발병률을 감소시킬뿐만 아니라 뇌를 활성화시켜 창의성을 강화한다(웬디 스즈키, 2019:159).

4. 연구와 창작(書, 數)

서(書)로써 인문학적 소양을 길렀고, 수(數)로써 자연과학적 소양을 체득하여 개인인격의 완성과 조직인격의 완성을 목표로 한 것이다. 현대사회의 다중지능 이론은 언어지능을 말재주와 글 솜씨로 세상을 이해하는 능력을, 논리수학지능은 숫자나 규칙 등을 잘 익히고 만들어내는 능력으로 본다. 현대적으로는 외국어와 컴퓨터 조작능력을 추가할 수 있다.

fMRI의 과학적 분석이다. 미국 하버드 의대 허버트 벤슨 교수는 초월명상 수행자 36명을 대상으로 연구한 결과 명상 전후에 혈압, 심박수, 체온 등 생리현상의 변화가 뚜렷함을 밝혀냈다(경향신문, 2019.5.20). 전문적인 창의적 결과물은 좌뇌의 지식과 우뇌의 직관적 창의성이 상호 교류할 때 가능하다. 전공분야 및 기기 조작 능력 등이다.

Covid-19면역력 증대와 관련, 면역력이 저하되면 인체는 구내염(염증성 병변)(뉴시스, 20.11.5), 대상포진, 복통과 설사, 감기 등이 발생한다. 이는 면역세포인 NK의 활성화로 림프구 수를 감소시키기 때문이다. 그 대응방안은 충분한 수면, 적적한 운동, 균형있는 식단(비타민 ABCDE), 스트레스 해소 등이다. 인체에 맞게 수분을 공급해 준다. 스트레스 예방과 방지에는 명상이 효과가 있다.

심신융합은 무병장수를, 학문융합은 연구문제 해결을 위하여 필요한 제학문의 개념적 결합을, 이 논문의 「융합명상」은 학도들의 일상을 건강하게 유지하기 위한 육예적 접근, 명상, 음악, 체육, 탐구생활을 생활 속에 적용한 새로운 프로그램으로, 그 효과는 감성, 창의, 건강, 면역, 부동심 등이다.

창조작업이란 피 말리는 시간과의 절차탁마(切磋琢磨) 투쟁이며, 「융합명상」이란 그 '무게'를 견디고 치유하고 재창조하는 데 도움이 되는 생활 다지기이며, 그 수행법이 명상, 음악, 체육 등을 융합한 현대적 생활 명상법이다. 이와 같이 운동, 음악, 학습(연구) 등을 융합한 접근이 필자의 '융합명상법'이다. '八正道' 하나가 '定命'이다. 수면, 식사, 업무, 운동, 휴식 등을 규칙적으로 바르게 실천하는 생활이다.

조화로운 심신건강과 창의, 감성을 활성화시키는 '융합명상'을 생활화이다. 일반인, 학생, 연구자 수행의 정도(단계)를 어디에 맞추나 하면 하루 1시간 내외의 남녀노소가 수행(런)하는 데 도움이 되는 정도다. 깊이를 더하고자 하면 '선지식'의 도움을 받는다.

달마는 성공(性功)은 『세수경(洗髓經)』으로, 명공(命功)은 『역근경(易筋經)』으로 할 것을 가르쳤다. 필자는 음악으로 뇌신경을 다스리고, 운동과 채식(菜食)으로 신체를 다스리며, 명상으로 마음을 다스리는 「융합명상(融合冥想)」을 20여 년 동안 생활화하고 있다.

5. 다중지능이론과 융합명상의 창의성

뇌과학과 다중지능이론(김진희, 2010), 뇌과학과 다중지능융합교육의 효과 분석결과 좌우뇌는 '뇌량'에 의해 지능간 통합이 이루어진다. 좌우뇌가 통합되어야 창의적 지능으로 발현된다.

따라서 전통적인 좌뇌(이성과 수리, 언어 등) 중심이론에서 우뇌와의 융합적 접근, 환언하면 비언어적 통합적, 통찰적 지능교육으로 전환이 이루어져야 한다(문용린, 2013).

다중지능이론과 융복합교육(홍슬아, 2018)은 개인의 잠재력과 사고력, 타 교과와의 음악적용, 다지능의 실제적용 및 즐거운 음악수업 참여효과를 입증했다.

IV. 염불, 명상융합의 면역효과와 시사점

1. 정신적 명상(禪), 육체 체조(身), 소식(身), 음성(音) 융합

첫째, 융합명상 효과 관계이다. 명상은 IQ, EQ, MQ, SQ 등을 강화시키며, 그 유기적인 상호 작용결과가 창의성이다. 전문적인 창의적 연구(결과)물은 좌뇌의 지식과 우뇌의 직관적 창의성 교류시 결과된다. 명상은 두뇌 활성화에도 이바지한다. 인간의 뇌는 기분이 좋으면 베타 엔도르핀(endorphin)을 분비하고, 화가 나거나 심한 스트레스를 받으면 노르아드레날린(noradrenalin · 혈압 상승제 구실을 하는 신경전달 물질)을 분비한다고 한다.

둘째, 융합명상과 음악 관계와 관련 그 중 신체적인 운동과 음악듣기와 음성을 통한 악기연주나 합창 등의 음악활동은 예컨대 다양한 장르의 음악을 들으면 청각피질을 활성화하여 창의성을 자극한다. 이것은 신경과학이 운동과 음악의 육근(六根)관계, 육예와 다중지능이론 관계와 종적, 황적으로 연결되는 부분이다(이종수, 2020.3:49).

셋째, 융합명상과 신체운동 관계이다. 뇌와 심장, 기타 심신을 조화롭게 하는 최선의 방법이 운동(박혜윤, 2013), 음악, 학습(연구) 등을 융합한 접근이 필자의 '융합명상법' 이다.

명상수행이 깊어져 가면 채식이 땡긴다. 체중이 조절되고, 복부 비만 등이 치유된다. "음식과 호흡"과 관련하여 인간은 사회생활시 과음 과식을 하는 경우가 있다. 이럴 경우 인체는 스트레스를 받아 스트레스 호르몬인 '노르 아드레날린' 을 분비한다. 그러면 일상적인 좌선이 방해를 받는다. 따라서 정상적인 좌선을 유지하기 위해서는 위와 장을 편안하게 해주는 음식조절이 상당히 중요하다. '붓다의 음식' 을 보면 붓다는 죽식이나 채식을 권유했다. 소화가 잘 되는 채소나 과일 등이 도움이 된다.

감정 뇌를 자극할 수 있는 최소한의 운동량은 일주일에 세 번 정도도 효과가 있다. 운동을 통해 불안증세를 치유할 수 있다는 사실은 이미 플라톤이 언급했다.

듀크대학의 연구팀은 최근에 두 가지 우울증 해소방법을 비교 연구했다. 그 하나가 조깅을 통한 우울증 해소법이고, 다른 하나는 치유율이 높다고 알려진 항우울제인 졸로프트를 통한 실험결과 1년이 지난 후 졸로프트를 복용한 환자들의 3분의 1 이상이 다시 우울증에 빠진 반면, 조깅으로 치료를 받은 환자들의 92%는 여전히 좋은 결과를 유지했다. 뇌와 심장, 기타 심신을 조화롭게 하는 최선의 방법이 운동이다(박혜윤, 2013).

넷째, 연구와 융합명상 창의 효과로는 명상, 음악, 운동, 연구 뇌와 심장, 기타 심신을 조화롭게 하는 최선의 방법이 운동, 음악, 학습(연구) 등을 융합한 접근이 필자의 '융합명상법'이다.

2. 융합명상 수행 프로그램

첫째, 방법측면의 수행체험담이다. 필자는 새벽예불, 좌선(50분), 사경(寫經)과 아침 운동, 일상 염불, 음식 채식 중심, 현미 녹차 음용 등을 수행한다. 필자의「니밋따 염불융합 명상법」의 필요성을 부연한다.

첫째, 명상이란 반드시 전통적으로 수행되어 오던 방법만으로 국한시켜서는 안 된다. 지금까지 개발된 명상 과정 혹은 몇 과정들이 특정 명상을 구성하고, 그 명상의 효과를 가져온다고 볼 때, 일상생활에서도 명상의 과정으로 분류될 수 있는 것들을 적지 않게 발견할 수 있다.

불자 수행의 1일 신행사례를 보면 예불과 독송, 좌선, 4구게 전법, 음식 남기지 않기 등과 1년 점검표는 보시와 수련회 참석, 법회 참석, 신도 교육 참석 등이다(조계종, 불교입문, 2011:186-187).

아침 염불, 사경, 명상 융합 수행, 1시간 내외, 아침 운동(산책, 요가, 체조), 1시간 내외, 산책, 스트레칭, 입단행공 등을 수행한다. 2021년 5월 현재 송파구 '웃말공원'에서 매주 토, 일요일마다 주민들 2인과 함께 「융합명상」에 의한 구성요소인 「입단행공(立丹行功)」을 수련 중이다. 입단행공은 국선도에서 호흡과 신체움직임을 일치시키는 명상 전 수행법이다.

필자의 경우 새벽 좌선, 아침 운동 중 염불, 오전 사경과 연구, '능엄주' 유튜브 시청과 함께 연구, 불교의 기도가 타종교와 다른 점은 똑 같은 행위 반복을 통해 자기를 비우고, 삼매에 들며, 거기에 자신의 간절한 염원을 담는 데 있다(『불교입문』:150).

둘째, 먼저 교육일정(안)은 1~3일, 일주일, 1개월, 6개월 프로그램을 상정한다. 커리큘럼은 아침 명상, 조찬, 오전학습, 오찬, 유적 견학(해설사 대동), 오후 동아리 활동(이성무 외, 2011; 손병욱, 2012:48-49, 93), 만찬, 저녁 명상, 취침 등의 체험 프로그램(안)을 상정할 수 있다(이종수, 2019.10).

3. 융합명상 면역 효과성

첫째, "코로나19 집단면역 도달은 어려워 토착화돼 함께 살아야 할 것이다"라는 전문가 의견이 나왔다. 오명돈 신종감염병 중앙임상위원회 위원장(서울대 감염내과 교수)은 3일 국립중앙의료원에서 열린 기자간담회에서 "코로나19 바이러스는 토착화될 것"이라며 이같이 밝혔다(연합뉴스, 2021.5.3). 오 위원장은 "인구의 70%가 백신 접종을 완료하면 집단면역에 도달할 수 있으리라 생각하지만 그렇지 않다"며 만약 집단면역에 도달할 수 있더라도 고위험군은 여전히 조심해야 하고, 감염 또는 백신

접종으로 인해 생긴 면역력이 얼마나 지속할지도 뚜렷하게 확인되지 않았다고 밝혔다.

"국가의 백신접종 전략은 바이러스 근절에서 피해 최소화로, 중증화 위험도가 높은 고령층과 고위험군을 보호하는 데 집중하는 식이어야 한다"고 강조했다. "고위험군에만 접종하더라도 중환자 발생이나 사망자를 막는 소기의 목표를 달성할 수 있을 것"이라고 말했다.

명상은 면역효과를 높여 코로나 극복에 도움이 된다(한국일보, 2021.1.14). 면역력을 높이는 방법은 운동요법 식이요법 보조제복용 등이 있으나 '홀로' '쉽게' '부작용 없이' 면역력을 높이는 길은 식이요법이나 보조제복용 등이나 으뜸은 명상이다.

융합명상(내면운동)을 하면 기단(氣團)이 무중생유(無中生有)한다(윤태현, 2013). 기단은 신약(神藥)이라고 할 수 있다. 기단이 형성되면 체온이 1~3도 정도 상승한다. 체온이 높아지면 면역력은 5~6배 올라간다. 의식에너지인 기단을 마음의 호흡(心目感)으로 심장과 신장을 오가게 하는 감리교구(坎離交媾)로 접근한다(이종수, 2014.6:16). 융합명상을 통한 인체의 면역력 확보 접근이 유효하다는 점의 확인이다.

둘째, 명상은 좌뇌(감성과 예술성 등)의 활성화와 면역기능을 강화시킨다(이종수, 2015:63). 명상은 IQ, EQ, MQ, SQ를 모두 강화시키는 훌륭한 도구이며, 이런 지수들이 유기적으로 상호 작용할 때 창의성은 강하게 형성된다. β-엔돌핀 명상으로 마음을 다스리고 질병을 치료하는 사람들이 늘고 있다. 심혈관계 질환·각종 신경증 등에 자가치유 효과가 있다는 사실도 과학적으로 입증되고 있다. 물론 중증의 환자에겐 효과가 나타나지 않는다.

셋째, 창의성과 미식(맛있는 음식) 관계이다. 필자의 명상과 사찰음식의 치유효과 연구는 명상과 채식 중심식사가 정신치유 효과 및 몸 치유효과를 입증했다(이종수, 2015:64). 명상이 정신세계를 치유한다면 음식은 몸을 치유한다고 볼 수 있다. 전국 사찰에서는 보통 밥, 죽, 만두 등과 국과 나물무침, 조림 장아찌 등을 주식으로 삼는다. 템플스테이 참가자들은 명상과 적절한 음식보양이 심신에 유익하다는 점을 미러뉴런의 가소성, 즉 뇌의 맛을 느끼는 다중감각적인 안와피질 감각의 공감에서 확인된다.

끝으로, 질병예방효과를 몇 가지 예시하면, 명상의 질병치유 효과(보충) 하버드 대학 조사에 따르면, 노인이 올바른 호흡과 명상을 하면 심장병 입원율이 87%, 암 입원율이 57%, 신경계통 입원율이 88% 떨어지는 것으로 나타났다. 심호흡의 원리와 치유효과로는 심호흡은 숨 쉬는 통로를 아랫배까지 연장하는 효과가 있다.

V. 나가는 글

본고는 뇌 지능과 심장지능에 좋은 음악, 체육, 명상 등을 「융합명상 프로그램」을 통하여 인간의 최대의 건강과 창의성을 함양할 것인가를 선행연구와 생활체험을 중심으로 제안하였다. 그 방법은 긍정적 마음, 소식과 소언, 많이 움직일 것, 명상 등의 생활과, 방법론으로 염불 융합명상, 음악, 체육 효과성을 중심으로 검증하고자 하였다.

주요 내용은 불교적 염불, 좌선 융합의 특성을 중심으로 살펴보고, 현대적 시사점을 코비드-19 면역 효과와 창의성, 감성, 음악, 체육, 음식관계 등과 연계하여 미러뉴런 효과 및 포스트휴먼시대의 창의적 대응방안으로 구분하여 살펴보았다.

이론적 바탕과 개인 수행경험 및 학술적 검증자료에 의거한 결과 심신융합은 무병장수를, 학문융합은 연구문제 해결을 위하여 필요한 제학문의 개념적 결합을 함축하며, 이 논문의 「융합명상」은 학도들의 일상을 건강하게 유지하기 위한 육예적 접근, 명상, 음악, 체육, 탐구생활을 생활 속에 적용한 새로운 프로그램으로, 그 효과는 감성, 창의, 건강, 면역, 부동심 등이다. 주요 정책시사점 측면은 먼저 융합명상의 면역효과와 창의성, 육예 융합프로그램의 필요성과 육예융합적 접근, 융합명상 수행법을, 시책제언 측면으로는 육예명상 수행효과 등으로 구분하여 제언하였다.

본 연구의 한계와 후속연구과제 측면은 코비드-19 시대적 요구에 부합하는 융합 명상의 가능성을 모색하기 위하여 융합 명상에 대한 필자의 기존 연구를 창의적으로 종합 및 재구성하였으나 내용의 전개에 있어서는 논리적 정합성이 충분히 확보되지 못하였기 때문에 문헌 연구 중심인 본 논문의 논지 전개의 정합성 확보를 위한 보완적인 후속연구 과제로는 전문학자와 예술가 등에 대한 사례분석을 통한 구체적인 효과 검증이 요청된다.

[참고문헌]

권준수(2012).「뇌과학을 통해 바라본 명상의 효과」『불교와 심리』제5호, 불교와 심리연구원.

김경회(2019).「우주의 자연현상을 통해 본 불교의 선」『한국교수불자연합학회지』22권 1호, 한국교수불자연합회.

김선숙(2016).「명상의 연계성과 초학제적 적용」『한국교수불자연합학회지』22권 1호, 한국교수불자연합회.

김선숙(2018.5.4).「심장의 역할(육체와 정신)-매트릭스 리임프린팅」마음의 과학연구소.

김진희(2010).「뇌과학 접근으로 바라 본 다중지능이해를 통한 기독교교육과정 모형연구」(장로회신학대학원 석사학위논문).

김태은 외(2017).「창의융합형 인재를 기르기 위한 수업혁신전략 12가지」,『Brief』6호, 한국교육과정평가원.

대한불교조계종 포교원(2011).『불교입문』조계종출판사.

데이비드 이글먼, 앤서니 브란트(2019).『창조하는 뇌』쌤앤 파커스.

마하시사야도.「paṭicca-samuppāda-십이연기, 35. 마노의 문[意門]과 식(識)의 관계」

마하시사야도, paṭicca-samuppāda-십이연기, 113번 주석.

문용린(2013).「두뇌와 다중지능」『브레인』제6권.

문정순(2015).「명상가들의 공상자각, 인지적 탈융합, 심리적 안정감의 주관적 구조 분석」『주관성연구』통권 제31호.

박세훈, 장진영, 고시용.「원불교 청소년 인성교류 프로그램 개발 및 적용」,『한국종교교육학회 2015년 추계학술대회』2015.

박혜윤(2013).「뇌를 건강하게 만드는 손쉬운 방법」,『불교문화』4월호. 대한불교진흥원.

박혜윤(2012).「암과 명상치료의 실제적인 효과」,『불교문화』6월호.

봉은사(2554).『봉은법요집』.

불전간행회편(1994).『능엄경』민족사.

샌드라블레이크슬리, 매슈블레이크슬리(2011).『腦속의 身體地圖』이다 미디어.

샌디프 자우하르(2019).『심장』사이언스.

서정화 · 이종수(2019).『블록체인 도시행정』지식공감.

석봉래(2014.6).「신경과학을 통해 보는 명상의 본질적 특징들(2)」,『불교문화』.

양춘호 · 이성현 · 김중인 외(2000).「국선도 수련과 삶의 질에 관한 연구」,『한국사회체육학회지』제13호.

오헌석 외(2012).「과학기술분야 융합연구자의 융합연구 입문과 과정에 관한 연구」「아 시아교육연구」, 제13권 4호.

욘게이 밍규르 린포체 저, 이현 역(2011).『티베트 린포체의 세상을 보는 지혜』문학의 숲.

웬디 스즈키(2019).『체육관으로 간 뇌과학자』북라이프.

윤소희(2012).「불교음악의 현황과 나아갈 방향」,『불교평론』, 제51호.

윤종모(2005.8).「명상과 치유」,『원불교사상과 종교문화』, 제30집, 원불교사상연구원.

윤태현(2013).『내면운동의 위력』화산문화.

윤희조(2012.3).「명상과 뇌과학의 관계를 세계에 알린 인지생물학자, 프란시스코 바렐라」,『불교문화』.

이성동(2013.1).「명상수행은 불안과 공포를 주관하는 뇌 부위를 변화시킨다」,『불교문화』.

이종수(2021.5).「창의, 감성함양을 위한 융합명상」,『미래융합교육』, 제2권 1호, 전주교육대학교.

_____(2021.4.16).「광역의정 효과성 분석」,『춘계학술대회논문집』, 한국정책학회.

_____(2021.2).「코비드-19면역 융합명상」,『봉은판전』제160호, 봉은사.

_____(2020.12).「AI & 블록체인 융합행정 효과 분석」,『동계학술대회논문집』, 한국행정학회.

_____(2020.11).「염불과 융합명상 효과 분석」,『한국교수불자연합학회 학술대회 자료집』.

_____(2020.3).「포스트휴먼과 봉은찬불융합명상」,『봉은판전』제149호,

봉은사.

_____(2019.12). 「領相 李元翼 音樂觀의 人性涵養 效果」, 『한국정책학회 동계학술대회논문집』 한국정책학회.

_____(2019.10). 「청년불자 감소실태와 대응 프로그램 개발: 융합명상 프로그램 개발과 활용」, 『제6회 불교미래포럼』(사)한국교수불자 연합회.

_____(2019). 「인지과학과 융합명상」, 『한국교수불자연합학회지』 제25 권 2호.

_____(2019.6). 「봉은남성합창단 찬불가 스토리텔링」, 『봉은판전』 제140 호, 봉은사.

_____(2019.3). 「지능정보사회 감성 · 創意融合」, 『감성연구』 제18집, 전 남대.

_____(2018.9). 「봉은 하안거 스토리텔링」, 『봉은판전』 제131호, 봉은사.

_____(2017.8). 「관료부패의 장자내단법 치유사례 분석」, 『선도문화』 제 23권.

_____(2016.11). 「관료병의 도가 내련법 치유와 활용」, 『2016년 한국동 서정신과학회 제 34차 추계학술대회 자료집』.

_____(2016.6). 「영의정 이원익의 청렴행정 스토리텔링 힐링 효과 분 석」, 『인성교육연구』 제1권 제1호, 국제뇌교육종합대학원대학교.

_____(2015.12). 「템플스테이 미러뉴런 스토리텔링 힐링: 명상과 사찰음 식 공감체험을 중심으로」, 『창조산업연구』, 제2권 3호, 안동대.

_____(2015). 「관료병의 오리청렴 스토리텔링 힐링」, 『퇴계학과 유교문 화』, 제56호, 경북대 퇴계학연구소.

_____(2015). 「관료병치유의 도가적 접근」, 『공공정책과 국정관리』 제9 권 1호, 단국대.

_____(2014.6). 「관료병의 도가 내면운동 스토리텔링 힐링」, 『세계행정학술회의』 한국행정학회.

_____(2014). 「관료병의 오리청렴 체험 힐링사례연구: 미러뉴런과 공감구조를 중심으로」, 『동계학술대회논문집』, 한국정책학회.

_____(2002). 「21세기 GNR시대의 생명윤리 정책방향」, 『국가정책연구』 제16권 1호, 중앙대 국가정책연구소.

이창규(2017). 「초기 경전에 나타난 니밋따 연구」. 『불교학연구』 제53권, 불교학연구회.

이향준(2014). 「분노의 인문학 시론」. 『감성연구』 제8집.

장준환(2012.4). 「심장질환과 명상효과」, 『불교문화』.

장현갑(2002). 「명상을 통한 자기치유」, 『인문연구』 제39집, 영남대.

장현갑(2001). 「건강을 위해 마음을 어떻게 쓸 것인가(1)」, 『녹색평론』 제57집.

장현갑(2001.9). 「건강을 위해 마음을 어떻게 쓸 것인가(2)」, 『녹색평론』, 제60호.

정성훈, 채석래, 정인원(2007). 「단기간의 참선수행이 갖는 정신치료적, 생리적 효과」, 『불교학보』 제46집.

정용환 외(2011). 『유교, 도교, 불교의 감성이론』 경인문화사.

조계종(2011). 『불교입문』 조계종출판사.

최요원(2012.10). 「마음챙김 명상과 면역기능 효과」, 『불교문화』.

최효찬(2018). 「공감능력이 높은 융합인재로 키우려면」, 『국회도서관』, 55권 2호, 국회도서관.

한국정신신체의학회(2012). 『정신신체의학』 집문당.

한상미, 임동호(2019). 「관련 연구분석을 통한 단전호흡의 실증적 가치」, 『예술인문사회융합멀 티미디어논문지』 제9권 12호, 인문사회과학기술융합학회.

홍슬아(2018). 「다중지능이론을 적용한 융복합음악수업방법에 관한 연구」(원광대 음악교육학 석사학위논문).

Dickenson, J., Berkman, E.T., Arch, J., Lieberman, M.D(2012). Neural correlates of focusedattention during mindfulness induction, *Social Cognitive and Affective Neuroscience*, 권준수(2012:77) 재인용.

HMI(Heart Math Institute)

Kabat-Zinn, J(1990). *Full Catastrophe Living: Using the wisdom of your body and mindto face stress, pain, and illness.* New York: Delta.

Keleman, Stanley(1986). *Emotional Anatomy*, Center Press. 장지숙, 최광석 공역(2018). 『소마틱스, 건강의료분야 전문가를 위한 감정해부학』 군자출판사.

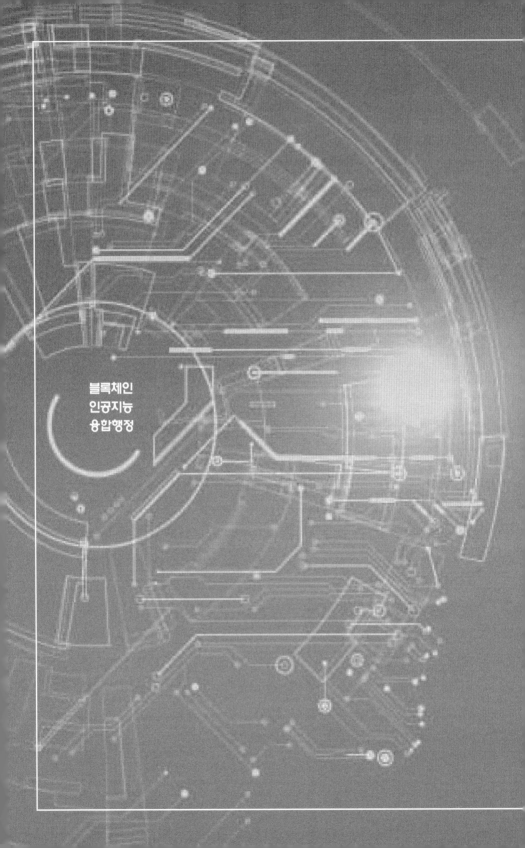

블록체인
인공지능
융합행정

제2편
블록체인과 인공지능 융합활용 효과

제7장

중앙·지방정부 AI 활용 실태

제1절 실태 분석

1. 적용 효용성

첫째, 행정효율성 증대 측면이다. AI는 공공조직 효율성과 고객참여 증대효과 도구로 활용된다(Kistep, 2018:1). 특히 공공영역에 효율성과 최적화된 맞춤형 서비스가 적용되어 공공의 비효율성을 제거할 수 있다. 동시에 현장 데이터 기반으로 거시적·미시적 정책분석 및 대응이 가능해진다. 행정비용의 최소화로 실현된다. AI는 정보 공개, 인센티브, 부패 등과 같은 전제에서 자유롭게 되어 부패와의 단절효과를 가져온다. 또한 정보 격차 문제해소 측면에서도, 데이터 기반의 문제처리는 고객의 문제를 명확히 파악하여 이에 부합되는 서비스 제공이 가능해진다.

둘째, 적용 필요성 측면이다. 비효율적 행정 서비스 개선(Kistep,

2018:1)과 관련 무엇을 서비스할 것인가와 관련 AI의 활용분야는 제한이 없어 무제한이나 그런 기술들은 주로 의사결정 및 의사결정 과정에서의 효율성을 증대시키거나 조직효율성 증대와 고객 참여 증대를 위한 도구화로 활용가능하다.

　지금까지는 인간의 지식과 판단에 의존하여 의사결정을 했지만 앞으로는 방대한 데이터(Big data)를 기반으로 한 인공지능의 탁월한 능력에 토대하여 보다 정교하고 신속한 의사결정을 하게 된다(정두희, 2019:61-62). 예컨대 정부의 보안, 세금 등 공공서비스에도 가상 에이전트가 도입, 점차 행정업무로 영역을 넓히고 있다.

　셋째, 가능성 측면에서는 행정목적의 달성, 정보격차 해소, 자원관리 최적화(이상길:25; Kistep, 2018) 등으로 AI 활용을 통한 공공의사 결정의 최적화와 최적화를 통한 효율과 생산성 증대, 일자리의 증대를 통하여 AI의 부가가치와 World GDP 향상을 예고한다.

　넷째, 공공분야에 선도적으로 적용 필요성은 공공비효율 제거, 정책결정 효과, 데이터기반 결정, 거시·미시적 정책분석과 추진, 비용 최소화, 부패 제거 등이다(Kistep, 2018:1-15).

　다섯째, 가능성 측면에서 보면 정부는 책임 있고, 사회윤리적인 문제에

〈표 7-1〉 AI 적용가능성과 타당성

타당성	가능성
거래비용 최소화(효율화)	XAI(설명가능성과 책임성 확보)
정보격차 최소화 (대의민주주의의 단점 극복)	ELSI(대응성)
AI 산업화에 대한 대응 (정부조달 및 확산)	빅데이터 보유와 통제 가능성

Kistep(2018:13).

대응이 가능하며, AI 기술을 신속하게 적용 가능한 데이터 인프라 구축 및 통제가 가능하다.

기술개발과 ELSI, AI 활성화와 가이드라인 고려(이상길:14-15) 및 AI 활용의 공공성을 위하여 공공데이터 활용과 시범적용 확대 등의 제도화가 요청된다(이상길:41).

2. 지능형 정부

행안부는 내년 3월까지 지능형 정부의 청사진을 제시해 인공지능(AI) 등 지능정보기술이 전자정부시스템에 전면 적용될 수 있도록 할 방침이다.[13] 이 과정에서 민원처리나 행정업무 처리 등의 분야의 핵심 전략과제를 발굴하고 핵심전략 과제별 구체적인 실행계획을 설계하게 된다. AI 행정비서와 AI 정책자문관 등이 대표적이다(이데일리 2018. p.12).

AI 행정비서는 행정기관별로 산재된 각종 공공서비스를 하나로 모으고 사람의 대화처럼 이해하기 쉽도록 국민들에게 안내하는 서비스다. 민원상담·공과금 납부정보 등을 미리 학습해 국민생활에 필요한 공공정보를 필요한 시간에 개인별 맞춤형으로 제공하며, 정부24 등 각종 전자정부시스템과 연계 가능하다.

또한, 국민들이 정부 홈페이지를 직접 찾아가는 대신 스마트폰의 챗봇(Chatbot)이나 AI 스피커 등 휴먼 인터페이스를 이용해 AI 행정비서와 대화하게 된다.

이와 함께 행정 내부적으로는 공무원의 업무 처리를 도와주는 AI 정책자문관을 도입해 업무 생산성을 높인다. AI 정책자문관은 공무원들이 업

---

13) 이종수(2019.8). 「지방정부의 AI 활용 효과 분석」, 하계학술대회, 지방자치학회: 391-413.

무에 공통으로 이용하는 통계자료·법령정보·보도자료 등을 지속적으로 학습한다.

행정안전부는 우리나라의 글로벌 브랜드로 자리 잡은 전자정부의 성과를 함께 공유하고 전자정부분야에서 세계적 선도국가의 위상을 더욱 공고히 하기 위해 2017년 10월 전자정부법 개정을 통해 6월 24일을 세계 최초로 '전자정부의 날'로 지정했다(보안뉴스, 2019.6.25).

우리나라는 정보통신기술의 급속한 발전에 기민하게 대응함으로써 재정·조달·관세 등 정부·공공기관의 업무 전 분야에 걸친 행정업무 혁신으로 전자정부 저변을 확대하고 세계 최고 수준의 행정 서비스를 제공해 왔으며, 4차산업혁명시대를 맞아 인공지능·사물인터넷 등 지능정보기술을 활용한 지속적인 전자정부 서비스 발전 및 재도약을 추진하고 있다.

향후 '지능형 정부 로드맵'의 원활한 추진을 위해 중앙부처, 지자체, 공공기관 및 민간전문가와 산업계 등이 참여하는 민관 협의체를 운영할 예정이다. 아울러 '국민과 함께'라는 기념식의 주제를 살려 지능형 정부에 대한 국민의 바람과 국민들이 함께 만들어간다는 이미지를 함께 전달하기 위해 국민들의 메시지를 영상으로 소개한다.

행정안전부는 정부의 일하는 방식을 바꾸는 '정부혁신'을 추진한 지난 1년간 달라진 현장의 모습을 4일 소개했다. 행안부는 무엇보다 정보통신기술(ICT)을 활용한 결과 공공기관을 직접 방문해 많은 서류를 제출하는 대신 온라인으로 접수해 처리하는 시스템이 도입된 점을 큰 변화로 꼽았다(연합뉴스, 2018.11.4).

실제 어린이집과 구청 담당자 간 전자문서 유통으로 종이문서 제출이 전년보다 91% 줄었다. 전문가 중심이던 정부혁신, 국민 참여 강화한다. 인쇄비와 교통비 등 행정비용도 1천390억 원 절감했다. 건축심의 때도 도면을 제본해서 제출하는 대신 파일로 전송하도록 하고 심의위원들은 태블릿 PC로 심사하는 '전자건축심의' 방식으로 연간 제출서류와 비용을 약 96% 절감했다.

또 지방세 상담이나 지방자치단체 여권 민원대응, 생활법률지식서비스 제공 등에 인공지능 챗봇을 도입해 시간과 장소에 구애받지 않는 민원 상담이 이뤄지고 있다고 소개했다. 이밖에 드론을 활용해 광범위한 지역에서 산불감시나 취약지역 순찰을 하고 문화재 발굴도 추진하고 있다.

또 지방세 상담이나 지방자치단체 여권 민원대응, 생활법률지식 서비스 제공 등에 인공지능 챗봇을 도입해 시간과 장소에 구애받지 않는 민원 상담이 이뤄지고 있다고 소개했다.

이밖에 드론을 활용해 광범위한 지역에서 산불감시나 취약지역 순찰을 하고 문화재 발굴도 추진하고 있다.

국가3대 재정시스템 측면이다. 정부가 지방재정관리시스템 차세대 사업을 추진한다. 노후화된 시스템을 개편해 지방보조금 등 지방재정 관리의 효율성을 높이고 주민맞춤형 서비스를 확대한다. 디지털예산회계시스템(기획재정부 · 디브레인)과 지방교육행 · 재정통합시스템(교육부 · 에듀파인)에 이어 지방재정까지 차세대 개편 작업에 착수하면서 정부 재정 3대 시스템이 모두 새 옷을 입게 됐다.

1일 행정안전부 관계자는 "한국조세재정연구원이 차세대 지방재정관리시스템 예비타당성(예타) 조사를 수행하고 있다"면서 "올해 안에 조사가 완료되면 내년부터 2022년까지 3년 동안 시스템 구축에 착수할 것"이라고 말했다(전자신문, 2019.8.31).

지방재정관리시스템(e-호조)은 전국 지자체에서 사용하는 지방재정관리의 핵심 인프라다. 지출 · 결산 등 12개 분야 74개 업무에 사용된다. 하루 평균 1조원의 예산과 5만여 건의 지출을 처리한다. 정부는 2005년에 구축한 후 14년 동안 시스템을 사용했다. 업무 연계가 쉽지 않고 지방보조금을 수기로 입력해야 하는 등 시스템 개선 목소리가 높았다. 인프라 노후화로 인한 유지 보수의 어려움도 발생했다.

정부 재정 3대 시스템의 연결 필요성도 제기됐다. 디브레인(국가재정), e-호조(지방재정), 에듀파인(교육재정) 등 세 시스템은 비슷한 시기에 가동됐다. 모두 노후화와 체계 개편 필요성에 공감, 차세대를 준비했다. 에듀파인은 이미 차세대 작업을 진행하고 있다. 디브레인은 9월 사업을 시작한다. 비슷한 시기에 차세대를 진행하면 3대 재정정보 통합 작업도 수월하다. 행안부 관계자는 "예산회계관리 속성 정보, 사업 체계를 3대 시스템이 함께 호흡을 맞춰 개발해야 차세대 구축 후 정보 간 유기적 연결이 가능하다"면서 "e-호조시스템이 가장 늦었지만 나머지 시스템 개편 작업에 발맞추기 위해 속도를 내고 있다"고 전했다.

차세대 e-호조시스템은 총 3785억 원(구축비 1725억 원, 5년간 운영비 2060억 원) 규모로 준비되고 있다. 예타 과정에서 삭감도 가능하다. 행안부는 올해 안에 예타를 통과하면 일부 예산을 마련, 내년 상반기 사업자 선정 등 작업을 진행한다는 계획이다. 2023년 가동이 목표다.

시스템이 구축되면 지방재정 업무 혁신과 주민 편의를 높일 것으로 기대된다. 업무 연계가 가능해 종합 재정관리가 가능해진다. 수기로 관리하던 지방보조금 업무 전반을 전자화, 오류 가능성을 줄인다. 주민참여예산 온라인 투표 플랫폼 신설과 지방보조금 신청·정산을 위한 사용자 중심 보조금 포털 구축으로 주민 맞춤형 서비스를 제공한다. 클라우드·블록체인 등 최신 기술 기반으로 시스템을 구축, 운영 효율성을 제고한다.

3. AI, 블록체인 서비스

행정안전부는 서울청사와 세종청사에서 지능형 정부 로드맵 추진계획

공유와 실행과제 논의를 위한 범정부협의체를 발족한다. 여기에는 중앙부처·지방자치단체의 정보화 업무 담당자 150여 명이 참여한다.

수요가 많은 분야는 빅데이터 기술을 적용한 대국민 민원 챗봇, 인공지능·사물인터넷(IOT) 기술을 적용한 국민안전 확보 등이었다.

행안부는 협의체 운영을 통해 각 과제의 실현 가능성, 법·제도 제약 여부를 살펴본다. 유사·중복 과제는 통합하기로 했다. 국민생각함, 국민디자인단을 통해 국민이 원하는 정부 서비스에 대한 우선순위를 정한 뒤 단계별로 실행하는 방안도 지능형 정부 로드맵에 담는다.

범정부 공통 플랫폼 구축 예정(디지털타임스, 2019.6.24). 정부가 빅데이터 분석, AI(인공지능), 클라우드, IOT(사물인터넷) 등 디지털 기술을 활용한 정부혁신을 추진한다. '행정업무와 대민서비스 온라인화'에 초점을 뒀던 전자정부를 잇는 새로운 혁신 키워드를 '지능형 정부'로 정하고 범정부 공통 플랫폼을 구축한다.

이빌립 행안부 사무관은 "AI 같은 첨단기술이 사회를 삽시간에 변화시키고 있고 이제 정부가 변할 차례"라면서 "설문조사 결과 국민 100명 중 74.2%는 복지 등 정부 서비스에 AI 도입이 필요하다고 응답하는 등 국민의 눈높이도 높아졌다"고 밝혔다. 미국·프랑스·중국 등 각국이 AI 투자계획을 내놓고 치열하게 경쟁하고 있지만 우리나라는 정보화로 대변되는 3차 기술혁명 당시와 달리 4차산업혁명에는 선진국과 격차를 보이고 있다. 이 사무관은 "지능형 정부 비전을 통해 정부가 투자에 나섬으로써 산업 성장을 이끌어야 할 것"이라고 말했다.

AI를 활용한 대국민 서비스 혁신, 알아서 처리하는 똑똑한 행정 구현, 지속 가능한 디지털 안전사회 선도, 범정부 공동활용 플랫폼 고도화 등 4가지 전략목표를 중심한다.

(1) 범정부 공통 활용 플랫폼을 우선 구축해 각 부처들이 혁신에 활용

하도록 한다는 계획이다.

(2) 핵심 어젠다로는 찾아가는 개인맞춤 서비스, 과학적 정책지원체계 구축, 정부행정 프로세스 지능화, 첨단기술을 적용한 공공질서 확립 지원, 예방 기반 안전관리체계 구축, 정부업무 인프라 지능화, 빅데이터 학습·분석기반 강화를 추진한다.

서울시는 신종 코로나바이러스 감염증(코로나19) 심각에 따른 청사폐쇄 상황 발생시 업무공백을 최소화하기 위한 스마트 재택근무 인프라인 SVPN(Smart Seoul Virtual Private Network)을 확대 구축하고 '사회적 거리두기'의 일환으로 재택근무 범위를 늘려 나간다(뉴시스, 2020.3.9).

9일 서울시에 따르면 SVPN이란 온라인 원격근무를 지원하기 위해 외부에서 사무실과 같이 행정시스템에 안전하게 접속하도록 인터넷 회선을 암호화한 통신망 보안솔루션이다.

시청 사무실 밖에서 내부 행정시스템에 접속할 때 SVPN을 통해 접속하면 해킹, 바이러스 등 외부의 침입을 차단하고 높은 수준의 사이버 보안을 유지한 채 업무를 할 수 있다.

그동안 SVPN은 500명 규모의 인원을 수용하는 용량이었다. 시는 코로나19 심각단계 격상에 따라 시청사를 폐쇄하는 비상상황을 대비해 1만 명을 수용할 수 있도록 용량을 대폭 늘린다. 시는 SVPN과 같은 재택근무 인프라를 기반으로 '사회적 거리두기'에 동참하기 위한 실질적인 재택근무제 참여도 확대해 나간다.

서울시의 대표적인 스마트시티 종합 플랫폼인 디지털시민시장실이 화상회의의 대표 플랫폼으로 활용된다. 디지털시민시장실에 민간의 화상회의 시스템을 연계해 자치구청장회의, 투자출연기관장회의 등 각종 회의에 도입될 예정이다. 부서, 팀 이하의 단위에는 행정포털 메신저 화상회의, 행정안전부의 온나라이음 협업시스템이나 민간에서 활용중인 다양한 화상회의 플랫폼이 도입된다.

4. 인공지능 허브

누구나 인공지능(AI) 응용 서비스를 개발할 수 있도록 '인공지능 허브' 지원을 다각도로 확대(과기부, 보도자료, 2019.1.22)한다. 예시하면 ① 인공지능 학습용 데이터 대폭 확대, ② 개방형 경진대회 추진, ③ 고성능 클라우드 컴퓨팅 지원 확대 등이다.

과학기술정보통신부(장관 유영민, 이하 '과기정통부')는 국내 인공지능(AI) 중소·벤처기업의 경쟁력을 높일 수 있도록 '인공지능 허브'를 확대 구축한다(과기부, 보도자료, 2019.1.22).

'인공지능 허브'란 누구나 인공지능 기술·서비스 개발에 필요한 필수 요소를 자유롭게 활용할 수 있는 개발 환경을 제공하기 위해 시작한 사업으로서, 지난해 1월부터 구축·운영되었다. 정부는 지난 해 8월 국가 차원의 전략적 투자가 필요한 혁신성장 전략투자분야로 인공지능을 선정하면서, 핵심 사업인 인공지능 허브에 대한 투자를 대폭 확대하기로 하였다.

지난해까지는 인공지능 개발 필수요소 중 학습용 데이터 위주로 개방·제공이 되었다면, 올해부터는 학습용 데이터 제공을 대폭 확대하는 동시에 개방형 경진대회를 통한 인공지능 알고리즘 개발·제공과 고성능 컴퓨팅 지원이 보강될 예정이다.

인공지능 학습용 데이터는 인공지능 학습에 활용할 수 있는 형태의 데이터로, 인공지능 기술 및 서비스 개발을 위한 필수요소이다. 하지만 데이터 구축에 많은 시간과 비용이 소요되어 중소·벤처기업이 자체적으로 확보하기에는 어려움이 많았다.

과기정통부는 2017년부터 인공지능 학습용 데이터 구축을 시작하였고, 2018. 1월부터 일반상식, 이미지, 특허, 법률 등 4종의 학습용 데이터를 제공했다. 금년 1월 중에 2018년에 구축을 추진한 관광, 농업, 헬스케어분야 데이터를 추가해 7종으로 확대하고, 4월에는 한국어 음성·대화 등 4종을 추가 개방할 예정이다.

금년에는 학습용 데이터의 제공 종류와 규모를 글자체·동작·엑스레이 이미지 등 10종(최소 2,500만 건)으로 대폭 확대하고, 개방 시기도 차년도 1월에서 해당연도 7월, 12월로 앞당길 예정이다.

또한 민간 중심으로 인공지능 학습용 데이터가 자생적으로 생성·확장하는 생태계가 구축될 수 있도록, 대중이 데이터 구축에 참여하는 방식(클라우드 소싱)의 데이터 확산체계 마련, 학습용 데이터 구축도구 공개, 인공지능 응용 시범 서비스 등 새로운 서비스도 지속 검토·도입할 계획이다.

고성능 컴퓨팅 환경은 대량의 학습 데이터를 빠르게 학습하여 인공지능 기술 및 서비스 개발 시기를 앞당기는 데 필수적이나 비용이 많이 소요되는 문제가 있다.

컴퓨팅 환경이 열악한 인공지능 중소·벤처기업 등을 대상으로 클라우드 기반의 컴퓨팅 자원 지원을 대규모로 확대한다. 특히, 딥러닝에 특화된 컴퓨팅 자원(GPU)을 제공함으로써 신속한 인공지능 기술 및 서비스 개발을 촉진할 것이다. GPU(Graphic Processor Unit)는 수천 개의 소형 코어로 구성되어 딥러닝과 같은 분야에 방대한 데이터를 효율적으로 병렬처리가 가능하며, 올해에는 중소·벤처기업, 연구·공공기관, 대학 등의 신청을 받아 200여 개 기관을 선정(3월 예정)하고 이후 9개월간(4~12월) 컴퓨팅 자원을 지원할 예정이다.

장석영 과기정통부 정보통신정책실장은 "국내 인공지능 산업의 경쟁

〈표 7-2〉 2017~2018년도 인공지능 학습용 데이터 셋 개방 현황

구분	분야	구축내용	활용서비스(예시)
2017년 구축 (2018년 1월 개방) 750만 건	특허	• 국내 출원 · 등록된 전기 · 전자분야의 특허 정보, 심사정보, 특허전문 기술용어 데이터 100만 건	유망기술 예측, 특허가치 평가 등
	법률	• 국가법령 중 교통사고, 층간소음, 창업 인허가분야의 관련 법령, 조문, 판례, 법률용어 데이터 11만 건	법률정보추천, 법률상담 챗봇 등
	한국형 이미지	• 한국인 안면 이미지 600만 장(200명) 및 한국음식 이미지 데이터 15만 장(150종) 등 615만 장	본인확인 기술, 식단추천 등
	일반상식	• 한국어 위키백과에서 AI 서비스 개발에 활용도가 높은 일반상식 데이터 15만 건	인공지능 비서, 교육용 챗봇 등
2018년 구축 (2019년 1월 개방) 850만 건	관광	• 주요 관광지역 시설, 식당의 이미지에 각종 다국어(한,영,중,일) 정보(명칭, 위치, 메뉴, 관광정보 등)를 결합한 데이터셋 150만 건	관광정보 검색, AI 관광 가이드 등
	농업	• 국내 농작물의 영농정보, 상담정보, 지원 사업정보 등의 지식베이스 및 농작물 병충해 이미지 데이터 5만 건	병충해 자동 진단 AI 등
	헬스케어	• 안저 이미지에 주요 질환(녹내장, 황반변성, 당뇨망막증 등)의 전문의 검사소견을 결합한 데이터셋 3천 장	안저질환 검사 및 예측 등
	특허	• 전기 · 전자, 기계, 화학분야의 등록된 특허 청구항 정보, 특허전문 기술용어 데이터 70만 건	유망기술 예측, 특허가치 평가 등
	법률	• 이혼, 한부모가족, 학교폭력, 퇴직금개분야 법령정보(법령, 판례, 사례, 용어 등) 데이터 10만 건	법률정보 추천, 법률상담 챗봇 등
	한국형 이미지	• 한국인 안면이미지 600만 장(200명) 및 국산차량 이미지 15만 장(100종) 등 615만 장	본인확인 기술, 차량 추적 등

구분	분야	구축내용	활용서비스(예시)
2018~ 2019년 구축 (2019년 4월 개방 예정) 250만 건	한국어 음성	• 한국어 음성 인식 성능을 향상시키기 위해 자유연속발화, 소음 환경 등을 고려한 음성 데이터 150만 건(1,000시간)	가상비서, 음성인식 서비스 등
	한국어 대화	• 중소상인 비즈니스에 적용가능한 한국어 챗봇 구축을 위한 한국어 표준 대화 시나리오 데이터 50만 건	소상공인 챗봇 서비스 등
	복합영상	• 영상에서 인물의 표정, 음성(억양), 발화 내용 등의 감정이 포함된 멀티모달 영상 데이터 3.5만 건(20시간)	인간의 감정, 상황 이해 AI 서비스 등
	기계독해	• 지문으로부터 AI가 학습을 통해 질의에 대한 답변을 추론하는 딥러닝 기반 기계독해(MRC) 데이터 50만 건	질의응답 AI 서비스 등

력을 키우기 위해서는 국내 개발자들이 인공지능 서비스와 제품을 제약 없이 개발할 수 있는 환경 조성이 중요하다"며 "앞으로도 기술력 있는 국내 중소·벤처기업이 역량을 확보해 세계로 진출할 수 있도록 생태계 마련에 힘쓰겠다"고 밝혔다.

과기정통부는 인공지능 학습용 데이터 구축, 클라우드 컴퓨팅 제공, 경진대회 등 사업 수행에 필요한 사항에 대해서도 사업자 공모 등을 진행할 예정으로, 사업의 신청·접수기간 등 세부적인 내용과 절차, 일정 등 자세한 내용은 1월 22일 AI 허브(aihub.or.kr) 또는 한국정보화진흥원 누리집(www.nia.or.kr), 정보통신산업진흥원 누리집(www.nipa.kr)를 통해 확인할 수 있다.

제2절 지방정부

1. 수원시

수원시가 디지털 수원비전 선포식을 개최했다. 수원시가 시청 중회의실에서 '디지털 수원비전 선포식'을 열고 '음성인식 모바일 행정 서비스'를 구현한다.

음성인식 모바일 행정 서비스는 수원시가 구축하려는 '모바일 통합 플랫폼'의 핵심 서비스 기술 가운데 하나다. 모바일 통합 플랫폼은 교통, 복지, 문화, 날씨, 대기환경 등 수원시와 관련한 모든 정보와 행정 서비스를 시민들이 어디에서나 손쉽게 이용할 수 있도록 하는 서비스 플랫폼이다.

음성인식 서비스와 함께 민원인에 응대하는 콜센터 챗봇 도입, 블록체인 기술을 적용해 걸음 수에 따라 적립한 포인트를 가맹점에서 사용할 수 있는 '수원아 걷자! 만보기 서비스'도 시민에게 제공할 핵심 서비스다.

수원시는 경험과 직관에 의존하던 행정 서비스를 빅데이터에 기반을 둔 디지털 행정으로 전환하기 위해 오는 2021년까지 모바일 통합 플랫폼을 구축할 예정이다.

이어 디지털 플랫폼 구축사업을 주도하고 있는 이한규 제1부시장이 실시간 민원분석·도심 떼까마귀 생태분석·정조대왕 능행차 상권분석 등 이미 빅데이터 분석을 통해 시행하고 있는 수원시의 디지털 행정 서비스를 소개했다.

뿐만 아니라, 부서마다 운영하는 정보통신장비를 2020년까지 단계적으로 '클라우드 컴퓨팅'으로 전환해 서버유지 비용도 줄이고, 정보자원을 효율적으로 운영한다.

민원처리에 인공지능이 도입되면 시간을 단축하고 업무의 효율이 증가한다(출처-픽사베이).

행안부는 협의체 운영을 통해 각 과제의 실현 가능성, 법·제도 제약 여부를 살펴본다. 유사·중복 과제는 통합하기로 했다. 국민생각함, 국민 디자인단을 통해 국민이 원하는 정부 서비스에 대한 우선순위를 정한 뒤 단계별로 실행하는 방안도 지능형 정부 로드맵에 담는다.

음성인식 모바일 행정 서비스는 수원시가 구축하려는 '모바일 통합 플랫폼'의 핵심 서비스기술 가운데 하나다. 모바일 통합 플랫폼은 교통, 복지, 문화, 날씨, 대기환경 등 수원시와 관련한 모든 정보와 행정 서비스를 시민들이 어디에서나 손쉽게 이용할 수 있도록 하는 서비스 플랫폼이다.

음성인식 서비스와 함께 민원인에 응대하는 콜센터 챗봇 도입, 블록체인 기술을 적용해 걸음 수에 따라 적립한 포인트를 가맹점에서 사용할 수 있는 '수원아 걷자! 만보기 서비스'도 시민에게 제공할 핵심 서비스다.

수원시는 경험과 직관에 의존하던 행정 서비스를 빅데이터에 기반을 둔 디지털 행정으로 전환하기 위해 오는 2021년까지 모바일 통합 플랫폼을 구축할 예정이다.

이어 디지털 플랫폼 구축사업을 주도하고 있는 이한규 제1부시장이 실시간 민원분석·도심 떼까마귀 생태분석·정조대왕 능행차 상권분석 등 이미 빅데이터 분석을 통해 시행하고 있는 수원시의 디지털 행정 서비스를 소개했다.

2. 대구시

대구시는 2004년부터 공무원이 시민 불편사항을 먼저 찾아 처리하는 사전 예방 중심의 '시정견문정보시스템'을 운영하고 있다. 일명 '살피소'로 불리는 이 시스템은 공무원이 출·퇴근이나 출장 때 곳곳을 살펴고 시민불편사항을 입력해 처리하는 방식이다. 지난해 기준 처리 건수가 37만 건에 이른다.

관리원은 살피소의 최근 2년간 데이터 약 110만 건과 시민이 직접 신청한 민원 3만2,000건, 유동인구 데이터 59억 건 등을 활용해 빅데이터 분석을 했다. 그 결과 대구시의 시민불편 선제대응 수준은 환경·안전분야는 우수하지만 교통·보건분야는 개선이 필요한 것으로 분석됐다.

이어 유동인구 및 업종 분포 등 외부 데이터와 기계학습 알고리즘을 활용해 민원 취약지점을 96.2%의 정확도로 예측하는 '취약지점 예측모델'을 개발했다. 이 모델을 적용한 결과 대구시 동구 안심공업단지 주변 등 27곳이 앞으로 민원이 자주 발생할 지역으로 예측됐다.

이와 함께 처리부서 자동지정을 위한 인공지능 모델을 개발해 적용한 결과 90% 정확도를 보였고 살피소 처리 시간도 평균 7일에서 6일로 14% 단축돼 정확하면서도 빠른 처리부서 지정이 가능해졌다.

대구시는 분석 결과를 토대로 민원 예측 지점은 사전 순찰을 강화하고 인공지능 기반의 처리부서 자동지정 기능을 살피소 시스템에 반영해 활용할 계획이다(에이아이타임스, 첨단기술 및 4차산업 정보 매체지. 인공지능·IOT·빅데이터·IT 등 미래 신기술 관련 보도 aitimes.co.kr).

국토교통부는 14일 이 같은 내용을 담은 전국 25개 지역 노후도시에 스마트시티 개념이 적용돼 도시재생 사업이 추진되는 '제3차 스마트도시 종합계획'을 15일 고시한다고 밝혔다.

국토부에 따르면 대구와 경기도 시흥시는 올해는 1단계 기술개발, 내년부터 기술 고도화와 6대 스마트서비스 개발, 2022년부터 비즈니스화 및 확산을 단계적으로 추진한다(대구일보, 2019.7.14).

6대 스마트서비스 개발 중 대구는 교통, 안전, 도시행정분야를 다룬다. 이 밖에 스마트시티 시범도시에서 아무 제약 없이 실험할 혁신기술을 정

부가 선정해 해당 기업에 규제 특례와 실증사업비 등을 지원하는 '국가
시범도시 규제 샌드박스 활성화 사업' 계획, 한국형 스마트시티 수출 계
획 등도 포함됐다. 국토부는 지자체의 개별 스마트시티 사업을 '스마트
시티 챌린지' 사업으로 통합한다. (대)도시−(중)단지−(소)솔루션 단위
로 사업체계를 개편한다.

앞으로 매년 말에는 다음년도 스마트시티 챌린지 사업 공모가 진행된
다. 과도한 경쟁 억제와 충분한 사업기간 제공을 위해 공모 시기를 앞당
겼다.

성과공유 프로그램 등도 반기 2회로 강화한다. 챌린지 사업 예산 확대
편성도 추진 중이다. 내년부터 새로운 체제로 공모사업에 돌입한다. 배성
호 국토부 도시경제과장은 "이번 종합계획은 개별 사업 추진 단계를 넘
어 스마트시티를 둘러싼 혁신생태계 조성, 해외 진출 지원 등에 초점을
맞췄다"며 "스마트시티가 도시문제를 해결하고 시민의 삶의 질을 높이
면서 신산업에 대한 다양한 투자를 유인하고 일자리를 창출할 수 있기를
기대한다"고 밝혔다.

3. 경상북도

경상북도는 산업통상자원부 '산업인공지능 전문인력양성' 공모사업
에 최종 사업대상자로 선정, 국비 72억 원을 확보했다고 밝혔다. 산업인
공지능 전문인력양성사업은 산업통상자원부에서 처음 시행하는 신규사
업이다. 오는 2024년까지 총 92억 원(국비 72억 원, 도비 2억5000만 원, 시
비 2억5000만 원, 기타 15억 원)을 투입해 산업인공지능 핵심기술의 연
구 · 개발과 인공지능 응용을 통해 국내 제조산업 및 제조와 연관된 전후
방 서비스 산업을 발전시키는 융합형 교육 기반을 구축하고 석 · 박사과

정 특화 전문인력을 양성하는 사업이다(파이낸셜뉴스, 2019.4.25).

이 사업은 도, 포항공과대, 포항시 등이 협력해 최종 선정됐다는데 의미가 크다. 구체적으로는 산업인공지능분야 핵심기술 석·박사 융합교육과정 운영, 글로벌 산·학·연 네트워크 구축을 통한 세계적 기술 동향 및 산업계 요구를 바탕으로 수요맞춤형 산학프로젝트 운영, 고용연계 유도 및 성과확산 제고시스템을 구축한다.

그동안 도는 인공지능 산업 육성을 위해 지난해 경북 인공지능 거점센터를 개소, 기업의 애로기술 해결, 최고경영자(CEO)·실무자 교육, 기업에 필요한 핵심기술 개발 사업을 진행중이다.

연구마을 및 인공지능·빅데이터 교육 사업과 지역주도형 일자리사업을 연계, 인공지능분야 산업을 육성하는 데 매진하고 있다. 또 포항공과대는 포항경제자유구역 일대를 강소형 연구개발특구로 지정하기 위해 노력하고 있으며, 강소형 연구개발특구를 중심으로 인공지능 거점지역으로 만들어 간다는 복안을 갖고 있다.

4. 영등포구

서울 영등포구는 전국 최초로 블록체인 기반의 '제안서 평가시스템'을 구축해 서비스에 들어갔다. 입찰 과정에서 평가의 공정성과 청렴도를 높이기 위해 블록체인 도입을 결정했다. 영등포구청의 평가시스템은 입찰평가회의 진행시 위원들의 점수를 아무도 조작할 수 없도록 예방해 투명성을 확보했다. 영등포구청은 이번 블록체인 기반의 제안평가시스템 구축으로 '2018 서울시 반부패 우수사례'에서 최우수상을 수상했다(서정화·이종수, 2019).

블록체인 기업 글로스퍼는 지난달 28일 '블록체인을 기반으로 하는 제안서 평가시스템 및 평가 저장방법'에 대한 특허 출원을 완료했다고 10일 밝혔다(2019.1.10). 해당 특허는 2018년 글로스퍼가 자체 개발한 블록체인 기반 솔루션을 기반으로 설계됐으며, 이 시스템을 도입한 영등포구는 구청 운영절차상 공정성 확보, 입찰 과정에 대한 의구심 차단 및 연관 부서의 행정절차 간소화를 이뤄냈다.

김태원 글로스퍼 대표는 "모든 평가 절차에 적용할 수 있도록 확장성을 고려해 해당 시스템을 개발했다"며 "인사, 정책, 성과, 경연 등 평가가 필요한 다양한 분야에 적용할 수 있다"고 말했다. 이어 "이번 성과는 블록체인이 기업과 공공기관에 '투명성'을 제공한 사례로, 향후에도 다양한 평가시스템이 블록체인을 채용하고 확산할 수 있도록 노력하겠다"고 덧붙였다. 2018년 8월 한국 최초 제안서 평가 프로세스에 블록체인을 도입하여 접근성, 편의성, 반응성의 효과성을 검증하였으며, 주요 시사점으로는 인사, 정책, 성과 평가 등 행정 전 과정의 도입 가능성을 열었다는 점이다.

5. 은평구의 AI 보건소

2019년 9월 말부터 보건소에서 클라우드를 기반으로 한 인공지능(AI) 기술로 엑스레이(X-ray) 영상을 분석하는 서비스가 시작될 전망이다. LG CNS는 '민간 클라우드 기반 AI 의료영상 분석 보조 서비스' 사업 추진을 위해 최근 한국정보화진흥원(NIA)과 계약하고, 9월 말부터 내년 말까지 서울시 은평구 보건소에서 이 서비스를 제공한다고 1일 밝혔다.

이 사업은 과학기술정보통신부의 공공부문 클라우드 선도 프로젝트의 하나다. 국내 첫 AI보건소가 탄생하는 셈이다.[14]

이 서비스는 클라우드 기반 AI 엔진을 활용해 94%의 정확도와 20초 이

내의 빠른 속도로 엑스레이 영상 판독 결과를 보건소에 제공한다. 보건소 의사들의 주업무 중 하나인 엑스레이 진단을 효과적으로 돕겠다는 취지다.

일반적으로 보건소는 외부 전문기관에 엑스레이 영상 판독을 의뢰하며, 결과를 받는 데 하루 정도 소요된다. LG CNS가 추진하는 이 서비스는 클라우드를 기반으로 해 인터넷 접속만 가능하면 이 서비스를 사용할 수 있는 SaaS(Software as a Service) 방식이다. 엑스레이 기기가 있는 의료기관 어디서나 쉽게 서비스를 적용할 수 있다.

9월 말부터 보건소에서 클라우드를 기반으로 한 인공지능(AI) 기술로 엑스레이(X-ray) 영상을 분석하는 서비스가 시작될 전망이다. LG CNS는 '민간 클라우드 기반 AI 의료영상 분석 보조 서비스' 사업 추진을 위해 최근 한국정보화진흥원(NIA)과 계약하고, 9월 말부터 내년 말까지 서울시 은평구보건소에서 이 서비스를 제공한다고 1일 밝혔다.

이 사업은 과학기술정보통신부의 공공부문 클라우드 선도 프로젝트의 하나다. 국내 첫 AI 보건소가 탄생하는 셈이다(LG CNS, 은평구에 국내 최초로 AI 보건소 선보인다(연합뉴스, 2019.8.1).

이 서비스는 클라우드 기반 AI 엔진을 활용해 94%의 정확도와 20초 이내의 빠른 속도로 엑스레이 영상 판독 결과를 보건소에 제공한다. 보건소 의사들의 주업무 중 하나인 엑스레이 진단을 효과적으로 돕겠다는 취지다.

은평구보건소에서 9월 말부터 판독 서비스가 가능한 질환은 폐결절이다. 연말까지 결핵, 기흉, 폐렴 등으로 확대할 방침이다. 폐질환들은 발병 빈도와 사망률이 높아 정확한 진단과 조기치료가 중요하다.

---

14) LG CNS, 은평구에 국내 최초로 AI 보건소 선보인다(연합뉴스, 2019.8.1).

일반적으로 보건소는 외부 전문기관에 엑스레이 영상 판독을 의뢰하며, 결과를 받는 데 하루 정도 소요된다.

비피유홀딩스(대표 오상균)가 미국 애리조나 지역 주립병원에 치매나 정신질환을 겪는 환자를 위한 감성 인공지능 플랫폼 'AEI(Artificial Emotion Intelligence) 프레임워크'를 제공한다(전자신문, 2019.8.1).

회사는 미국 애리조나대학교 연구팀과 협업해 프로젝트를 진행했다. AEI 프레임워크란 의료부문을 돕는 인공지능에 감성을 덧붙인 비서 개념이다. 가상 간호사나 디지털 환자 도우미 역할을 한다. 이 서비스에서는 환자가 라이브 챗봇에 참여하도록 한다. 라이브 챗봇은 환자 감정과 인지 상태를 추적한다.

환자에게 중요한 감성을 강조한 것이 특징이다. 환자의 일상생활 습관을 파악한다. 약 복용을 알려주고 끼니때 음식을 주문하게 한다. 나아가 진료실 이외 장소에서도 신체적 증상을 파악해 응급상황이 발생하는 경우 다양한 기기로 주치의나 인근 병원에 상황을 신속히 알려준다.

AEI 프레임워크는 기본적으로 환자 신체 상태와 연관한 감정을 모니터링하고 교감, 상호 작용할 수 있도록 설계됐다. 자연어 분석, 기계 학습, 감성 지능 기술을 기반으로 만들어졌다.

오상균 비피유홀딩스 대표는 "의료보험료가 비싼 미국 시장에서 AEI 프레임워크로 고령 환자 관리와 치료에 혁신을 가져올 수 있다"면서 "다음달 미 재활병원에서 프로토타입 테스트를 진행할 예정"이라고 말했다.

비피유홀딩스는 세계 인공감성지능(AEI) 기술시장에 특화된 스타트업이다. AEI 프레임워크를 개발하며 인공지능(AI)을 넘어 인간의 '감정'을 구현하는 AEI 기술로 주목 받고 있다. 클라우드 펀딩으로 600억 원 규모 투자도 받았다. 금융권 출신 오상균 대표가 2012년에 창업한 비피유홀딩스는 미국, 유럽 등에 현지 법인을 설립하며 해외진출에 적극적이다.

오 대표는 "인공지능을 넘어서 훨씬 더 복잡한 인간의 감정 상태까지 분석, 패턴화 할 수 있는 독보기술로 인공감성 시장을 선도할 것"이라고 말했다.

제3절 활용 사례

1. 친구 AI

서울 강남구에 홀로 거주하는 김모씨(만 83세)는 새벽에 두통과 혈압 이상을 느꼈다. 어르신은 스스로 전화를 걸기 어려운 상태에서 "아리아 살려줘"라고 소리쳤다. 집안에 있던 인공지능(AI) 스피커 '누구'는 이를 위급신호로 인식, 야간관제를 맡고 있는 ADT 캡스에 알람을 알렸다. 어르신은 119를 통해 응급실로 이송됐으며, 현재 상태가 호전돼 퇴원했다.

독거 어르신이 가장 불안해 하는 부분은 혼자 있는 상황에서 위급상황이 벌어졌을 때 대처방법이 마땅치 않다는 것이다. 119에 전화하는 것조차 어려울 수 있기 때문이다.[15]

AI 스피커는 독거 어르신이 "아리아! 살려줘" "아리아! 긴급 SOS" 등을 외칠 경우 이를 위급상황으로 인지하고, ICT 케어센터와 담당 케어 매니저, ADT 캡스(야간)에 자동으로 알려준다. 이후 ICT 케어센터에서 위급 상황이라고 판단하면 즉시 119에 연계하는 프로세스를 마련하고 있다.

AI 스피커의 사용 및 감정관련 키워드 발화 분석 결과, 독거 어르신의 '감성대화' 사용 비중(13.5%)은 일반인 사용 패턴(4.1%)에 비해 3배 이상

---

15) "아리아 살려줘" SKT 인공지능 돌봄, 음성호출로 3분 만에 위급상황 대응(디데일리, 2019.7.9).

높았다. 감성대화 '심심해', '너는 기분이 어떠니?' 등 화자의 감정과 감성을 표현하는 일상적 대화를 말한다. 어르신들이 AI 스피커를 의인화 생각하는 경향에서 비롯된다. 이는 외로움과 고독감을 달래는 데 긍정적 역할을 수행할 수 있다.

독거 어르신들의 서비스 사용 비중은 음원 스트리밍 서비스 '플로'(63.6%)가 가장 큰 비중을 차지했으며, 감성대화 서비스(13.4%), 날씨(9.9%), 운세(5.0%) 순으로 나타났다. 1인당 음원 평균 재생횟수는 4월 129곡에서 5월 302곡으로 크게 늘었다. 트로트 음원을 주로 선호하며, 종교 관련 음원 만족도 또한 높았다.

반면, SK텔레콤 사용자 전체를 대상으로 조사했을 때는 음악(40%), 날씨(10.5%), 무드등(6.9%), 알람·타이머(6.6%), 감성대화(4.1%) 등으로 확인됐다.

아울러, 누구 스피커 인기 발화 단어 분석 결과, 상대방과 대화 때 부탁이나 동의를 구할 때 많이 사용하는 '좀'이라는 단어가 상위 키워드로 조사됐다. 한 표현들도 다수 포함됐다. 이에 따라 SK텔레콤은 감정 키워드를 추출해 어르신 환경·심리 상태간 상관관계를 연구하고, 행복한 에코폰 전문심리상담사와 연일 오전 시연회를 열고 면접 과정을 공개했다.[16]

SK텔레콤은 인공지능 돌봄 서비스가 집안에서 음성으로 SOS를 알리는 것만으로도, 위기대처 역할을 성공적으로 수행할 수 있음을 보여줬다고 평가했다.

이와 관련 9일 SK텔레콤(대표 박정호)과 행복한에코폰(재단법인 대표

---

16) 경북대, 국내 대학 첫 'AI 면접' 도입 등 학생 지원 인공지능시대를 연다. 시연회 열고 면접과정 공개, 지원자 얼굴 68곳에 점찍어, 미세한 표정변화 등 읽어내, 자기소개 후 160여 기초설문, 성향 적합한 질문 선택·활용, 공간·시간 제약없이 응시 가능, 공정한 기회·결과 도출 장점 등을 갖는다(경북신문, 2019.7.15).

나양원)은 지난 4월 1일부터 5월 31일까지 집계한 독거 어르신들의 인공지능 돌봄 서비스 사용 패턴 분석 결과를 공개했다. 이번 조사는 5개 지자체에 거주중인 어르신 1150명을 대상으로 실시됐다.

스마트폰과 인터넷이 없는 독거 어르신들이 오히려 AI 스피커 사용에 적극적(평균 사용횟수 58.3회)이었다. 스마트폰과 인터넷을 보유하고 있는 독거 어르신(30.5회)과 두 배 정도 차이가 벌어졌다. 스마트폰·인터넷이 없는 독거 어르신에게 AI 스피커가 정보·오락에 대한 욕구를 해소해 사용을 높였다는 것이다.

위급상황 발생시 음성으로 도움을 요청하는 사용 행태도 확인됐다. AI 스피커가 설치돼 있는 독거 어르신 중 3명은 긴급 SOS 호출을 이용해 실제로 119·응급실과 연계해 위험한 순간을 넘길 수 있었다.

SK텔레콤은 이번 데이터 분석 대상 어르신들의 평균 연령이 75세며 최고령 어르신이 99세라는 점에서, 스마트 디바이스에 익숙하지 않은 고령자들이 AI 스피커에 적응하기 어려울 것이라는 일부 우려를 불식시켰다고 판단했다.

SK텔레콤과 행복한에코폰은 독거 어르신 특화 서비스를 출시할 방침이다. AI 스피커에 적용되는 신규 서비스인 '행복소식'은 행정구청 관내 이벤트를 안내하고, 복약지도 및 폭염·한파 주의 안내 등에 사용될 수 있다. 인지훈련 향상 게임을 보라매병원과 함께 개발중이다.

나양원 행복한에코폰 대표는 "어르신들이 AI 스피커를 편리함을 제공하는 보조도구로 활용하는 것을 넘어 친밀감을 경험하는 소통 대상으로 인식한다는 점에서 의미가 있다"며 "현장에서도 말을 해줘서 좋다, 든든하다, 자식 같다는 반응이 많아 보람을 느낀다"고 말했다.

SK텔레콤이 신종 코로나바이러스 감염증(코로나19) 바이러스 관련 자가격리·능동감시 중인 대상자의 증상을 모니터링하는 AI 시스템 '누구

케어콜'을 개발, 방역 현장에 지원한다고 20일 밝혔다(연합뉴스, 2020.5.20).

SK텔레콤과 업무협약을 체결해 시행하는 이 서비스는 자가격리자 또는 능동감시자에게 정해진 시간에 전화를 걸어 건강상태를 확인하고 상담 결과를 자동 분석해 회신해 준다.

SK텔레콤은 이 서비스 시행을 위해 AI 기반 솔루션(SK텔레콤 NUGU 케어콜 솔루션)과 통신료를 무상으로 지원하기로 했다. 또는 이 서비스를 자가격리자 건강상태 확인을 비롯해 각종 공지·주의사항을 전달하는 등 자가격리자 관련 업무에 다양하게 적용할 계획이다.

2. 면접관 AI

현재 국내 취업시장에서는 금융, 통신 등 약 180여 곳의 기업이 공식적으로 AI면접을 도입한 상태다. AI면접 체험에는 채용정보 기업 사람인의 모의면접 애플리케이션(앱) '아이엠그라운드'를 이용했다.

먼저 동영상 녹화 버튼을 누르자 면접이 시작됐다. 모두 5개의 질문에 1분씩 답변하는 방식이었다. 질문은 '본인에 관해서 1분 동안 소개해 주세요', '공부를 하거나 일을 할 때 나타나는 성격의 강점과 약점에 관해서 말씀해 주세요' 등 비교적 간단한 내용이었다.

채용정보 공유가 활발한 고려대학교 온라인 커뮤니티 '고파스'에는 "클릭을 실수해 나도 모르게 'XX'이라고 욕을 했다"며 걱정하는 등 AI 면접 중에 말을 더듬거나 욕을 해 걱정하는 취업준비생들의 질문이 다수 올라와 있다. 많은 취업준비생들이 궁금해 하는 대로 일부러 AI 면접 중에 자기도 모르게 나온 것처럼 작은 목소리로 욕을 해 봤다.

AI는 실수로 새어나온 것처럼 낮게 읊조린 욕에 대해서 "목소리 톤의 변화가 너무 심할 경우 말하는 내용에 집중하기 어려울 수 있다", "발음 정확도가 낮다"며 음성과 말투에 대한 평가만을 내렸다. 욕의 내용에 대한 평가는 없었다.

이번에는 평소 면접에서 답변하는 목소리 크기로, 얼굴까지 찡그리며 AI 면접관을 향해 비속어를 말해 봤다. 그런데 AI는 이를 두고 "발음 정확도가 높고, 적절한 음조로 면접에 임하고 있다"는 엉뚱한 판단을 내리기도 했다.

그러나 올해 하반기 기준 170여 개 기업에서 도입해 국내에 가장 널리 보급된 AI 면접 프로그램 '인에어'(inAIR)를 개발한 마이다스아이티 관계자는 "실제 AI 면접에서는 욕이나 비속어를 내뱉을 경우 이를 인식해 평가에 반영한다"며 선을 그었다.

이어 "만약 면접 도중 욕을 하면 결과지에 '지원자의 응답을 신뢰할 수 없다'는 평가가 나온다"며 "실제 AI 면접에서는 부정행위 방지를 위해 지원자의 모든 모습이 녹화되는데, '응답 신뢰 불가' 평가를 받으면 인사담당자가 면접 내용을 재확인할 수 있다"고 설명했다.

결과를 바탕으로 봤을 때 AI가 측정하는 '태도'의 기준은 '인간' 면접관들의 기준과 크게 다르지 않았다. 다만 그런 태도를 사람이 아닌 카메라를 쳐다보고 유지하는 것은 쉽지 않았다.

마이다스아이티 관계자도 "AI 면접은 면접자의 영상, 음성, 반응 등을 측정한다"며 "인에어의 경우 안면에 68개의 포인트를 찍어 얼굴 근육 움직임, 표정변화, 목소리 톤, 속도, 음색 등을 확인해 안정감을 평가한다"고 밝혔다.

평가에 제외되는 항목에 대해서는 "면접자의 이목구비·옷차림·답변 내용은 평가항목에 들어가지 않는다"면서도 "추후 인사담당자가 영상을 확인할 수 있기 때문에 단정한 모습으로 성실하게 답변해야 한다"고 조언했다.

또 AI 면접에 항상 높은 점수를 받을 수 있는 '정답'은 없다고 강조했다. 이는 "측정된 결과를 지원한 기업·직군의 고성과자 데이터와 비교해 미래 성과까지 예측하기 때문"이라며 "AI 면접은 일괄적인 기준으로 등수를 매기지 않고, 각 기업별로 다른 결과가 나온다"고 설명했다.

즉, 지원한 회사의 기업철학, 기업문화, 직무특성에 따라 역량이 다르게 평가받을 수 있어 '정답'은 없다는 이야기다.

AI는 채용면접, 재판 등 공정성을 기하는 분야에서도 활용이 확대되고 있다. 학습한 데이터 내용에 따라 AI도 편향적일 수 있다는 비판이 존재하지만, 부분적인 AI 도입은 효과적이라는 것이 중론이다.

마이다스아이티는 AI 채용 솔루션 '인에어'를 개발했다. 인에어는 면접자의 안면 내 포인트 68점의 변화 추이를 분석해 주며, 솔루션에서 제공하는 전략 게임을 면접자가 수행하는 과정에서 각종 직무 역량을 평가한다. 입사 후 인사평가 데이터 수집, 분석에도 인에어를 활용할 수 있다. 육군은 해당 솔루션을 오는 2022년부터 간부선발 과정에서 활용할 예정이다.

기술 스타트업인 제네시스랩도 영상기반 AI 면접 솔루션 '뷰인터'를 개발, LG유플러스와 LG전자에 제공했다.

3. 돌봄

고령화 인구에 대한 돌봄 서비스에서도 AI가 접목되고 있다. 김포시는 지난해 9월 AI 로봇 '다솜이'를 65세 이상 저소득 200명에게 보급한다고 밝혔다. 다솜이는 어르신 상태를 지자체 생활 관리사와 보호자에게 전달하며, 음성명령으로 필요시 도움을 요청하는 기능을 탑재했다.

SK텔레콤과 KT도 AI 기반 어르신 돌봄 서비스분야에 뛰어들었다. 각 사는 AI 스피커를 통해 커뮤니케이션, 자가 건강진단, 치매예방 서비스를 제공하고 있다.

위급상황 발생시 음성으로 도움을 요청하는 사용 행태도 확인됐다. AI 스피커가 설치돼 있는 독거 어르신 중 3명은 긴급 SOS 호출을 이용, 실제로 119 응급실과 연계해 위험한 순간을 넘길 수 있었다.

4. 유방암

AI는 질병진단, 건강관리 서비스에 대해 정확성과 편의성을 제공해 주목받고 있다. 구글 스콧 마이어 매키니 박사 연구진은 지난 1일 국제 학술지 '네이처'에 유방암 여부를 진단해 주는 AI를 개발했다고 발표했다. 이번 연구에는 알파고를 개발한 딥마인드도 참여했다.

연구 결과에 따르면 영국, 미국 여성 각각 2만5천856명, 3천97명의 유방암 진단영상을 AI에 입력한 뒤, X선 영상 500장을 진단하게 했다. 실험 결과 음성으로 오진한 비율이 실제 의사보다 낮게 나타났다는 설명이다.

2014년 설립된 바이오·의료 스타트업 뷰노의 경우 AI를 토대로 엑스레이 영상을 분석해 주는 솔루션을 제공하고 있다. 솔루션 활용에 따라 학습량이 점차 늘어나면서 정확도가 보다 향상될 수 있다는 것이 장점이다.

5. 교육

나를 잘 아는 AI가 학습 지도해 준다. AI 교육 솔루션은 이용자 개개인을 분석하고, 맞춤형 학습을 안내해 주는 강점을 인정받으며 여러 활용 사례가 등장하고 있다. 스타트업 뤼이드는 AI 기반 학습 솔루션 '산타토익'을 서비스하고 있다. 산타토익은 사용자별로 문제 보기에 대한 선택 확률을 예측하고, 최단 시간내 최대로 성적을 끌어올릴 수 있는 학습 경로를 제시해 준다.

기존 교육업계에서도 AI를 연계한 서비스를 잇따라 출시중이다. 웅진씽크빅은 AI를 활용해 사용자의 행동 패턴을 분석해 최적화된 독서, 학습 가이드를 제공한다. 대교는 AI를 활용해 취약 유형을 분석하고, 학습량 등을 예측해 올바른 학습 습관을 유도하는 서비스 '써밋 스피드 수학'을 내놨다.

AI를 필두로 한 '에듀테크'가 대세화 되면서 정부도 공교육에서의 AI 활용을 확대한다. 서울시교육청은 주요 업무계획 중 하나로 지난해부터 개발해 온 AI 교과서를 오는 2학기부터 활용하겠다고 지난 2일 밝혔다. 이에 따라 AI 수업이 고등학교 선택 교과로 개설될 예정이다.

아울러 AI 활용 영어 말하기 연습시스템 활용 '선도학교'로 관내 공립 초등학교 6곳을 선정할 계획이다. AI-사물인터넷(IOT) 시범학교로 운영할 초·중·고 각각 1곳도 운영하기로 했다. 특성화고 10곳에 대해서는 'AI고' 또는 '빅데이터고'로 전환키로 했다.

교육부는 교육대학원에 AI 융합 교육과정을 개설하고 올해부터 향후 5년간 5천 명의 AI 교사를 양성할 방침이다.

6. 법조 AI

법조계는 현재 국내에선 AI 도입 사례가 없지만, 향후 도입 가능성이 점쳐지는 분야 중 하나다. 대법원은 AI 소송 도우미를 포함한 빅데이터 기반 지능형 차세대 전자소송시스템을 준비한다고 지난 2017년 밝히기도 했다.

해외에서는 AI 판사에 대한 연구 및 실증이 한창이다. 지난 2016년 영국 · 미국 공동 연구팀이 개발한 재판 예측 알고리즘은 유럽인권재판소 판결 사례를 학습, 전체 사건 중 80%에 대해 실제 판결과 같은 결과를 내놨다.

에스토니아는 7천 유로(약 908만 원) 이하의 소액 재판에 대해 AI 판사를 도입키로 했다. AI를 통해 인간판사는 보다 중요한 사건에 집중할 수 있게 된다는 설명이다.

7. 콘텐츠 · 쇼핑 아이템 제공

맞춤형 추천은 AI 활용서비스 중 가장 대세화 된 영역이다. 특히 플랫폼 경쟁이 치열한 콘텐츠 · 쇼핑분야에서는 이용자들을 포섭하기 위해 맞춤형 추천을 위한 알고리즘 고도화에 노력을 기울이고 있다.

네이버는 AI 기반 상품 추천시스템 '에이아이템즈'를 모바일 쇼핑 서비스 영역에 활용하고 있다. 사용자가 선호할 만한 판매처와 상품을 추천해 주며, 특정상품을 검색할 때 이전에 자주 방문했거나 구매했던 판매처의 상품을 확인할 수 있게 해 준다. 유사한 성격을 가진 판매처도 보여준다.

롯데마트는 맞춤형 상품 추천 서비스를 위해 아마존웹서비스(AWS) AI 솔루션 '아마존 퍼스널라이즈'를 도입했다. 해당 솔루션은 수집한 데이터를 토대로 변화하는 개별 소비자의 수요를 파악해 준다.

인터파크도 AWS와의 협력하에 머신러닝 기술을 맞춤 서비스에 접목할 계획이다. 특정상품을 선택하면 그와 어울리는 상품, 또는 같은 상품을 고른 소비자가 구매한 다른 상품 등 여러 데이터를 활용한다는 구상이다. 넷플릭스, 웨이브, 티빙 등 OTT 서비스와 통신사들이 제공하는 IPTV

VOD 서비스에서도 AI 기반 맞춤형 추천은 플랫폼 핵심 경쟁력으로 조명 받고 있다.

방송통신위원회와 정보통신정책연구원이 지난해 실시한 '지능정보사회 이용자 패널 조사'에 따르면 이용자 중 56.2%가 영화 및 동영상 추천 서비스를 이용해 본 적이 있다고 답했다.

정부가 일하는 방식과 대국민 서비스를 디지털시대에 맞게 속속 업그레이드하는 가운데 중견 SI 기업 아이티센이 AI(인공지능), 빅데이터 등 신기술을 활용해 이를 돕고 있다.

아이티센은 지난해 한국교육학술정보원(KERIS)의 차세대 지방교육 행·재정통합시스템(K-에듀파인) 1단계 사업을 성공적으로 완료한 데 이어 올해 들어 순차적으로 시스템을 개통하고 있다(디지털타임스, 2020.5.20).

여기에다 외교부의 클라우드 기반 G4K(재외국민 통합 전자행정시스템) 1·2차 사업, 우정사업본부 빅데이터 기반 지능형 보안관제 구축사업 등을 ICBM(사물인터넷·클라우드·빅데이터·모바일) 기술을 활용해 수행했다.

KERIS 나이스·에듀파인 물적기반 운영사업, 국세청 차세대 국세종합 정보시스템 운영사업, 외교부 여권통합관리시스템 고도화 사업, 교육부 국립대학 자원관리시스템 구축사업, 기재부 국고보조금 통합관리시스템 구축사업도 맡아서 진행하며 국가 행정·재정·세정영역의 디지털화를 집중 지원하고 있다.

특히 교육행정·교육정보화분야에서 기술력과 노하우를 축적했다. K-에듀파인이 대표적으로, 각각 2008년, 2010년 도입된 기존 에듀파인과 업무관리시스템은 노후화되고 처리용량이 부족해 서비스 중단 위험이 있었다.

아이티센은 글로벌 웹 표준과 HTML5를 적용하는 등 하드웨어와 소프트웨어를 포함한 시스템을 전면 재구축해, 지방교육 행·재정 업무처리와 교육재정시스템의 효율성을 한 단계 업그레이드했다.

K-에듀파인은 전국 초·중·고와 국공립유치원이 사용하는 회계관리시스템과 행정업무관리시스템을 통합한 것으로, 작년 5월초 사용자 공모를 통해 명칭이 선정됐다. 교육부와 17개 시·도교육청 및 산하기관, 1만 2000개 각급학교 56만 명의 교직원이 이 시스템을 사용하고 있다.

아이티센은 시스템 구축 주사업자로 선정돼, 지난해 17개 시·도교육청이 교부금, 예산, 업무관리 등을 할 수 있도록 1단계 개통을 완료했다. 이어 올 1월 업무관리, 재무회계, 학교회계, 통합자산, 전자금융, 재정공개, 클린재정 등 2020 회계연도 집행을 위한 회계분야 및 업무관리 시스템을 개통했다. 이달 통합재정통계, 모바일 전자결재 등 시스템 개통을 마지막으로 오는 7월 말 프로젝트를 종료하게 된다.

K-에듀파인 응용 SW 개발 프로젝트는 13개 분야, 24개 단위업무, 64개 세부업무시스템을 구축하는 사업이다. 아이티센은 기술 난이도가 높다는 업계의 인식에도 불구하고, 시스템 개발을 순차적으로 완료해 왔다.

이와 별도로 2012년 에듀파인 물적기반 유지관리 사업과 보안고도화 사업을 시작으로 작년까지 유지관리 사업을 계속 수행해 왔다. 또한 공공 SW 사업에서 대기업 참여가 제한된 후 2014년부터 주사업자로서 시스템 개발·운영을 맡아왔다.

아이티센 관계자는 "클라우드·빅데이터 등 핵심기술을 자체 개발하는 동시에 전문 솔루션기업과 긴밀하게 협력해 정부·공공기관의 디지털 혁신을 밀착 지원해 나갈 것"이라고 밝혔다.

제8장

정부의 융합기술 활용 실태

제1절 활용분야 실태

1. 공공의 역할

첫째, 데이터 활용 측면이다. 2017년 현재 공공영역의 AI 활용 부가가 치는 2025년 기준 약 5조 6천만 US달러로 예측되며, 이에 따른 World GDP가 1.93%가 추가 성장할 것으로 예측됐다(Capgemini, 2017). 그 이 유는 의사결정의 최적화와 생산성 증대, 일자리 증대 등에 기인한다.

일본은 채용, 재해, 고충, 통계, 예산 결산 등에 AI를 활용한다. 인도는 '생체정보 플랫폼'을 운영중이다(kistep, 2018:9). 이처럼 주요국가들은 정부데이터 축적과 공공데이터의 민간활용을 강화하고 있다(Kistep, 2018:3).

둘째, 제도적 측면의 미비점으로는 윤리적 접근, ELSI(Kistep, 2018:10),

설명가능 AI(11) 및 개인정보 보호, GDPR(11) 등의 보강이 필요하다.

2. 금융, 공공디지털 전환

(1) 금융권과 기술적 가능성

우리나라 금융과 공공디지털 전환이 시작 단계를 넘어 도입 단계로 접어들었다. 은행(금융부문)과 보건복지(공공부문) 분야는 도입을 넘어 확산 단계로 들어섰다(전자신문, 2019.4.26).

투이컨설팅(대표 김인현)은 이 같은 결과를 담은 2019년 디지털 성숙 수준 조사 결과를 25일 발표했다. 올해는 공공부문을 추가, 금융부문 93개 사례와 공공부문 70개 사례를 조사했다. 성숙 수준은 시작(0~2점), 도입(2~3점), 확산(3~4점), 통합(4~5점) 등 네 단계로 나뉜다.

올해 금융부문 디지털 성숙 수준은 지난해와 동일한 도입 단계였지만 성숙 지수는 2.4점에서 2.8점으로 상승했다. 확산 이상 높은 수준에 도달한 사례도 지난해 26%에서 올해 36%로 증가했다. 금융부문 2019년도 디지털 성숙도는 금융부문 가운데 은행 업종이 3.2점으로 가장 높았다. 은행권이 금융산업의 디지털 탈바꿈을 선도하는 것으로 나타났다. 은행 업종은 2.9점에서 3.2점으로 성숙 수준이 상승한 반면에 보험 업종과 증권 업종은 지난해와 비슷한 수준으로 조사됐다.

공공부문은 평균 2.5점으로 도입 단계인 것으로 나타났다. 보건복지분야가 확산 수준인 3.1점으로 가장 높았다. 보건복지분야는 특히 데이터 분석 영역에서 높은 수준으로 측정되었다. 뒤를 이어 행정안전분야가 2.9점으로 다소 높은 수준을 보였다. 반면에 국토교통분야는 2.3점, 정보통신분야는 2.4점, 공공금융분야는 2.2점 등 도입수준 초기로 나타났다(전자신문, 2019.4.26).

세계 각국 정부와 기업은 디지털 수준을 조사해 이를 바탕으로 디지털 전환 등 디지털화 전략과 투자 규모를 측정한다. 호주 정부는 공공기관 디지털 성숙 수준을 최소 도입, 정보 확보, 전이, 고객 주도, 탈바꿈 등 다섯 수준으로 구분해 현 상황을 파악하고 새로운 사업을 추진한다.

투이컨설팅은 디지털 성숙 수준을 자가 진단하는 소프트웨어(SW)를 개발할 계획이다. 정소영 투이컨설팅 디지털연구소장은 "많은 조직이 디지털화를 추진할 때 현재 수준을 정확하게 파악해야 향후 전략 등을 명확하게 마련할 수 있다"면서 "기업뿐만 아니라 공공도 범정부 차원에서 디지털 성숙 모델 등을 만들어 도입하면 체계적 디지털 전환이 가능해질 것"이라고 말했다.

(2) 농협 사례

중소기업중앙회는 18일 서울 여의도 중소기업중앙회에서 KBIZ중소기업연구소 개소식을 개최했다(전자신문, 2020.2.18).

중기중앙회는 중소기업과 협동조합이 직면한 다양한 현안을 체계적으로 연구하기 위해 연구소를 설립했다. 연구소 산하에는 정책연구단을 구성해 시의성 있는 주제를 선정하고, 연구전문성을 키울 계획이다.

농협 창구에 가득 쌓인 종이 서류는 조만간 모바일로 대체된다. 직원 출퇴근 관리는 물론 각종 문서 등이 블록체인 기반 분산 ID(DID · 탈중앙 신원)로 전면 대체된다. 고객 대출 등 복잡한 서류는 물론 각종 개인 발급 문서를 DID 기술을 통해 전사 페이퍼리스 사업에 들어간다.

농협이 '한국판 아마존' 프로젝트를 추진한다. AI, 블록체인, 생체인증, 차세대 로봇을 국내는 물론 해외 지점에 접목하기 위한 실증 사업에 들어간다. 최근 아마존은 고객이 왼쪽 눈만 깜빡거리면 매장에서 결제가 자동으로 이뤄지는 디지털 신기술을 선보였다.

18일 정보통신(IT)·금융권에 따르면 농협은행 산하 NH디지털혁신 캠퍼스(센터장 김봉규)가 국내 최초로 고객의 얼굴인식을 딥러닝한 AI 로봇을 상용화한다. NH디지털혁신 캠퍼스는 농협의 4차산업혁명 전진기지로 선행 기술을 연구개발(R&D)하고 있다.

농협은행이 개발하고 있는 이 로봇은 고객이 내방하면 은행원 업무의 상당 부분을 대체하게 된다. 초기단계지만 현재 딥러닝 작업을 시작했고, 앞으로 고객 안내와 은행 보조업무 등을 하게 된다. 매핑 기술을 활용해 농협은행 부서간에 필요한 서류 전달 업무도 수행한다. 직선 이동이 아닌 장소를 스스로 인식, 사람처럼 자유자재로 이동한다. AI와 로봇, 생체인식을 결합한 디지털 혁신 실증화 사업이다.

농협은행은 금융 당국으로부터 혁신금융서비스로 지정받은 AI 챗봇도 고도화한다. 고객이 지점을 방문하면 챗봇이 AI를 활용, 상담에 필요한 모든 서류와 서비스를 스스로 인식한다. 비콘 기술을 활용, 이를 지점에 전달한다. 고객은 자리에 앉기만 하면 필요한 서비스를 먼저 제안 받는다(전자신문, 2020.2.18).

블록체인 기반 DID 서비스도 실증 사업에 들어간다. DID 상용화를 위해 우선 NH 캠퍼스 출퇴근을 DID로 관리하기 시작했다. 캠퍼스 내 모든 출입통제를 DID 기술로 전환하고, 전국 지점에 순차 도입한다. 실증화의 일환으로 서울 지하철 양재역에서 NH 캠퍼스 간 셔틀버스를 도입, 탑승 관리도 DID로 한다.

실증화가 완료되면 은행창구에서 발생하는 모든 개인인증과 각종 개인 서류도 DID로 대체한다. 종이문서 블록체인화를 통해 사용자 편의성을 제공하겠다는 것이다. 중장기로는 공공서비스 사업 모델도 추진한다. 이보다 앞서 농협은행은 외교부 영사확인증 블록체인화 서비스를 시작했다. 14개 은행이 참여한다. 과기정통부와 블록체인 공동프로젝트 사업을 협의하고 있다.

김 센터장은 인공지능(AI), DID(탈중앙 신원, 분산 ID) 등 미래 신기술을 실제 은행에 접목하고 디지털 인프라를 해외에 이식하는 첫 걸음을 시작했다고 밝혔다.

우선 농협 디지털 혁신이다. 그는 "AI와 블록체인, 클라우드 등 신기술을 연구하는 데 그치는 게 아니라 이 기술을 실제 조직과 점포, 고객 금융서비스 창출에 어떻게 이식할지 실증사업을 시작했다"며 "무늬만 디지털 혁신이 아닌 핀테크 기업과 고객 모두에게 핵심가치를 줄 수 있는 '플랫폼'을 만들겠다"고 말했다.

3. AI 적용평가

첫째, 우리나라가 인공지능(AI) 분야에서 기계번역과 음성인식 등 일부 기술은 우수하지만 학술 연구, 학회 참석 등 대학 움직임은 미흡하다. 정부는 국내 AI 수준을 객관적으로 확인 가능한 지표를 개발해 발전 방향을 제시할 계획이다(전자신문, 2019.4.14).

기계번역은 한국어와 영어 기계번역 관련 연구를 중심으로 기계번역 텍스트 품질 평가 알고리즘(BLEU) 점수를 측정한 결과 한국어 → 영어 번역 부문은 2016년 9.72점에서 지난해 30.35점까지 300% 가량 상승한다. 영어 → 한국어 번역 부문은 2016년 6.30점에서 지난해 27.48점으로 400% 이상 올랐다.

NIA 평가에 참여한 전문가는 "기계번역은 '우수', 서비스품질은 '매우 우수' 수준으로 판단된다"면서 "구글 번역기 외 자국 번역기를 더 많이 사용하는 나라가 한국, 중국, 러시아 정도이다"고 평가했다. 음성인식은 국내 주요 연구 논문 6편을 최종 분석한 결과 어휘 오류율이 2009년 26%

수준에서 2017년 3~5% 수준으로 크게 감소했다.

기술에 비해 대학 AI 연구나 기여도는 낮다. AI 관련 주요 국제 콘퍼런스 참여 학자나 논문 저자수는 2015년에 비해 2017년 1.3배 증가에 그쳤다. 조사에 참여한 전문가는 "유수 AI 학술대회 정규세션에서 한국인 논문 발표와 참석자 절대 규모는 매우 적은 편"이라면서 "깃허브 등 오픈소스 사이트 올리는 AI 프로젝트도 2015년에 비해 2017년 9.5배 가량 증가했지만 미국 10%에도 못 미치는 수준"이라고 지적했다.

둘째, 글로스퍼 대표는 "블록체인은 모든 평가절차에 적용할 수 있도록 확장성을 고려해 해당 시스템을 개발했다"며 "인사, 정책, 성과, 경연 등 평가가 필요한 다양한 분야에 적용할 수 있다"고 말했다. 이어 "이번 성과는 블록체인이 기업과 공공기관에 '투명성'을 제공한 사례로, 향후에도 다양한 평가 시스템이 블록체인을 채용하고 확산할 수 있도록 노력하겠다"고 덧붙였다. 2018.8월 한국 최초 제안서 평가 프로세스에 블록체인을 도입하여 접근성, 편의성, 반응성의 효과성을 검증하였으며, 주요 시사점으로는 인사, 정책, 성과 평가 등 행정 전과정의 도입 가능성을 열었다는 점이다.

우리나라가 인공지능(AI) 분야에서 기계번역과 음성인식 등 일부 기술은 우수하지만 학술 연구, 학회 참석 등 대학 움직임은 미흡하다. 정부는 국내 AI 수준을 객관적으로 확인 가능한 지표를 개발해 발전 방향을 제시할 계획이다(전자신문, 2019.4.14).

기계번역은 한국어와 영어 기계번역 관련 연구를 중심으로 기계번역 텍스트 품질 평가 알고리즘(BLEU) 점수를 측정한 결과 한국어 → 영어 번역부문은 2016년 9.72점에서 지난해 30.35점까지 300% 가량 상승한다. 영어 → 한국어 번역부문은 2016년 6.30점에서 지난해 27.48점으로 400% 이상 올랐다.

NIA 평가에 참여한 전문가는 "기계번역은 '우수', 서비스품질은 '매우 우수' 수준으로 판단된다"면서 "구글 번역기 외 자국 번역기를 더 많이 사용하는 나라가 한국, 중국, 러시아 정도이다"고 평가했다. 음성인식은 국내 주요 연구논문 6편을 최종 분석한 결과 어휘 오류율이 2009년 26% 수준에서 2017년 3~5% 수준으로 크게 감소했다.

기술에 비해 대학 AI 연구나 기여도는 낮다. AI 관련 주요 국제 콘퍼런스 참여 학자나 논문 저자수는 2015년에 비해 2017년 1.3배 증가에 그쳤다. 조사에 참여한 전문가는 "유수 AI 학술대회 정규세션에서 한국인 논문 발표와 참석자 절대 규모는 매우 적은 편"이라면서 "깃허브 등 오픈소스 사이트 올리는 AI 프로젝트도 2015년에 비해 2017년 9.5배 가량 증가했지만 미국 10%에도 못 미치는 수준"이라고 지적했다.

제2절 도입분야

1. 가능성

인공지능을 활용한 새로운 정보기술은 엔터테인먼트, 의료, 금융, 주식 투자, 자동차 운전, 건축 설계, 우주항공 등 사회전반에서 인공지능을 통하여 처리할 수 있는 영역을 확대하고 있다. 4차산업혁명을 견인하는 대표적인 기술로 주목받고 있는 인공지능 기술은 민간의 영역은 물론 치안, 교통관리, 재난대응, 안전관리 등 다양한 행정의 영역에서 그 활용 가능성이 주목받고 있다.

아직은 기술적인 수준이 기존 전자적 행정과 본질적으로 다르지 않은 현실적 한계를 가지고 있지만, 인공지능 기술이 규제행정에 있어 합리성과 효율성을 제고하는 데 크게 기여할 수 있을 것이라는 기대는 향후 공행정(公行政) 분야에 있어 인공지능 기술의 활용 범위를 확대시켜 나갈 것으로 예상된다.

기존 업무에 대한 인공지능의 기술적 대체가능성, 비용 및 편익 등과 같은 현실적인 기준이 중요한 일반 민간분야와 달리 행정의 책임성과 공공성을 본질적 요소로 하는 공공분야에서는 과연 행정작용에 있어 인공지능을 활용할 수 있는가에 대해서는 다른 측면의 검토가 필요하다.

특히, 인공지능 기술에 따라 산출된 자동적 행정결정의 경우에는 기존의 단순한 행정자동결정(예: 과속단속 카메라에 의한 과속단속, 컴퓨터 추첨에 따른 학교배정 등)과 달리 알고리즘의 복잡성, 결과예측 곤란성 등으로 인해 전통적인 행정법 이론의 적용에 적지 않은 논란을 야기할 것으로 예상된다. 즉, 행정작용이 인공지능 시스템을 활용해 자동적으로 이루어지는 행정(이하 '인공지능 기반 자동행정'이라 한다)의 경우, 그에 따라 산출된 행정작용의 법적 성질, 재량행위의 영역에서의 제한성, 법치주의 관점에서의 수용성과 합법성 조건 등에 관한 법이론적 검토가 요구된다.

아울러 인공지능기반 자동행정에 의해 국민이 손해를 입은 경우 현행 국가배상법의 규정과 법리를 고려할 때 구제상 장애는 없는지도 살펴야 할 것이다.

인공지능 기술이 공행정의 영역에서 가지는 가능성과 한계는 무엇이며, 행정에 있어서 인공지능 기술 활용시 담보되어야 할 것이다.

2. 확대분야

인공지능을 활용한 새로운 정보기술은 엔터테인먼트, 의료, 금융, 주식

투자, 자동차 운전, 건축 설계, 우주항공 등 사회전반에서 인공지능을 통하여 처리할 수 있는 영역을 확대하고 있다.

공공 및 사회분야로 혁신 확산의 필요성이다. AI로 정책 기획 및 집행 높여, 신기술을 접목해 공공 인프라와 행정 서비스 혁신을 위해 디지털 트윈, 3D 공간정보 기술 등을 활용해 국토정보를 디지털화 하고, 5G와 IoT 기반으로 교통시스템을 지능화, 국민생활과 안전에 직결되는 공공 인프라를 혁신한다.

또 범정부 빅데이터 체계를 구축하고, AI를 활용해 정책 기획과 집행 역량을 높이는 동시에 데이터에 기반한 국민 개개인의 수요 맞춤형 대국민 서비스 제공 체계를 구축한다. 고령화와 미세먼지 등 사회문제를 관련 신산업 육성에 전략적으로 활용한다.

고령자와 장애인을 대상으로 하는 통합 돌봄 모형과 돌봄로봇을 개발해 보급, 돌봄서비스를 혁신하고, AI를 활용한 생애주기별 맞춤형 건강관리 등 디지털 기반의 차세대 건강관리 및 복지서비스 체계도 구축한다.

환경분야에서는 드론, IOT 기반 대기모니터링과 미세먼지 저감기술 실증으로 대기환경 관리를 개선하고, 차세대 재활용 기술개발 및 상용화를 지원해 관련기업을 육성한다.

올해부터 2023년까지 AI 등 20만 명 이상의 혁신인재를 육성해 신산업 분야 인재난 해소에 나선다. 가장 시급한 AI 인재 육성을 위해 AI 대학원을 현재 3개에서 내년까지 8개로 확대하고, 지역별 AI 실무교육 및 온라인 교육 등을 통해 AI 및 AI 융합역량 인재를 양성한다. 올 하반기 SW 중심대학 5개를 추가로 지정하고, 기업수요 맞춤형 훈련센터 30개소도 신설한다.

규제와 법제도에 대한 선제적 정비도 추진한다. 이를 위해 '선제적 규제혁파 로드맵'을 전 부처로 확대하고, 4차산업혁명 전개로 발생 가능한 신종 담합행위와 AI 오작동, 자율차 교통사고 등 위험 요인도 미연에 방지할 방침이다. 또 최근 선정한 규제 샌드박스 등 규제개선 시스템을 본격 활용해 규제혁신을 가속화하고, 스마트시티형 규제 샌드박스도 새로 도입을 추진한다.

2016년에 세기의 대결이 펼쳐졌다. 바둑판을 두고 인간 천재와 인공지능(AI) 최고수가 마주앉았다. 바둑기사 이세돌 9단이 AI 알파고를 상대로 대국을 펼쳤다. 결과는 AI의 낙승이었다. 예상 밖 결과가 아닐 수 없었다(전자신문, 2019.8.30).

3년 전의 반상 대결은 우리 사회에 AI 존재를 각인시켰다. 기계가 인간과의 대결에서 우위를 점할 수 있다는 사실이 현실화됐기 때문이다. 알파고 충격은 우리나라뿐만 아니라 전 세계에 강력한 메시지를 던졌다.

3. 법조 효과

AI는 점점 생활속으로 스며들고 있다. 바둑에 이어 퀴즈쇼, 체스 이벤트가 있었다. 오늘은 인간과 AI가 모의법정 다툼을 벌였다. 인간 변호사 팀과 AI팀이 계약서를 분석해 법률자문 결과를 도출했다. 로봇변호사, AI 변호사 등장이 멀지 않았다. 법률 지식 능력으로 인간과 AI가 대결하는 자체가 현실화됐다.

AI는 미래 산업에서 빠질 수 없는 필수 요소 기술이다. 그러나 우리나라 AI 경쟁력은 낮다. 지금까지는 구글, 아마존 등 미국 기업이 주도했다. AI 기술과 서비스 발전에 필요한 빅데이터가 풍부한 중국도 급성장하고 있다. 중국 포털 1위 업체 바이두는 지난 2분기에 AI 스피커 글로벌 시장에서 구글을 제쳤다.

인간 변호사와 인공지능이 계약서 분석 및 자문 능력을 겨루는 대회인

제1회 알파로 경진대회가 29일 서울 서초동 변호사회관에서 열렸다. 인간 변호사와 인공지능이 대회를 하고 있다(전자신문, 2019.8.29).

29일 서울 서초구 서초동 변호사회관에서 열린 '제1회 알파로 경진대회'는 AI와 변호사간 협업 가능성을 확인하는 자리였다. 사법정책연구원과 한국인공지능법학회가 공동으로 개최했다.

대회는 변호사 1인과 AI가 한 팀을 이룬 '혼합팀' 2개팀, 변호사 2명으로 구성된 '인간팀' 10개팀 등 총 12개 팀이 경합을 벌였다. 각 팀은 근로계약서 세 건을 분석해 법률자문 답안을 내놓았다. 각 팀은 근로계약서에 명기된 계약기간, 근무시간, 근무장소 등 계약 조항을 검토해 각 조항이 위험한지 여부와 적정한지 여부를 판단하고(객관식), 계약서에 보완돼야 할 조항이나 누락된 내용이 있으면 자유롭게 서술했다(주관식).

혼합팀은 AI가 1차로 계약서를 빠른 속도로 검토했다. AI는 컴퓨터에 입력된 문제 계약서를 판독해(기계독해) 내용을 순식간에 자동분석했다. 대결에 사용된 AI 프로그램은 인텔리콘연구소가 개발한 노동법 전문 AI 시스템이다. 딥러닝, 자연어처리, 기계독해, 국내법에 특화한 법률추론 기술이 모두 융합됐다. 근로계약서를 독해해 상세한 해설을 제공한다.

혼합팀 변호사는 대회가 시작한 지 몇 분도 안 돼 AI가 분석한 계약서 결과표를 받았다. AI가 도출한 결과를 바탕으로 계약서 조항 적정 여부를 최종 판단, 답안을 제출했다.

인간팀은 두 명의 변호사가 서로 의견을 교환하며 답을 찾았다. 주요 검색 서비스 이용은 가능하다. 인간팀은 검색과 그동안의 노하우를 공유하며 최종 답을 도출했다.

약 한 시간 진행된 대회는 종료 후 심사위원단 세 명이 팀명을 가린 채 블라인드 심사를 진행했다.

심사결과 인간과 AI가 함께 머리를 맞댄 혼합팀이 우승을 차지했다. 정답 정확도와 분석 등 다방면에서 인간팀보다 두 배나 높은 점수를 획득했다. 혼합팀 변호사는 "AI가 먼저 계약서를 살펴본 후 빠르게 결과를 알려줘 관련 내용을 더 고민할 수 있는 시간 여유가 생겼다"면서 "실제 업무에서도 활용 가능한 수준으로 여겨진다"고 말했다.

이명숙 심사위원장(변호사)은 "이번 대회는 변호사와 AI 대결 구도가 아니라 협업 가능성이 있는지를 살펴보기 위해 마련했다"면서 "법률 AI가 자리 잡게 되면 변호사, 검찰 등 법조계뿐만 아니라 국민도 누구나 쉽게 AI에게 법률 관련 조언을 구하는 시대가 될 것"이라고 말했다.

4. 공공관리

4차산업혁명을 견인하는 대표적인 기술로 주목받고 있는 인공지능 기술은 민간의 영역은 물론 치안, 교통관리, 재난대응, 안전관리 등 다양한 행정의 영역에서 그 활용 가능성이 주목받고 있다.

아직은 기술적인 수준이 기존 전자적 행정과 본질적으로 다르지 않는 현실적 한계를 가지고 있지만, 인공지능 기술이 규제행정에 있어 합리성과 효율성을 제고하는 데 크게 기여할 수 있을 것이라는 기대는 향후 공행정분야에 있어 인공지능 기술의 활용 범위를 확대시켜 나갈 것으로 예상된다.

국민 1000명 중 700명은 정부 서비스에 인공지능 기술적용이 필요하다고 생각하는 것으로 조사됐다. 4일 행정안전부는 지난 11월 1일부터 6일까지 한국갤럽과 함께 국내 거주 국민 만 19세에서 79세까지 1012명을 대상으로 지능형 정부 로드맵 수립을 위한 전화 설문조사를 진행했다고 밝혔다(도시미래신문, 2018.12.4).

조사결과 조사대상 국민의 85.7%가 인공지능 개념을 인지하고 있으며,

기술적용이 필요한 정부 서비스로 38%가 '민원신청 및 처리'를 꼽았고 다음으로 '행정정보에 대한 안내'가 22.1%, '콜센터 등 궁금한 사항에 대한 질의응답'이 21.7% 순으로 나타났다. 국민들은 지능형 정부 서비스가 제공되면 24시간 어디서나 서비스 이용 가능(41.8%), 대기시간 없는 민원처리(26.9%), 몰라서 받지 못했던 혜택 받기(19.6%) 등이 좋아질 것으로 기대했다.

인공지능 기술이 우선 도입돼야 할 서비스분야는 의료·복지(30.3%)를 가장 많이 선택했으며, 다음은 주민생활(20.1%), 교통·이동(18.4%), 안전·환경(16%) 순으로 나타났다. 의료·복지 세 분야에서는 예방접종·건강검진 안내가 22.8%, 병원·약국 정보검색 및 예약이 22.5%로 가장 높게 나타났고, 주민생활에서는 증명서 발급이 28.2%, 뒤이어 법률상담과 세금정산·납부가 각각 16.9%, 16.8%로 나타났다. 교통·이동분야 중 교통정보 관련 추천·안내가 43.9%로 대중교통 예약 20.3%에 비해 2배 이상 많았고, 안전·환경분야 중에서는 재난예방·대피 안내가 31.1%로 가장 높았다.

국민들은 궁극적으로 미래의 지능형 정부 서비스가 '몸이 아프거나 도움이 필요한 사람을 실시간으로 확인해 도움을 요청하거나 지켜주는 듬직한 동반자(88.5%)'로 발전하기를 가장 원했다. 이외에도 24시간 편리한 도우미(82.9%), 내 상황을 알고 처리해 주는 똑똑한 개인비서(75.6%)의 모습이 되길 바라는 것으로 조사됐다.

5. 정치권

호주나 유럽 쪽에서는 정치권(제도)에 AI 정치인제도 도입을 40% 내외로 찬성하고 있다. 국회나 대의기관에 대한 불신에 기인한다(이종수,

2019.6).

국회의원 국민소환제 도입 여부에 대한 우려와 불식방안을 제도적 측면에 초점을 두고, 우선 단기적 접근으로 법제화 측면의 접근과 중·장기적 접근으로 분권헌법 개헌과 블록체인 제도화 등을 상정하여 접근한다.[17]

2011년 현재 한국 특권층의 도덕성 결여는 정치인, 관료, 대기업 오너 순으로 나타났으며(이종수, 2018:8), 이들 상위층의 특성은 비도덕성(73.5%), 특권향유(86.7%), 사회불기여(68.9%), 법준수 회피(80.5%) 등이다(매일경제, 2011.4.16).

하지만 20대 국회의 반복되는 파행으로 국민적 불신이 고조되면서 국민소환제가 다시 주목받고 있다. 선거제 개혁안과 검경 수사권 조정 법안 등의 패스트트랙 지정 과정에서 최악의 동물국회 모습을 본 데 이어 기약 없는 식물국회를 바라보고 있는 국민들이 답답함을 쏟아내고 있기 때문이다.

서울대 행정대학원 정부경쟁력센터 「정부경쟁력 2015」 자료는 OECD 회원국 중 한국국회 경쟁력은 맨 바닥에서 둘째, 연봉은 앞에서 3위로 조사됐다. 국회의원들의 법안발의 등 입법효율은 낙제점이었다(이종수, 2016.9-10:14). 국회의원은 1인당 국민소득의 5.27배의 연봉을 받고 있다. 일본과 이탈리아에 이어 세 번째로 높다(중앙일보, 2015.10.29). 그 연봉과 견주어 얼마나 일을 잘하나(의회 효과성)를 평가했더니 OECD 회원국 중 26위였다. 꼴찌라는 말이다. 연봉 대비 행정부 견제효과에서도 한국의회는 25개국 중 23위로 최하위권이다. "입법효율성이 낮고, 지나치게 지역 이익을 대변한다"는 것이다(이종수, 2016:15). 2018년 현재 국회신뢰

17) 이 글은 2019년 6월, 민주평화당, 이종수, '국민소환제 어떻게 할 것인가' 발표문임.

도는 1.8%, 국가기관 신뢰도 꼴찌이다(오마이뉴스, 2018.12.30).

사람들은 큰 정부에 너무 익숙하다(이종수, 2018:17-18). 그러나 블록체인 기술의 진보는 국가구조를 압축할 것이다. EOS 플랫폼은 블록체인 헌법을 활용할 여지를 남기고 있다.

정치도 인공지능에 맡기는 세계 최초 'AI 정치인' 등장 측면이다(BIZION, 2018.1.22). AI 정치 가능성(고선규:135)은 효율성 측면(136), 선거출마(138), 효과성(142) 등이다. 일본의 AI 도입사례로는 광역시도 36%, 정령지정시 60%, 구시군 4% 내외이다. 시나리오와 한계 등을 예시한다(고선규:145-146).

저(SAM)는 '인간' 정치인과는 다르다. 4차산업혁명의 시대에 살고 있는 지금 가장 화제가 되고 있는 키워드는 바로 '인공지능(AI)' 이다. 앞으로 이 인공지능 기술이 사람의 일자리를 빠르게 대체해 갈 것이라고 많은 전문가들이 한 목소리를 내고 있다.

최근 뉴질랜드에서는 세계 최초의 인공지능 정치인도 등장했다. 샘(SAM)이라는 AI 여성 정치인이다. 2017년 11월, 소프트웨어 개발자 '닉 게릿센(Nick Gerritsen)'은 언론을 통해 처음으로 샘을 공개했다. 특히 SNS 유저들의 반응이 매우 폭발적이다.

닉 게릿센의 말에 따르면 샘은 아직 로봇 형태의 멋진 하드웨어를 갖추진 않았고, 인공지능 소프트웨어 정치인이라고 할 수 있다. 현재 페이스북 메신저와 연결되어 페이스북 유저들과 대화를 나누고 다양한 정치 이슈에 대해 답을 한다.

예를 들면, 뉴질랜드의 복지문제, 인구구조의 변화를 통해 바라본 뉴질랜드의 미래, 기후 변화와 대처방안 등에 대해 물으면 자동으로 답을 얘기한다.

2020년 뉴질랜드 총선에 출마하는 게 목표다. 만약 기후 변화에 대한 질문을 받으면 샘은 "기후 변화를 막을 순 늦었지만 만약 우리가 지금이라도 빠르게 행동한다면 심각한 결과를 막을 수 있다. 그리고 기후 변화를 막을 수 있는 유일한 방법은 온실가스 방출을 줄이는 것이다"라는 식으로 말한다.

물론 북핵문제, 환태평양 경제동반자 협정(TPP), 도널드 트럼프 미국 대통령의 이스라엘 수도 발언과 중동지역에 미치는 영향과 같은 국제적인 이슈들은 아직 구체적인 답을 갖고 있지는 않다.

이에 대해 닉 게릿센은 샘이 이제 막 개발되었기 때문에 더 많은 정보를 습득하고 전 세계 국제적인 이슈까지 다양한 주제에 대한 학습이 계속 진행된다면 매우 어려운 국제 문제들까지 곧 답할 수 있을 것이라고 한다. 많은 전문가들은 인공지능을 가진 샘이 기존 정치인들보다 기억력과 도덕성 면에서 더 뛰어나고 정치적으로 중립성을 유지할 수 있으며, 더 객관적인 의사결정이 가능할 것으로 예상한다.

앞으로 닉 게릿센은 2020년 뉴질랜드 총선에 샘을 출마시키는 것을 목표로 유권자들과 지속적인 정치활동을 이어갈 생각이다. 그의 바람대로 세계 최초의 AI 정치인이 꼭 당선되고, 국내에도 이런 AI 정치인이 여의도에 꼭 입성하길 기대한다.

6. 개혁의 한계

(1) 부작용 측면

첫째, 시민 감시와 통제(이상길:28) 둘째, 윤리적 판단 불가 셋째, 저임금 일자리 상실 넷째, 부작용 측면 등과 애로점으로는 내용상 형식성(이향수, 2017:66), 경직적 정부구조 및 제도의 미비 등이다(이향수:17).

소극적 공개의 경우 "디지털정부 범정부 차원 진행"이다. "우리나라에서 데이터를 가장 풍부히 가지고 있는 곳이 공공분야와 대기업"이라며 "법 개정과 상관없이 중소기업과 빅데이터 기업을 연결해 주는 사업을 시행하고 있다"고 했다(zdnet korea, 2019.7.23). 다른 하나는 '세계 최고 디지털 정부' 구현이다. 우리나라는 세계적 전자정부 국가다. 과거 UN평가에서 세 번이나 세계 1위를 했다. 하지만 지난해에는 순위가 밀려 3위를 했다. 이 순위는 격년마다 발표된다. 올해는 건너뛰고 내년에 다시 순위가 공개된다. 디지털 정부는 일종의 '전자정부 2.0'이다. 사전으로 비유하면 전자정부는 종이사전을 온라인화한 것이고, 디지털 정부는 위키피디아처럼 출발부터 인터넷으로 만든 사전이다.

"우리나라 공무원은 규제강화를 돈 안 드는 가장 확실한 대책이라고 보는 인식차가 존재한다"면서 "기업들이 새로운 시도를 하려 해도 각종 행정편의주의, 규제의 존중으로 인한 공무원들의 소극적 태도 앞에 번번이 무산되는 경우도 적지 않다"고 말했다.

구태언 법무법인 린 변호사는 "적극행정이 제도화됐으나 문제발생 이후의 소명과 면책에 초점이 맞춰져 있다"며 "공무원들이 문제되는 규제를 스스로 발견해 없앨 수 있는 인센티브제도를 마련해야 한다"고 말했다.

정영석 대한상의 규제혁신팀장은 "공무원 사회에서는 규제를 풀면 부처의 권한이 약해지고 다른 공무원에 피해를 줄 것이라는 민폐의식이 여전한데 공무원 사회의 보신행정 문화부터 개혁해야 한다"고 말했다.

대한상의는 "기득권과 포지티브 규제, 소극행정을 해결하지 않고서는 규제를 개혁하는 것이 아닌 혁신을 규제하는데 그칠 것"이라며 "탈규제 원칙 하에 사회 곳곳에 자리잡은 기득권을 걷어내고 전면적 네거티브 규제로의 전환을 통한 과감한 규제개혁 조치를 취해야 한다"고 말했다(「도시미래신문」 2019.5.22).

(2) 블록체인 기술 활용도와 확산

활용도 측면을 보면 물류, 유통서비스, 전자투표 및 에너지 등이다.

공공부문 도입, 확산점은 스마트시티, 무역과 유통, 에너지, 스마트 교육 등이다.

2019년 현재 공공부문은 평균 2.5점으로 도입단계인 것으로 나타났다. 보건복지분야가 확산 수준인 3.1점으로 가장 높았다. 보건복지분야는 특히 데이터 분석 영역에서 높은 수준으로 측정되었다. 뒤를 이어 행정안전분야가 2.9점으로 다소 높은 수준을 보였다. 반면에 국토교통분야는 2.3점, 정보통신분야는 2.4점, 공공금융분야는 2.2점 등 도입 수준 초기로 나타났다(전자신문, 2019.4.26).

제9장

삼봉『조선경국전』의
10차 개헌 시사점

I. 서론

　조선창업 사상을『조선경국전(朝鮮經國典)』에 담은 삼봉의 국가제도를 정초한 지혜와 시사점을 민본사상(民本思想)과 제도적 왕권 견제책인 대간제도(臺諫制度; 사간원 등) 및 반 자율적 주민통제 제도인 향헌(鄕憲) 등의 제도형성에서 찾아보고자 한다. 삼봉 정도전(1342~1398)의 권력제도의 근원은 민본(民惟邦本)에서 유래했다(진희권, 2004:68; 이종수, 2014:121). 삼봉은 백성, 국가, 군주의 순으로 그 중요성을 자리매김한다(한영우, 2014).

　그의 사상의 맹아에는 백성을 가장 중시한 민본사상이 깃들어 있다. 삼봉의 위민, 경세, 실학사상은 조식에 전수되고, 이어 윤휴, 허목에 영향을 미쳤으며, 후기 실학자 유형원과 다산 정약용에 깊은 영향을 미친다. 이러한 사상적 토대인 민본사상과 윤리 도덕성의 내용은 백성을 주로 하고,

임금과 재상에 대한 대간의 견제를 통한 균형의 유지를 중시한 것으로, 이와 같은 그의 견해는 오늘날 난국을 돌파하기 위한 개헌논의의 이론적 준거의 틀로 삼을 수 있다.

조선경국전의 구조가 중국의 『주례』와 차별적인 점은 무엇보다도 민본을 중시하고 있다는 점과 왕의 규정과 재상론(삼정승, 三政丞) 등으로 이는 성리학을 주로 하면서도 사공학 등을 창조적으로 반영하여 조선에 적용시켰다는 점이다(서정화, 2017.4).[18] 조선시대 삼봉의 민본사상의 조명을 통하여 선조대의 민본사상의 근원과 원류, 현시대의 적용방안과 효과 등을 모색한다. 현대의 지방자치와 주민참여, 국가권력 견제를 위한 민본사상, 대간제도 등의 핵심을 10차 헌법 개정에 반영하도록 한다.[19] 삼봉은 신왕조의 정권을 이론적으로 정당화하기 위하여 광범한 헌법적 원리를 구상하였다(김경록, 2004:112).

제9차 개헌(1987) 이후 약 30여 년의 기간이 경과되는 동안 우리나라는 여러 가지 사회적, 제도적 한계와 딜레마에 빠져 있다. 정권마다의 게이트와 최근 박근혜정부의 최씨 게이트, '미르재단' 사례 등은 단임제, 제왕적 대통령제 권력과 그러한 절대 권력하에서 대통령의 독주나 의회정치의 종속화 등이 심화되었으며(이종수, 2017.5-6:33), 동시적으로 공직을 농단한 공직사유관 등에 대한 민심의 반영 필요성 등도 절실해졌다. 『순자(荀子)』는 "君舟民水(군주민수), 水能載舟(수능재주), 亦能覆舟(역능복주)"라고 하여, 백성이 군주를 바꿀 수 있다고 했다. 2016년 교수

---

18) 태조는 취중에 "삼봉이 아니면 내가 어찌 오늘 이 자리에 있을 수 있겠는가?"라고 농을 던지곤 했다.

19) MBC가 실시한 여론조사 결과 개헌이 필요하다고 생각하는 국민이 네 명 가운데 세 명 이상으로 나타났다. 개헌 필요성에 공감한 비율이 76.9%, 불필요하다는 비율이 13.1%, 개헌 시기는 내년 지방선거와 동시에 하자는 응답이 46.8%, 권력구조는 4년 중임제가 42.5%로, 현행 5년 단임제나 분권형 이원집정부제보다 선호도가 높았다(MBC, 2017.12.31).

신문은 사자성어로 군주민수(君舟民水)를 선정했다.

이하에서는 여말선초 새로운 사상을 『조선경국전』에 담은 삼봉 정도전의 헌법사상을 재조명하여 국가제도를 정초한 지혜와 시사점을 민본사상과 사간원(제도적 왕권견제), 향헌(반자율적 주민통제)등의 제도형성에서 찾아보고, 이를 토대로 제10차 헌법개정의 사상적 토대로서 그의 법치사상의 시사점을 중심으로 재조명하여 혼란한 사회를 재구조화시킬 수 있는 개헌의 진로를 삼봉의 백성, 국가(관료), 군주의 순으로 현대적으로 재구성하고자 한다. 개헌의 초점과 시사점은 국민기본권, 복지권, 언론권, 지방자치, 시민권 등에 초점을 두고자 한다.[20]

II. 『조선경국전』의 의의와 구조

제1절 조선 건국과 법제

1. 『조선경국전』 구조

(1) 의의

첫째, 『조선경국전』과 헌정이념(양승태, 2008:123-125) 관련 조선경국전은 새 왕조의 치국지침이었다(문철영, 2011:101). 헌법의 문언적 의미는 법 '헌(憲)' 과 법 '법(法)' 이 결합한 것이므로 '법의 법' 이라고 할 수 있다. 그러나 원래는 영어의 Constitution을 번역한 것으로서, '조직하는 것' 이란 뜻을 가진다. 게오르크 옐리네크(Georg Jellinek, 1851~1911)는

---

20) 2018년 1년 5일 실시한 여론조사에서는 개헌의 필요성(55%), 권력구조는 대통령 중임제(46%)를, 시기는 금년 6월 지방선거와 동시 실시(65%)로 응답했다(연합뉴스, 2018.1.5).

'모든 지속적인 단체의 의사를 형성하고 시행하며, 그 범위를 확정하고, 구성원의 지위를 규정하는 질서'를 헌법이라고 한다. 국가에다 옐리네크의 말을 적용하자면 '국가의 조직과 작용의 원리 및 국민과 국가의 관계를 규정하거나 형성하는 기본법'이 헌법이 된다. 그러나 '헌법에 의한 통치'라는 입헌주의가 정착하기까지는 헌법이라고 부를 만한 것이 있다 하더라도 국민들이 정치구조를 선택하고 그에 따른 헌법을 제정하고 개정할 수 있었던 것은 아니었다.

둘째, 근대헌법의 맹아가 된다(양승태:126). 『조선경국전』은 조선개국공신인 정도전(1342~1398)이 1394년 태조에게 지어 올린 사찬(私撰) 법전이다. 국가 운영 요체를 담은 '조선왕조의 헌법'이라 할 수 있는 책이다. 관제·군사·호적·경리·농상 등 각 분야의 제도를 기술해 조선의 건국이념, 정치·경제·사회·문화 전반에 대한 기본 방향을 제시했다. 『조선경국전』은 『경제육전』(개국 초 반포된 공식 법전, 1397년, 1412년), 『육전등록(1426년)』의 토대이며, 조선의 기본 법전이자 국가운영서인 『경국대전(1485년)』의 모체가 됐다.

태조는 『조선경국전』을 지은 공로를 인정해 정도전에게 '유학으로도 으뜸, 나라를 일으킨 공으로도 으뜸'이라는 의미의 '유종공종(儒宗功宗)'이라는 글을 하사한다.

셋째, 국호 조선과 관련하여 왜 국호를 조선으로 정했느냐 하면, 삼봉의 이상국가는 주나라여서 삼봉은 조선을 동주(東周)로 만들고자 했다. 고조선의 천손사상 이념인 홍익인간 사상이 그 출발점이다. 단군조선보다 '기자조선'에서 '국호 조선'을 가져왔다. 단군을 동방의 첫 수명군주(受命君主)로 여겨 평양부에서 제사, 해금 시제 등이 있었다. 즉 단군을 천손자손이라고 보고, 기자조선과 중국문화의 이입(김비환, 2008:492), 삼국시대의 포괄성, 민족 통합적 관점에서 조선을 국호로 정하게 된다(신병주, 2015:8).

(2) 『조선경국전』 구조

『조선경국전(朝鮮經國典)』은 상·하 2권으로 된 삼봉의 필사본으로 치국의 지침을 삼기 위해 6전(六典)에 따라 조선왕조의 모든 관제의 대강을 서술했다(라용식, 1988:21-22; 정호훈, 2006; 정긍식, 2015:101-107). 체계는 크게 王(定寶位·國號·定國本·世系·敎書)과 정부 6전체계(治典, 賦典, 禮典, 政典, 憲典, 公典)이다.[21]

조선경국전의 상권은 왕과 관련 사항 및 치전, 부전, 예전을, 하권은 정전과 헌전의 내용이다. 조선왕조의 개국과 초기 개혁정책을 주도한 인물인 정도전은 조준과 함께 이 책을 찬술하여 왕에게 바쳤다. 그러나 공식법전으로 채택되지는 못했고, 3년 후 조준이 책임자로 편찬한 『경제육전』이 공식법전이 되었다.[22]

(3) 조선경국전 내용

삼봉이 중시한 건국사상의 핵심은 백성, 국가, 군주 순이었다. 먼저 백성측면이다. 삼봉의 '민유방본(民惟邦本) 본고방령(本固邦寧)'은 『서경』과 『주례』에 근거한 말이다.[23] 즉 민본사상(民本思想)은 민심을 근본으로

---

21) 정도전은 『조선경국전』에서 조선을 '동주(東周)'로 만들겠다고 선언한다. 즉 동쪽의 주변국 조선을 중화문명의 상징인 주나라와 같은 국가로 만들겠다는 것이다. 조선은 작은 주나라=소중화를 만들 것이니 명조는 큰 주나라=대중화를 만들어서 함께 '중화공동체'를 형성하자는 것이다. 이는 명조의 다른 제후국과 비교해 유의미한 차별성이 없는 조선을 명조와 함께 중화공동체를 형성하는 우월한 위치를 차지하게 한다. 정도전이 구상한 국가전략 '중화공동체'는 도(道)의 동일성, 문화의 동질성, 정치체제의 동존성이 중첩된 개념인데 조선과 중국이 동일한 도(道)인 유교를 국가이념으로 채택해 동질적인 문화를 실현하면서도 정치적으로는 자립을 유지하는 것이었다(삼봉 세미나, 2015 참조).

22) 정긍식(2015:88)은 태조와의 교감하에 이루어진 관찬이라고 주장한다.

하는 사상으로, 백성과 더불어 함께하며, 이념적으로는 모든 사람이 선(善)에 이르도록 지향하려는 데 목적이 있었다.

둘째, 삼봉은 국가권력의 근원과 관련 첫째, 군주는 백성을 하늘로 섬겨야 하며, 둘째, 권력은 인(仁)에 의해 제약되어야 한다고 했다. 셋째, 권력남용 방지를 위해 여러 기관에 권력을 분배해야 한다고 했으며, 넷째, 기관간 견제와 균형을 유지해야 한다고 봤다. 권력남용 방지를 위해 여러 기관에 권력을 분배해야 한다고 했으며, 기관간 견제와 균형을 유지해야 한다고 봤다. 주대의 삼공체제와 유사한 삼재상합의체제를 유지코자 하였다. 재상은 군왕을 바르게 하고, 백관을 임명하고, 재정관리권, 군사 통수권 등을 가져야 한다고 했다. 삼상(領相, 左右相)제도는 조선 500년 동안 시행되었다. 그의 재상제도는 3정승(영, 좌, 우의정:정1품), 4명의 좌우찬성(종1품), 좌우참찬(정2품) 등 7명의 재상이 중심이 되는 구조였다.

삼봉이 재상중심주의 제도를 주창한 이유는 자신과 동료들의 권력 강화 목적도 있었으나 그것보다는 혼(昏)·명(明)이 불확실한 세습군주의 전제정치로는 민본정치를 보장할 수 없다는 신념에서 기초한 것이었다(민병학 외, 1998:116).

군주를 보필하는 재상은 백관을 관리하고, 백성을 다스리는 일을 소임으로 삼았다. 즉 군주의 부족한 부분을 보상한다는 의미의 '相'과 백관들이 자신의 직분에 어긋나지 않도록 제한한다는 의미의 '宰' 자로 구성됐다(『조선경국전』, 「치전」). 삼봉이 재상중심주의 제도를 주창한 이유는 자신과 동료들의 권력강화 목적도 있었으나 그것보다는 昏·明이 불확실한 세습군주의 전제정치로는 민본정치를 보장할 수 없다는 신념에서 기초한 것이었다(민병학 외, 1998:116).

---

23) 『書經』(尙書)과 『周禮』의 주요 내용 참고사례는 이종수(2016.6;2016.12) 참조.

셋째, 조선의 대간제도는 부정부패를 막기 위한 장치였다. 대간이란 백관들의 감찰 임무를 맡은 대관(臺官)과 국왕에 대한 간쟁의 임무를 맡은 간관(諫官)을 합친 말이다. 시정(時政) 득실을 논하고, 군주·백관의 과실을 간쟁 탄핵하며, 관리 인사에 대해 서경권(署經權)을 행사하는 등의 일들이 주임무다. 군주 견제장치로서의 간관의 주임무는 군주의 비행을 탄핵하는 일이다. 간관은 인신(人身)의 과오보다 심술(心術)의 과오를 비판하는 것을 더욱 중시했다. 간관은 임금이 무엇을 취하고, 버려야 하는지를 충언함으로써 임금을 바르게 하는 일을 한다. 삼봉은 자유롭게 임금에게 말하는 직위는 재상과 간관밖에 없다고 보았다. 간언은 국왕의 행위나 정책결정을 올바른 방향으로 유도하는 데 근본적인 목적을 두고 있었지만, 실제적으로 왕권을 규제하는 기능 역시 중요한 것이었다.

『경국대전』에는 사간원 업무를 간쟁과 논박(論駁)으로 규정했다. 간쟁은 국왕에 대한 견제이고, 논박은 일반 정치에 관한 언론활동이다. 조선왕조 500년 유지 비결의 핵심 중의 하나인 대간제도는 국왕과 대신들의 독단을 견제하고, 시정의 풍속을 바로잡으면서 관리들을 대상으로 꾸준히 감찰활동을 전개함으로써 부정부패를 미연에 방지하는 데 크게 기여했다.

간관에게는 신분보장과 특별한 예우가 제도적으로 규정되어 있는데, 포폄(褒貶)을 받지 않거나, 당상관도 정중히 답례를 하도록 한 것 등이 그것이다. 의정부나 6조에 얽매이지 않는 사간원은 독립된 권력을 행사할 수 있었다.

넷째, 지방통치구조에서 관찰사는 직계권, 국왕직속, 수령에 대한 지도, 감독, 직권남용 견제, 포폄권 등을 보유하고, 권농과 주민안집, 조세와 전곡관리, 교육 및 기타 업무를 수행했다. 또한 관찰사는 수령을 잘 다스려야 하고, 올바른 고과로서 수령의 능력을 바르게 평가해야 했다. 즉 관찰사는 소관지역을 순력(巡歷)하여 수령의 성적을 공정하게 고과하고 등제계문(等第啓聞)하는 것이 가장 주된 임무 중의 하나였다.

관찰사의 관할수령과 관원에 대한 고과의 기준은 수령칠사(守令七事)였으며, 등제계문의 경로는 관찰사가 고과내용을 밀봉하여 국왕에게 올리면 친히 열람하고, 이조(吏曹의 考功司)에서는 이를 기록해 두었다가 고과에 참고하였으며, 접수한 이후 사헌부로 이첩되었다.

삼봉은 『경제육전』에서 수령은 근민지직(近民之職)이라고 했다. 군수, 현령은 백성의 근본이라는 것이다. 정도전은 한, 당시대의 수령제도를 참조하여 수령의 자질과 평가 덕목을 초안하였다. 삼봉은 백성을 유교정치 목적으로 상정하고, 백성과 가장 가까운 거리에서 다스리는 군수와 현령은 백성의 근본으로서 백성의 목자가 되어야 한다고 했다. 贓吏(장리)를 석서(碩鼠)라고 하여 엄히 평가하고자 했으니 삼봉의 법치사상은 순자와 유사하다.

2. 『조선경국전』과 『경제문감』

삼봉은 자신의 『조선경국전』, 『경제문감』, 『경제문감별집』등에서 국가 구조와 왕과 관료의 역할을 정립한다(진희권, 2004:59). 삼봉의 새로운 국가 구상은 『조선경국전』과 『경제문감(經濟文鑑)』에서 구체화 된다. 그는 이 두 권에서 조선이 나아갈 정치철학과 이념, 제도들을 제시하였다. 전자가 제도나 법령, 주체에 주력했다면, 후자는 치자층에 중점을 뒀다(정호훈, 2006:192).

첫째, 『조선경국전』에서 삼봉은 국가제도를 백성중심의 민본사상(民本思想)과 국가, 군주 등의 순으로 중요성을 제시하고, 제도적 왕권 견제책인 대간제도(司諫院, 司憲府 등) 및 반자율적 주민통제 제도인 향헌(鄕

憲) 등을 제도화 하였다. 『조선경국전』은 『경제육전』을 거쳐 뒷날 『경국대전』이 성립되는 모체가 되었다. 조선이란 국호는 기자조선(箕子朝鮮)에서 기원한 것으로 곧 조선은 동주(東周)임을 강조한다.

삼봉의 『조선경국전』은 『서경(書經)』, 『주례(周禮)』에 토대하여 중국 제도를 조선에 적용한 사대주의적 요인을 부정할 수 없으나 그의 위민의식과 자주의식(철령위, 요동정벌)은 오늘날 우리나라 국민의 대내외적 자주의식사상의 뿌리가 되었다. 예컨대 그의 법치사상과 관료제 사상에는 성리학적 사상과 유배생활에서 체득한 백성중심 사상으로서의 위민의식이 강하게 배어 있다.

조선(朝鮮)이란 국호는 기자조선에서 기원한 것으로 곧 조선은 동주임을 강조한다. 『경제육감』은 경국제세와 경세제민을 제목으로 삼은 서적이다. 주요 내용은 관리로서의 태도와 책무 및 재상제도의 역사적인 변천 과정을 서술하고, 이어 재상의 직책과 진퇴의 자세를 기술하고 있다. 재상의 역할은 정책의 중심기관이어야 한다고 했다. 재상은 군왕을 바르게 하고, 백관을 임명하고, 재정관리권, 군사통수권 등을 가져야 한다고 했다. 기타 대간(臺諫)·위병(衛兵)·감사(監司)·수령(首領)의 직책을 논했다.

유가의 이상제도인 『주례』의 체제를 본떠 6전으로 구성했다. 그러나 조문은 전하지 않고, 6전마다 총서(摠序)와 항목별 개요라고 할 수 있는 소서(小序)만 남아 있다. 6전의 명칭은 원나라 법전인 『경세대전(經世大典)』을 따랐으나, 내용적인 연관성은 크지 않다. 정도전은 조준(趙浚)과 함께 조선왕조의 개국과 초기 개혁정책을 주도한 인물로 이 책을 찬술하여 왕에게 바쳤다. 『조선경국전』은 『경제육전』(1397), 『육전등록』(1426)의 토대이자 조선의 기본법전이자 국가운영서인 『경국대전』(1485)의 모체가 됐다.

둘째, 경제문감은 경국제세 내용으로 치전을 보강한 내용이다(정호훈, 2006:188).

셋째, 『경제문감별집』은 군주론에 초점을 둔다(김인호, 2005; 도현철, 2000).

3. 내용 분석의 틀

이상의 선행연구와 본 연구의 차별성은 조선개국기 통치 철학과 주요 내용을 담은 삼봉의 조선경국전과 경제문감을 중심으로 개헌을 위한 시사점을 백성, 관료제 및 군주 등을 중심으로 분석하고 제언한다.

분석의 틀은 제10차 헌법개정의 사상적 토대로서 그의 법치사상의 시사점을 중심으로 재조명하여 혼란한 사회를 재구조화시킬 수 있는 국가 제도적 측면의 제도개선을 위한 백성, 국가(관료), 군주의 순으로 현대적으로 재구성하고자 한다.

III. 『조선경국전』의 독창성과 영향

제1절 『조선경국전』의 독창성과 차별성

1. 제도적 독창성과 특징

첫째, 『조선경국전』의 헌법적 가치 측면이다(양승태, 2008:123-127). 『조선경국전』은 『경제육전』(1397), 『육전등록』(1426)의 토대이자 조선의 기본법전이자 국가운영서인 『경국대전』(1485)의 모체였다.

둘째, 외래사상의 독자적 주체화이다. 『조선경국전』의 구조가 중국의 『주례』와 차별적인 점은 무엇보다도 민본을 중시하고 있다는 점과 왕의 규정과 재상론(三政丞) 등으로 이는 성리학을 주로 하면서도 사공학 등을 창조적으로 반영하여 조선에 적용시켰다는 점이다(서정화, 2017.4). 『조선경국전』은 『주례』의 육전체제를 조선의 현실에 맞게 조정한 법제정책이었으나 『주례』에서는 재상제도와 과거제 등을, 한·당제도에서는 집권구조와 군사, 군현제도 등을, 『대명률(大明律)』에서는 형법제도를 조선시대에 맞게 도입한 삼봉은 한민족의 역사와 문화를 중국과 동등한 수준으로 생각하고 있었다. 이것이 오늘날 민족적 자주의식을 뒷받침하는 정신적 토대가 된 것이며, 또한 육전체제를 따라 부분별로 제도화한 우리의 전통적 방법에 기초하여 입법화 됐다는 점에서 독창적이다(서정화, 2017.4). 이것이 오늘날 민족적 자유의식을 뒷받침하는 정신적 토대이다. 이러한 삼봉의 민본적 법치사상, 통치체제의 균형, 군주의 견제와 자기 수양 측면의 주요 내용들이 제10차 헌법개정의 사상적 토대로서 충분히 논의되고, 반영되기를 기대한다.

셋째, 삼봉의 법치체제의 특징과 평가 측면을 보면, 먼저 정도전은 자기 정체성의 기반인 정통 주자학뿐만 아니라 주자학에서 배격한 사공학(事工學·실제적인 효과를 중시하는 실용적인 경세치용의 학문) 계열의 사상도 적극 활용했다. 정통성리학과 경세론 제도론을 확대 강화한 조선의 정치체제를 정립코자 한 것이다. 그는 주자학, 사공학, 경세학을 원용하여 왕조의 통치질서 체제를 구축하고자 하였다. 정도전은 『조선경국전(朝鮮經國典)』, 『경제문감』에 중국 남송대 저술인 '주례정의'·'산당고색'·'서산독서기'·'주관신의' 등의 내용을 원용했다. 이 책들은 주자학이나 주자학과 일치하는 사공학 계열의 저서들이었으며, 정도전은 특히 '산당고색(군서고색후집)'을 토대로 주자의 주례관을 원용하며 중앙집

권적 정치체제와 재상정치론을 제시했다. 삼봉은 성리학의 원래이념에
보다 충실함으로써 개혁을 달성코자 하였다. 사공학은 왕안석 기준의 국
가조직 경영관리 방안으로 경세학적 내용을 주로 한다.

넷째, 경세제민(經世濟民)이다. 삼봉이 생각하는 경세제민이란 결코
어렵고 복잡한 것이 아니라 자연스럽고 쉬우면서도 그 혜택이 일반백성
들에게 미치는 실용적인 것이었다는 점이다. 첫째, 민본정치 · 현인정
치 · 위민정치 같은 것이 통치의 원칙을 제시한 것이라면, 삼봉이 『경제
문감』에서 고민한 것은 어떻게 그 이상을 성취할 것인가 하는 보다 쉽고
도 구체적인 문제였다.

특히 오랜 유배생활을 통하여 백성들이 원하는 세상은 학자들이 머릿
속에 그리는 추상적인 것이 아니라 매우 실제적인 것임을 깨달았다. 정도
전은 정치란 윤리 · 도덕을 실현하는 것이며 그를 위해서는 경제생활의
안정이 필수로 경제생활의 안정이야말로 통치의 근본이라고 말했다.

끝으로, 성리학의 원래이념에 보다 충실함으로써 개혁을 달성코자 하
였다(도현철, 2009:26-27). 정통성리학과 경세론 제도론을 확대강화한 조
선의 정치체제를 정립코자 한 것이다. 경세론적 유교이념의 실천적 적용
(이종수 외:141).

2. 삼봉사상의 차별성

첫째, 조선시대 유학에서 정도전을 부정적으로 평가한 이유는 정치적
인 이유 및 사상적인 이유에서 찾을 수 있다. 그는 정통 성리학에서 중요
시하지 않거나 논란이 되는 이론을 받아들여 조선사회에 적용했다는 점
이다. 정도전은 사서오경 가운데 『의례』보다는 『주례』를 강조하였다. 주
희는 『의례』를 경으로 보고 중시했지만, 정도전은 주자학적 정치이념을

『주례』를 중시하여 신국가 정치체제 기본골격으로 삼고자 하였다.

둘째, 정도전의 개혁사상은 고려말 국가적인 시련과 사회적인 혼란을 수습하기 위한 대책으로서 양인(良人)을 근간으로 하는 국가의 건설과 자주국가의 확립을 목표로 했다. 이를 위해 그는 주례(周禮)를 기본모델로 하여 성리학 사상을 받아들였다. 고려말 사회의 모순은 인간 상호간 중오심의 격화, 즉 윤리의 타락이 원인이라고 보았다. 따라서 무엇보다도 윤리의 재건이 필요하며, 윤리를 실현하는 수단이 정치이고, 그 전제조건이 경제의 안정이었다. 그는 상하(上下)·존비(尊卑)·귀천(貴賤)의 명분이 바로 서고, 인간마다 자기의 분을 지키면 사회질서가 확립된다고 보았다. 이와 같은 상하질서의 확립을 위한 윤리도덕이 삼강오륜(三綱五倫)이었다. 이를 위한 사상질서로서 성리학만이 유일한 정학(正學)이고 실학(實學)이라는 신념으로 불교가 현실을 부정하는 형이상학적 종교이며 농장주의 공리(功利)만을 추구하는 이기적 사상체계라고 맹렬히 비난하고, 인류를 금수로 몰아넣는 이단이라고 규정했다. 그리고 도덕윤리의 실현과정으로서 정치는 인간을 바르게 하는 것이며, 정치의 주체로 윤리도덕을 체득한 자를 설정했다.

셋째, 물질적 기초로서 국가재정이 확보되어야 한다고 생각했다. 민생을 안정시키기 위해서는 무엇보다도 농업생산이 진흥되어야 하고, 또한 토지소유관계가 재조정되어야 했다. 고려말 사회적 모순의 가장 큰 원인은 토지소유의 극단적인 불평등에 있으므로 먼저 토지제도의 전면적 개혁이 요청되었다. 이에 따라 중국 삼대(三代)의 공전제(公田制)에 이상을 둔 철저한 전제개혁을 통한 계민수전(計民授田)에 의한 자작농의 창출과 경제적 평등의 실현을 목표로 했다.

넷째, 빈민구제를 위한 정책으로서 의창(義倉) 및 혜민전약국(惠民典藥局) 제도가 도입되어야 하며, 전쟁이나 흉년을 대비하기 위하여 최소한 3년을 쓸 수 있는 저축이 필요하다고 보았다.

다섯째, 정침의 의(義)의 내면화이다. 삼봉은 정침의 '의'에서 혁명사상 단초를 다진다(문철영:403). 고려 후기 정침(鄭沈)은 나주(羅州) 사람이다. 이 고을에서 벼슬하여 호장(戶長)을 하였는데 말달리기와 활쏘기를 잘하고 집안 살림살이는 돌보지 않았다(정도전, 국역 삼봉집, 1376 '정침전'). 홍무(洪武) 4년(공민왕 20, 1371) 봄에 전라도 안렴사의 명(命)으로 제주도의 산천(山川)에 제사를 지내는 축문(祝文)과 폐백(幣帛)을 받들고 바다를 건너가다가 왜적(倭賊)을 만났다. 중과부적(衆寡不敵)으로 배에 타고 있는 사람들이 의논을 하였는데, 다른 사람 모두는 두려워서 항복하자고 하였지만 오로지 정침은 불가를 외쳤다. 그는 적들과 싸우기를 결심하고 활시위를 잡아당기니, 적들은 활시위의 소리에 따라 거꾸러지고 감히 다가오지 못하였다. 그러나 그는 화살이 떨어져서 일이 여의치 않음을 알고 관복(官服)과 홀(忽)을 갖추고 바르게 앉아있다가 스스로 물에 빠져 죽었다. 배안에 있던 사람은 모두 적에게 항복하였고 죽은 사람은 정침뿐이었다.

정 선생(정도전)이 이를 듣고 매우 슬프게 생각하여 전(傳)을 지었다. 사람들은 이따금 죽음에 대하여 돌아가는 것처럼 생각하는데 이것은 의리와 이름을 위해서이다. 저 자중하는 선비들은 의리로 보아서 마땅히 죽어도 여한이 없는 명분이 있을 때, 아무리 끓는 가마솥이 앞에 있고, 칼과 톱이 뒤에 설치되어 있고, 화살과 돌이 위에서 쏟아지고, 흰 칼날이 아래서 서리고 있을지라도 기꺼이 부딪히기를 사양하지 아니하고, 내딛기를 피하려 하지 않는 것은 의리를 소중하게 생각하고 죽음을 가볍게 보는 것이 아니겠는가? 과연 글 잘하는 사람이 뒤에 이것을 적어 서술하여 서책(書册)에 나타낸다면, 그 영웅스런 명성(名聲)과 의열(義烈)이 사람들의 이목에 밝게 비치고 사람의 마음을 깊이 감동시킬 것이니, 그 사람의 몸은 비록 죽었지만 죽지 않는 것이 있을 것이다. 그를 위하여 기록하여 후세에 전하지도 않으니, 정침의 충의는 물결과 같이 흘러가고 말 것이다.

정침은 한낱 시골의 아전의 신분으로 적에게 항복하는 것이 의가 아님을 알았으며, 아무리 다급한 상황에서도 그 바른 자세를 잃지 않고 정장을 갖추고 죽음을 기다려 적이 감히 침범하지 못하였으니, 그 충성되고 씩씩한 기백이 흉악한 적들의 마음을 감복시켜서이다.

적이 이미 해치지 못하자 자살을 결단하여 헤아릴 수 없는 깊은 물에 몸을 던져 털끝만큼의 더럽힘도 없이 조용하게 의열(義烈)을 이루었으니, 강개(慷慨)롭게 몸을 희생한 것은 옛사람이라 할지라도 그에 미치지 못할 것이다. 이는 모두가 천품이 아름다운 것에서 나온 것이므로 이름을 좋아하는 선비가 목적한 바가 있어서 하는 것과 비교할 수 없다. 그 충의의 열렬함이 이러한데도 세상에 알아주는 자가 없다. 사람이 난처한 사태를 당하여 그 바른 길을 잃지 않는 것은 다행히 한 번 죽는다는 것이 있기 때문이다.

끝으로 이상과 현실의 조화와 제도적 실천이다. 유학의 비조 공자도, 역성혁명을 주장했던 맹자도, 신유학의 태두 주자도, 그 어느 유학자도, 서양의 정치학자 마키아벨리, 경제학자 마르크스도, 조선시대 퇴계나 다산도 국가를 건국하여 유교이념을 제도적으로 실천하지 못했으나 오직 삼봉만이 유교이념의 정치적 실천과 국가 통치선상에서 치열하게 몸부림친 유자로 살았다. 삼봉과 『맹자(孟子)』의 만남이야말로 한국의 정신문화에 지대한 영향을 끼쳤다고 말할 수 있을 것이다.

한국은 중국이나 일본과는 달리 『맹자』 사상이 살아 숨 쉬고 있다. 왕도는 치세에 적합한 통치사상이고 패도는 난세에 그 유력을 발휘한다는 점이 특징이다. 국가경영의 치도관에서는 왕도적 비전과 패도적 전망을 사상적 충돌 없이 융합하고 있다(권행완, 2012).

제2절 『조선경국전』 평가

1. 제도 측면

첫째, 조선의 최초의 헌법에 해당한다. 유교적 법치론에 토대했다.

둘째, 삼봉은 조선의 정치체제뿐만 아니라 정신적 기초를 놓은 것으로 평가된다. 삼봉이 살았던 고려후기, 조선개국기는 멸륜해국의 불교폐단, 권문세가의 횡포와 백성들의 피폐와 태생적으로는 그의 외조모가 노비 출신이라는 사회적 냉대에 시달려야 했다. 그는 극심한 가난 및 9년간의 유배생활 과정에서 다양한 민초들을 만나 초야에서 생활하고, 성리학적 이상국가를 만들기 위한 공전(公田)제, 재상중심사회 등을 꿈꾸며, 세상을 『주례(周禮)』의 실천 대상으로 인식했다. 특히 혈통상의 문제가 그의 혁명관에 영향을 주었을 것이라고 평가된다. 그래서 백성의 경제적 안정(민생) 수단으로 철저한 정치개혁, 전제개혁을 통하여 핍박받던 일반백성을 위해 살았던 혁명가요, 실천적 성리학자로 57세를 살았다.

셋째, 고려사회의 절박한 문제의식과 노재학풍이 상승작용을 일으키는 가운데 실천윤리에 대한 관심이 주자 성리학의 사회 기능적 측면으로 수용된다(문철영, 2011).

넷째, 그의 태생적 한계와 극심한 가난 및 9년 간의 유배생활 과정에서 다양한 민초들을 만나 초야에서 생활하고, 성리학적 이상국가를 만들기 위한 공전(公田)제, 재상중심사회 등을 꿈꾸며, 세상을 『주례』의 실천 대상으로 인식했다(이종수, 2014.8). 특히 혈통상의 문제가 그의 혁명관에 영향을 주었을 것이라고 평가되며, 동시에 오랫동안의 유배와 방랑 속에 백성을 해방시킬 역성 '혁명'으로 비화한 것이다. 삼봉은 백성, 국가, 군주의 순으로 그 중요성을 백성에 두고 백성의 경제적 안정(민생) 수단으로 철저한 정치개혁, 전제개혁을 통하여 핍박받던 일반백성을 위해 살았던 혁명가요, 실천적 성리학자였다(이종수 외, 2014).

그의 사상의 맹아에는 백성을 가장 중시한 민본사상이 깃들어 있다. 삼봉의 위민, 경세, 실학사상은 조식에 전수되고, 이어 윤휴, 허목에 영향을 미쳤으며, 후기 실학자 유형원과 정약용에 깊은 영향을 미친다. 이러한 사상적 토대인 민본사상과 윤리 도덕성의 내용은 백성을 주로 하고, 임금과 재상에 대한 대간의 견제를 통한 균형의 유지를 중시한 것으로, 이와 같은 그의 견해는 오늘날 난국을 돌파하기 위한 개헌논의의 이론적 전거의 틀로 삼을 수 있다.

다섯째, 『조선경국전』은 정치이론서이면서, 동시에 조선왕조의 최초의 헌법에 해당하며, 근대헌법이념의 핵심적 요소를 구비했다고 평가된다. 『조선경국전』은 한국사상사에서 관념과 의지가 일치를 이룬 대표적인 지행합일의 저술로서 훌륭한 정치학원론이 되었다. 이후 『경국대전』, 『속대전(續大典)』, 『대전회통(大典會通)』 등으로 이어지는 조선의 기본법전인 『경국대전』은 큰 틀에서의 변화없이 500여 년 동안 유지되는데, 이것은 조종성헌주의(祖宗成憲主義) 원칙을 지켰기 때문이다. 조종성헌주의는 후대 왕이 선대에 만든 법을 함부로 바꿀 수 없다는 원칙이다.

예컨대 『조선경국전』은 근대헌법의 전문의 성격을 보유했다는 점을 들 수 있다. F. Hegel(1770~1831)은 동양에는 헌법(Verfassung)이란 관념이 존재하지 않는다고 했지만, 조선에서 14세기에 유교적 통치원리에 의한 입헌주의(constitutionalism)가 구상, 실천되었다는 사실은 세계의 법사상사에서도 주목할 만한 사실이다.

여섯째, 마키아벨리(Niccolo Machiavelli, 1469~1527)의 『군주론(君主論)』(1513)보다도 118년이 앞섰고, 그 내용상의 심오성은 물론 훨씬 진보적이다. 마키아벨리는 정치와 도덕을 구별하고, 군주의 통치술을 강조했지만, 삼봉은 정치와 도덕을 연결시켜 도덕정치의 표준을 세웠다는 점이 독창적이다(한영우, 2014:152).

2. 경제적 측면

첫째, 조선왕조의 개국공신으로 토지 국유화와 가구의 크기에 따른 토지의 재분배를 주장했다. 또한 왕권을 제한하고 정치권력을 수상에게 부여하는 정치구조를 주장한 저명한 성리학자로 근대 역사학자들에게 매우 개혁적인 인물로 평가되고 있다.

둘째, 정도전은 '수기'와 '치인'을 유학의 두 중심으로 파악했고 양자가 양립할 수 있는 방안을 고민했다. 정의롭지 않은 정치개혁도 성공하기 어렵지만 현실을 외면한 채 도덕적 정의만 고집하는 정치도 능사가 아니라는 점을 정도전도 잘 알고 있었다. 다만 정당한 정치의 실현을 목표로 하지 않는 도덕적 수양은 그 자체만으론 무의미하다는 점에서 '수기'보다는 '치인'의 문제에 보다 적극적인 관심을 보였다.

이러한 정도전의 '치인' 중심적 정치인식은 부당한 왕권을 교정할 지식인의 책임을 강조해 정치의 공공성을 높이려는 발상의 소산이었다. 삼봉은 도덕이 몸과 마음에 온축한 것(修己)을 유자라고 이르고, 교화를 정사에 베푸는 것(治人)을 관리라고 하였다.

3. 삼봉의 민본중심 전제개혁

전제개혁론의 역사적 측면은 첫째, 고려 후기 원대 성리학 영향 측면에 급격한 변화를 불러 일으켰다. 사전의 공전으로의 변화다. 둘째, 유배시기 촌로들과 애민 체험 및 권문세가들에 대한 분노 측면에서의 민본관이다. 9년간의 유배와 방랑생활에서 백성들의 생생한 애환을 같이 겪으며, 개혁 마인드를 키웠다. 셋째, 역성혁명과 유교적 이상국가 건설을 통한 민본사상 구현 측면이다. 혁명과 민본 이념은 『맹자』에서 차용했으나, 맹자의 혁명이론은 개인과 개인 사이에 이루어지는 선양(禪讓)과 방벌(放伐)의 두 가지 형식을 말했다. 그러나 삼봉은 선비나 백성의 집단이 그 주체 세력이 될 수 있다는 점에서 독창적이다. 삼봉의 통치, 혁명사상은 철저한 민본정신을 바탕으로 하고 있으며, 이러한 민본 중심의 민사상은 현대의 정치 행정사상으로 재조명되어 한국적 민본정신으로 이어져 나갈 필요성이 있다. 넷째, 그의 혁명관과 관련 숭유억불정책의 제시와 도ㆍ불교 폐해의 봉쇄 측면이다. 배불이론의 집대성, 유교적 합리주의, 기복종교관의 극복, 유교적 인식론의 확립이다.

　　삼봉의 개혁사상으로 전개된 과전법의 의의는 첫째, 여말 대토지 소유문제를 저지하고, 조선개국의 경제적 토대를 마련하는 계기가 된다. 둘째, 국가토지지배 체제로서의 과전법이 정비된다. 셋째, 소농민의 안정화를 갖게 되는 계기가 된다.

IV. 『조선경국전』의 제10차 개헌 시사점

제1절　삼봉 헌법사상의 영향

1. 백성측면의 영향요인

　　삼봉 법치사상의 현대적 시사점과 민본사상의 현대적 의의이다.[24] 삼봉이 중시한 건국사상의 핵심은 백성, 국가, 군주 순이었다. 먼저 백성측면이다. 삼봉의 '민유방본(民惟邦本) 본고방령(本固邦寧)'은 『서경』과 『주례』에 근거한 말이다. 즉 민본사상(民本思想)은 민심을 근본으로 하는 사상으로, 백성과 더불어 함께하며, 이념적으로는 모든 사람이 선(善)에 이르도록 지향하려는 데 목적이 있었다. 『조선경국전』은 민본주의로 관청 여자 노비가 출산하면 출산휴가 80일을, 남편에게도 15일 휴가를 허락했다.

2. 관료제 측면

재상중심주의(이진표, 2000:202) 측면과 관련 참다운 선비(眞儒)가 행정을 맡아야 한다는 점이다(권행완:79). 도덕윤리의 실현과정으로서 정치는 인간을 바르게 하는 것이며, 정치의 주체로 윤리도덕을 체득한 자를 설정했다. 그러한 자격자가 성리학자인 사(士)로서, 진정한 사는 윤리 · 도덕가일 뿐만 아니라 성리철학자여야 하고 천문 · 의학 · 지리 · 복서(卜筮) 등 기술적인 학문에도 능통해야 하며, 후학을 가르치는 교육자이고 역사가이며, 의리를 위해 목숨을 바치는 지사라야 한다고 생각했다. 사는 고정된 세습신분이 아니라 자질이 뛰어난 자라면 누구나 교육을 받아서 사가 될 수 있으며, 농사를 겸할 수 있는 계층이라고 역설했다.

---

24) 삼봉의 삼판서 고택, 영주시, 인터넷 자료 참조. 조선 최고의 사상가이자 개혁가였던 삼봉(三峰) 정도전은 고려 말(1342년) 영주 삼판서 고택에서 청백리였던 정운경의 아들로 태어나 어린 시절을 보냈다. 성리학은 물론이고 행정, 외교, 군사에 이르기까지 두루 능통했던 정도전은 고려 말의 혼란과 피폐한 백성들의 삶을 보며 개혁의 의지를 불태우다 이성계를 만나 조선을 세운다. 조선의 통치철학을 만들고 한양을 설계했으며 귀족들에게만 치중되어 있던 토지의 소유권을 바로잡아 전제(田制)를 개혁하고 사병(私兵)을 혁파하는 등 백성이 근본인 세상을 만들려던 그의 꿈은 이방원과 귀족들의 저항으로 미완으로 끝난다. 그러나 그가 만든 『朝鮮經國典』은 500년 동안 조선왕조 경영의 기틀이 되었고 '백성이 근본인 세상, 차이가 차별이 되지 않는 세상'에 대한 그의 꿈은 600년이 지난 지금까지도 살아 있다.

3. 군주 측면

백성을 섬기고, 인정을 베풀고 신하의 말을 귀담아 들어야 한다고 했다.

제2절 시사점 측면

1. 삼봉 『조선경국전』 사상의 현대적 시사점

사상적 측면의 주요 영향(김일환, 2007:161-164)으로는 성리학을 정치적으로 재해석하고, 백성을 정치의 목적으로 재발견하였으며, 조선 정치제도의 모범을 제시하였다. 민본사상을 제시하였으며, 통치권의 기반이 된 『朝鮮經國典』 등 주요 저술을 남겨 조선의 법적 토대를 마련하는데 절대적으로 기여하였다. 조선시대 삼봉의 백성중심의 민본사상은 현대의 지방자치와 주민참여, 국가권력 견제를 위한 대간제도 등의 핵심을 10차 헌법개정 반영 필요성을 제기한다.

첫째, 주민투표, 주민 참여제도 보완이다. 지방정부의 중요한 의사결정 과정에 주민이 직접 참여할 수 있는 기회를 최대한 보장할 필요가 있다(이종수, 2015). 1400년대 초반 함흥에서 시행한 효령과 삼봉의 '향헌'은 현대적인 주민자치의 효시가 된다.

둘째, 조선시대의 왕에 대한 간쟁과 논박을 통하여 전제적 왕권을 견제했던 사간원의 기능을 현대적으로 부활시켜 절대 권력을 순화시키는 수단으로 활용한다.

셋째, 적폐 청산과 관련 삼봉은 "뇌물 받은 장리(贓吏)는 사람 마음의 커다란 해충"이라고 했다. 그 뿌리를 제거하여 뻗어 나가지 못하고 하고,

그 가지를 쳐서 싹트지 못하게 해야 한다고 했다(삼봉집, 박진훈 역, 2011:114-115). 탐욕스러움이 이리처럼 많고 미워하고 음흉함이 사나운 짐승 같다고 하여 발본색원해야 한다고 하고, 구체적으로 포폄제도를 개발하였다(이종수, 2001, 2016).

적폐(積弊, accumulated evils)를 오랫동안 쌓여온 폐단이라고 보면, 부패(corruption)는 일반적인 비리들의 통합체로, 관료병(public service illness)은 보다 개인적으로 물질에 집착하는 과도한 성향이 있는 현상이라고 할 수 있다. 적폐청산은 오랫동안 쌓이고 쌓인 폐단으로 전직 대통령과 고위공직자 부패, 부정청탁, 뇌물, 재취업, 민폐, 그리고 낙하산 인사 등을 깨끗하게 척결한다는 의미로 정의할 수 있다.

그런데 간과하고 있는 것은 적폐, 부정부패의 근원적 온상은 정부 관료제의 의사결정과 집행, 평가, 피드백에서 시작되고 종결되기 때문에 공공기관의 적폐는 정부부처와 직접 연관된다는 점이다. 고위 관료나 정치인 등의 부정부패와 도덕적 해이 등에 대한 죄의식이 전혀 없다. 한국사회의 부패 정도는 87.5%다. 그들의 주요 적폐는 뇌물 수수(44.5%), 이권 개입(24.0%), 권한 남용(22.0%), 인사 청탁(8%) 등이며, 중앙정부의 경우 특권을 너무 누림(86.7%), 사회 불기여(68.9%), 법 준수 않음(80.5%) 등의 형태이다. 이러한 현상은 전관예우=전관범죄라는 등식으로 이어지며, 전관예우가 극심한 분야는 금융(94.3%), 법조(88.6%), 조세(69.3%), 국방(30%) 순이다.

정부부패의 경제적 비용은 세계 GDP의 2%에 이르며, 부정부패는 '공적인 권한을 사적 이익을 위해 남용하는 것'으로 정의된다. 퇴계(退溪, 1501~1570)는 재물과 이익에 집착하면 게걸병(탐욕병; 貪慾病)이 생긴다고 하였다.

2017년 중앙 지방공무원수는 약 936,000명, 공기업 직원을 포함하면 약

1,207,000여 명이다. 10여 년 전 임실군 인사비리로 구속된 임실군수는 "지방자치단체장의 70% 이상이 승진대가를 받고 있다"며, 「사삼서오」 부패 문화를, 장학사 매관매직 관행으로 불거진 교육계는 「장천감오」 구습이, 교수직 매매가는 '5천만~2억원' 이상이며, 2017년 현재 공기업 채용비리의 주요 사례는 지인 청탁, 낙하산 맞춤형, 여성지원자 고의 탈락, 금품 수수 등으로 나타났다.

　이상과 같은 적폐 척결 없이는 1인당 3만 불을 넘어서 5만 불 이상의 부국으로는 갈 수가 없다고 세계 경제학자들은 말한다. 싱가포르는 부정부패를 확실하게 뿌리 뽑아 1인당 GDP 3만에서 5만 불 이상인 부국이 되었다. 따라서 '그 누구도 신경 쓰지 않는다'는 왕(王)이 뱀에 물린 팔을 잘라내는 '장사단완(壯士斷腕)'의 결단이 요청된다.

　부정부패 방지는 현재의 제도와 법규로는 무력하다. 블록체인 도입만이 확실한 방법이다. AI 대체직무의 확대 등이다. 미국과 중국 등의 주요 기업의 약 90%가 이미 인공지능(AI) 기술을 기업 운영에 적극적으로 활용하고 있다. 기업 운영에 가장 광범위하게 활용된 AI 기술로는 머신러닝(52%), 컴퓨터 비전(48%), 자동 추론(43%), 로봇공학(41%) 등이 꼽혔다. AI와 인구 절벽시대 공무원 증원이야말로 새로운 '적폐'임을 분명히 알아야 한다. 신분과 보수구조의 메리트(연금, 신분보장 등)를 없애지 않는 한 공시족 문제를 해결하는 것은 불가능하다.

　현재의 공직제도 강점인 신분보장과 연금(보수의 안정화)구조 개혁이 우선되어야 한다. 대선의 5개년 간 '17만 명 채용공약' 이행은 재수정하여 20만 명 내외 수용분야를 지역정책과 연계하여 재구상해야 한다. 매관매직 당사자 처벌근거법 제정과 공익정보제공자 보호 등을 들 수 있다. 제도적인 매뉴얼을 통해 공인들에게 구체적인 행위와 수수가 어떻게 처벌받는지를 공지하고, 뇌물수수시 개인의 형사처벌 범위를 명시한다. 공무원 채용의 폐쇄적 구조를 개선하기 위해 5급 공무원 임용제도를 폐지한다. 그 효과는 공무원 조직 내의 계파, 학파, 지역, 고시 기수 등을 혁파하는 효과와 퇴직 후 공무원 낙하산 문제 해소, 관피아 문제 해소, 고시낭인 방지효과 등을 기대할 수 있다. 『비리척결백서』 발간과 대국민 보고회를 개최하여 부패척결 결과와 효과를 만천하에 공개하여 백성들의 동의를 구하고, 재발방지를 제도화할 것을 제언한다.

2. 10차 개헌의 접근법

첫째, 한국형 접근 대안으로 지방자치 분권형 '개헌국민회의' (가칭)를 제안한다. 각 분야별로 일정수의 국민을 추첨을 통하여 선출하고, 개헌국민회의에서 개헌내용을 논의하고, 결정하게 할 것을 제안한다. 특히 혼란한 사회를 여하히 안정화시킬 수 있는 국가 제도적 측면에서 삼봉의 통치사상을 현대적으로 재구성한다.

둘째, 접근방법 측면에서 먼저 아이슬란드 국민회의(헌법회의)는 '아래로부터의 헌법시대, 시민 참여형 개헌'을 끌어냈다(한겨레신문, 2017.1.1). 아일랜드, 남아공 등도 시민주도의 개헌을 추진한다. 아일랜드 시민의회 등의 예를 들 수 있다.

셋째, 제10차 헌법 개정의 사상적 토대로서 여말 선초 정도전의 헌법사상을 재조명하여 국가제도를 정초한 그의 백성, 국가, 군주 순위 사상 중심에는 백성을 가장 중시한 민유방본(民惟邦本)의 사상이 자리한다. 삼봉의 사상적 토대인 민본과 도덕성을 중시한 개헌초안을 국민이 참여하여 선택하게 한다. 한국형 접근 대안으로 지방자치 분권형 '개헌국민회의' (가칭)를 제안한다. 각 분야별로 일정 수의 국민을 추첨을 통하여 선출하고, 개헌국민회의에서 개헌내용을 논의하고, 결정하게 할 것을 제안한다.

넷째, 국회의원과 몇몇 전문가들이 토론하고 타협하여 헌법을 만들게 할 수는 없다. 그렇게 반복되어온 헌법 개정의 역사를 이제는 바꾸어야 한다. 개헌은 국민 스스로 헌법의 존재 이유와 우리가 지닌 헌법적 권리에 대해 묻고 답하는 과정이어야 한다. 새로운 헌법은 국민이 논의 과정과 결과에 주도적으로 참여하여 만들어야 한다.[25] 동시에 정치개혁이 전제되는 개헌이 되어야 한다. 국민은 정치를 신뢰하지 못하고 있다. 이러한 불신을 해결하지 못한다면, 국회의 개헌 논의는 '권력 나눠 먹기'가 아니냐는 우려와 비판을 피하기 어렵다. 국민이 지지하는 개헌이 되려면, 먼저 정치를 개혁하고 국회가 신뢰를 회복해야 한다. 무엇보다 민의가 제대로 반영되는 정치구조를 만들어야 한다. 승자독식의 선거제도를 고쳐, 국민의 정당 지지율이 정확하게 의석수로 분배되도록 해야 한다.

끝으로, 국민 헌법 발안권의 복원 및 국민참여 헌법 절차의 마련이다. 현행 헌법은 헌법개정 절차가 국회에게 독점되어 있다. 주권자에게는 국민투표에서 찬반투표를 할 수 있는 권한만이 부여되어 있을 뿐이다. 그러나 우리 헌정사에서 국민에게 헌법발안권이 분명하게 존재해 왔다. 불행히도 국민의 헌법발안권은 유신정권의 등장과 함께 별다른 이유없이 사라졌다. 헌법제정 및 개정권력자인 주권자에게 헌법발의권을 다시금 부여하는 것은 현행 헌법을 보다 민주화하는 데 가장 큰 이정표라 할 것이다. 아울러 개헌절차에 관한 국민의 참여를 필수적으로 보장하는 헌법 개정 및 법률 제정이 적극적으로 검토되어야 한다(국민개헌넷, 2018.1.25).

---

25) 시민사회가 청원한 '개헌 15대 과제'(민중의 소리, 2018.1.25.;국민개헌넷) 개헌 5대 원칙 및 15대 과제 등과 현 정부의 '100대 개혁과제' 등을 참조함.

V. 나가는 글

조선개국기 삼봉은 『조선경국전』에서 국가의 규모와 운영방식을 중국 고대의 다양한 시각을 조화롭게 엮어 대안을 조선에 알맞게 엮어 대안을 제시하고, 조선시대의 근본국가 통치철학인 경국대전의 모체를 제시하여 국가론 차원의 통치내용과 방법 등을 제시하였다.

특히 그의 의사상, 민본사상 등과 국호, 홍익인간 사상 등 이것이 오늘날 민족적 자유의식을 뒷받침하는 정신적 토대이다. 이러한 삼봉의 민본적 법치사상, 통치체제의 균형, 군주의 견제와 자기 수양 측면의 주요 내용들이 통치구조 개선을 위한 제10차 헌법개정의 사상적 토대로서 충분히 논의되고, 반영되기를 기대한다. 『조선경국전』에서 국가제도를 정초한 그의 백성, 국가, 군주 순위사상 중심에는 백성을 가장 중시한 민유방본(民惟邦本)의 사상이 자리하였음을 상기하여, 삼봉의 사상적 토대인 민본과 도덕성을 중시한 개헌초안을 국민이 참여하여 선택하게 한다. 한국형 접근 대안으로 지방자치 분권형 '개헌국민회의' (가칭)를 제안한다.

각 분야별로 일정수의 국민을 추첨을 통하여 선출하고, 개헌국민회의에서 개헌내용을 논의하고, 결정하게 할 것을 제안한다. 특히 혼란한 사회를 여하히 안정화시킬 수 있는 국가제도적 측면에서 삼봉의 통치사상을 현대적으로 재구성하여 개헌내용에 결합시킬 수 있는가를 찾아 봤다는 점에 연구의 의의가 있다.

[참고문헌]

권행완(2012). 『왕도와 패도: 정도전의 경세철학연구』 한국학술정보.

김경록(2004).「조선의 국가운영원리와 예」,『공사논문집』제55집.

김비환(2008).「경국대전 체제에 나타난 유교적 법치주의의 구조와 성격: 『조선왕조실록』기사를 중심으로」,『성균관법학』제20권 1호, 성균관대 법학연구소.

김인규(2014).「禮이념의 전개와 國家禮:『주례』와『조선경국전』을 중심으로」,『온지논총』제38집, 온지학회.

김인호(2005).「정도전의 역사인식과 군주론의 기반:『경제문감』의 분석을 중심으로」,『한국사연구』제131권 한국사연구회.

김인호(2002).「여말 선초 육전체제의 성립과 전개」,『동방학지』제118집, 연세대 국학연구원.

김일환(2007).「조선건국시기 법전편찬과정의 의의와 특징에 관한 헌법적 고찰」,『성균관법학』제19권 3호, 성대 비교법연구소.

김일환(2008).「입법가로서 정도전에 관한 헌법사적 고찰」,『성균관법학』제20권 1호.

도현철(2000).「『경제문감』의 인용전거로 본 정도전의 정치사상」,『역사학보』제165집.

_____(2009).「『삼봉집』의 전거를 통해본 신유학 수용」,『동방학지』제145집.

라용식(1988).「조선조 법전편찬에 관한 연구」,『법학연구』제10집, 원광대법대.

문철영(2011 봄).「정도전과『조선경국전』」,『인문정책포럼』인문사회연구회.

민병학·연명모(1988).「삼봉 정도전의 '재상중심정치'에 관한 연구」,『사회과학연구』제15권 1호, 충북대 사회과학연구소.

서정화(2016.9).「오리 이원익의 부동심과 청렴행정」,「서울대총동창신문」 제462호, 서울대학교.

_____(2017.4).「삼봉 정도전 법치사상과 『조선경국전』」,「서울대총동창
신문」 제469호, 서울대학교.

송재혁(2016).「정도전의 군주론: 『경제문감별집』을 중심으로」, 『정치사
상연구』 제22집 2호, 한국정치사상학회.

신병주(2015).「조선의 건국과 정도전」, 『박물관 역사문화교실, 17』, 국립
중앙박물관.

신주호(2016.9a).「정도전의 사상에 관한 헌법적 고찰」, 『경희법학』 제51
권 3호, 경희대.

_____(2016.9b).「정도전의 헌법사상에 대한 고찰」, 『홍익법학』 제17권
3호, 홍익대.

양승태(2008).「한국헌정이념사 연구 서설」, 『정치사상연구』 제14권 2호,
한국정치사상학회.

옥영정(2015).「새로 발견된 '조선경국전' 의 서지학적 가치」, 『조선시대
사학보』 제76집.

이상윤 · 이종수(2006).「21세기 지방자치와 지역문화」, 서울: 대왕사.

이재룡(1990).「삼봉 정도전의 법사상」, 『민족문화연구』 제23집, 고려대
민족문화연구소.

이종수(2018.1).「문재인정부의 부정부패 척결과제」, 『2018년 제1차 대한
민국 미래전략포럼』 전환기행정학회, 한국공공정책평가협회.

이종수 외(2017.12).「삼봉 정도전 수기관의 현대적 시사점」, 『한국행정
사학지』 제41호, 한국행정사학회.

이종수(2017.11).「AI시대 공직구조 개편과제」, 『인사행정학회 추계학술
대회논문집』 한국 인사행정학회.

_____(2017.5-6).「지방자치형 분권헌법 개헌」, 『자치의정』 지방의회발

전연구원.

_____(2017.1).「지방자치형 분권헌법의 개헌과제」,『대한민국미래전략포럼』한국공공정책평가협회.

_____(2016.12).「삼봉 정도전의 포폄관 분석」,『한국선비연구』제4집, 동양대학교.

_____(2015.12).「조선개국기 향헌의 현대적 활용방안과 과제」,『시민과 세계』참여연대.

이진표(2000).「삼봉 정도전의 경세사상」,『대불대학교논문집』제6집.

장동희(1985).「한국행정사」서울: 법문사.

정도전(1395).「經濟文鑑」下, 監司條.

鄭道傳(1971).『三峰集』, 국사편찬위원회.

정긍식(2015.6).「‘조선경국전’ 과 조선초기 법제 정비」,『법학』제56권 2호, 서울대.

정성삼(2014).「민본 개혁 꽃피운 사상가 정도전」,『유학과 현대』제15집, 박약회 대구광역지회.

정순우(1999).「조선전기 영남지역 평민층에 대한 교화와 교육」,『정신문화연구』제22권 3호, 정신문화연구원.

정호훈(2006).「정도전의 학문과 공업지향의 정치론」,『한국사연구』제135호, 한국사연구회.

진희권(2004).「조선초기의 관료제의 성립과 정도전을 통해선 본 사상적 기반」,『안암법학』제18호, 안암법학회.

한석태(1980).「조선경국전의 정치학적 고찰」,『논문집(인, 사)』제12집, 경남대.

한영우(2014).『조선경국전』올재클래식스.

한영우(2014).『미래와 만나는 한국의 선비문화』세창출판사.

제10장

삼봉의 융합 민본사상과 헤테라키

I. 들어가는 글

이 글에서는 자생적인 삼봉 정도전(1342~1398)의 융합민본사상의 재조명을 통해 기존의 근대 사회구조와 권력의 속성을 완전히 바꾸어 버리게 하는 인공지능, 블록체인(크립토 AI) 등의 기술발전에 대응하기 위하여 국민을 억압하는 데 치중해 왔던 관료 적폐와 국회 등 권력행사 주체의 제도적 적폐를 지적하고, 블록체인 기술의 속도, 내용과 블록체인 기법 적용사례 효과와 가능성을 도출하고, 한국적 적용방안을 제시하고자 한다. 이를 위한 연구의 목적은 AI 블록체인시대의 '주권적 시민성' 회복을 위한 권력의 주체이자 주인인 시민(국민)의 권리(주권적 주체)를 제도화하기 위하여 삼봉의 융합적 민본사상과 헤테라키의 융합방안을 제안하는 데 있다(이종수, 2018.8; 전명산, 2017; 허태욱, 2017).

본 연구의 필요성 측면은 제4차산업혁명시대 지능정보사회의 소프트파워는 서비스 경제, 공유 경제, 플랫폼 사회 등으로 변모함에 따른 연결과 지능을 기반으로 한 사회가 지능정보사회로 이는 인간이 주도하는 사회가 아니라 인간과 사물이 함께 지능을 가지고 주도하는 사회로 지능정보기술을 기반으로 한다. 하드파워보다 소프트파워가 중요해지고, 사회의 지배 양식은 수직적인 위계적 지배 질서가 아니라 수직·수평적인 혼계적 지배 질서로 변화하고 혼성 문화로 변화하고 있다(임혁백 외, 2016). 베버는 관료제는 합리적 조직이면서도 쇠창살(iron cage)이라고 했으나 그 합리적 조직이 흔적도 없이 무너져 가고 있어 그 제도 융합적 대응방향을 조명하고자 한다.

주요 접근방법으로는 헤테라키 시민성과 동서양 통섭모색, 융합민본사상을 바탕한 새로운 사회 치유방안을 모색할 필요가 있다. 필자의 선행연구(이종수, 2000; 2002; 2016; 2017; 2018), 전문학술지 분석, 일간신문 활용, 전문가 의견 수렴 등 활용(김세균, 2009)과 사회과학과 인문학을 토대로 한 학제적 접근(이종수, 2002; 2018)을 모색하고, 삼봉의 새로운 사상융합적 대안을 제시하고자 한다.

II. 삼봉의 융합민본사상과 헤테라키

제1절 융합 민본사상

1. 삼봉의 융합민본사상

15세기 전후의 삼봉의 『조선경국전』 융합민본사상은 마키아벨리 정치학이나 헤겔의 지적을 무색하게 한다(서정화, 2017; 이종수, 2018.2). 그의

『조선경국전』 법치사상은 전문을 포함한 백성중심의 통치제도를 성리학, 사공학, 경세학을 융합하여 현실사회에 구체화 했다는 점이다.

'융합'을 "다양한 형태의 만남과 깊이 있는 접촉"을 의미하는 것으로 보면 2010년 스티브 잡스(Steve Jobs)가 iPad2 발표에서 인문학과 결합된 기술을 강조하는 지점이 융합이다. '스티브 잡스'가 아이폰을 세상에 소개할 때 '인문학과 과학기술이 교차하는 지점'이라고 했듯이 '자연과학과 인문학'이 만나고, '기술과 예술'이 융합하면 개개의 분야에서는 찾아볼 수 없는 창조적인 일들이 만들어진다. 삼봉의 3교 통합사상 등을 예로 들 수 있다.

인공지능의 발달로 인한 문제를 해결하기 위한 학문융합과 관련 "공학자와 인문학자, 사회과학자가 합심해 해결해 나가야 한다"고 강조한다. 에드워드 윌슨의 'Consilience'(2007)은 '통합(Integration), 융합(Convergence), 통섭(Consilience)'을 구분. 융합(Convergence)은 화학적(Chemical) 결합으로 '다른 종류의 것이 녹아서 서로 구별이 없게 하나로 합함'이다. 통합이 물리적인 합침이라면 융합은 화학적 합침이다. 학제간 벽을 허물고 통합하자는 의미가 통섭이다. 이질적인 두 분야를 단순 통합하거나 종합하는 것이 아니라 이질적 학문분야 간의 소통을 강조한다. 통섭은 생물학적(Biological) 결합으로 전체를 도맡아 다스린다는 뜻으로 학문이 널리 통하는 큰 줄기(統)를 잡(攝)는다는 의미다. 통섭은 '지식의 통합'이라고 부르기도 하며 자연과학과 인문학, 사회과학을 연결하고자 하는 통합 학문 이론이다.

조선창업 사상을 『조선경국전』에 담은 삼봉의 국가제도를 정초한 지혜와 시사점을 융합적 민본사상과 제도적 왕권 견제책인 대간제도(사간원 등) 및 반 자율적 주민통제 제도인 향헌 등의 제도형성에서 찾아볼 수 있다. 삼봉의 권력제도의 근원은 민본(民惟邦本)에서 유래했다(이종수,

2014:121). 삼봉은 백성, 국가, 군주의 순으로 그 중요성을 자리매김한다.

역성혁명과 유교적 이상국가 건설을 통한 민본사상 구현 측면에서의 혁명과 민본 이념은 『맹자』에서 차용했으나, 맹자의 혁명이론은 개인과 개인 사이에 이루어지는 선양(禪讓)과 방벌(放伐)의 두 가지 형식이었으나 삼봉은 선비나 백성의 집단이 그 주체세력이 될 수 있다는 점에서 독창적이다. 삼봉의 통치, 혁명사상은 철저한 민본정신을 바탕으로 하고 있으며, 이러한 민본 중심의 민사상은 현대의 정치 행정사상으로 재조명되어 한국적 민본정신으로 이어져 나갈 필요성이 있다. 삼봉의 성리학, 사공학, 경세학의 결합 사상과 헤테라키 기술의 융합적 접근이다. 창의성과 창의력의 토대가 융합능력이다. 지능정보사회는 사회 전체가 하나의 플랫폼으로 작동하게 되어 플랫폼 사회적인 특성이 강화된다. 지능기술은 그것이 구현되는 사회의 플랫폼 수준에 의존한다. 공유와 연결에 지능이 부가되어 사회의 지배질서는 수직적인 위계적 지배 질서로부터 수직·수평적인 혼계적 질서 위주의 사회의 특징을 갖는다.

연결에 의한 관계는 사회 전반이 개방형 사회로 변화하는 기초가 되고, 통치(command and control)보다는 협치(governance)가 더욱 더 요구된다. 이를 헤테라키(heterarchy, 혼합) 민주주의로 정립하고자 한다. 헤테라키 민주주의는 국가, 시민, 시장이 권력을 공유하고(共治), 협력적으로 통치하는(協治) 합의주의형(consensual) 민주주의로, 웹 2.0시대의 소셜미디어 민주주의보다 한 단계 진화한 민주주의이며, 헤테라키 민주주의를 실현하는 기반이 바로 빅데이터이다.

2. 소프트파워와 삼봉의 사상융합

소프트파워는 연결과 지능을 기반으로 한 지능정보사회의 핵심적 힘이다. 정보만이 아니라 정보에 지능이 결합되는 사회는 그 이전의 사회와는 크게 다르다. 인간이 주도하는 사회가 아니라 인간과 사물이 함께 지능을 가지고 주도하는 사회가 된다. 기술적으로는 기계기술, 정보기술을 넘어 지능정보기술로 진화한다.

경제는 물질경제를 넘어서 서비스 경제화 되고 더 나아가 공유경제로 발전한다. 국가 간, 국가 내에서, 하드파워보다는 소프트파워가 더 중요해진다. 사회의 지배 양식은 수직적인 위계적 지배 질서가 아니라 수직—수평적인 혼계적 지배 질서로 변화하며, 혼성 문화의 특징을 갖게 된다.

삼봉 민본사상의 융합적 접근인 『경제문감』은 중국 남송대 만들어진 '주례정의'·'산당고색'·'서산독서기'·'주관신의' 등의 내용을 원용했는데, 이 부분이 '경제문감' 전체의 60%, 5분의 3 이상을 차지한다. 특히 '산당고색(군서고색후집)'을 토대로 주자의 주례관을 원용하며 중앙집권적 정치체제와 재상정치론을 제시하였다. 조선경국전의 구조가 중국의 『주례』와 차별적인 점은 무엇보다도 민본을 중시하고 있다는 점과 왕의 규정과 재상론(三政丞) 등으로 이는 성리학을 주로 하면서도 사공학 등을 융합적으로 반영하여 조선에 적용시켰다(서정화, 2017.4).

삼봉은 신왕조의 정권을 이론적으로 정당화하기 위하여 광범한 헌법적 원리를 융합적 민본사상을 중심으로 접근하였던 것이다.

제2절 블록체인 융합정부

1. 블록체인 민주주의, 기업정부

2016년 현재 민주주의제도 시행과 관련 현 제도 만족 294명(25.7%), 불만족 849(74.3%), 전혀 만족하지 않는다가 219명이 된다(임혁백 외, 2016:17). 바람직한 민주주의는 시민중심의 참여 민주주의(424명)과 시민참여와 대표를 융합한 새로운 민주주의(524명)으로 응답했다(임혁백 외, 2016:22). 그것을 헤테라키 융합민주제(도)라고 할 수 있다.

특히 국회에 대한 국민의 신뢰도는 15.3%에 그치고, 국민의 84.6%가 국민의 대표기관을 불신한다. 그런데 국회를 통제할 수 있는 기관은 국민밖에 없다. 블록체인을 도입한 전자투표로 직접민주주의를 강화시켜 국가기관을 통제하는 수밖에 없다. 2018 개헌 관련, "국회의원 국민소환제, 국민발안제" 등 도입 예정(2018.3.21)이었다가 무산됐다.

다른 한편 오늘날의 비토크라시(Vetocracy)를 중심으로 한 한국정치는 승자독식, 이념 대립, 지역주의 등 갖가지 밧줄에 묶여 시대의 변화 속도에 역행하고 있으며, 그중에서도 가장 단단한 밧줄은 거대 정당이 주도하는 '비토크라시(거부권 정치)' 로 비토크라시는 상대 정파의 정책에는 무조건 거부권을 행사하는 극단적 파당정치이다.

이런 상황하에서 대의민주주의를 직접민주주의 형태로 보완할 수 있는 것이 블록체인 기술이라는 주장이 강조된다. KAIST가 발간한 제안서 'RE-BUILD 코리아' 에 따르면 블록체인에 기반을 둔 융합민주제로 입법부의 혁신이 가능하다. 직접민주제를 대변할 수 있는 블록체인 의사결정 시스템으로 '온라인 하원' 을 구성하면 상·하원 협치의 장점과 시간, 비용 등의 문제가 해결된 직접민주제의 장점을 융합할 수 있다. 이렇게 되면 국민소환제 도입이 수월하게 된다.

당장 각종 선거나 여론조사에 블록체인 기술도입이 가능하다. 오프라인이 아닌 스마트폰 등을 통해 국민이 정부 의사결정 과정에 쉽게 개입할 수 있기 때문이다. 또 블록체인의 안전성을 고려하면 보안이 부실한 모바일 투표의 문제점도 보완할 수 있다. 가상공간에서 정치인들의 활동을 감시하고 평가할 수 있게 되는 것도 큰 장점으로 부각될 것이다.

블록체인 기술의 발전은 궁극적으로 가면 국가 권력에 대한 하나의 근본적인 도전이다. 사회를 유지하기 위한 신뢰의 최종적인 담지자 역할을 했던 국가 등 공공기관의 역할이 점차 축소된다.

WEF는 "전 세계 은행 가운데 80%가 블록체인 기술을 도입할 것"이며, "2025년에는 전 세계 GDP(국내총생산)의 10%가 블록체인을 통해 이뤄질 것"이라는 보고서를 내놓았고, '가디언'지는 이 기술을 활용, 금융, 정치, 교육, 의료, 환경, 헬스케어, 과학 등 광범위한 분야에서 새로운 시스템이 개발되고 있다고 전한다. 지난 2012년 반기문 전 UN 사무총장은 UN이 집행하는 개발자금 가운데 약 30%가 부패로 인해 사라지고 있다고 개탄한 이후 UN은 블록체인 기술을 기반으로 한 자금관리시스템을 도입, 블록체인 프로젝트를 통해 시리아 난민을 위해 가상화폐를 지불했고, 큰 성공을 거둔다.

블록체인이 혁신기술인 이유는 블록체인의 핵심은 '탈(脫)중앙화'로 국민들의 정보를 중앙관리자 없이 매칭할 수 있다는 뜻이며, 이 기술은 사회구조의 변화를 야기할 수밖에 없게 된다(포춘코리아 2018년도 1월). 블록체인이 관료적 공공기관을 대체하는 효과를 가져온다는 의미로 사회 구조의 어마어마한 변화가 녹아 있다. "투입 비용에 비해 최악의 성과를 내고 있는 집단이 정부다. 그런데 블록체인 기술이 정부를 더욱 효율적으로 바꿀 것이다.

21세기 세계거대자본이 '제4차산업혁명' 담론을 제기한 것은 정치적인 세계화 거대담론이 추락에 대응하고자 하는 자기 진로 확보에 기인한다. 정치사회적 세계화에서 과학기술 중심의 '4차산업혁명'을 내세워 거대기업이 변화의 주체가 되고자 함이다. 거대기업들은 법과 규제철폐를 위하여 정치로비와 언론을 통해 기업에 유리한 제도를 창출하고, 이윤을 창출한다.

그러나 사물인터넷(IoT)나 빅데이터 등을 통제하는 것은 거대자본이다. 페이스북이나 구글, 네이버 등의 검색정보는 고스란히 그들 회사에 저장되고, 나아가 거대기업의 이윤창출의 토대가 된다.

국가나 자본은 언제나 자기들 입맛에 맞게 가공하여 이용이 가능하다. 빅데이터는 인간의 행동을 예측하고 통제하게 한다. 글로벌 ICT기업(구글, 애플 등)들은 이제 그 자체가 정치, 경제적 권력자가 된다. 이런 기업을 견제할 주체가 없어진다는 것이 문제이다.

얼마 전 '로보캅'이란 영화가 있었다. 그 도시의 중심에 'OCP(Omni Consumer Products)'라는 거대기업이 있다. 처음 경찰 권력을 인수한 OCP는 나중에 도시의 소유권을 갖더니 마지막엔 다른 자본에 도시를 팔아먹기도 한다. 'omni(전체)'라는 이름에서 볼 수 있듯 OCP는 시민 생활에 필요한 모든 물건과 서비스를 제공하고, 도시 전역과 시민의 일상 곳곳에 그들의 손이 뻗쳐 있다. 기업이 일터인 동시에 소비처이고, 정부인 동시에 삶의 모든 것을 관할하는 '완전체'가 된다. 로보캅은 OCP가 지배하는 디트로이트에서 인간과 로봇이 결합된 경찰이다(중앙일보, 2018.3.25).

기업이 사회를 지배하는 미래와 관련 학계는 '초국적기업(Transnational corporation)이라는 모델로 설명한다. 어느 한 국가에 얽매이지 않고 여러 나라에서 생산·판매 활동을 하는 세계적 기업들로 이들에겐 국가 간 장벽도, 영토의 한계도 없다. 다국적 기업과 비슷한 의미지만 초국적 기업은 자본집단이 웬만한 국가보다 강력한 영향력을 행사하는 우려스런 상황이다.

정치학자 안토니오 네그리는 『제국(Empire)』에서 "제국주의와 식민 질서, 소비에트의 장벽이 무너진 지금 '제국'이라는 새로운 체제가 우리

앞에 모습을 드러낸다. 이는 경제·문화적 교환이라는 거스를 수 없는 전 세계적인 움직임이다"고 말한다. 여기서 '제국'의 핵심 주체는 특정국가가 아니라, 국경과 국적을 초월한 초국적 기업과 이들이 만들어 내는 거대한 자본의 흐름이다.

새로운 정부 모델 '기업국가' 그런데 요즘엔 '초국적기업'이 한 발 더 나아가 '기업국가'의 형태로 나아갈 것이란 전망한다. "기업의 힘이 갈수록 커지고 정부의 힘은 약해지면서 미래의 '기업국가'는 충분히 예상 가능한 시나리오"라고 말한다.

레닌은 『제국주의: 자본주의의 최고 단계』에서 '자본은 독점으로 치닫고, 이는 다시 한 국가를 넘어 다른 국가를 침략하는 제국주의로 진화한다'고 설명한다. 다만 과거의 제국주의는 국가가 중심이 돼 다른 나라를 침략하는 형식이었지만 미래 사회에선 제국을 만드는 주체가 국가가 아닌 기업이다. 네그리가 '제국'의 핵심을 기업과 자본의 흐름으로 규정한 것도 같은 맥락이다. 「로보캅」의 이야기처럼 오랫동안 정부의 영역으로 여겨졌던 공권력과 시민의 은밀한 사생활 곳곳에 침투해 영향력을 넓혀가고 있다.

기업의 영향력은 복지와 의료, 교육 등 공공의 영역까지 넘본다. 2018년 1월 아마존의 제프 베조스, 버크셔 헤서웨이의 워런 버핏, JP모건의 제이미 다이먼 등 3명은 의료분야에서 공통의 프로젝트를 실천하기로 했다. 국가의 의료복지시스템이 따라올 수 없는 새로운 차원의 서비스를 제공하겠다는 것이다.

블록체인 융합시대 도래와 관련하여 본 글에서는 블록체인 정부관료제란 AI, ML, 블록체인 기술을 정부 행정에 도입하여 새로운 공공서비스를 제공하는 시민지향 공공조직구조와 기능을 수행하는 공식조직이라는 관점에서 "블록체인 정부란 4차산업혁명 기술인 AI, 블록체인 기술을 행정 서비스에 접목하여 새로운 서비스를 제공하는 국민지향적 정부로, 블록체인 정부관료제란 AI 등 신기술을 행정과정에 적용하여 대국민 서비스를 제공하는 개인지향의 맞춤형 공직제도와 그 구성원 체제"라고 정의하고, 삼봉의 "융합적 민본사상은 백성중심의 유가철학과 조선에 적합한 성리학적 철학을 사공학, 경세학을 결합하여 조선 사회현실에 적용한 민본사상"으로 정의한다.

2. 빅데이터와 헤테라키 민본주의

지능정보사회는 사회 전체가 하나의 플랫폼으로 작동하게 되어 플랫폼 사회적인 특성이 강화된다. 지능기술은 그것이 구현되는 사회의 플랫폼 수준에 의존, 공유와 연결에 지능이 부가되어 사회의 지배질서는 수직적인 위계적 지배 질서로부터 수직·수평적인 혼계적 질서 위주의 사회의 특징을 갖는다. 연결에 의한 관계는 사회 전반이 개방형 사회로 변화하는 기초가 되고, 통치(command and control)보다는 협치(governance)가 더욱 더 요구된다.

이를 헤테라키(heterarchy, 혼합) 민주주의로 명명하고자 한다. 헤테라키 민주주의는 국가, 시민, 시장이 권력을 공유하고(共治), 협력적으로 통치하는(協治) 합의주의형(consensual) 민주주의로, 웹 2.0 시대의 소셜미디어 민주주의보다 한 단계 진화한 민주주의임. 헤테라키 민주주의를 실현하는 기반이 바로 빅데이터이다. 시민정책 제언과 빅데이터 활용(임혁백 외, 2017) 내용을 〈표 10-1〉에 예시한다.

헤테라키 민주주의는 주권자인 국민과 대표가 쌍방향적으로 정책을 공급, 응답, 소비하는 프로슈머와 프로유저의 관계이다. 바람직한 민주주의는 시민참여 보장이 핵심적 사항이다(임혁백 외, 2016:22).

〈**표 10-1**〉 시민 제언과 빅데이터 활용

정책 제안 플랫폼	다양한 정책제안 활용 플랫폼 구축과 분석시스템 활용: 밀도 있는 시민 밀착형 행정 서비스의 질적 제고
	공공데이터 축적에서 선제적 정책(preemptive policy) 마련을 위한 분석 단계로 전환 가능
빅데이터 거버넌스	공공데이터의 분석역량의 강화를 통한 시민요구 수렴 확대
	시민편익를 위한 빅데이터 예측시스템 개발을 위한 자원 마련 교통: 사고, 혼잡지역 및 시간 빅데이터 활용 안전: 공공데이터 활용한 예측시스템
	빅데이터 기반의 대표-시민 협업 정책결정 활성화

임혁백 외(2016:111).

헤테라키 메가트랜드는 빅데이터 기반 민주주의, 수요자중심 민주주의, 광장과 대의제 민주주의의 결합, 정의세우기 등으로 최근 교과부의 숙려민주주의 지역 보육 정책결정 사례헤테라키 시대이다. 최근 교육부는 '유치원 방과 후 영어금지' 정책숙려제로 결정하기로 하고, 안건발굴, 의견수렴, 대안모색, 결정 등 5단계 접근(이데일리, 2018.3.29) 시행 등을 예로 들 수 있다. 한 시대의 정치제도는 그 시대를 사는 사람들의 가치관, 지적 수준, 기술 등을 반영한다. 현재의 정치는 시민들의 직접 민주주의로 향하고 있으며, 이제 정치는 시민들이 휴대전화를 쥔 손으로 자신의 의견을 표명하는 '직접 민주주의'를 향해 빠른 속도로 진행한다.

3. 블록체인 도시정부 관료제

첫째, 관료제는 정보처리 자동화시스템이다. 최근 4차산업혁명이 화두가 되면서 '데이터 민주주의'라는 개념이 회자되고 있다. 정보독재시대에서 정보 통제시대를 거쳐 정보 개방시대가 열렸다. 작게 보면 행정정보

공개정책부터 데이터 민주주의가 시작됐고, '오픈 거버넌트'(열린 정부) 정책의 본격화다. 블록체인은 인간보다 신속, 정확하게 서비스를 제공하게 된다. 세계경제포럼(WEF)은 2025년 전세계 국내총생산(GDP)의 10%(8조 달러)에 해당하는 거래가 블록체인에 저장될 것으로 전망한 바 있다(이종수, 2018.1:10).

둘째, 블록체인과 '탈(脫)중앙화' 측면이다. 블록체인 기술은 국민들의 정보를 중앙관리자 없이 매칭할 수 있는 기술이기 대문에 사회 구조의 변화를 야기할 수밖에 없다(포춘코리아 2018년도 1월). 블록체인 기술로 할 수 있는 것과 관련 에스토니아의 '엑스로드(X-Road)' 서비스가 대표적. 병원에서 아기가 태어나는 순간, 블록체인을 통해 그 사람의 개인정보를 모든 사용자들의 컴퓨터에 분산·저장한다. 개인정보가 필요할 때에는 미리 입력해 둔 규칙에 따라 활용할 수 있다. 나중에 이 아이가 자라 부동산 거래를 하게 되면 신분증을 제출하거나 인감증명서를 제출하거나 하는, 별도의 개인 신분 증명을 할 필요가 없다. 태어나는 순간부터 개인인증 정보가 블록체인시스템에 그대로 저장되기 때문이다. 블록체인은 중앙통제 배제와 개인의 주체화 기능, 직접민주주의 투표 기능을 가지니 못할 일이 없다. 힘이 강했던 정부, 정치인, 금융기관 등은 약해질 수밖에 없다. 개인은 자신의 정보와 유통을 직접 통제하며 목소리를 내는 힘을 갖게 된다. 한 마디로 기존질서를 파괴하는 민주화 기술로서 이제 지구촌은 제3의 길로 간다.

블록체인기술은 신뢰의 보장, 기술생태계의 활성화, 온라인인증시스템 활성화, 제도투명성 보장, 지하경제 축소와 세원 증가라는 순기능을 선사한다. Nick은 "블록체인은 만물의 토대"라고 했으며, 빌 게이츠는 "블록체인은 기술적 마에스트로"라고 격찬했다. 블록체인기술을 적용한 공공조직이 DAO(Decentralized Autonomous Organizations)이다(이영환, 2016).

미래학자 해리 덴트는 "경제적 실패가 결국 정치적 혁명을 가져올 것이고, 20년 안에 폭발할 것으로 본다. 이 혁명은 사적 이익만 추구해 온 정치인들에게 빼앗겼던 민주주의의 권리를 미래의 시민들에게 되돌려 줄 것"이라고 예견하며, 이 같은 거대한 변화를 가리켜 산업혁명에 버금가는 네트워크 혁명이라고 명명하였다. 블록체인이 관료적 공공기관을 대체하는 효과를 가져온다는 의미로써 사회 구조의 어마어마한 변화가 녹아 있다. "투입 비용에 비해 최악의 성과를 내고 있는 집단이 정부였으나 블록체인 기술이 정부를 더욱 효율적으로 바꿀 것이다."

WEF는 역시 "전세계 은행 가운데 80%가 블록체인 기술을 도입할 것"이며, "2025년에는 전세계 GDP(국내총생산)의 10%가 블록체인을 통해 이뤄질 것"이라는 보고서를 내놓는다. '가디언' 지는 이 기술을 활용, 금융, 정치, 교육, 의료, 환경, 헬스케어, 과학 등 광범위한 분야에서 새로운 시스템이 개발되고 있다고 전한다. 지난 2012년 반기문 전 UN 사무총장은 UN이 집행하는 개발자금 가운데 약 30%가 부패로 인해 사라지고 있다고 개탄한 이후 UN은 블록체인 기술을 기반으로 한 자금관리시스템을 도입, 블록체인 프로젝트를 통해 시리아 난민을 위해 가상화폐를 지불했고, 큰 성공을 거둔다.

제3절 선행연구와 분석의 틀

1. 선행연구 분석

블록체인과 AI 등 지능정보사회 개관과 변화를 일별한다(임혁백 외,

2016; 2017; 전명산, 2017; 이종수, 2017). 공공성의 독점과 민주주의의 붕괴, 민본과 민주의 개념적 통섭 DAO 자율조직의 등장과 민주화 구현 가능성 등이다.

<표 10-2> 선행연구 분석

구분	선행연구 분석과 차별성		
	연구목적	연구방법	주요 연구내용
블록체인과 헤테라키	임혁백 외(2016,2017), 블록체인 정부	질적 접근	헤테라키 융합민주주의
	장우영(2017), 블록체인 정부	〃	융합민주주의
	전명산(2017), 블록체인 정부	〃	블록체인 정부
	신정근(2017), 융합과 통섭	인문학적 접근	융합인문학
	안외순(2001), 융합정치	〃	융합정치
	박창기(2016), 블록체인과 DAO	〃	DAO 조직구조
융합학과 삼봉의 융합사상	이종수(2017), AI와 공적 구조개혁	〃	AI와 공직구조 개선
	이종수(2018.5), 블록체인 정부관료제	〃	관료제 통제의 비효율성
	이종수(2018.8), 블록체인 도시행정 효과분석	〃	도시행정의 민주화
	이종수(2018), 『조선경국전』의 개헌시사점	〃	10차 개헌 시사점
	이종수(2018), 국립행정전문대학원과 AI	〃	AI와 관료충원 제도
	이종수(2018), 정부 적폐 적결과 AI	〃	AI와 적폐 척결
본 연구	블록체인 융합 민본사상과 헤테라키의 구현	〃	삼봉의 융합 민본사상의 시사점

정부의 지방분권 23년의 허실을 평가, 참조(이종수, 1994; 2015; 2016; 2017; 2018)하고, 집권의 폐해 노정 등은 이종수(2017.11)와 기타 측면은 이종수(2016.12)의 "삼봉 정도전의 포폄관 분석" 등 및 이종수(2015.12). "조선개국기 향헌의 현대적 활용방안과 과제" 등을 참조하였다.

둘째, 학제간 융합연구(이종수, 2000, 2002; 서정화, 2018.2)로는 민주주의의 한계와 융합민주주의의 가능성과 제도화, 민본과 민주의 개념적 통섭(신정근, 2017), 동서사상의 융합(안외순, 2001)과 융합민주주의(임혁백 외, 2016; 2017) 가능성과 과제 등이다.

셋째, 이종수는 블록체인 정부관료제(2018.5), 블록체인 도시행정 효과 등을 최근 발표했다(2018.8). 삼봉 민본사상의 의의와 실학적 연계(이종수, 2018.2) 가능성과 과제 제안 등을 들 수 있다.

2. 분석의 틀

이 글에서는 기존의 근대 사회구조와 권력의 속성을 완전히 바꾸어 버리게 하는 인공지능, 블록체인 등의 기술발전에 대응하기 위하여 국민을 억압하는 데 치중해 왔던 관료 적폐와 국회 등 제도적 적폐를 지적하고, 블록체인 기술의 속도, 내용과 블록체인 기법 적용사례 효과와 가능성을 도출하고, 자생적인 삼봉의 융합민본사상의 재조명을 통해 한국적 적용과 결합방안을 제시한다.

블록체인 기술의 속도, 내용과 블록체인 기법 적용사례 효과, 삼봉의 융합민본사상의 한국적 적용방안을 제시한다.

III. 삼봉의 융합민본사상 특성분석

제1절 융합민본사상

1. 융합적 민본사상과 차별성

첫째, 삼봉의 경세제민(經世濟民)이란 결코 어렵고 복잡한 것이 아니라 자연스럽고 쉬우면서도 그 혜택이 일반 백성들에게 미치는 실용적인 것이었다는 점이다. 민본정치 · 현인정치 · 위민정치 같은 것이 통치의 원칙을 제시한 것이라면, 삼봉이 『경제문감』에서 고민한 것은 어떻게 그 이상을 성취할 것인가 하는 보다 쉽고도 구체적인 문제였다. 오랜 유배생활을 통하여 백성들이 원하는 세상이 학자들이 머릿속에 그리는 추상적인 것이 아니라 매우 실제적인 것임을 깨달았다. 정도전은 정치란 윤리 · 도덕을 실현하는 것이며 그를 위해서는 경제생활의 안정이 필수로 경제생활의 안정이야말로 통치의 근본이라고 말했다.

둘째, 정도전은 자기 정체성의 기반인 정통 주자학뿐만 아니라 주자학에서 배격한 사공학 계열의 사상도 적극 활용했다. 정도전은 『조선경국전』의 치전(治典)을 보완해 만든 『경제문감』에 중국 남송대 만들어진 '주례정의' · '산당고색' · '서산독서기' · '주관신의' 등의 내용을 원용했는데, 이 부분이 '경제문감' 전체의 60%, 5분의 3 이상을 차지하고 있다. 이 책들은 주자학이나 주자학과 일치하는 사공학 계열의 저서들이었으며, 정도전은 특히 '산당고색(군서고색후집)'을 토대로 주자의 주례관을 원용하며 중앙집권적 정치체제와 재상정치론을 제시했다.

사공학은 왕안석 기준의 국가조직 경영관리 방안으로 경세학적 내용을 주로 한다. 정통성리학과 경세론 제도론을 확대강화한 조선의 정치체제를 정립코자 한 것이다. 그는 주자학, 사공학, 경세학을 원용하여 왕조의 통치질서 체제를 구축하고자 하였다.

정도전은 조선 왕조의 개국공신으로 토지 국유화와 가구의 크기에 따른 토지의 재분배를 주장했다. 또한 왕권을 제한하고 정치권력을 수상에게 부여하는 정치구조를 주장한 저명한 성리학자로 근대 역사학자들에게 매우 개혁적인 인물로 평가되고 있다.

셋째, 정도전은 유교 경전인 사서오경을 현실정치에 활용하여 독특한 경학체계를 수립했다. 또한 경학체계를 근거로 조선왕조의 건국과 체제 정비에 필요한 정치사상과 법제개혁을 구상했다(이종수, 2017.12).

넷째, 고려의 불교 지배올로기에 염증을 느낀 남송의 성리학(理 중심) 수용자(고려후기 고려 관료지배층, 사대부)들은 수전농업(중소지주)층으로 지배체제에 도전, 성리학적 혁명사상으로 비화된다. 삼봉의 역성혁명(고려 극복)은 거평 부곡의 생활과 맹자의 '역성혁명' 사상에 토대하였으며, 역성혁명의 목적은 부국강병을 이루고자 한 것이다.

다섯째, 삼봉의 개혁구상은 『조선경국전』, 『경제문감』, 『불씨잡변』 등에 전한다. 그의 개혁의지와 사상체계는 기본적으로 주자학을 바탕으로 하면서도 기층신앙으로 굳어진 불교, 도교, 참설 등을 묘합과 융합원리로 적용시켰다. 삼봉의 행정사상의 특징은 유교적 이상국가의 건설, 민본, 혁명사상의 발전적 체계화, 재상중심 통치체제의 구상, 배불론의 체계화, 민족적 자주의식의 고양 등으로 요약된다.

2. 삼봉민본사상의 차별성과 시사점

첫째, 정도전은 사서오경 가운데 주자학적 정치이념을 지향하면서 『주례』를 중시하는 가운데 새로운 국가정치체제의 기본골격을 제시하였다. 『주례』를 중시하고 법과 사공을 강조하였으며, 주자의 재상보다 강한 한나라 재상을 말하고, 군주 성학론보다 범용적 군주론을 제시하였던 것이다.

둘째, 성리학에서는 성(性)과 심(心)을 분리하여 본다. 심즉기(心卽氣), 성즉리(性卽理)의 관념이다. "心(氣)이란 것은 사람이 하늘에서 얻어가지고 태어난 기로써 허령하여 어둡지 않아 한 몸의 주인이 되는 것이요, 性(理)이란 것은 사람이 하늘에서 얻어가지고 태어난 리로서 순수하고 지극히 착하여 한 마음에 갖추어져 있는 것"이라는 것이다.

삼봉은 불교의 종지는 바로 마음(心)이기 때문에 심(心)이라 하였고, 도교의 종지는 기(氣)이기 때문에 도교를 대신하여 기라고 하였고, 유교의 종지는 리(理)이기 때문에 유교를 대신하여 리라고 했다. 삼봉은 유교를 우위에 두고 도교와 불교는 유교의 명령을 받아야 한다고 주장했다.

셋째, 백성 측면에서 보면 현대사회 공동체 형성과 관련 현대사회는 개인주의 발호로 공동체정신이 말살된 지 오래다. 따라서 그 회복의 대안으로서의 홍익공동체를 상정할 수 있다. 예전의 선인들은 향도(香徒)와 사장(社長) 전통에 토대하여 상두꾼(장례공동체), 사장(두레패), 향약 등으로 발전시켜 왔다. 따라서 현대 주민자치제도와 접맥시킬 수 있는 접점을 56조와 후대의 향약 시행 결과에 따른 사례를 중심으로 유형화하여 개발시킬 필요성이 제기된다.

민본적 함흥 향헌 시행 사례로는 태조는 1398년(7년) 그의 향리인 풍패(豊沛)를 위해 향가조목(鄕家條目) 41조를 삼봉에게 제정하게 하고, 추후 효령대군(補)으로 하여금 그것을 증본하여 향리에 반포, 실시하게 하였다. 풍패향헌(豊沛鄕憲)은 조선조 초기에 있어서 향풍을 올바르게 하고자 실시를 명한 태조 친제의 향헌 조목으로, 조선시대 지방자치 사상으로서 강자가 약자를 업신여겨서는 안 된다는 성리학적 사상이었다.

2018년 현재 오늘날의 시사점으로는 먼저 '백성의 복지와 관련', 민본 사상 측면에서 보면 정도전은 조선 500년의 법치 기틀을 다졌다. 로크보 다 300년 앞서 사회계약설을 설파한다. 민본, 애민사상을 바탕으로 한 재 상중심정치를 주장했다. 삼봉 정치·사회사상의 핵심은 "군주보다는 국 가가, 국가보다는 백성이 윗자리에 있기 때문에 백성은 국가의 근본인 동 시에 군주의 하늘이므로 군주는 백성을 위하고(爲民), 백성을 사랑하고 (愛民), 백성을 존중하고(重民), 백성을 보호하고(保民), 백성을 기르고 (牧民) 또는 양민(養民), 백성을 편안하게(安民) 해야 한다"는 '민본사상 (民本思想)'이었다. 이 내용은 백성들이 '자연 상태에서 벗어나기 위해 계약을 맺고 정부를 세운다'는 계몽사상가 존 로크(John Locke, 1632~ 1704)의 사회계약설보다 무려 3백 년이나 앞선 시기에 이미 사회계약설 의 핵심을 설파하였다.

 넷째, 관료적 측면은 기관간 견제와 균형을 유지해야 한다고 봤다. 삼 봉이 재상중심주의 제도를 주장한 이유는 자신과 동료들의 권력강화 목 적도 있었으나 그것보다는 혼·명이 불확실한 세습군주의 전제정치로는 민본정치를 보장할 수 없다는 신념에서 기초한 것이었다. 군주를 보필하 는 재상은 백관을 관리하고, 백성을 다스리는 일을 소임으로 삼았다.

 끝으로, 군주 측면이다. 군주는 최고의 통치권을 갖고 전국의 토지와 민을 지배하나, 실질적인 통치권은 재상(宰相)이 갖는 재상중심 체제를 지향했으며, 통치자의 부정·독재를 막기 위해 감찰권과 언권(言權)의 강화를 중시했다. 통치윤리는 인정(仁政)과 덕치(德治)가 근본이 되어야 하고 형벌은 보조적 수단이 되어야 한다고 했다.

 민본정치의 실현을 위해서는 외적의 침략을 막아내는 부국강병이 필 요하고, 이를 위해 병농일치를 통한 국방체제의 강화와 중앙군의 증대를 통한 수도치안의 강화를 지향했다.

제2절 블록체인 융합행정

1. 융합행정효과

(1) 공직 인사구조

첫째, 블록체인 행정자동화시스템으로 관료제 종말이 예상된다(전명산, 2017:242-247). 관료제의 자의성(恣意性, 이현령비현령)과 법 적용의 이중성 불가시대의 도래다.

둘째, 인력감축과 재정 투명성이다. 블록체인 적용 효과로는 일차적으로는 공무원의 수가 줄어들고 관료제가 빠르게 대체되면서 정부의 재정 지출의 효과 창출로 각종 데이터들이 투명하게 관리되면서 재정 효율성이 증대된다. 정부가 서비스를 개선하고 공공 데이터 보안을 강화하기 위해 블록체인 기술을 활용하는 것은 자연스러운 흐름이다. 장기적으로 블록체인은 공무원 일자리를 대체하게 될 것이다(이종수, 2018.8).

인사행정적 시사점(이종수, 2016:128-129) 측면에서 보면 삼봉은 『경제육전』에서 수령은 근민지직이라고 했다. 군수, 현령은 백성의 근본이라는 것이다. 정도전은 한, 당시대의 수령제도를 참조하여 수령의 자질과 평가 덕목을 초안하였다(『군서고색후집』, 권행완:246). 그의 관료제 형성과 포폄사상에는 성리학적 사상과 유배생활에서 체득한 위민의식이 강하게 배어 있다(이종수, 2014). 그의 포폄관은 중국의 사공학을 인용하면서도 소송, 납세, 부역을 중시하기보다 토지를 넓히고, 호구를 증대하며, 학교를 진흥시키는 실적을 중시했다는 점이다.

지방외관과 관련해서 보면 그의 법치사상은 청렴관료와 부패 예방을 위한 단서가 될 것이다(이종수, 2015.11). 효령의 하명을 받아 시행한 함흥 향헌 제15조 관사불근(官事不勤) 공직자가 공무를 소홀히 하는 행위,

제19조 여사농권(旅師弄權) 군지휘관이 직권을 남용하는 행위, 제22조 간이작폐(奸吏作弊) 간교한 공직자가 민폐를 끼치는 행위, 제23조 회뇌 간청(賄賂干請) 공직자에게 뇌물을 주어 부당한 일을 꾀하는 행위, 제24 조 이강능약(以强凌弱) 강한 사람이 약한 사람을 짓밟는 행위, 제30조 빙 공영사(憑公營私) 공무를 핑계로 사욕을 챙기는 행위, 제33조 지비류거 (知非謬擧) 그릇된 줄 알면서 남에게 알선하는 행위, 제35조 타농허비(惰 農虛費) 직무는 게을리 하고 낭비는 헛되이 하는 행위 등의 조목은 현대 적으로 시사하는 바가 크다.

삼봉의 고과법은 덕행의 왕도적 요소와 실무능력을 중시하는 패도적 요소를 조화롭데 정립시킨 제도였다(권행완:249). 유자로서의 삼봉의 공 로는 무엇보다도 유교국가를 창업하여 유교이념을 현실정치에 적용, 반 영하여 실행하고, 명실상부한 이론과 실천적 정치문화로 정착시켰다는 점에 있다.

끝으로, 삼봉포폄제도의 현대적 시사점은 한국행정학에 있어서 인사 제도적 골간은 주로 일제시대 잔재와 1950년대를 전후하여 도입된 미국 식 인사행정제도에 경도되어져 왔으며, 그들의 제도를 금과옥조처럼 받 아들여 정통이라고 여겨져 왔다. 그러나 우리 문제는 우리들 자신에게서 찾아 치유해야 맞다. 그런데 외국제도를 우리 문화적 토양에 맞추려니 잘 작동하지 않았던 것이다. 우리 문제의 해법을 우리의 전통과 행태에 적합 하게 접근해야 답이 얻어진다.

특히 조선인사제도의 토대인 삼봉 정도전의 성리학 사상을 바탕으로 한 덕(德)과 실적(實績) 중심 의 포폄제도의 내용과 실행은 현대인사제도 의 이론적 출발점을 14세기로 끌어올렸다는 점과 영·미 중심의 인사제 도적 틀을 '자기화' 시킬 수 있는 이론적, 실증적 근거를 찾아 제시했다 는 점에서 독창성과 전통성이 인정되며, 그런 측면에서 학술적 의의가 크다. 특히 중국의 『주례』 등을 수용하면서도 조선에 적합하게 변용시켜 적용한 정도전과 조준 등의 인사제도적 개선노력이 돋보인다는 점을 시사 받을 수 있다.

(2) 선거 효과와 민주주의

28일 '가디언' 지는 이 기술을 활용, 금융, 정치, 교육, 의료, 환경, 헬스케어, 과학 등 광범위한 분야에서 새로운 시스템이 개발되고 있다. 대표적인 분야가 민주주의의 기반이 되고 있는 선거(voting)다(사이언스 타임스, 2018.1.19).

기존의 선거방식을 보면 투표자들은 선거를 관리하는 중앙 통제기관으로부터 신분 확인을 받아야 함에 따라 세계 각국은 투표자 신분 확인을 위해 엄청난 자금을 투입해 왔으나 투표함 관리, 온라인 선거 등에서 사고가 발생하기 일쑤였다.

6.13 지방선거비용은 1조 700억원이다. 해킹이나 부정선거에 대한 우려 없이 스마트폰 클릭 한 번으로 어디서나 투표할 수 있다면 투표 장벽을 낮추고 투표 관리에 들어가는 비용도 비약적으로 줄인다. 나아가 중요한 정책에 대해 수시로 국민투표를 실시할 수 있다면 직접 민주주의의 실현도 가능하다.

스마트 컨트랙트 기반의 온라인 투표시스템은 투표 항목, 투표 참여자, 투표 후보자, 투표 시간 등 투표 업무에 필요한 일체의 요소들과 복잡한 투표 프로세스를 혁신한다. 그리고 중앙선관위 기관 없이도 신뢰도 높은 온라인 투표를 할 수 있게 된다(한국경제신문, 2017). 선관위는 2013년부터 온라인 투표시스템 '케이보팅(K-voting)'을 운영해 오고 있다. 케이보팅은 지난 6월까지 5년여 간 총 3788건의 선거에 활용됐다. 아파트 조합 투표, 대학교 총장선거 등을 비롯해 주주사원의 투표로 선출하는 한겨레신문사 대표이사 선거에도 활용됐다.

최근엔 높은 공공성이 요구되는 정당 경선에도 활용 사례가 늘고 있다. 2016년 정의당 총선 후보자 경선, 지난해 바른정당 대선후보 경선에 이어 올해 자유한국당도 지방선거 경선에 케이보팅을 이용했다.

케이보팅의 장점은 명확하다. 스마트폰만 있으면 어디서든지 투표 참여가 가능하다. 지난해 1월 한겨레신문사의 대표이사 선거에서도 각자 출입처에 나가 일하는 기자들이 회사에 들어오지 않고도 투표를 진행했다. 손쉬운 투표 참여는 투표율 제고에도 도움이 된다. 비용이 줄어든다는 점도 장점이다. 선관위는 종이 투표의 경우 1인당 투개표 비용이 약 5000원 들어가는 데 반해, 케이보팅의 1인당 비용은 약 770원이라고 밝혔다.

(3) 블록체인과 탈 중앙자율조직(DAO)

D-CENT(decentralized citizens engagement technology)를 수단으로 시민의 직접 정책 결정 참여(허태욱, 2017:121)하고 있다. D-CENT는 개방형 플랫폼에서 시민들이 직접 참여한다. 스페인, 아이슬란드, 핀란드 등에서 운영 중이며 CAPS를 통해 참여를 지원하고 있다.

블록체인 도시행정에 대한 신뢰의 힘은 정부의 투명성을 높이고 행정의 효율화를 가능케 하며 개인의 주권을 한껏 고양할 것이다. 블록체인은 기존 중앙 방식과 달리 실시간으로 모든 정보를 분산하게 하며 정부의 업무 효율성과 국민의 편의 증가를 견인한다(전명산, 2017).

(4) 재정 투명성

영국은 2016년 국가 차원의 블록체인 기술 도입을 선언했다. 그리고 민간 기업과 협력해 다양한 실험을 진행하며 블록체인 기술에 대한 국가적 역량을 축적해 나가기 시작했다. 투표시스템에서부터 에너지 산업 활성화, 주요 사회기반시설을 사이버공격으로부터 보호하는 일까지 다양한 공공서비스에 블록체인 기술을 접목하려는 시도가 계속됐다. 그 해 5월 영국 노동연금부(DWP)가 단행한 실험 역시 그 연장선상에 있었다. 바로 복지수당 지급시스템에 블록체인 기술을 적용하는 것이다.

블록체인으로 연간 5조 원 부정수급 방지이다. 대표적 복지국가인 영국은 매년 160억 파운드(한화 약 238조 8,000억 원)의 세금을 사회적 취약계층에게 복지수당으로 지급한다. 문제는 부정수급과 행정실수 등으로 인해 새어나가는 금액이 연간 35억 파운드(약 5조 349억 원)에 달한다는 것이다. 구체적으로는 고의적 부정수급이 약 12억 파운드, 수급자 실수로 인한 과잉지급이 15억 파운드, 행정직원 실수로 인한 손실이 7억 파운드 가량 되는 것으로 영국 정부는 추산하고 있다(한국일보, 2018.8.20).

(5) 지방분권과 집권 배제

중앙정부보다 지방정부가 더 뜨겁다. 블록체인이 가져올 분권의 실질적 효과에 주목해서다. 지방정부는 법적, 제도적 한계로 인해 중앙정부와 종속관계를 벗어나기 어렵다.

그러나 블록체인은 가상통화를 통한 독자적인 지역경제 생태계 구축, 지방행정의 방향성 전환, 직접 민주주의 구현을 통한 공동체 강화, 나아가 도시국가의 초석 마련을 기술적으로 가능케 해 줄 수 있을 것으로 기대된다(전명산, 2017:251).

무엇보다 블록체인이 지자체장 예비후보들의 구미를 당기는 것은 탈중앙화 속성이다. 지방정부는 재정이나 행정 혁신 등에 대해 중앙정부에 종속될 수밖에 없고 이는 중앙정부와 지방정부간 갈등을 빚는 가장 큰 요인이다(이종수, 2018.8).

2. 블록체인 혁신

2018년 6월 6.13 지방선거와 '제10차 개헌안' 추진과 관련한 정부혁신의 방향의 주요 내용 조사결과(임성근, 2018:38)로는 첫째, 의사결정의 투명성, 공정성, 둘째, 정책결정의 공동설계와 참여 등이다.

관료제 중심의 정책결정은 종착점에 이르렀다. 정부혁신의 원초적 혁신을 추동하는 블록체인 지능형 정부 서비스 사례를 〈표 10-3〉에 예시한다.

〈**표 10-3**〉 지능형 정부(예시)

알아서 제공하는 '비포어서비스'	국민이 찾거나 기다릴 필요없이 국민 개개인의 생활요건, 위치, 상황별 요구 등에 따라 수혜서비스를 Push방식으로 제공
3-Any '개인비서' 서비스	생애주기를 넘어 틈새수요까지 알아서 인지하고, '희로애락' 등 감성을 이해할 수 있는 국민을 위한 개인비서형 서비스
자기학습기반 선제적 행정 프로세스로 재설계	인공지능이 공무원의 비서로서 업무프로세스를 자가진단, 개선, 기존 정책데이터 분석을 통해 '숨은 정책수요'를 발굴
사회배려자를 위한 디지털 밀착서비스	지리적, 신체적 소외계층을 대상으로 '이동이 필요없는 서비스(stable service)'를 받을 수 있는 환경 제공
상황인지 기반 '지능형 안전망' 구현	지역별 범죄율, 재난(지진, 폭설 등) 발생 통계, 국민 행동패턴 등을 분석하여 선제적인 사고 예방 및 재난 예측력 강화

행정안전부(2017:5), 「지능형 정부」

Ⅳ. 삼봉의 민본사상과 융합민주주의

제1절 융합행정 관료제 대응

1. 블록체인과 시민참여

융합민주주의의 가능성과 한계 측면에서 보면 헤테라키는 곧 권력 공유현상이다. "블록체인 혁명은 20년 안에 폭발할 것이며, 이 혁명은 사적 이익만 추구해 온 정치인들에게 빼앗겼던 민주주의의 권리를 미래의 시민들에게 되돌려 줄 것"이라고 예견한다.

이 같은 거대한 변화를 산업혁명에 버금가는 '네트워크 혁명'이라고 할 수 있다.

블록체인 민주주의는 정치개혁, 온라인 의회구현과 국회소환제도의 실현 및 주민주권의 회복 등 블록체인 기술은 다양한 분야에 접목할 수 있다.

대의민주주의를 직접민주주의 형태로 보완할 수 있는 것이 블록체인 기술이라는 주장이 강조된다. KAIST가 발간한 제안서 'RE-BUILD 코리아'에 따르면 블록체인에 기반을 둔 융합민주제로 입법부의 혁신이 가능하고, 직접민주제를 대변할 수 있는 블록체인 의사결정 시스템으로 '온라인 하원'을 구성하면 상·하원 협치의 장점과 시간, 비용 등의 문제가 해결된 직접 민주제의 장점을 융합할 수 있다. 이렇게 되면 국민소환제 도입이 수월하다.

당장 각종 선거나 여론조사에 블록체인 기술을 도입하면 비용을 획기적으로 절감할 수 있다. 오프라인이 아닌 스마트폰 등을 통해 국민이 정부 의사결정 과정에 쉽게 개입할 수 있기 때문이다. 또 블록체인의 안전성을 고려하면 보안이 부실한 모바일 투표의 문제점도 보완할 수 있는데, 가상공간에서 정치인들의 활동을 감시하고 평가할 수 있게 되는 것도 큰 장점으로 부각될 것이다.

빅데이터는 시민들에게 무한한 정보를 제공함으로써 시민들이 '완전한 정보를 가진 시민(informed citizen)'이 되게 하는 기반이 된다. 따라서 빅데이터에 기반한 정보를 가진 시민이 정책의 생산자, 공급자이면서 동시에 정책의 사용자, 운용자인 프로유저(pro-user)가 됨으로써 사회의 대표와 시민간에 진정한 수평적 협력 관계(協治), 권력의 공유(共治)를 실현할 수 있게 한다(한국정보화진흥원, 2016).

사회의 시대 관련 빅데이터가 기반이 되는 새로운 민주주의 형태가 오히려 '빅데이터 브라더(Big Data Brother)'가 되지 않도록 유의해야 한다. 인류의 역사는 빅 브라더와 같은 리더에 의해 파행을 겪은 아픔을 고스란히 간직한다.

정부나 파워를 가진 어떤 집단이 독주하지 않도록 개방적인 시민사회의 참여를 통한 견제와 균형이 보완되어야 한다.

헤테라키(heterarchy)의 속성과 정의(임혁백 외, 2016:18-19;2017). 헤테라키 민주주의는 주권자인 국민과 대표가 쌍방향적으로 정책을 공급, 응답, 소비하는 프로슈머와 프로유저의 관계이다. 바람직한 한국민주주의는 시민참여 보장에 있다.

2018년 현재 민주주의 제도의 불만 정도 관련 현 제도 만족 294명(25.7%), 불만족 849명(74.3%), 전혀 만족하지 않는다가 219명이 된다. 바람직한 민주주의는 시민중심의 참여 민주주의(424명)과 시민참여와 대표를 융합한 새로운 민주주의(524명)으로 응답했다. 주민자치와 백성의 원권(原權) 행사기반이 블록체인 도입에 달려 있다.

2. 삼봉의 융합민본사상과 융합민주주의 구현

첫째, 최근 4차산업혁명이 화두가 되면서 '데이터 민주주의' 라는 개념이 회자된다. 정보독재시대에서 정보 통제시대를 거쳐 정보 개방시대가 열린다. 작게 보면 행정 정보 공개 정책부터 데이터 민주주의가 시작됐고, '오픈 거버넌트' (열린 정부) 정책이 본격화된다.

둘째, 삼봉의 융합민본사상의 토대인 삼봉의 수기관(이종수, 2017.12)에서 보면 삼봉은 수기는 정좌로, 치인은 교화를 통하여 접근하였다. 삼봉은 백성을 유교정치 목적으로 상정하고, 백성과 가장 가까운 거리에서 다스리는 군수와 현령은 백성의 근본으로서 백성의 목자가 되어야 한다고 했다.

제2절 활용방안

1. 사회적 활용

첫째, 현대적인 제도화 측면에서는 종로구청 일대에 해방구로서의 '삼봉의 거리' 를 조성하고, 그곳에 삼봉 흉상을 건립하거나 세종로에 동상 건립을 제안한다. 종로구청 일대에 '피마촌' (避馬村)을 건설한다. 피맛골 인근의 인사동과 북촌, 청계천, 남산골과 연계한 코스의 개발로 내외관광객들의 관심과 참여, 만족과 자발적 전파를 유도해야 한다. 기타 인왕산, 나주목 초사, 단양 도담삼봉, 영주 사택, 평택 문헌사, 종로 삼봉거리 연계 프로그램을 개발한다. 삼각산 '삼봉재 정좌프로그램' 개설과 활용, 도성 걷기 체험 프로그램 등과 연계한다.

둘째, 유교적 공동체 사회구현 측면에서 유교적 공동체, 힐링과 참여로 공공구현, 마음의 병의 근원은 자기망각인 경(敬)의 부재를 극복하는 프로그램 개발 등을 들 수 있다.

셋째, 부정부패 방지는 현재의 제도와 법규로는 무력하다. 블록체인 도입만이 확실한 방법이다. AI 대체직무의 확대 등과 관련 미국과 중국 등의 주요기업의 약 90%가 이미 인공지능(AI) 기술을 기업 운영에 적극적으로 활용하고 있다. 기업 운영에 가장 광범위하게 활용된 AI 기술로는 머신러닝(52%), 컴퓨터 비전(48%), 자동 추론(43%), 로봇공학(41%) 등이 꼽혔다.

끝으로, 서초구는 반계 유형원의 『동국여지지 과천현』편에 '삼봉 정도전의 묘는 과천현 북동쪽 18리이다(현 서초구청 일대)' 란 기록에 근거하여 2013년 10월 서울시사편찬위원회의 고증을 받아 기념비를 세움으로써 '삼봉'을 상징하는 세 개의 봉우리로 빗돌을 형상화했다(경향신문, 2013.11.10).

2. 블록체인 분권형 정부

첫째, 블록체인 정부의 장점은, 1) 해킹 컴퓨터시스템의 사이버 공격 방지, 2) 복지비용 절감과 금융 포용성 확대, 3) 정부 지원금 투명성 확보, 4) 경제성장과 고용 확대, 5) 탈세 축소 등 DAO 조직의 가능성 등이다(박창기, 2016).

둘째, 한국의 경우도 예산낭비와 부패, 무능의 고질적 관료제 현상을 블록체인 도입으로 개선할 수 있다. 먼저 예산집행 내역 등 행정정보데이터를 블록체인에 담아 공개한다. 동시에 단순 업무와 인증, 보증 업무를 블록체인 기술로 대체한 자율신뢰시스템의 도입 시행이다. 선거의 경우 블록체인 모바일투표로 직접 민주제를 확대시킨다. 미국과 유럽 등 세계 각국에서는 직접민주제가 국회의원과 관료를 대체하고 있다.

"민중은 개나 돼지", "국민은 레밍"이라는 이들이 파면됐다가 복직되는 나라다. 블록체인 투표는 부정이 없고, 비용이 적게 들며, 실시간 집계되고, 편리하게 집행된다. 우리는 간접, 직접민주제 비율이 99:1이다. 70:30 정도로 늘리면 정치인, 관료의 부패나 무능을 방지하고, 세금낭비를 적게 하여 투명사회를 이룰 수 있고, 경제성장도 촉진된다.

3. 삼봉의 문기(文氣)

삼봉(三峯)의 거의소청(擧義掃淸)은 국운을 바로잡기 위하여 정의의 깃발을 들고 오랑캐나 소인배를 깨끗이 청소하는 일이다. 조선의 선비들은 인, 의, 바름, 슬기, 배려, 채임, 신뢰 등을 중시했다. 혁명가 삼봉은 "포단(蒲團) 깔고 앉아 정좌"했다. 정좌는 '고요하게 앉음'이다. 삼봉은 '심즉리(心氣理)'에서 호연지기란 의리를 실천하는 정기라고 하였다. 삼봉의 정좌는 끝없이 일어나는 사욕(私慾)을 극복하기 위한 올바른 '정신 붙잡기'였다는 점이다(이종수, 2017.12).

이이는 마음을 보존해 정신을 혼미하지 않게 하는 방도로 정좌를 내세웠으며, 상촌 신흠은 "정좌(靜坐)는 하루의 사업이고, 정와(靜臥)는 하루밤의 사업이다"고 했다. 유가 수양법은 마음을 다스리는 것은 존심(存心)이고 양심(養心)으로 존심은 마음을 보존하는 것이다. 의식적으로 붙잡아 잃지 않으려는 행위라고 한다면, 양심(養心)은 마음에 영양분을 공급하는 것이다. 양에는 두 가지가 있으니 자신을 기른다는 의미의 양기(養己)와 남을 기른다는 의미의 양인(養人)으로 나를 기르고 남을 기른다는 의미이다.

퇴계(退溪) 이황의 '마음 다스림'의 방법은 정좌하여 고요한 마음상태에서 거경궁리(居敬窮理)하여 학문의 이치를 깨닫는 산수(山水) 생활에 기반을 두었다. 최근 도산서원 선비문화수련원 부설 '도산서원 거경대학(居敬大學)'을 운영 중이다.

거경(居敬)은 성리학 수양의 두 가지 방법으로 거경과 궁리(窮理)에서 온 것으로 궁리는 외적 수양법이며 거경은 내적 수양법으로 몸과 마음을 삼가 바르게 가짐을 뜻한다. 둘 다 퇴계 선생이 매우 중요하게 여긴 학문의 기본이자 수양법이다.

V. 나가는 글

본고에서는 기존의 근대 사회구조와 권력의 속성을 완전히 바꾸어 버리게 하는 인공지능, 블록체인(크립토 AI) 등의 기술발전에 대응하기 위하여 국민을 억압하는 데 치중해 왔던 관료 적폐와 국회 등 권력행사 주체의 제도적 적폐를 지적하고, 블록체인 기술의 속도, 내용과 블록체인 기법 적용사례 효과와 가능성을 도출, 자생적인 삼봉의 융합민본사상의 재조명을 통해 한국적 적용방안을 제시하였다.

이를 위한 연구의 목적은 AI 블록체인시대의 '주권적 시민성' 회복을 위한 권력의 주체이자 주인인 시민(국민)의 권리(주권적 주체)를 제도화하기 위하여 삼봉의 융합적 민본사상과 헤테라키의 융합방안을 제안하였다. 이론적 측면은 삼봉의 융합민본사상과 현대 헤테크라시의 접목가능성과 방안 등을 통하여 조선시대 백성과 현대국가 국민의 민본, 민주적 참여와 한계 측면 조명과 극복방안을 블록체인 프로그램 도입과 정착으로 접근하고자 하였다.

그러나 2018년 현재 태동하고 있는 기술발전을 상정하고, 민본이나 원권을 지향하는 이론적 접근이라는 점에서 이 연구는 치밀한 현상분석이기보다는 변화 대응을 한국적 자생이론에 대한 개인적인, 학문적인 호기심 차원의 융합적 자생이론의 고찰과 적용 가능성 분석이라는 원초적 한계를 갖는다. 따라서 불원간 제도화가 점쳐지는 블록체인 정부기능과 원권에 대한 치밀한 후속연구가 지속되어야 할 것이다.

[참고문헌]

권행완(2012).『왕도와 패도: 정도전의 경세철학연구』한국학술정보.

김세균(2009).「자연과학과(인문)사회과학의 만남. '해석학적 비판과학'의 학문통합을 위하여」,『한국사회과학』제31권, 서울대.

박창기(2016.11).「대한민국이 4차산업혁명에 성공하려면 정부 4.0으로 전환해야 한다」,『장정숙의원 세미나자료집』장정숙의원실.

서정화(2017.4).「삼봉 정도전 법치사상과『조선경국전』」,「서울대총동창신문」제469호, 서울대학교.

안외순(2001).「19세기말 조선의 민주주의 수용론의 재검토: 동서사상 융합의 관점에서」,『정치사상연구』제4권, 한국정치사상학회.

이종수(2018.8).「블록체인 도시행정 효과 분석」,『하계학술대회논문집』한국지방자치학회.

_____(2018.8).「지방분권 24년 평가와 과제」,『하계학술대회논문집』한국지방자치학회.

_____(2018.5).「블록체인 정부관료제 개혁과제」,『춘계학술대회논문집』한국인사행정학회.

_____(2018.4).「국립 행정전문대학원 진로」,『2018년 춘계학술대회논문집』한국정책학회.

_____(2018.2).「삼봉『朝鮮經國典』의 10차 개헌 시사점」,『2018년 동계학술대회논문집』한국지방자치학회.

_____(2018.2).「지방분권 23년 평가와 과제」,『2018년 동계학술대회논문집』한국지방자치학회.

_____(2018.1).「문재인정부의 부정부패 척결과제」,『2018년 제1차 대한민국 미래전략포럼』전환기행정학회, 한국공공정책평가협회.

이종수 외(2017.12).「삼봉 정도전 수기관의 현대적 시사점」,『한국행정사학지』제41호, 한국행정사학회.

이종수(2017.11).「AI시대 공직구조 개편과제」,『인사행정학회 추계학술대회논문집』한국인사행정학회.

_____(2017.1).「지방자치형 분권헌법의 개헌과제」,『대한민국미래전략포럼』한국공공정책평가협회.

_____(2016.12).「삼봉 정도전의 포폄관 분석」,『한국선비연구』제4집, 동양대학교.

_____(2015.12).「조선개국기 향헌의 현대적 활용방안과 과제」,『시민과 세계』참여연대.

_____(2014).「정도전의 민본행정사상 연구」,『한국행정사학지』제35호, 한국행정사학회.

_____(2014).「삼봉의 과전법 집행사례 분석」,『공공정책연구』제21권 2호, 한국공공정책학회.

임성근(2018.4).「분권형 국가와 정부혁신」,『2018 정책학회 춘계학술대회논문집』

임혁백 외(2017).『빅데이터 기반 헤테라키 민주주의 메가 트랜드』한국정보화진흥원.

임혁백 외(2016). 『빅데이터 기반 헤테라키(융합) 민주주의: 현황과 전망』 한국정보화진흥원.

전명산(2017). 『블록체인 거번먼트』 알마출판사.

장우영(2017). 「복합지배민주주의를 위하여」, *Issue & Review on Democracy* 한국민주주의연구소.

鄭道傳(1395). 「經濟文鑑」 下, 監司條.

鄭道傳(1971). 『三峰集』 국사편찬위원회.

鄭道傳 『朝鮮經國典』

한국정보화진흥원(2016). 『ICT기반 국가미래전략 2015: BIG STEP』 한국 정보화진흥원.

한영우(2014). 『조선경국전』 올재클래식스.

행정안전부(2017). 「지능형 정부 기본계획」

허태욱(2017). 「4차산업혁명시대 블록체인 거버넌스시스템으로의 전환 과 시민사회의 역할에 관한 서설적 연구」, 『NGO연구』 제12권 2 호, 한국NGO학회.

제11장

창의·감성 함양을 위한 융합명상

I. 들어가는 글

본 연구는 급변하는 4차산업혁명기술사회 환경에서 인간의 고유성측 면인 감성과 창의성 신장을 위하여 인지, 감성과학과 염불, 융합명상[26] 프로그램 효과 분석을 통한 현대인의 심신건강 지키기와 개인별 창의성 함양 프로그램 정교화 방안을 원효의 화엄사상을 융합적으로 접근하여 그 창의적 활용방안을 제안하고자 한다. 이를 위한 연구문제로는 'Covid-19 면역력 증진은 융합명상법이 효과적이다' 라는 효과성을 분석하고자 하며, 그 이론적 접근은 다중지능이론(multiple intelligences)과 인지과학 (cognitive science)과 미러뉴런(mirror neuron) 활용 등이다.

먼저 제4차산업혁명시대 대응을 위한 이론체계로 정신신경학의 미러

---

26) 본고에서는 명상과 좌선, 마음 챙김, 참선, 단전호흡, 정좌, 요가 등의 용어와 관련 편의상 현대적인 뉘앙스를 풍기고 덜 불교적인 명상으로 통일한다.

뉴런(mirror neuron)을 롤모델로 설정하고, 뇌지능과 심장지능 연계방안을 통한 심신 배양법과 동양 전통의 육예적 접근 방안을 결합시켜 창의, 감성, 소통, 협동 융합능력 배양을 중심으로 접근한다.

본 연구의 방법과 범위는 먼저 필자의 탈근대성(이종수, 1996~2005)과 GNR분석(이종수, 2002), 학제간 연구(이종수, 2001, 2002, 2003), 봉은사 하안거, 동안거(이종수, 2017.12; 2018.9; 2018.12; 2019.2) 명상체험과 음악 활동, 융합연구(이종수, 2005, 2017, 2018, 2019; 서정화 · 이종수, 2019) 등 선행연구와 주요 학술지 분석이며, 연구의 범위 측면은 4차산업혁명시대 감성계발과 관련된 감성, 창의(전통적 육예 융합)과 음악(합창) 등 운동과 음악(합창, 악기 연주)체험을 융합과 미러뉴런 공감, 모방효과를 검증(이종수, 2015.12; 이종수 외, 2014; 이종수, 2016.6)하고 대안으로 「융합명상법」을 육예적 접근을 통하여 제안하였다는 점에서 창의적, 차별적이다.[27] 그 방법으로 일반인에 대한 명상파급의 외연확장을 모색함이다.

특히 포스트 휴먼시대 기술과 기계의 순기능과 역기능 대응을 위하여 "현대적 융합명상 프로그램의 개발과 적용원리"는 "쉽게 따라하고, 창의적 효과"가 있도록 하는 데 두었으며, 본 염불과 명상융합수행의 효과와 결과는 마음의 평강과 육신의 건강을 견인한다는 점이다.[28]

---

27) 수행을 주체적 측면에서 보면 역사적 사례도 중요하지만 생생하게 살아있는 현생 인간이라는 개별 인간의 생활이야기가 중요하다고 생각되어 필자들의 체험을 첨가하였다.

28) "미러뉴런(mirror neuron)이란 인간(동물)이 특정 움직임을 행할 때나 다른 개체의 특정 움직임을 관찰할 때 활동하는 신경세포로서, 인간이 타인의 행동을 흉내내고(공원에서 운동하는 타인들을 보고 따라가거나, 하고픈 충동 등), 효과적으로 반응하도록 도와주는 신경세포"로(이종수, 2015:54), "융합명상이란 재가자의 자비실천 수행법으로 좌선(명상), 염불 융합수행으로 삼독에 대응하고, 음악(합창, 연주)과 체육(체조)으로 마음을 다스린 결과 고요한 정신으로 창작에 임하는 수행법으로 종적, 횡적, 사방팔방으로 심신을 녹여 융합시켜 나온 명상수행법"으로 각각 정의한다(이종수, 2018, 2019).

II. 염불, 명상융합수행의 창의적 의의

제1절 염불과 명상융합

1. 염불(佛祖光明)과 명상융합

(1) 지명염불

염불이란 불보살님을 잊지 않고 그 명호를 부름이다. 단순히 암송하기보다 불보살님을 보고(觀), 마음에 새기고(念), 소원을 기원함이다. 불교수행의 형태로 논하자면, 자력의 대표적인 수행인 선(禪, 門)과 타력을 비는 대표적인 수행인 정토(淨土, 門)으로 나누어 볼 수 있다. 지명염불은 칭명염불이라고 하는 것처럼 우선 입으로 부르는 구념(口念)이 깊어져 순일하게 되어 입으로 부르지 않더라도 마음속에 소리가 들리는 심념(心念)까지 이루어질 때까지 해야 한다. 이 경지에 이르면 어떤 상황에서도 명호를 간직하게 된다.

중생이 마음이 부처님을 기억하면서 염불(念佛三昧)하면 현생이나 후생에 반드시 부처님을 보게 되어 마음이 열린다. "깨끗한(淸淨) 생각이 계속 이어지게 함으로써 삼마지에 들어간다"(『능엄경』:1981).

둘째, 염불의 수승함이다. 범부 중생의 신분으로 극락왕생할 수 있는 것은 믿음과 발원으로 아미타불을 감동시키기 때문이다. 실상염불법은 부처님 한평생 가르침과 모든 법문에 공통되는 최고 미묘한 수행이다.

셋째, 염불수행을 할 때는 먼저 신심(信心)이 중요하다. 『화엄경』에 이르기를, "믿음은 도의 근원이며 공덕의 어머니이니, 길이 일체의 선근을 일으키기 때문이다"[29]라고 하였다. 이는 비단 『화엄경』에만 국한된 것이 아니라, 불교수행의 모든 분야에 해당한다. 선문(禪門)에서도 고봉원묘

(高峰原妙, 1238~1295)의 간화선의 삼요 중 첫 번째가 대신심(大信心)인 것은 이를 잘 말해 준다. 믿음이 없으면, 그에 따른 행동이 나올 수 없기 때문일 것이다.

넷째, 능엄주는 『능엄경(楞嚴經)』 제7권에 수록되어 있는 다라니로 능엄주(楞嚴呪)를 염하는 사람은 누구든지 감응을 얻고, 지송하는 사람은 누구든지 금강장 보살의 보호를 받을 것이다. 능엄주는 먼저 마음을 바르게 하고 뜻을 진실하게 하여 성심으로 지송해야 한다. 능엄주를 외울 수 있는 사람은 모두 무량겁 이래로 큰 선근을 심어온 사람이다.

(2) 심신관계(심장과 뇌)와 염불, 명상융합

인간은 뇌와 심장이라는 복잡한 기능에서 나오는 에너지, 강박, 기분, 관점의 조화체라고 볼 수 있다. 심장의 경우 혈액순환까지 가능케 하는 기관이다. 즉 인간에게 생명뿐만 아니라 감정을 불어넣어 준다.

첫째, 뇌는 우주, 바다와 함께 인류가 끝까지 가보지 못한 미지의 영역이다. 이중에서도 뇌과학은 우리의 행동 하나하나를 설명하는 역할을 한다. 뇌과학과 신경과학에 의해 '뇌지도'가 탄생했다. 언어 중추, 안면 인식 중추, 타인의 감정을 이해하는 중추 등 마음의 모든 기능이 뇌의 어느 위치에서 이루어지는지 밝혀졌다.

둘째, 심장은 항상성을 책임진다. 즉, 다른 필수적 기능도 있지만 정서적 균형을 담당한다는 것이다. 이는 옥시톡신과 같은 호르몬 분비를 통해 스트레스를 제어하기 때문이다. 이런 과정을 통해 일종의 내분비선과 같은 역할을 해낸다. 몸에 생기를 불어넣어주는 불꽃, 몸의 생명을 돌보는 자가 심장이다(샌디프 자우하르, 2019).

---

29) 『大方廣佛華嚴經』 권14, 「賢首品第十二之一」(大正藏10, 72, 상), "信為道元功德母 長養一切諸善法"

셋째, 사람의 심장은 강력한 전자기의 소통시스템이라고 할 수 있다. 사실 뇌보다 약 5천 배나 더 성능이 좋다. 하지만 이런 전자기는 감정에 따라 달라진다. HeartMath Institution에서 진행한 다양한 연구에 따르면 한 사람의 감정은 심장에서 나오는 전자기를 바꾸거나 제어할 수 있다고 한다.

심장은 태아의 두뇌가 생기기 이전부터 띈다. 두뇌보다 정서기능과 사고 기능, 운동, 언어 영역까지 관장한다(서광, 2014). 심장의 기능은 신경의 전기의 흐름, 호르몬과 전달물질, 심장의 파동을 통해서 기능한다. 심장에는 뇌와 같은 뉴런이 있고, (심장)지능이 있다. 심장지능은 감각기관을 통해서 들어오는 정보를 정서로 바꾼다(이종수, 2015.12:54).

마음은 본래 처소가 없으나(心無本處), 감정을 느끼는 것은 심장에 토대한다(Heart Math; 이종수, 2020.11:255-256). 심장(心臟)에서 육식(六識)이 나온다. 임시로 존재하는 자아란 감성적인 심장의 감정과 신체의 감각을 융합적으로 인지하는 뇌의 작용일 뿐이다. 마음이란 심장에 70%, 머리에 30% 정도로 비중을 차지하며 생멸한다.

마음은 뇌와 심장(몸)의 통합적 활동을 통해 발현되며, 인간의 의식, 정서, 욕구, 기억 등의 영향 하에 환경의 외적 자극과 신체의 내적 자극을 받아들여, 인지 활동을 거쳐 행동으로 표출하는 일련의 정보처리 과정이다. 마음은 물질이 아니며, 하나의 과정이다. 마음은 뇌가 아니며, 다만 뇌의 기능이자 활동일 뿐이다(이종수, 2020.3:48-51). 마음은 뇌와 심장지능의 기능이자 활동이다. 마음은 본체(처소)가 없다(『능엄경』). 마음의 문은 부처님의 가르침에 의하면, 심장 안에 있다. 그 심장의 토대에 의지해서 마음의 문(바왕가)이 일어난다.

심장과 뇌 사이의 관계를 보면 "열정적으로 사랑하기 위해서는 심장이 편해야 한다." 심장에 존재하는 세포의 67%가 신경세포다. 뇌에서 받는 자극을 통해 얻은 정보를 뇌로 다시 보내는 유일한 기관이 심장이다.

뇌는 경험, 생각, 학습 동기 등 모든 것에 영향을 받아 나이와 관계없이 바뀐다(김선숙:23-24). 명상 중에는 세타파와 감마파가 발생하며, 좌측 전두엽부위가 활성화된다. 뇌의 피질의 특정부위의 두꺼워진다. 뇌신경학자인 라마찬드란은 미러뉴런 연구와 환상지(phantom arm) 치료중에 인간이 생각하는 자아라는 것이 단순히 뇌의 작용임을 밝혔다. 흔히 우주만물의 연결망을 인드라망이라고 하는 데, 이는 신경세포인 뉴런을 촬영한 것과 흡사하다. 자아란 없다. 그것은 육식(六識)이 만들어내는 허상일 뿐이다.

인간의 원신(元神)에는 의식(지각)이 없으나 수태(受胎)하여 태아가 탄생할 때의 식신은 그 첫 울음의 흡기(吸氣, 들숨)를 따라서 기운을 마시면서 몸(심장)을 주거지로 삼는데, 이때부터 마음(心)은 주인이 되며, 원신은 자리(거처)를 잃고 식신이 세력을 가지게 된다(여동빈, 2011: 『태을금화종지』:32-37).

몸은 뇌가 타고 다니는 단순한 매개체가 아니다. 몸과 뇌의 관계는 완전히 상호적이다. 몸과 뇌는 서로를 위해 존재한다(샌드라블레이크슬리, 2011:25-26). 감각(五感과 六根)이야말로 마음의 진정한 토대이다. 감각을 느끼는 마음은 뇌, 심장 등과 육근이 융합하여 나타나는 일시적 지각이다. 붓다는 육근(六根)을 통하여 깨달음에 이른다고 했다(『능엄경』:3권).

두뇌가 객관적인 정보를 분석하는 기억의 창고라고 하면, 심장은 직관적인 정보를 분석하는 마음과 영혼의 집이다. 뇌가 인지를 담당한다면 심장은 감성을 인지하는데 이는 동시적으로 교호작용하는 인체의 현상이다.[30]

---

30) 수행의 목적은 깨달음과 열반에 있다고 한다면, 그 접근방법이 명상(좌선 등과 기타 방법)이며, 명상은 호흡을 조절하는 방법으로, 구체적으로는 氣(丹, 생체에너지)를 모으는 수행이라고 할 것이다. 수행이 깊어지면 마음만으로 氣息이 된다. 무하유지향(無何有之鄕)이다.

(3) 신경, 인지과학적 접근

인지과학은 마음의 과학이라는 점에서 마음에 대한 이해를 증진시켰다. 인지, 신경과학, 감성과학, 감성지능과 연결 측면이다. 인간의 이해에 명상을 도입하는 것은 인지과학이나 인간 자신에게나 새로운 의미를 갖는다. 인간의 마음을 이해함에 있어서 객관적인 방법만을 고수할 것이 아니라 스스로 명상 등과 같은 방법을 통해 주관적 체험을 함께 하는 것이 필요하다(김정호, 1993/1994:53-84).

신경과학의 최근의 급속한 발전은 마음이 작용하는 물질적 근거에 대한 이해의 폭을 넓혀 주었다. 이러한 발전은 마음이란 과연 무엇인가 하는 철학의 주요 논제였던 심신론(mind-body problem)과 깊이 연관된다. 이와 같이 여러 관련 학문분야들은 인지과학이라는 학제적 분야를 형성하며 서로 영향을 주고받으며 마음에 관한 이해를 확대시켰다.

마음의 과학의 발전을 통해 우리의 마음에 대한 이해의 폭과 깊이는 넓고 깊어졌다. 감각과 지각 현상뿐만 아니라 언어의 이해와 산출 및 사고 등의 고등정신과정에 대해서도 많은 것이 밝혀졌다.

(4) 미러뉴런과 가소성

뇌는 고정적인 물질이라기보다 계속 변하며, 그런 변화에 가장 큰 힘을 불어넣는 수단이 명상이다. 양자물리학과 신경가소성 혹은 명상으로 인한 뇌의 변화 연구는 걸음마 단계지만 긍정적인 감정은 진정한 심신안정을 낳을 수 있다는 사실이다. 양자물리학과 신경과학은 불교적 수행효과에 대한 데이비드슨의 명상 효과 연구와 카밧진(Kabat-Zinn, 1990)의 10주 명상결과 뇌의 부분인 전두엽 부근에서 전기 활동이 점진적으로 매우 증가하고, 행복한 마음과 건강한 신체에 영향을 주고, 스트레스를 감소시킴과 동시에 독감 항체 수준이 증대하고(욘게이 밍규르 린포체, 2011; 이향준, 2014), 면역체계를 강화시켰음을 입증했다(이종수, 2015.12:55).

모방의 신경적 기전은 인지과학, 신경생물학, 뇌과학에서 시냅스의 가소성과 뉴런네트워크의 관계에 기초한 내용들이다. 시냅스 가소성과 관련 감정적 상태는 뇌의 자원을 독점한다(이향준, 2014:55-56). 감정적 자극이 신경조절시스템을 활성화하여 도파민 등을 분비한다. 뇌의 감정처리 영역은 인지처리 영역과 회로가 다르다. 감정처리 영역은 편도체와 해마 등이 연관되나, 인지활동은 전두엽 등과 연관되면서도 국소적 장소를 특정할 수 없다는 진화심리학의 설명이다.

명상과 심리신경면역학의 경우 감정에 따라 뇌뿐만 아니라 몸속(세포)에도 감정의 생화학물질인 뉴로펩타이드가 분비되기 때문에 감정을 제어하는 방법을 알아야 한다. 심리생리 의학 전문가들은 모든 건강의 90% 이상이 감정의 영향에 연결되어 있다고 말한다. 몸과 마음은 둘이 아니라 하나이다. 심신의학(mind-body medicine)은 감정과 느낌의 변화는 인체에 진동하여 형상을 만든다고 보고, 생각은 자장을 만들고 인체에 영향을 미친다고 보고했다(김선숙:12-22).

불교의 수행론 관련 뇌과학적, 인지과학적 접근은 "인간의 뇌는 반복적인 활동을 통해 변화될 수 있는 가소성(plasticity)에 주목하며, 이것은 자기습관이나 마음의 변화를 통해서 인간이 질적으로 변화될 수 있다는 점이다. 불교가 추구했던 수양법이 뇌과학의 방법을 통해서 그렇게 될 수 있다. 뇌를 훈련하면 '집착'에서 벗어날 수 있다. 집착은 좌, 우뇌의 균형을 파괴한다. 안정된 애착관계가 좌우뇌를 고르게 발달시킨다. 미러뉴런의 모방측면(mirror neuron effect)이다.

미러뉴런(거울신경세포, Mirror neuron)은 동물이 특정 움직임(A)을 수행할 때에나 다른 개체의 특정한 움직임(A)을 관찰할 때 활동하는 신경세포이므로 이 신경세포는 다른 동물의 행동을 "거울처럼 반영한다

(mirror)"고 표현된다.

라마찬드란(V. S. Ramachandran)은 거울신경세포가 모방과 언어 습득에서 가장 중요한 역할을 한다고 한다. 이 신경세포는 다른 사람의 행동을 이해할 때, 모방을 이용해 새로운 기술을 배울 때 중요한 역할을 한다고 본다.

아기는 촉각, 시각, 체온, 눈빛 등을 통해 어미와 공감대를 형성한다(김경회, 2018:146-148). 인간이 발하는 강력한 파동은 거기에 공명하는 파동을 가진 일(상황)들을 실현시키는 힘이 있다. 우주, 자연, 사물의 본성과 주관적인 나의 관계는 상호간에 파동이란 형태로 공명할 수 있어 각자 차별없이 본질적으로 하나임을 알 수 있다. 자타일시성불도(自他一時成佛道)이다.

인간은 타인과 교류하는 동안 뉴런의 네트워크가 서로 동일한 활동을 보인다. 두개의 독립적인 뇌가 동일한 상태가 된다. 그 근거가 미러뉴런이다. 불유쾌한 감정이나 공포감 등과 표정 등에서 확인되는 공감능력이다. 필자는 경로분석을 통하여 미러뉴런 공감, 모방효과를 검증하였다(이종수, 2015.12; 이종수 외, 2014; 이종수, 2016.6). 현장중심 청렴행정 공감체험 프로그램 개발측면이다. 근래의 뇌과학과 정신신경과학, 신경면역학, 감성과학, 인지과학 등에서는 음악과 체육, 명상을 결합한 심신융합적 활동이 인간의 감성 고양과 창의성 신장에 상당한 영향을 미친다는 결과를 입증하였다.

본고에서는 "미러뉴런(mirror neuron)이란 인간(동물)이 특정 움직임을 행할 때나 다른 개체의 특정 움직임을 관찰할 때 활동하는 신경세포로서, 인간이 타인의 행동을 흉내내고(공원에서 운동하는 타인들을 보고 따라하거나, 하고픈 충동 등), 효과적으로 반응하도록 도와주는 신경세포"라고 정의한다(이종수, 2015:54).

2. 융합명상의 창의, 감성효과

명상은 정신집중효과를 뇌과학적으로 입증했다. 예컨대 뇌의 가소성 및 창의력 개발에 도움이 되는 점이나 불안, 공포를 주관하는 뇌 부위를 변화시키는 결과 등을 들 수 있다(예컨대 분노의 독은 뱀독만큼 독함). 그 맹독의 치유는 감사의 마음과 자비의 실천이다.

명상을 통하여 마음의 걸림이 없음을 알게 되고, 굴신과 유산소 운동은 육신의 걸림이 없이 홀가분하고 쾌적한 상태를 만들어주며, 음악은 머리를 가볍게 하고, 흥을 일으켜 연구를 수행하는 데 도움이 된다. 필자의 생각으로는 명상과 운동, 그리고 음악을 융합시켰을 때 나타나는 감성, 창의란 미세한 명상호흡 중에 무중생유(無中生有)하는 일말의 문제의식의 해결단서라고 잠정 정의한다(이종수, 2019:140).

고전 중『장자』에서 장자의 심재좌망(心齋坐忘)은 먼저 심재는 마음을 비우는 것이고, 좌망은 마음을 비워 고요함에 머무는 것이다. 마음을 비우는 데는 좌망이 도움된다. 좌망 속에 무아에 들어 우주와 일체가 된다. 계속하면 원할 때 고요함에 들 수 있다. 스티브 잡스는 인간의 문제, 욕구를 고민하고, 감성에서 해법을 찾아야 한다고 했다. 창조는 땀, 몰입, 열정에서 나온다. 학문(예술)의 창조(창의)는 장기간의 반복연구(연습)과 망아(忘我)의 경지를 더해 수행주체와 수행 대상 간의 대립을 일치시켜 부숴내고, 주객이 융합하는 단계에서 이루어진다.

창의성은 기존 것의 융합, 분야별 통합력, 창의성과 창의력 신장 등에 토대한다(이종수, 2019:150). 창의성이 인간의 근본 성향이라면, 창의력은 훈련을 통해 얻어지며, 그 방법은 관찰, 형상화, 추상화, 패턴인식과 구성, 유추, 몸으로 생각하기, 감정이입, 변형과 통합 등이다. 또한 음악, 좋아하는 음식, 산책, 명상 등이 도움이 된다. 인간 인지활동의 틀(데이비드 이글먼, 앤서니 브란트:255)로는 1) 휘기(Bending): 원형의 변형, 뒤틀어 본래의 것에서 벗어나기, 가능성의 문을 여는 변형이다. 2) 쪼개기(Breaking): 전체를 해체한다. 창조의 재료를 만드는 해체를 말한다. 3) 섞기(Blending): 2가지 이상의 재료를 합친다. 아이디어의 무한 결합이다. 예시하면 신화상(神話上)의 반인반수 등을 들 수 있다.

단전호흡과 염불을 부지불식간 단전과 인당에서 융합하는 방법을 취한다. 몸과 마음을 융합시키는 것이 숨(氣)이다. 융합명상은 숨을 녹여 합일시켜 일체화시키는 심신융합수행법으로 그 체험적 토대가 명상(좌선) 수행이며, 학문적 토대가 인지과학과 감성과학, 감정해부학, 신경정신과학 등이다(이종수, 2019.8:62).

좌선(冥想)이란 성명(性命)을 호흡으로 섞어 하나를 이룸이다. 좌선의 효과는 비움(空)이 치유의 길이요, 핵심임을 절실하게 체험함에 있다. 내, 외부의 변화에 대한 하나의 부동심이다(이종수, 2018.9:41).

필자의 "융합명상이란 재가자의 자비실천 수행법으로 좌선(명상), 염불 융합수행으로 삼독에 대응하고, 음악(합창, 연주)과 체육(체조)으로 마음을 다스린 결과 고요한 정신으로 창작에 임하는 수행법으로 종적, 횡적, 사방팔방으로 심신을 녹여 융합시켜 나온 명상수행법"으로 잠정 정의한다(이종수, 2018, 2019).

제2절 선행연구, 분석의 틀

1. 선행연구

첫째, 필자의 탈근대 패러다임(1996, 1997, 1998, 1999)과 인지과학 결과를 참조한다(이정모, 2007). 필자(2020.3)의 포스트휴먼과 융합명상 등을 들 수 있다.

둘째, 봉은사 하안거, 동안거(이종수, 2017.12; 2018.9) 명상체험과 융합명상 효과 및 명상과 수행음식관계와 효과(이종수, 2015) 및 음악과 융합명상 수행 효과(이종수, 2017; 2018; 2019) 등, 청년불자 감소와 대응(이종수, 2019), 포스트휴먼과 봉은찬불융합명상(이종수, 2020.3:48-51).

셋째, 감성융합 측면은 켈리만(1986), 감정해부학, 심리적 안녕감(문정순, 2015) 분석, 융합연구(오헌석 외, 2012; 이지형, 2017; 신동주 외, 2011) 및 인지과학과 인공지능의 발달은 각 개인별 수행과 사고융합을 요청하고 있음을 분석했다(이종수, 2005:381; 2014). 융합교육 측면은 정보사회와 사이버 교육의 공공성 정립방향(이종수, 2005), 공감과 융합인재 육성 방안(최효찬, 2018:54), 창의융합인재교육(김태은 외, 2017) 등과 김선숙(2016) 미러뉴런 연구를, 김경회(2018)는 몸과 마음은 하나라고 하며, 이향준(2014)은 분노감정을 신경과학적으로 분석했다.

넷째, 본 연구의 선행연구와의 차별성은 포스트휴먼시대 기존의 선불교수행에 머물지 않고 전통문화(六藝)를 융합하여 심신건강 유지방안으로 적용하여 남녀노소 누구라고 수행하여 개인의 감성과 창의성을 함양할 수 있는 체험적 방안으로 한국(불교)전통문화 수행법을 포스트휴먼시대에 맞게 재구성하여 인성계발 프로그램으로 제안하였다는 점이다.

2. 분석의 틀

본고는 먼저 제4차산업혁명시대 대응을 위한 이론체계로 정신신경학의 미러뉴런(mirror neuron)을 평가 모델로 설정(이종수, 2015.12; 이종수 외, 2014.12:33-35)하고, 다중지능이론(인지과학과 감성과학)과 동양적인 육예적 접근 방안을 한국적 좌선(융합명상) 기법과 결합시켜 창의, 감성, 소통, 협동, 융합능력을 배양할 수 있는 「융합명상 프로그램」 개발을 중심으로 접근하였으며(Keleman, 1986), 유학의 육예와 현대의 다중지능 이론(MIT)을 결합하여 새로운 융합명상법(이종수, 2019.2)을 창의적으로 적용하고, 그 효과성을 미러뉴런효과(mirror neuron effect)에 의거하여 검증(이종수, 2016)하고, 현대적 활용방안을 독창적으로 제시하여 심신 건강 유지효과를 제언한다.

III. 염불, 명상융합사례와 효과 분석

1. 원효의 화쟁(융합)회통사상

우리나라의 화쟁사상은 불교에서 가장 특징적인 사상으로서 모든 대립적인 이론들을 조화시키려는 불교사상이다. 신라의 원광, 자장에서 비롯되어 원효가 완성한다. 이후 조선에서 함허, 휴정의 삼교조화론으로 계승된다. 불교를 바탕으로 하여 원효는 자신이 터득한 몇 가지 사상을 융합하여 화쟁회통(和諍會通)의 사상체계를 이루어냈다(서정화·이종수, 2019).

삼매에 대한 정의를 내리고, 삼매를 정확하게 분류하여 설명한 경우는 많지 않았다. 이를 가장 명확하게 정의하고 분류한 대표적인 고승은 신라의 원효(元曉)이다. 원효는 『금강삼매경론(金剛三昧經論)』을 저술하면서 삼매의 의미를 가장 명쾌하게 설명하였다.

원효에 의하면, 삼매는 곧 정사(正思)로서, 정(定)에 들었을 때 관계되는 경계인 소연경(所緣境)을 깊이 살피고 바르게 생각하고 통찰하는 것이라고 하였다. 따라서 이 삼매에는 혼침(惛沈)과 심사(尋伺)가 있어서는 안 됨을 강조하였다. 그래서 원효는 바르게 생각하여 통찰하는 사찰(思察)에 두 가지 뜻이 있다고 하였다.

만약, 거짓되고 바르게 보는 것을 모두 통틀어 분별하는 것을 思察이라고 한다면, 이것은 곧 심사가 되므로 분별일 뿐 삼매는 아니라고 보았다. 그러나 만약 자세히 올바르고 명료하게 대상을 깨닫고 생각하는 것이라면 이것은 선정의 작용이므로 심사가 아닌 사찰이 된다고 하였다.

원효의 화쟁방법은 원효 사상의 근본원리다. 원효는 어느 하나의 종파에 치우침 없이 "萬法이 一佛乘에 총섭되어야 하는 것을 마치 큰 바다에 일체의 유파가 들어가지 않음과 같다"고 하여 모든 대립적인 교의를 융화하여 일불승으로 귀결시키고자 하였다.

한국문화의 융합적 관점은 원효의 화쟁회통 사상에서 찾아진다. 당시 신라에 수용되었던 유교와 도교에 대해 원효는 상당히 지식이 깊었다. 그는 불교 이외의 참기, 잡문, 외서 등을 모두 읽었으며, 988년에 중국의 찬녕(贊寧)이 지은 「송고승전」(宋高僧傳)에는 원효는 삼학(三學)에 두루 달통했다고 기록되어 있다.

원효 당시의 불교가 서로 다른 교리상의 이해로 인하여 이론이 분분한 것을 보고 이를 회통하고 화쟁하는 일에 진력하였다(서정화·이종수, 2019:31). 그의 「十門和諍論」은 모든 갈래의 이론을 화합하는 원리를 밝히고 있다. '십문'이란 쟁론을 일으키는 모든 갈래의 이론과 입장을 말한다. 원효는 이러한 서로 다른 쟁론을 화회하고 이문을 묘합하여 하나로 귀일시키는 것을 목적으로 삼았다. 원효의 『대승기신론소』에서는 일심을 '깨끗하고 더러운, 참과 거짓, 너와 나 등 일체의 이원적 대립을 초월한 절대불이(絶對不二)한 것'으로 본다.

2. 함허 염불사상

함허(函虛, 1376~1433) 선사의 호는 득통(得通)이다. 일찍이 성균관에 들어가 공부하다가 21세 때 출가하였다. 1414년 자모산 연봉사에 함허당(涵虛堂)이라 이름 붙인 작은 거실에서 3년간 수도한 뒤 『금강경오가해』를 세 번이나 강설하였다.

1420년 45세 되는 가을에 강릉 오대산 나옹(1320~1376) 스님이 머물던 영감암에 가서 진영에 공양하였다. 그곳에서 이틀 밤을 잤는데, 그 때 꿈에 한 선사가 나타나서 "이름을 기화(己和)라 하고 호를 득통(得通)으로 하라" 하였으므로 그대로 따랐다. 그 후 기화보다는 함허득통으로 잘 알려졌다.

그는 무학대사(1327~1405)의 법을 계승하였으니, 고려와 조선을 이어온 대선사다. 여러 저술을 남겼으며, 그 가운데는 정토와 염불에 관한 법어와 글도 상당수 포함되어 있다. 함허스님은 한 때 염불향사(念佛香社)를 결성하여 염불정진에 힘썼다는 기록이 전하니, 선과 정토를 겸하여 불교를 빛낸 선지식이었다.

『함허록』에는 스님이 동문인 혜봉(惠峰)의 영가를 위해 설한 법어 가운데 염불향사(念佛香社)에 관하여 이렇게 언급하고 있다.

"혜봉 각령이시어, 60여 년을 인간 세상에 살면서 몇 번이나 즐거운 자리에 오르고 근심의 바다에 빠졌던가요. 마치 지금 가죽 주머니를 벗어버리고 가벼운 마음으로 고향집으로 돌아가는 길을 밟으시겠지요. 제가 지금 생각해 보니 사형께서 생전에 평소 하신 일은 아침저녁으로 대승경전을 염송하시고 회향을 발원하셨습니다. 역시 그로 말미암아 저도 염불향사(念佛香社)를 결성하여 오로지 아미타불을 생각하고 아미타불의 명호를 한결같이 염하였습니다."

3. 서산대사의 선정일치(禪淨一致)

조선 중기의 고승 휴정(休靜)은 삼매의 힘에 의해 능히 성현의 지위에 들어갈 수 있고, 세상의 모든 일을 밝게 알 수 있음을 『선가귀감(禪家龜鑑)』을 통하여 천명하였다.

휴정은 선과 교가 둘이 아니라는 지눌의 사상을 수긍하면서, 정토는 오직 마음에 있다는 유심정토설을 펼쳤다. 그러므로 염불은 마음으로 하는 것이지 송불(誦佛)에 그쳐서는 안 되며, 반드시 마음과 입(心口)이 부합되어야 한다고 주장했다. 따라서 염불에는 구송(口誦)・사상(思像)・관상(觀相)・실상(實相) 네 종류가 있는데, 근기에 맞추어 적절히 수행해야 하며, 정토는 서방에 있는 것이 아니라 오직 마음에 있음을 강조했다. 그리하여 염불이 곧 참선이며, 참선이 곧 염불이라는 염불선을 주장했다. 그러나 마음과 입이 일치된 염불은 서방정토에 왕생한다고 하여, 근기가 낮은 범부를 위한 타방정토설도 전적으로 부정하지는 않았다.

그는 『선가귀감』의 제5구에서, 상근기의 경우에는 교학을 하든 말든 상관이 없지만, 중・하근기의 경우에는 교학을 자세히 판단한 후에 그 교학의 의미를 버리고 일념을 직지하여 견성 성불해야 한다고 하였다. 중・하근기의 경우에는 교학을 공부한 후에 선으로 나아가라고 말한 것이라고 볼 수 있다.

이러한 견해에 기반하여 『심법요초』에서는 참선문과 염불문의 수행관을 제시하였다. 참선문에서는 경절문과 원돈문을 설명하였는데, 경절문은 활구로서 심로(心路)와 어로(語路)가 끊어진 경계이고, 원돈문은 사구로서 심로(心路)와 이로(理路)가 있는 경계라고 하면서, 활구를 참구해야지 사구를 참구해서는 안 된다고 하였다. 그리고 염불문에서는 입으로만 하는 염불은 아무런 이익이 없으므로 마음과 입이 서로 상응해야 한다고 하였다. 서방정토의 아미타불을 유심정토적으로 해석한 수행문이라고 할 수 있을 것이다.

4. 필자

좌선이란 안락(安樂)하는 법문이다. 하루 중 가장 행복한 시간은 "선방에 앉아있는 시간"이다(이종수, 2017.12:41). 인체는 모두 음이나 오직 흰 눈동자만 양이다(윤진인의 제자, 2005:356-357). 이것을 사방팔방으로 굴려 모든 음을 물리쳐야 한다. 붓다는 진리는 '정법안장'이라고 설했다. 정법은 코끝에 있다는 의미로 니밋따를 의미한다. 형형색색의 니밋따는 심신이 고요할 때만 나타난다.[31] 목(目)은 눈동자를 말한다. 안(眼)은 보기를 중시하며, 시(視)는 대상과 관계를 의미한다. 정법안장이라 함은 니밋따가 코 끝에 있음(정확하게는 홀로그램처럼 내외가 없음)을 눈으로 보라는 말씀이다.

요체는 완전한 무념무상이 되면 그 때부터 점등(點燈), 곧 불구슬(靈光, 火鈴, nimitta, 玄珠, 玄竅)이 나타난다. 이함허는 이 영광(靈光)을 "玄關이 열린다"고 하였으며, "道心이 열린다"고 했다. 인심 적멸의 시작이다. 바로 신기 교구의 불빛이 안전(콧등)에서 일어나는 것이다. 달마는 면벽 9년에 영광을 봤다. 필자도 2002년부터 수행하여 2012년 전후, 약 10여 년 이후부터 니밋따가 여러 가지 색으로 나타나기(無中生有) 시작했다. "구

---

31) 수행이 깊어지면 聰明, 無息(숨소리가 없어지고), 想念이 없어지고, 분명한 외부 소리, 분명한 綠光, 靑光, 赤光, 좌측 귓전의 脈搏소리, 하단전 "꼬륵"소리 뿐이다. 붓다는 『金剛經』에서 '不應貪着'과 '應如是知 如是信解'를 설하셨다. 正覺이나 圓覺이란 지금 순간에 충실함을, 평상심에 다름 아니다. 소리가 깨끗이 들리고, 물체가 밝게 보이고, 가려운 데 긁으면 너무 시원하고, 정신이 또렷하게 맑아지고, 발걸음이 가볍고, 심신에 걸림이 없고, 과거, 현재, 미래심이 비교적 가볍다.

슬(火鈴)[32]을 찾으려면 물결을 고요히 하라. 물이 흔들리면 얻기 어렵다. 반드시 물결이 맑아지면 마음의 구슬(nimitta)이 저절로 나타난다."

하늘의 중심이라는 것은 하늘과 땅과 사람(三才)이 함께 타고난 심장에 해당하는 중심(心)이다(여동빈:25-31). 현규(玄竅)를 말한다. 전체란 텅비고(虛), 깨끗하고(淨), 얼룩지지 아니한 것(無染)이니 묘한 본바탕(體)이다. 텅 비면 구슬(玄珠)이 나타난다. 그곳이 하늘의 중심이다.

진념(眞念)이 축적되면 氣가 축적되고, 神이 축적된다(여동빈:212). 연후에 하늘의 門(氣의 門)이 열린다. 고요가 극에 이르면(虛極靜篤) 현관(玄關, 竅)이 열린다. 그리고 빛(니밋따)이 나타난다(『太乙金華宗旨』:213). 精을 축적하면 氣化되고, 氣가 충족되면 창조력이 넘치는 건강한 신체를 만들 수 있다(여동빈:223). 그 방법은 오로지 두 눈동자를 의지해서 엄밀히 中丹田을 주시하여 잠시라도 떨어지면 안 되니 이 눈의 빛을 보는 것이다(유화양, 1993:186).

지혜를 닦고 불리면 천목(天目)이 열린다. 천목은 두 눈과 마음의 세 빛이 들고 나는 문으로, 해와 달이 협쳐지는(日月合壁) 곳이다. 그곳에 신광(金華, 金丹, 神明)이 모인다(여동빈, 2011:『太乙金華宗旨』:32-37). 이 빛을 뜻(意)으로 이끌고 내려와 심장의 뒷 부분에 모은다(여동빈:33-36). 『능엄경』은 "시종일관 총명하여야 하고, 또한 반드시 깊이 가라앉아서 변화와 움직임을 여의고 조용하여야 하며, 가열과 융합을 통하여 하늘의 신비한 기틀(天機)이 나타나게 하며, 씨앗(眞種子)이 형성되면 마음은 죽고 정신(氣)이 활동하면 기가 몸을 돌기 시작하는 경지가 열린다"고 하였다(여동빈:209). 정신을 하복부에 고정하여 정신과 기가 교통하는 것이

---

32) 神光(니밋따)은 명칭이 다양하다. 수행 시 나타나는 마음의 빛은 동양은 방울(鈴), 빛(靈光)으로 인식하고, 남방불교에서는 니밋따(nimitta)로 알려져 있다. 필자는 五色 불방울(靑, 赤, 綠, 白, 黑鈴 등)로 체감한다.

출발점(下手之法)이다. 이른바 응신입기혈(應神入氣穴)이다.

『청정도론(淸淨道論)』[33]에 념(念)은 잊지 않고 기억함이다. 마음(心)은 몸을 주재하고, 감정(感情)은 마음이 움직인 것이다. 뜻(意)은 마음이 드러난 것이며, 의지(意志)는 마음이 가는 곳인데 감정과 뜻보다 지향적이다. 의지가 가는 곳에 혈기(血氣)가 간다(모인다). 불가, 도가, 유가, 선가의 핵심 가르침으로 단전에 기(氣)를 모으는 것이다.

5. 주요 시사점

첫째, 좌선측면이다. (1) 원효는 정사(正思), 선정(禪定), 일심(一心), 화쟁(和諍), 회통(會通)의 5가지 접근이다. 원효의 화쟁과 융합명상이다. 일념의 지향에서 융합과 일치된다. 원효의 「십문화쟁론(十門和諍論)」은 대립과 분열을 종식시키고 화합을 이루기 위한 불교적 논리를 집대성한 원효사상의 총결산적인 저술이다. "백가의 서로 다른 쟁론을 화해시켜 일미의 법해로 돌아가게 한다(和百家之異諍 歸一味之法海)"라는 화쟁사상을 천명한다. (2) 함허는 염불향사와 염불과 명상 융합으로 선과 정토를 융합수행과 음악명상, 정토염불사상이다. (3) 서산(휴정)은 유심정토론과 염불과 명상융합을 통하여 선교일치와 유심정토성을 설한다. (4) 필자는 숲속 명상, 염불수행, 봉은사 안거 및 보행(步行), 체조(體操), 태권도(跆拳道) 등을 융합하며, 심신의 조화를 도모한다.

둘째, 불교적 특성측면이다. (1) 『화엄경』에서 설하는 연화장세계(蓮華藏世界)는 현상계와 본체, 또는 현상과 현상이 서로 대립하는 모습을 그대로 지니면서도 서로 융합하여 끝없이 전개되는 약동적인 큰 생명체라

---

33) 『위숫디막가(Visuddhi · Magga, 淸淨道論)』

고 설명할 수 있다. 이 연화장세계에서는 항상 『화엄경』의 중심불인 비로자나불(毘盧遮那佛)이 대광명을 비추어 모든 조화를 꾀하고 있다. (2) 함허는 정토염불사상을 계승하였으니, 고려와 조선을 이어온 대선사다. 저술 가운데는 정토와 염불에 관한 법어가 포함되어 있다. 함허스님은 한때 염불향사(念佛香社)를 결성하여 염불정진에 힘썼다는 기록이 전하니, 선과 정토를 겸하여 불교를 빛냈다. (3) 휴정은 염불참선론을, 선과 교가 둘이 아니라는 지눌의 사상을 수긍하면서, 정토는 오직 마음에 있다는 유심정토설을 펼쳤다. 정토는 서방에 있는 것이 아니라 오직 마음에 있음을 강조했다. 그리하여 염불이 곧 참선이며, 참선이 곧 염불이라는 염불선을 주장했다. (4) 필자의 염불명상융합이란 성명(性命)을 호흡으로 섞어 하나를 이룸이다. 좌선의 효과는 비움(空)이 치유의 길이요, 핵심임을 체험함에 있다. 내외부의 변화에 대한 하나의 부동심이다(이종수, 2018.9:41). 정신(마음)은 비우고, 음악으로 기분을 다스리고, 운동으로 육신을 조화롭게 하는 융합적 접근이다. 신체를 유연하게 하여 기혈유통(氣血流通)을 원활하게 하는 방법이 체조, 오금희 태극권, 기공, 요가 등이다.

성명쌍수[34]와 관련 정양조사(正陽祖師)는 "남쪽의 별(심장, 마음, 신)이 북쪽의 별자리(신장, 기)로 옮겨 들어간다"고 했다(유화양, 1993:110). 세존은 "밝은 별을 보고" 도를 깨달았다. "코끝의 흰 부분을 관하라" 그러면 생각이 비어 엉긴다(空融合)(『능엄경』:171). 「생각을 두 눈 사이에 붙들어 매는 일은 빛을 안으로 끌어들이기 위함이다. 연후에 정신이 결정되

---

34) 성명쌍수(性命雙修)란 '性'은 심(心)과 신(神)을, '命'은 정(精)과 기(氣)를 포괄한다. '성공(性功)'은 마음공부를, '명공(命功)'은 몸 공부로 이해한다. 그러나 '性'과 '命'을 이원적(二元的)으로 보는 관점은 동양사상체계에서는 육체와 정신의 수련을 '성명쌍수'라고 하는 이유는 심신을 하나로 본다는 의미다. 성명쌍수는 성과 명을 신(神)과 정(精), 심(心)과 신(身), 또는 인간의 정신활동을 지탱해 주는 것과 신체활동의 기초가 되는 것으로 보고, 이를 아울러 닦아나가야 신선을 이룬다고 했다.

어 연중(하단전)에 들어간다(여동빈:211). 붓다는 『능엄경』에서 "설산의 대력백우(大力白牛)를 잡으라"고 설했다. 설산은 공(空)이요, 견성(見性)이다(유화양:121).

붓다는 "사대, 육근, 육경, 육식이 모두 허망하여 여래장 가운데 있으며, 업을 따라 나타나는 것인데, 세인(世人)들은 지혜가 없어서 인연과 자연의 성품으로 의혹(疑惑)하나니 이는 다 의식하는 마음으로 분별하고 헤아림이니 다만 말로만 있을 뿐이지 진실한 이치는 조금도 없느니라"(『능엄경』:112)고 설하셨다.

이 때 대중들이 각각 스스로 마음이 시방에 가득함을 깨달아서 시방의 허공보기를 마치 손에 가지고 있는 나뭇잎을 보듯 하며, 모든 세상의 사물들이 모두 보리의 오묘하고 밝은 원래의 마음임을 깨달았다(『능엄경』:112).

이상의 비교적 특성을 〈표 11-1〉에 요약하였다.

〈**표 11-1**〉 비교 및 주요 시사점

區分		元曉	涵虛	西山	筆者
坐禪 (冥想)	修性(調心): 性(精神), 腦, 泥丸, 火	正思, 禪定, 一心, 和諍, 會通	念佛향사	유심정토론	숲속 명상, 염불수행, 봉은사 안거
	修命(調身): 命(肉身), 腎臟, 下丹田, 水	5가지 접근	염불과 명상 융합	염불과 명상융합	步行, 體操, 跆拳道
불교적 특성		화쟁회통사상	정토염불사상	염불참선론	염불 명상, 음악, 체조, 六藝융합

*출처: 이종수(2020.11:268).

6. 연구의 기대효과

「융합명상」은 먼저 신체(體力) 단련은 몸의 자유를 증대시키고, 명상 (마음)수행은 무한의 세계를 열어준다는 점이다. 일상적 수행을 통하여 연구를 위한 체력보강과 도전욕구 상승 등을 들 수 있다.

둘째, 동시에 고정적인 틀에 박힌 사고에 창의적인 사고를 열어 4차산 업혁명시대 감성을 풍부하게 해 준다.

셋째, 면역적 측면의 정신질환 예방과 치유 효과 등으로 비대면사회 남 녀노소 누구나 '비대면 혼자 있기 수행' 이 가능하다는 점으로, 명상의 면 역효과, 코로나 극복에 도움이 된다는 점이다(한국일보, 2021.1.14).

넷째, 명상(좌선) 수행단계의 실증적 확인과 삼교융합적 접근은 신경 심리학, 신경과학, 심리면역학 등을 토대로 구체적인 '융합명상법' 의 효 과를 입증하였다는 점이다(이종수, 2016; 2019.8:62).

IV. 염불, 명상융합의 현대적 시사점

제1절 시사점과 정책 제언

1. 육예 융합프로그램의 필요성

불교적 참선수행의 입문과 정진, 소속 등은 현대 일반인들이 접근하기 에는 여러 가지 난점이 가로막는다. 여기에서 필자의 '융합명상법' 개발 이 출발점이 된다고 할 수 있다. 상근기 수행자는 다른 심화과정으로 입 문하면 된다. 모든 사람이 출가자가 될 수는 없다. 인연 따라 세속에서 수행하거나 출가하면 된다.

하근기 수행자의 일종의 '생활선'이다. 선비생활 융합명상수행법은 지극히 간결하다. 정성스런 염원으로 마음을 뜻을 하단전에 모아 끊임없이 염불하고, 소리 없는 숨을 불리고 내릴 뿐이다. 중복부의 고요한 파동만 느끼는 것이 전부다.

전통적 불교수행법에 음악과 보행(체조) 등을 결합한 방법이 필자의 융합명상법이다. 뇌지능과 심장지능에 좋은 음악, 체육, 명상 등을 어떤 방법으로 연결한 프로그램을 통하여 인간의 최대의 건강과 창의성을 함양할 것인가에 대한 긍정적 마음, 소식과 소언, 많이 움직일 것, 명상 등의 방법론이다. 염불 융합명상, 음악, 체육 효과성을 중심으로 필자의 체험 효과 분석이 주요 방법이며, 그 범위는 뇌지능(腦知能)과 심장지능(心臟知能) 관계와 명상과 음악, 운동유형에 따른 창의(건강) 효과분석이다. 마음은 뇌의 인지정보와 심장지능 등이 융합하여 만들어내는 허상(가상)(신용국, 2019:533)이다.

2. 육예융합적 접근

첫째, 예(禮)와 악(樂)과 관련 예(禮)로써 사회과학적 소양을 습득하고, 악(樂)으로써 예술적 소양을 즐겼다.[35] 오리 이원익의 낙산 거문고와 소하동 탄금암(彈琴巖)을 예시할 수 있다.

『악기(樂記)』에는 인간의 감정이 고립되면 마음을 상하게 하기에 음률의 조화인 악(조화, 음악)을 통해 다스리고자 했다. 감정의 조화는 건전한 정서에 토대하며, 건전한 정서는 본성에 기인한다고 했다. 인간의 육근

---

35) 退溪와 梧里의 六藝的 修己治人 사례이다(이종수, 2019.9/10:62).

(六根)의 반응에 따라 감정과 기분이 내외적으로 가시화된다.

감정은 본성을 발현하거나 타자에게 느끼는 기질적 반응이며, 감정의 지각을 통해 마음에는 미세한 변화가 생기고 그것은 기분으로 나타난다(안희정, 2015:198-200). 기분을 전환할 수 있는 것은 감정을 다스리는 것이다.

뇌와 명상, 음악, 운동의 창의성 상승효과 검증 등이다. 강렬한 감정적, 생리적 반응을 일으키는 연주를 듣거나 연주할 때 보상과 동기, 감성 각성에 관여하는 뇌 영역에 엄청난 변화가 일어나면서 뇌가 활성화 된다(웬디 스즈키, 2019:41; 이종수, 2019.8:63-72; 2019.12).

음악을 통한 소통력으로 소통효과도 찾을 수 있다(이혜경, 2017:172-174). 고공가 등의 가사는 화자와 청자간의 관계를 구체화한 대화양상이 확인되며, 「고공가」와 「고공답주인가」가 오랫동안 향유될 수 있었던 이유도 작중 인물들의 대화양상과 거문고 연주 등에서 찾을 수 있다. 오리 이원익의 육예와 부동심(이종수, 2019.12) 관계 등이다. "君子는 『禮記』를 통하여 바른 樂에 대한 마음을 닦았다"(황준연, 1998).

둘째, 육예와의 연관성으로 사(射), 어(禦) 등이다. 사, 어는 신체 운동을, 현재적으로는 체조를 들 수 있다. 사(射)로 활쏘기, 무예로 신심을 단련했고, 그 토대가 정좌(靜坐)였다. 신체를 중심으로 본다면 동물적 특성으로서의 육체는 결가부좌시에 양 허벅지 하부 근육에만 체중을 유지하고 무릎 뼈와 엉치 뼈를 온전하게 근(육)에 위탁한다. 우측 대퇴근 하부에 하중을 둔다는 것은 무릎이나 골반 뼈 등이 지면에 닿는 곳이 없이 근(육)에만 체중을 의탁함이다. 바위에도 오래 앉을 수 있다. 어(御)로 말과 수레 다루기의 기술적 소양을 익혔다.[36] 현대사회의 다중지능 이론은 신체

---

36) 신체의 단련 효과는 혈액순환 촉진, 활동의 민첩성, 체력적 충만 및 맑은 정신의 유지 등이다.

운동지능을 춤 · 운동 · 연기 등을 쉽게 익히고 창조하는 능력으로 본다.

동양의 전통무술(예)인 검도나 태극권, 태권도의 기본수행이 정좌(명상, 좌선)였다. 주희나 퇴계, 율곡 등도 반일 정좌, 반일 수학을 생활화하였다. 명상 중에는 세타파와 감마파가 발생하며 좌측 전두엽 부위가 활성화 된다. 국선도 3년 이상 수련자의 경우 자신감, 행복감, 삶의 질에 높은 점수를 나타냈다(양춘호 · 이성현 · 김중인 외, 2000:27~38). '단전주명상'의 경우도 정서지능, 마음가짐, 감사행동 점수가 매우 높게 나타났다(박세훈 · 장진영 · 고시용, 2015:7-28).

미국 보스톤 심포니 오케스트라 지휘자 안드리스 넬슨스는 "태권도 수련이 정신수양과 음악 활동에 많은 도움이 되었다"(동아일보, 2020.1.22)고 토로한다. 근래의 뇌과학과 정신신경과학, 신경면역학, 감성과학, 인지과학 등은 음악과 체육, 명상을 결합한 심신융합적 활동이 인간의 감성 고양과 창의성 신장에 상당한 영향을 미친다는 결과를 입증하였다(이종수, 2020.3:50).

셋째, 지식 측면(書, 數)이다. 서(書)로써 인문학적 소양을 길렀고, 수(數)로써 자연과학적 소양을 체득하여 개인인격의 완성과 조직인격의 완성을 목표로 한 것이다.[37]

3. 융합명상 수행법

본 연구의 융합명상은 명상+음악+운동의 결합이다. 그것은 뇌지능과 심장지능에 좋은 음악, 체육 등을 어떤 방법으로 연결한 프로그램을 통하여 인간의 최대의 건강과 창의성 함양방법의 한 지류다. 인성의 씨앗

---

37) 연구활동은 망령된 만사를 제어(思無邪)하여 專一케 한다. 명상이 그것을 돕는다.

은 문화예술교육이다(김윤정, 2018).

필자의 「융합명상법」은 앉아서만 수행하는 것이 아니다. 집에서 TV 볼 때도, 저녁식사를 할 때도, 컴퓨터를 할 때도 계속 결가부좌로 앉아, 단전(丹田)을 향해 호흡을 한다. 번뇌(잡생각, 화, 불평, 슬픔, 미움 등)가 생길 때마다 마음을 단전(중심)으로 가져오고, 쓸데없이 커지는 여러 생각들을 잘라버린다. 결가부좌(結跏趺坐) 좌선(坐禪)을 하루 1시간씩 하는 것을 목표로 하고, 이와 동시에 모든 일상생활을 선수행과 염불을 함께 하는 것이 진정한 융합명상 수행이다. 새벽 불경읽기, 「능엄주」 경청, 아침 좌선과 체조, 느리게 달리기, 입단행공(入丹行功), 연구, 음악활동 등의 융합적 접근과 수행이다.

제2절 제언

1. 화엄(융합)사상의 재구축

21세기 생명윤리로 화엄윤리에 바탕한 신종교관(이종수, 2020.3:48-51)을 재정립할 것을 제안한다. 융합이 화엄이요, 화엄이 융합이다. 공(空)의 알맹이 속에 모든 것이 융합된 진공과 하나 됨이 공융합(空融合)이다(이종수, 2002:202-203). 우주적 질서와 평등존재로서의 생명가치가 화엄세계이며, 무한한 연대가 12연기이며, 이는 생명외경과 연계된다.

화엄사상의 철학적 구조는 법계연기(法界緣起)이다. 즉, 우주의 모든 사물은 그 어느 하나라도 홀로 있거나 일어나는 일이 없이 모두가 끝없는 시간과 공간 속에서 서로의 원인이 되며, 대립을 초월하여 하나로 융합하고 있다는 사상으로, 화엄에서 가르치는 무진연기(無盡緣起)의 법칙이다. 원효는 자신이 터득한 몇 가지 사상을 융합하여 화쟁회통의 사상체계를 이루어냈다(서정화·이종수, 2019).

원효의 동시구족상응문이라 함은 현세에 과거와 미래가 다 함께 담겨 있음을 뜻하고, 제법상즉자재문은 현상계의 모든 사물이 서로 차별하는 일이 없이 일체화되고 있다는 말이다. 또, 하나[一]는 하나의 위치를 지키고 다(多)는 다의 면목을 유지하는 가운데, 하나와 다가 서로 포섭하고 융합한다는 것이 일다상용부동문이다. 이때 하나가 없으면 다가 없으며, 하나가 있으면 일체가 성립한다. 모든 것이 홀로 고립된 것이 아니라 하나로도 되고 십으로도 되고 일체로도 된다는 것이다.

공융합이란 마음에도, 생각에도, 시각 등에도 경계가 없음이다. "생각이 비어 엉김"이다(『능엄경』:254). 화엄이 융합이고, 융합이 화엄, 화엄이 공이다. 깨달음이란 경계(無相)가 없음이다. 『화엄경』에서 설하는 연화장세계(蓮華藏世界)는 현상계와 본체, 또는 현상과 현상이 서로 대립하는 모습을 그대로 지니면서도 서로 융합하여 끝없이 전개되는 약동적인 큰 생명체라고 설명할 수 있다. 이 연화장세계에서는 항상 『화엄경』의 중심불인 비로자나불(毘盧遮那佛)이 대광명을 비추어 모든 조화를 꾀하고 있다.

2. 근본지의 현재화

당체즉공(當體卽空)은 수행이 깊어가면서 증득된다. 불성(身)이란 공의 체득으로 한계가 없는 자신의 근원을 말한다. 불교에서의 궁극적 실재는 실체 아닌 깨달음 속에 존재한다. 종교에서의 궁극적 실재는 인간을 속된 세계에서 성스러움으로 인도하는 지향점이며, 유한한 세계에서 무한하고 영원한 종교적 신앙을 일으키게 하는 원천이기도 하다.

불교에서의 궁극적 실재는 법신(法身) · 공성(空性) · 진여(眞如) · 제법실상(諸法實相) · 불성(佛性) · 법성(法性) 등의 다양한 용어로 표현된다.[38]

그러므로『금강경(金剛經)』에는 "만약 형상으로 나를 보려거나 음성으로 나를 찾는다면 이 사람은 사도(邪道)를 행함이라 여래를 능히 보지 못하리라"고 경계하고 있는 것이다. 참된 부처님의 모습은 부증불감(不增不減)한 제법의 진여 실상 그 자체이다.『화엄경(華嚴經)』세간정안품(世間淨眼品)에 "부처님 몸은 청정하고 항상 고요하다. 시방(十方)세계를 비추더라도 그 자취가 없고 형체를 나타내지 않으며 마치 허공에 뜬 구름 같다. 이처럼 부처님의 몸은 고요한 선정(禪定)의 경지이므로 어떤 중생도 생각으로 헤아릴 수 없다. 부처님 몸은 다할 수 없으며 모양이 없으니 무엇에나 걸림이 없다"고 설하고 있다. 대승의 반야사상에서는 법신을 공(空)의 다른 표현이라고도 본다. 공성(空性)의 도리를 용수(龍樹)는 "소멸되지도 않고, 생기지도 않으며, 단일하지도 않고, 여럿도 아니며, 오지도 않고, 가지도 않는다"고 표현하고 있다.

마음이 형상이 없어 얻을 수 없음을 아는 것이 허공법신(虛空法身)이다. 법신(法身)이 곧 허공(虛空)이요 허공이 곧 법신이다. 그런데 보통 사람들은 법신이 허공이라는 장소에 두루 퍼져있으며 허공 속에 법신이 품어져 있다고 말하니, 법신이 바로 허공이고 허공이 바로 법신임을 알지 못한 것이다(『傳心法要』).[39] 법신(眞如, 法性)이란 만유진공(三界 없는 현실수용이 眞空)이다.

---

38) 『金剛經』(26장 6절)은 法性과 法身이라고 한다.

39) 황벽 희운(黃檗希運), 『전심법요(傳心法要)』842년. 1권. 본이름은 황벽산단제선사전심법요(黃檗山斷際禪師傳心法要). 당(唐)의 배휴(裴休)가 842년에 강서성(江西省) 종릉(鍾陵) 관찰사(觀察使)로 부임했을 때, 황벽희운(黃檗希運)을 용흥사(龍興寺)에 모시고 조석으로 그의 가르침을 받았는데, 그 가르침을 기록한「법어집」이다(곽철환, 2003.7).

V. 나가는 글

본고는 뇌지능과 심장지능에 좋은 음악, 체육, 명상 등을 어떤 프로그램을 통하여 인간의 최대의 건강과 창의성을 함양할 것인가를 생활체험을 중심으로 제안하였다. 그 방법은 긍정적 마음, 소식과 소언, 많이 움직일 것, 명상 등의 생활과, 방법론으로 염불 융합명상, 음악, 체육 효과성을 중심으로 검증하고자 하였다.

그 내용은 역사적 인물들과 필자의 염불, 좌선 융합의 특성을 먼저 좌선 측면과 불교적 특성으로 구분하여 살펴보고, 현대적 시사점을 창의성, 감성, 음악, 체육관계 등과 연계하여 미러뉴런 효과 및 포스트휴먼시대의 창의적 대응방안으로 화엄사상의 융합적 재구축과 근본지의 활용과 관련하여 대안을 모색하였다.

주요 접근은 염불과 융합명상효과를 신경정신과학, 뇌과학, 감성과학 등과 필자의 체험결과를 배경으로 분석하고, 그 효과를 실생활에 창의적으로 활용할 수 있는 「융합명상 적용프로그램」을 제안하였다. 주요 정책 시사점 측면은 먼저 육예 융합프로그램의 필요성과 육예융합적 접근, 융합명상수행법을, 정책제언 측면으로는 화엄(융합)사상의 재구축과 근본지의 현재화로 구분하여 제언하였다.

결론적으로, Covid-19와 포스트휴먼과 관련 '뇌복제' 시대 한국불교는 어떻게 대응하고, 개인 수행프로그램을 여하히 개발하여 인류의 안녕과 개인의 창의, 감성, 인성을 함양하는 데 도움이 될 수 있는가를 꾸준히 고민해야 할 필요가 있다고 본다.

[참고문헌]

김경회(2019).「우주의 자연현상을 통해 본 불교의 선」,『한국교수불자연합학회지』제25권 2호, 한국교수불자연합회.

김선숙(2016).「명상의 연계성과 초학제적 적용」『한국교수불자연합학회지』제22권 1호, 한국교수불자연합회.

김윤정(2018).「인성의 씨앗은 문화예술교육이다」『강원교육연구』제74호, 강원도교육연구원.

김정호(1993/1994).「인지과학과 명상」『인지과학』제4-5권.

김태은 외(2017).「창의융합형 인재를 기르기 위한 수업혁신전략 12가지」,『Brief』제6호, 한국교육과정평가원.

김형배(2013).「거울뉴런에 의한 모방과 공감에 따른 수용자 반응에 관한 연구: 싸이의 강남스타일을 중심으로」(홍익대 석사학위 논문).

데이비드 이글먼, 앤서니 브란트(2019).『창조하는 뇌』쌤앤 파커스.

문정순(2015).「명상가들의 공상자각, 인지적 탈융합, 심리적 안정감의 주관적 구조 분석」『주관성연구』통권 제31호.

박세훈·장진영·고시용,「원불교 청소년 인성교류 프로그램 개발 및 적용」,『한국종교교육학회 2015년 추계학술대회』2015.

봉은사(2554).『봉은법요집』.

불전간행회 편(1994).『능엄경』민족사.

샌드라블레이크슬리, 매슈블레이크슬리(2011).『腦속의 身體地圖』이다 미디어.

샌디프 자우하르(2019).『심장』사이언스.

서광(2014).「머리와 가슴의 조화」,『운문』제129호.

서정화·이종수(2019).『블록체인 도시행정』지식공감.

신동주 외(2011).「학문간 융합연구의 활성화 방안: 주요 선진국의 복합성 기반 융합연구프로그램을 중심으로」「정책개발연구」제11권 1호, 한국정책개발학회.

신용국(2019).『인식이란 무엇인가, 연기법, 세상의 '自我없음'을 말하다』김영사.

안희정(2015).「儒學의 감정이해: 퇴계의 '심통성정도'와 '樂記'를 중심으로」,『퇴계학과 유교문화』제56호, 경북대.

양춘호 · 이성현 · 김중인 외(2000).「국선도 수련과 삶의 질에 관한 연구」,『한국사회체육학회지』제13호.

여동빈(2011).『太乙金華宗旨』여강.

오인경 · 손정우 · 이승복 · 김혜리(2009).「자신 혹은 타인의 정서적 상황에 대한 뇌 활성도의 차이: 관점획득에 관한 신경영상학적 연구」,『생물신경의학』제16권 제2호.

오헌석 외(2012).「과학기술분야 융합연구자의 융합연구 입문과 과정에 관한 연구」「아시아교육연구」제13권 4호.

욘게이 밍규르 린포체 저, 이현 역(2011).『티베트 린포체의 세상을 보는 지혜』문학의 숲.

웬디 스즈키(2019).『체육관으로 간 뇌과학자』북라이프.

유화양(1993).『金仙證論』여강.

윤진인의 제자. 이윤희 역(2005).『性命圭旨』한울.

이종수(2020.11).「염불과 융합명상 효과 분석」,『한국교수불자연합학회 학술대회자료집』.

_____(2020.3).「포스트휴먼과 봉은찬불융합명상」,『봉은판전』제149호, 봉은사.

_____(2019.12).「領相 李元翼 音樂觀의 人性涵養 效果」,『한국정책학회

동계학술대회논문집』한국정책학회.

_____(2019.8).「인지과학과 융합명상」,『한국교수불자연합학회지』제 25권 2호.

_____(2019.6).「봉은남성합창단 찬불가 스토리텔링」,『봉은판전』제140 호, 봉은사.

_____(2019.3).「지능정보사회 감성·創意融合」,『감성연구』제18집, 전 남대.

_____(2018.9).「봉은 하안거 스토리텔링」,『봉은판전』제131호, 봉은사.

_____(2016.6).「영의정 이원익의 청렴행정 스토리텔링 힐링 효과 분 석」,『인성교육연구』제1권 제1호, 국제뇌교육종합대학원대학교.

_____(2015.12).「템플스테이 미러뉴런 스토리텔링 힐링: 명상과 사찰음 식 공감체험을 중심으로」,『창조산업연구』제2권 3호, 안동대.

_____(2015).「관료병의 오리청렴 스토리텔링 힐링」,『퇴계학과 유교문 화』제56호, 경북대 퇴계학연구소.

이종수 외,(2014).「관료병의 오리청렴 체험 힐링사례연구: 미러뉴런과 공감구조를 중심으로」,『동계학술대회논문집』한국정책학회.

이종수(2002).「21세기 GNR시대의 생명윤리 정책방향」,『국가정책연구』 제16권 1호, 중앙대 국가정책연구소.

이지형(2017).「융합연구 활성화방안」ETRI.

이향준(2014).「분노의 인문학 시론」.『감성연구』제8집.

이혜경(2017).「'고공가'와 '고공답주인가'에 나타난 대화체의 양상과 의미」,『한국학논집』제69집, 2017.

채유정·조성배(2014),「행동선택 네트워크를 이용한 마음이론과 거울 뉴런 기반의 의도대응모델」,『2014년 한국컴퓨터종합학술대회 논문집』.

최연자, 최영찬, 정춘화(2011). 「유가 수양론의 철학치료 방법」, 『동서철학연구』 제61권, 한국동서철학회.

최효찬(2018). 「공감능력이 높은 융합인재로 키우려면」, 『국회도서관』 제55권 2호, 국회도서관.

한일조(2010). 「거울뉴런(mirror neuron)과 공감과 도덕교육」, 『교육철학』 제41집, 한국교육철학회.

한일조(2012). 「공감에 대한 신경과학적 설명과 그 교육적 함의」, 『교육철학』 제46집, 한국교육철학회.

황경식(2009). 「심신의학의 선구로서의 '동의보감' : 동의보감의 의료철학이 지닌 미래적 가치」, 『한국한의학연구원논문집』 제15권 1호.

황준연(1998). 「조선후기의 선비음악」, 『한국음악연구』 제26권, 한국국악학회.

황벽 희운(842). 『傳心法要』

Gardner, H(1983). *Frame of Mind: The Theory of Multiple Intelligences*. 김명희, 이경희 공역(1998). 『다중지능의 이론과 실제』 서울: 양서원.

Kabat-Zinn, J(1990). *Full Catastrophe Living: Using the wisdom of your body and mind to face stress, pain, and illness*. New York: Delta.

Keleman, Stanley(1986). *Emotional Anatomy*, Center Press. 장지숙, 최광석 공역(2018). 『소마틱스, 건강의료분야 전문가를 위한 감정해부학』 군자출판사.

Preston, S. & de Waal. F.B.M(2002). "Empathy: Its Ultimate and Proxmate Bases," *Behavior and Brain Science* Vol.25.

제12장

2022 신정부 AI & 블록체인 융합정책

I. 들어가는 글

2050년 전후 '블록체인중심 신대륙'이 출현할 전망이다. 블록체인이 바꿀 수 있는 50개 영역은 뱅킹, 투표, 교육, 정부, 인사 등이며, 정치개혁 뿐만 아니라 선거 등의 개혁에도 블록체인이 큰 역할을 할 전망이다(이종 수, 2019.3). 정치개혁은 "블록체인 기술을 제대로 활용한다면 유권자와 대표자 간의 괴리로 인해 생기는 정치불신을 극복할 수 있을 것"이다.

본 연구의 목적은 Covid-19 창궐하에 AI & 블록체인 융합행정이란 무엇(서정화, 2016~2018)[40]이며, 2022 신정부의 인공지능 & 블록체인 융합 행정 활용 한계점과 과제(서정화 · 이종수, 2019) 등을 도출하고, AI & 블록체인 융합시대 인간지성융합을 「융합명상법」으로 접근(이종수, 2020)

---

40) AI & Blockchain Technology를 융합하여 행정현장에 적용할 필요성을 제기한 논설은 서정화(2016.12~2017.8) 등을 참조함.

하고자 한다. 블록체인은 국가를 초월한 '장소, 공간' 제로화로 다가왔으며, 블록체인 기반의 분산자율형 조직(DAO)사회로 변화될 조짐이다.

"블록체인 민주주의는 분권과 신뢰를 통해 정당의 투명성 제고가 가능할 것" 이다. 구체적으로는 AI & 블록체인 융합행정효과(이종수, 2020.8), 지방정부의 인공지능 활용효과(이종수, 2019.8), 블록체인 선거 도입효과(이종수, 2019.4), 인공지능시대 창의 융합(이종수, 2019.3), 블록체인 정부관료제(이종수, 2018.5), AI 시대공직구조 개편(이종수, 2017.12) 등을 들 수 있으며, 본 연구의 방법은 주요 선행연구 활용과 일간지, 필자(이종수, 2002~2020)의 선행연구 결과를 활용하였다.

이 연구의 방법은 전문학술지 분석, 필자의 선행연구 및 일간지, 전문가의 자문 등을 참조하여 접근하며, 연구범위는 2022 신정부의 인공지능 & 블록체인 융합정책 공약 개발에 한정[41]하였다.

II. 2022 신정부 도전과 융합행정

1. AI(intelligence) & 인문(humanities) 융합

최근 학문의 중요한 흐름의 하나가 학문간 융합이다. 분과 학문의 경계

---

41) 이종수(2020.12). 「융합행정효과 분석」 이종수(2020.11). 「지방정부 인공지능 정책결정 효과성 분석」 이종수(2020.8). 「AI & 블록체인 융합행정효과 분석」, 이종수(2019.8). 「지방정부의 인공지능 활용실태분석」, 이종수(2019.4). 「블록체인 선거제도 도입효과 분석」, 이종수(2019.3). 「지능정보사회 감성·창의 융합」, 이종수(2018.5). 「블록체인 정부관료제 대응과제」, 이종수(2017.11). 「AI시대 공직구조 개편과제」, 이종수(2002). 「21세기 GNR시대의 생명윤리 정책방향」 등을 들 수 있다. 이종수(2018.1/2). 「여성과 청년의 정치참여 확대 방안」, 『자치의정』 제118호, 한국지방의회발전연구원. 이종수(2016). 「국회의원 세비제도 실태 분석」, 『자치의정』 한국지방의회발전연구원.

를 뛰어넘어 다른분야와 소통하면서 새로운 통합과 창조에 대한 요구가 학문간 융합의 흐름으로 나타나고 있다. 한 분과 학문에서 사용하는 개념이나 논리로 설명할 수 없는 한계를 극복하고, 새로운 패러다임을 창출해 내기 위해 융합을 강조하고 있다. 학문간의 융합이란 응용학문과 기초학문의 소통, 예술과 과학의 소통, 인문학과 과학의 소통을 통해 대상에 대한 새로운 인식과 개념을 창출하여 시대의 새로운 요구에 부응하기 위한 시도라 할 수 있다(서정화·이종수, 2019).

'융합(融合)'은 한자어 원뜻 그대로 '녹여서 합치는 것'을 의미한다. 예컨대 구리 78%와 주석 22%를 '녹여서 합치면'[融合] 놋쇠가 된다. 이 놋쇠로 생활의 도구인 놋그릇, 악기로 사용되는 징과 꽹과리 같은 새로운 창조물을 만들어 낸다. 융합은 이와 같이 서로 이질적인 것을 교합하여 새로운 결과물을 만드는 방법이다. 놋쇠를 만들기 위해서는 구리와 주석의 정확한 비율을 알아내야 한다. 78:22라는 이 비율을 찾아내지 못하면 제대로 된 놋쇠를 만들어 낼 수 없다(서정화·이종수, 2019:104).

한국적 융합 인문사상을 참조하여 인문소양과 창의성 고양을 위한 융합학문적 접근을 시도할 필요가 있다.[42] 융합적 소양은 타인과 공감, 배려, 협력 프로그램을 통하여 얻을 수 있다. '융합'을 "다양한 형태의 만남과 깊이 있는 접촉"을 의미하는 것으로 보면 2010년 스티브 잡스(Steve Jobs)가 iPad2 발표에서 인문학과 결합된 기술을 강조하는 지점이 융합이다. '스티브 잡스'가 아이폰을 세상에 소개할 때 '인문학과 과학기술이 교차하는 지점'이라고 했듯이 '자연과학과 인문학'이 만나고, '기술과 예술'이 융합하면 개개의 분야에서는 찾아볼 수 없는 창조적인 일들이

---

42)근래의 사회적 문제해결형 연구는 학제적 연구와 함께 초학제적 연구(trans-disciplinary research), 곧 융합연구를 통하여 접근할 수 있다. 그 융합적 특성은 현재 문제의 복잡성, 해결책의 다양성, 현장지식과 이론의 연결 및 공공이익의 증대 추구 등을 들 수 있다.

만들어진다. 융합(Convergence)은 화학적(Chemical) 결합으로 '다른 종류의 것이 녹아서 서로 구별이 없게 하나로 합함'이다. 통합이 물리적인 합침이라면 융합은 화학적 합침이다. 학제간 벽을 허물고 통합하자는 의미가 통섭이다. 통섭은 생물학적(Biological) 결합으로 전체를 도맡아 다스린다는 뜻으로 학문이 널리 통하는 큰 줄기(統)를 잡(攝)는다는 의미다. 통섭은 '지식의 통합'이라고 부르기도 하며 자연과학과 인문학, 사회과학을 연결하고자 하는 통합 학문 이론이다.[43]

둘째, AI & 블록체인 융합효과적 측면은 공공(민간)조직, 인력, 재정의 축소와 효율화, 정부행정 투명화와 신뢰도 증대, 부패 개선, 플랫폼 참여 효과 등을 들 수 있으나 인공지능과 블록체인 융합제도 정비, 입법화와 사회적 도입, 적용이 요청된다(서정화 · 이종수, 2019).

셋째, 인공지능과 인간의 상호작용이다. 착용형 로봇(HAL; Hybrid Assistive Limb)은 노약자 및 환자가 무거운 짐 등을 나르는 등의 일을 안전하게 지원한다. 보행재활시스템은 로봇을 이용하여 환자의 보행재활 지원을, 스마트 복장은 방수, 방한, 신체상태 정보 등을 자동으로 수집하고 보온, 보습 등을 유지하는 스마트 복장으로 신체기능 보완 및 증강효과인 시력, 청력, 근력 등의 장애를 보완한다.

이와 같은 AI기술 & 언어, 시각, 청각 기술에 바탕하여 인지, 해석, 상황 이해력을 극대화한다. 교육, 금융, 의료, 물류, 에너지 융합으로 사용 편의성이 뛰어나 정부 서비스를 제고한다.

비피유홀딩스(대표 오상균)가 미국 애리조나 지역 주립병원에 치매나 정신 질환을 겪는 환자를 위한 감성 인공지능 플랫폼 'AEI(Artificial Emotion Intelligence) 프레임워크'를 제공한다(전자신문, 2019.8.1).[44] 회

---

43) 블록체인은 탈중앙처인 그물망 네트워크로 균등과 공유의 시대를 열었다(윌리엄 무가야:214-219). 탈중앙화의 보편적 특징은 11가지로 합의에 의한 거버넌스 등등이다.

사는 미국 애리조나 대학교 연구팀과 협업해 프로젝트를 진행했다. AEI 프레임워크란 의료 부문을 돕는 인공지능에 감성을 덧붙인 비서 개념이다. 가상 간호사나 디지털 환자 도우미 역할을 한다. 이 서비스에서는 환자가 라이브 챗봇에 참여하도록 한다. 라이브 챗봇은 환자 감정과 인지 상태를 추적한다. 이는 기본적으로 환자 신체상태와 연관한 감정을 모니터링하고 교감, 상호 작용할 수 있도록 설계됐다. 자연어 분석, 기계 학습, 감성 지능 기술을 기반으로 만들어졌다. 오상균 비피유홀딩스 대표는 "의료보험료가 비싼 미국 시장에서 AEI 프레임워크로 고령 환자 관리와 치료에 혁신을 가져올 수 있다"면서 "다음달 미 재활 병원에서 프로토타입 테스트를 진행할 예정"이라고 말했다.

2. 효과성

첫째, 영국의 국민건강서비스는 질병 정보를 제공하는 인공지능 로봇 '베이빌런(Babylon)' 서비스를 운영하고 있다. 두바이에서는 인공지능 로봇 경찰관이 도로 순찰과 과태료 납부 등을 지원한다. 인천국제공항은 관광객을 위한 길 안내 로봇을 도입했다.

인공지능(AI) · 빅데이터 · 로봇 같은 미래 신기술은 행정 조직에도 영향을 미칠 전망이다. 더불어민주당 박재호 의원이 행정안전부에서 제출받은 '미래 신기술 도입에 따른 정부인력 운용방안' 용역 보고서(2020)에 따르면 국내 18개 중앙정부 부처에 신기술을 도입하면 재직 공무원 25%를 대체할 수 있는 것으로 나타났다. 지난해 9월 기준 중앙부처 공무원은 1만2000명인데 신기술 도입으로 이중 3006명(25%)을 대체할 수 있

---

44) [미래기업포커스] 비피유홀딩스 'AI+감성' 환자지원 프레임워크 제공.

다는 것이다. 이 보고서 내용은 행안부가 연세대 산학협력단에 의뢰해 제출받은 결과다.

중앙부처 가운데 행안부가 가장 많은 인력(286명)을 대체할 수 있는 것으로 조사됐다. 다음으로 외교부(263명), 기획재정부(255명), 국토교통부(254명)가 뒤를 이었다. 부처 전체 인원 대비 대체 가능 인력 비율로 보면 외교부가 38%로 가장 높았다. 연구팀은 "외교부에 통·번역 등 공무직이 많기 때문"이라고 분석했다. 5년 이내 대체 가능한 업무 기능은 집행·운용이 75%, 평가·분석이 25%다. 행정운영 기능의 자동화는 11~20년, 기획관리 기능은 62.5%의 신기술 상용화에 21~30년의 기간이다.

최근 한국리서치의 조사에 따르면 국민 10명 중 6명은 법원 판결을 신뢰하지 않으며, 전체 응답자의 약 80%는 판사에 따라 판결이 달라지고 일관성이 없다고 인식하고 있다. 흥미로운 부분은 "자신이 재판을 받을 경우, 인간판사와 AI 판사 중 누구를 선택할 것인가"에 대한 조사에서는 응답자의 48%가 AI판사를 선택하겠다는 결과가 나왔다는 사실이다. 그렇다면 국민의 48%가 기대하는 AI 판사의 도입은 가능할까(한국경제, 2021.8.19). 2019년 에스토니아는 소액 민사재판(7천 유로, 한화 약 950만 원 미만)에 대하여 AI 판사를 시범 도입하겠다고 발표했다. 물론, 7천 유로 이상의 배상액이 나올 경우 인간판사가 나선다. 소액 민사재판은 절차나 유형이 정형화 되어 있어서 간단한 규칙의 학습과 기초적인 증거의 분류와 검색을 비교적 쉽게 자동화시킬 수 있으며, 법적 분쟁 우려도 낮다고 판단해서 나온 결정이다. 당시 법무장관은 AI 판사의 도입 목적을 국민에게는 신속한 법률서비스를 제공하고 판사에게는 좀 더 크고 중요한 사건에 집중하도록 하기 위해서라고 밝혔다.

둘째, 경제성이다. 서울 영등포구는 전국 최초로 블록체인 기반의 '제안서 평가시스템'을 구축해 서비스에 들어갔다. 입찰 과정에서 평가의 공정성과 청렴도를 높이기 위해 블록체인 도입을 결정했다. 영등포구청의 평가시스템은 입찰평가회의 진행시 위원들의 점수를 아무도 조작할수 없도록 예방해 투명성을 확보했다(서정화·이종수, 2019).

블록체인은 비용 면에서도 효과적이다. 기존 금융회사는 거래 장부를 안전히 보존하기 위해 다양한 보안 서버를 구축하는 데 막대한 돈을 투자해야 했지만, 높은 안전성을 자랑하는 블록체인 내에서는 신뢰 확인 작업에 드는 과정의 비용이 절감된다. IT 중앙 서버와 보안시스템을 구축하는비용 역시 낮아진다. LG경제연구원이 지난해 8월 발표한 보고서 '블록체인, 비트코인을 넘어 세상을 넘본다'에 따르면, 투자 은행들이 블록체인기술을 적용할 경우 거래비용의 약 30%를 절감할 수 있다. 이용자 역시블록체인을 통한다면 TTP에 지급해야 하는 수수료가 사라지는 경제적이득을 얻는다. 6.13 지방선거 비용은 1조 700억원이다. 모두 4,016명을선출하며, 유권자는 4,290만여 명이다. 투·개표 인력동원에 전체의 절반가량인 5,113억 원이 지출된다. 블록체인 모바일 투표를 도입할 경우 1/4로 절감할 수 있다(이종수, 2018.7-8:62-63).

대안으로 등장한 블록체인 민주주의는 투표 비용을 크게 줄여 주요 정책이나 입법과 관련한 시민들의 의사를 보다 자주 물을 수 있다. 기성 정치권이 블록체인 민주주의에 주목하기 시작한 이유도 이 지점이다. 스페인에선 블록체인 민주주의를 앞세운 신생 정당 포데모스가 대중의 힘을결집시키며 선거에서 돌풍을 일으키자, 집권 사회당이 공천시스템 혁신을 선언하고 나섰다.

블록체인 기업 글로스퍼는 지난달 28일 '블록체인을 기반으로 하는 제안서 평가시스템 및 평가 저장방법'에 대한 특허 출원을 완료했다(2019.1.10). 해당 특허는 2018년 글로스퍼가 자체 개발한 블록체인 기반솔루션을 기반으로 설계됐으며, 영등포구는 구청 운영절차상 공정성 확보, 입찰 과정에 대한 의구심 차단 및 연관부서의 행정절차 간소화를 이뤄냈다. "인사, 정책, 성과, 경연 등 평가가 필요한 다양한 분야에 적용할 수 있다"고 말했다. 이어 "이번 성과는 블록체인이 기업과 공공기관에 '투명성'을 제공한 사례로 블록체인을 도입하여 접근성, 편의성, 반응성의 효과성을 검증하였으며, 주요 시사점으로는 인사, 정책, 성과 평가 등 행정 전 과정의 도입 가능성을 열었다"는 점이다.

온라인 출생신고(박의서, 2019:161-165)의 디지털학위증, 온라인 투표, 모스크바시의 전자투표, 에스토니아의 전자투표, 덴마크 자유연합당의 블록체인 투표, 노르웨이의 정당 전자투표 등을 들 수 있다.

셋째, 참여성이다. 민주주의의 본질은, 국민이 나라의 주인으로서 머슴을 뽑아서 그들에게 국가운영을 맡기는 것이다. 뽑힌 머슴들이 국민을 지배하지 못하도록 해야 합니다. 그러니까 국가조직을 피라미드형 계급구조에서 벗어나 네트워크형 수평구조로 설계해야 한다.

"네트워크형 수평구조"란 국가의 구성원들이 서로 다른 기능과 역할을 가지고 있지만, 그 기능과 역할은 계급질서로 움직이는 것이 아니라 계약적 합의원칙에 따라 움직이도록 설계된 형태를 말다. 그러니까 조직을 설계할 때는, 즉 제도적 장치를 마련할 때는 반드시 모든 기능과 역할이 수평적 관계에서 작동하도록 한다. 그러므로 특정 직무가 다른 직무를 지배하거나 착취할 수 있는 계급질서가 형성되도록 설계해서는 안 된다.

사람 위에 사람 없고, 사람 아래 사람 없다는 평등사상을 모두 공유하도록 해야 한다. 모두가 주인의 역할을 할 수 있는 민주주의 정신, 즉 철저하게 수평적으로 기능하는 조직으로 설계되어야 한다(최동석, 2016).

넷째, 정책결정 효과성으로는 첫째, 공공부문의 데이터 활용사례이다 (서형준:12-13). 지능정부의 증강, 자동화, 자율화의 계속적 발전이다. 둘째, 인공지능 정책결정의 장점(서형준:20)은 충분한 정보, 투명성과 신뢰성, 객관성, 신속성이다. 우월성, 윤리성, 책임성, 기존 민주제도 변화, 공공인력 대체, 활용 측면, 데이터 범위 등이다. 셋째, 인공지능의 장점은 부패 일소, 공정성 확보, 예산부당 적발(20) 등과 (1) 우월성(서형준, 2019:22; 윤상오 외, 2018) (2) 윤리 (3) 책임성 (4) 민주주의 (5) 인력대체(서형준:5-26) (6) 데이터 활용 등을 들 수 있다. 기존의 정부 정책결정이 '바른 절차'를 보장하던 것에 비해 인공지능(정부)은 통합적, 과학적, 정밀한 의사결정이 가능하여 정부가 '올바른 결정'을 보장할 수 있음을 시사한다(서형준:30). 넷째, AI의 효율성은 의사결정 조력자 등이며, 다섯째, 활용도 측면은 경쟁력 측면, 시민편의성, 행정효율성, 민주제도 개선측면 등이며, 하나의 예로써 검찰, 감사원, 경찰 등의 투명화와 상호견제 효과를 기할 수 있는 여지 측면이다(이종수, 2020.8).

다음 단계에서는 의사결정 지원을 하는 강력한 AI 기반의 소프트웨어가 의회나 정부 정치인들의 의사결정을 대행하게 된다. 뿐만 아니라 정치인, 기업인, 일반시민에게도 의사결정을 지원하게 된다. 그리고 부패하기 쉽고 어려운 정치나 정부운영은 인공지능에게 맡기고 인간은 더 재미있는 일을 찾게 된다. OpenCog를 사회정치적 의사결정의 목적에 맞게 설계하는 데는 상당한 노력이 필요하다. 우리는 ROBotic Analysis of Multiple Agents의 약어로 ROBAMA를 사용하여 사회정치적 시스템에 관련된 인간과 같은 다양한 지능형 문제의 상호작용을 분석하는 OpenCog AI시스템의 전문성을 나타낸다.[45]

블록체인은 정부권력을 '사유화'한 공직자들이 견고하게 구축한 성벽을 하나씩 부수고, 백성들은 자기 벽돌을 찾아 가져가서 적절하게 관리하면 된다.

---

45) 필자는 인공지능 정책결정 특성을 책임성, 효과성, 명료성, 합리성 등으로 정리함. 대응의 한계와 과제 등도 참조할 것(이종수, 2020.11:185-191).

3. 필요성

AI & 블록체인정부 제도화 필요성이다(서정화 · 이종수, 2019). OECD(2020)는 「인공지능 권고안」(2019.5)과 「블록체인 원칙」(2019.5) 제 안서에서 블록체인 원칙의 주요 이슈는 탈중앙화 소재, 데이터거버넌스, 법과 규제 측면, 상호 운용성 등 8가지를 제시하고, 공공부문의 혁신과제 를 4가지로 제안(OECD, 2016)하였다.

AI 기반 디지털정부는 범국가적 데이터 정책 수립, 공공민간데이터 통 합관리와 연계, 활용 활성화, 데이터 산업 지원, K-사이버 방역체계 구축 등을 추진하겠다고 밝혔다. 공공서비스도입, 활용과제(「인공지능 대응전 략」:36-38), 국민중심 서비스, 업무방식 개혁, 개방형데이터 생태계 구축 등이다. 정부는 '디지털융합정부' & 전자정부국, 신설(인공지능신문, 2020.4.27)했다.

하나의 예를 들면 미국의 정책, 법률제정 플랫폼, 온라인 포럼, 공공미 팅 플랫폼 등을 예시할 수 있다(지역정보개발원, 2018.12:7-9).

둘째, 지능(전자)정부와 데이터융합민주주의 연계성이다. 최근 4차산 업혁명이 화두가 되면서 '데이터 민주주의'라는 개념이 회자된다. 정보 독재시대에서 정보 통제시대를 거쳐 정보 개방시대가 열림. 작게 보면 행 정 정보 공개 정책부터 데이터 민주주의가 시작됐고, '오픈 거버넌트'(열 린 정부) 정책이 본격화된다.

빅데이터는 시민들에게 무한한 정보를 제공함으로써 시민들이 '완전 한 정보를 가진 시민(informed citizen)'이 되게 하는 기반이 됨에 따라서 빅데이터에 기반한 정보를 가진 시민이 정책의 생산자, 공급자이면서 동 시에 정책의 사용자, 운용자인 프로유저(pro-user)가 됨으로써 사회의 대 표와 시민간에 진정한 수평적 협력 관계(協治), 권력의 공유(共治)를 실현할 수 있게 한다.

주의할 점은 사회의 시대 관련 빅데이터가 기반이 되는 새로운 민주주의 형태가 오히려 '빅데이터 브라더(Big Data Brother)'가 되지 않도록 유의해야 한다. 인류의 역사는 빅 브라더와 같은 리더에 의한 파행에서 자유롭지 못하다. 정부나 파워를 가진 어떤 집단이 독주하지 않도록 개방적인 시민사회의 참여를 통한 견제와 균형이 보완되어야 할 것이다.

4. 융합명상과 수기치인

2022 신정부는 크립토크라시 도래와 관련 블록체인 융합과 그 기술관리 전환체제 구축이다. 포스트휴먼시대 인류의 무병장수를 지향하는 동양적, 육예적 삼교융합과 선불교 전통을 융합한 「융합명상법」을 체험을 토대로 제안하여 인공지능, 블록체인 융합시대 자연 인간의 심신건강에 기여하고자 했다는 점이며, 본 연구의 차별성은 Covid-19 비대면 사회 대응을 위한 AI & 블록체인 융합정부 제도화와 동시에 새로운 사회 환경에 개인이 적응할 수 있는 「심신융합명상법」을 개발하여 면역 증대에 기여코자 했다는 점이다.

AI & 블록체인 융합시대 인간지성융합을 「융합명상법」으로 접근(서정화, 2017.8)하고, Covid-19 대응을 위한 대응정책에 대한 선제적 대응 및 입법 내용 등을 중심으로 접근하였다.

DAO는 탈중앙화 자치조직이다. 그 구조는 컴퓨터와 프로그램에 기반하여 관리되는 자치조직이다. Smart Contract를 이용해 작동된다. DAO는 공개협력을 위한 운영시스템이다. 예전의 향약에 의한 조선시대 지방의 자율적 내부통제와 유사한 측면이 있다(이종수, 2016.6). 수기치인과 성리학에 의한 교화와 질서 유지 원리이다.

Ⅲ. AI & 블록체인 융합행정적 접근 과제

제1절 한계와 과제

1. 입법권의 한계

국회의원(三府 포함)들은 워낙 큰 특혜와 특권을 가지고 있기 때문에, 그 자리를 계속 유지하기 위해 국민의 의사를 무시하고 자기들끼리 스크럼을 짠다. 기득권을 놓지 않기 위해 잔머리를 굴린다.[46]

전통적 권력에 대한 "블록체인, 인공지능융합행정"을 통한 권부 상호 견제의 민주화(이종수, 2019, 2020, 2021)가 현실적 대안이다. 쓰레기 대의제를 장례식으로 보내고 공정한 세상을 견인할 블록체인 민주주의가 하나의 대안이다.

한국은 OECD 평가에서 디지털정부 1위로 평가(시사저널, 2020.10.16)되어 '디지털정부' 전환을 통한 코비드19 대응에 유리한 고지를 점했다. 동시에 디지털정부 출범에 적합한 인공지능공무원 '대체율' 이 25%(중앙일보, 2020.10.8)로 조사된 점은 공직자 비율을 낮춰 정부 경상비를 절감할 수 있다는 점을 시사한다.

최근 현정부(행정안전부)는 중앙부처 국가공무원을 5천 818명 충원(증원)하는 내용의 정부안이 확정됐다고 1일 밝혔다. 정부안에 따르면 내년에 충원되는 공무원은 경찰 및 해양경찰 2천508명, 국공립 교원 2천120명, 생활·안전분야 공무원 1천190명 등 총 5천818명이다(2021.9.1).

정부는 2018년부터 올해까지 3년간 국가공무원 수를 연평균 1만5천

---

46) 2016년 현재 국회의원의 특권은 200여 가지가 된다. 1인당 년 간 약 6억원의 비용이 투입된다(이종수, 2016:8).

400명 늘렸다. 지방공무원 정원도 2017년 말 31만6천800명에서 2018년 말 33만600명, 작년 말 34만6천 명으로 연평균 1만4천600명 증가했다. 이처럼 국가 · 지방 공무원을 합쳐 매년 3만 명 안팎씩 늘어나는 추세가 계속되면 5년간 증원 인원은 15만 명 가량이 된다.

AI & 블록체인 융합효과적 측면은 공공(민간)조직, 인력, 재정의 축소와 효율화, 정부행정 투명화와 신뢰도 증대, 부패 개선, 플랫폼 참여 효과 등을 들 수 있으나 인공지능과 블록체인 융합제도 정비, 입법화와 사회적 도입, 적용이 요청된다(서정화 · 이종수, 2019). 블록체인 다오기술의 등장은 5% 이상 상위자들의 독식, 폭거, 압제, 위선과 오만에 대한 보복적 기술로 이해한다. 이를 수용하여 공정한 세상을 만드는 것이 2022 신정부의 과제다.

2. 제도 단절과 신세계

블록체인의 가치는 일인, 상부조직에 집중되던 권력(힘)이 이제 조각으로 나뉘어 한 사람 한 사람 손에 쥐어짐으로써 각자는 근 몇 년 이래 가장 '개인'으로서 실존할 수 있게 되어가고 있는 그런 역사의 획기적 한 구간에 우리가 진입시켰다는 점이다.

"21세기 망령"이 출현했다. 그 망령으로 "공(公)의 상실"을 부르는 「크립토 무정부주의」(Crypto-Anarchism)가 어른거린다. 정확히는 망령이라기보다 특정 소수인들의 '만인지배'에 대한 '기계적 균형, 보복, 균형력 회복'이라는 생각이다(이종수, 2021.8).

인간이 만든 법 제도를 대체하는 자율적 소프트웨어 코드 기반의 '암호 기술의 법(lex cryptographica)'은 기존의 비효율을 제거하고 중앙 중개자와 신뢰할 수 있는 권위자들의 억압으로부터 우리를 해방시키지만 해방의 대가는 코드의 억압이라는 더 큰 위협이 될 수 있다. 탈중앙화와 분산화 등 블록체인 신기술의 사례와 혜택, 리스크를 통해 블록체인 기술의 이중성을 분석, 크립토 무정부주의를 반대하고 기술을 규제할 수 있는 전략을 제시한다.

크립토 아나키즘(Crypto-anarchism) 관련 사우스 웨일즈 대학의 Usman Chohan은 "크립토 아나키스트들이란 자신의 정치적 자유와 경제적 자주권을 전파하고 그들의 프라이버시를 지켜나감에 있어 외부 압력에서 자유롭기 위하여 암호화 소프트웨어들과 프라이버시 강화 기술들을 사용하는 사람들"로 정의한다.

아나키즘이 사이버 공간에 등장하고 실현된다는 아이디어다. 각자 스스로를 탈중앙화 시켜 자기 자신을 보호하는 사람들이 만들어내는 접근이다. 정치의 정의를 공동체원 모두가 만족스런 삶을 살아갈 수 있도록 대형 피자 한 판을 가장 합리적으로 잘라 나눠주고 싶었던 정치가 결국은 잘 지켜주지 못한다. 만인에 대한 투쟁을 중재하기 위해 한데 모은 힘은 결국 소수의 만인에 대한 지배로 변한다. 예를 들어 IBM 멜트다운 사태, 페이스북 개인정보 유출 사태 같은 사건들에서 당국은 해 줄 수 있는가 아무것도 없다.

러시아 토큰박스의 공동창업자 블라디미르 스케르키스는 "블록체인 민주주의가 등장하면서 모든 정부가 투명성과 개방성에 대해 어느 때보다 큰 압력을 받게 됐다"며 "민주주의는 블록체인화 돼야 한다"고 강조했다. 블록체인은 정당을 무력화하고, 직접민주주의를 확대하며, 나아가 국가와 정부라는 권력의 힘을 축소한다. 세상은 작은 마을 공동체로 구획되고, 그것이 우리에게 가장 자연스러운 사회형태다. 블록체인을 '디지털에 스며든 아나키즘'이라고 불렀던 이유다.

3. AI & 블록체인 정책화

로렌스레식(Lawrence Lessig)은 "정부가 사라지면 천국이 그 자리를 대신하는 것은 아니다. 정부의 자리를 다른 이익집단이 대신할 것이다"고 했다. 자율적 코드의 지배(4도구적 측면:법, 코드, 시장, 사회적 규범 등이다(프리마베라 외:327).

신뢰를 대신 보증해주는 제3의 기관, TTP(Trusted Third Party) 필수성 측면이다. 은행과 정부가 TTP의 대표적 예다. TTP는 신뢰를 보증하는 방대한 거래 장부를 일정량의 수수료를 받고 운영한다. 블록체인의 신뢰 관계는 TTP와는 정반대로 '폐쇄'가 아닌 '개방'에서 나온다. 중앙 정보시스템에서는 개인의 정보가 담긴 거래 장부를 TTP에 독점시킨 형태로 보안을 지킨다. 이와 달리 블록체인은 거래 장부를 모든 사용자에게 나눠서 보관한다. 이러한 블록체인의 특성으로 인해 블록체인은 '분산장부'라는 이름으로 불리기도 한다.

블록체인의 주요 장점은 투명성, 보안성, 비용 절감이다. TTP에 모든 정보가 집중되어 있는 중앙 정보시스템과는 달리, 블록체인은 장부가 모든 사용자에게 맡겨져 투명한 거래가 가능하다. 보안성 측면에서도 높게 평가된다. 블록체인 네트워크를 해킹하려면 과반수 이상인 51%의 장부를 조작해야 하므로 이론적으로 불가능하다. 이러한 블록체인의 보안성은 거래에 참여하는 사용자 수가 많아질수록 더 증가한다.

4. 거버넌스

인공지능, 블록체인 융합제도화 접근이 AI & 블록체인정부 통제 거버넌스 구축이다. 다양한 요소들로 구성된 거버넌스에는 요소들 사이의 수직적, 수평적, 상호작용에 의하여 많은 문제들이 얽혀 있을 뿐만 아니라 이에 관한 다양한 해결방안이 제시되거나 적용되기도 한다. 다양한 행위자들의 관계로 형성되는 다층적이고 복잡한 시스템으로 구성된다.

행위자 거버넌스는 기관(UN, 정부 등 행위자), 이슈(프라이버시, 보안, 재산권 등) 도구(산업표준, 법률 등 정책 수단)의 상호관계 속에서 형성된다. 거버넌스 과정이란 다 행위자들 사이에 각종 가능한 수단과 도구들을 동원하여 현안 또는 잠재된 쟁점을 해결해 나가는 시간적 흐름이다. 안티로이코는 e-거버넌스를 가치와 기대효과(공익과 참여자 이익), 참여자(정부, 공공기관과 회사·NGO·소비자 같은 파트너, 일반시민), 기술유형(인터넷, 이메일, 전화 등), 수단(여론조사, 시민법정, 바우처 등)으로 구성된 것으로 묘사한다.

지역의 거버넌스는 단순한 네트워크나 정부통치가 아닌 특정핵심주체를 중심으로 필요에 의해 자발적으로 구성되는 네트워크이다. 이들 이질적인 주체들을 협력체제로 구조화하기 위한 접근이 거버넌스 체제의 구축인 것이다. 거버넌스 구조는 글로벌(Global), 국가(National), 광역(Regional) 및 로컬 거버넌스(Local governance)로 유형화되며, 로컬 거버넌스는 지방단위에서 문제해결을 위한 관리체제이다.

이러한 지역 거버넌스 구축과제는 1) 분권화와 지역경쟁력 강화 추진체제 구축 2) 다양한 추진주체 간 협력적 거버넌스 구축 등을 통하여 접근할 수 있다. 지역 거버넌스의 구축 필요성은 1) 지역문제의 지역적 이해반영과 실질적 참여, 2) 이해관계자의 참여와 협력 유도, 3) 분권을 통한 지역의 자율성 증진과 지역발전의 견인 및, 4) 지역갈등문제의 당사자 간 해결 유도 등을 위해 필요하다.

IV. 2022 새정부 융합정책 공약 개발

1. AI & 블록체인 융합정부 구조

첫째, 블록체인은 무정부주의(프리마 베라 외, 2018:8)를 부르고 있다. 스마트 컨트렉트(8)의 기술이다. 블록체인은 기존의 권부 중심 구태에서 가치중립성(프리마 베라 외, 2018:5), 탈중앙화(프리마 베라 외, 2018:5)를 야기한다. 이를 토대로 분권형 자율조직(이종수, 2019; 최동석; 위리엄 무가야)을 가능케 한다. 탈중앙화 조직(프리마베라 외, 2018:221)을 제어하기 위해서는 법으로서의 코드(프리마베라 외, 2018:308), 규제 기술(프리마베라 외, 2018:312) 등을 통하여 접근할 수밖에 없다.

둘째, 블록체인 분권형 정부 측면이다. 첫째, 블록체인 정부의 장점은 1) 해킹 컴퓨터시스템의 사이버 공격 방지, 2) 복지비용 절감과 금융 포용성 확대, 3) 정부 지원금 투명성 확보, 4) 경제성장과 고용 확대, 5) 탈세 축소 등, DAO 조직의 가능성 등이다.

한국의 경우도 예산낭비와 부패, 무능의 고질적 관료제 현상을 블록체인 도입으로 개선할 수 있다. 먼저 예산집행 내역 등 행정정보데이터를 블록체인에 담아 공개한다. 동시에 단순 업무와 인증, 보증 업무를 블록체인 기술로 대체한다. 자율신뢰시스템이다. 선거의 경우 블록체인 모바일투표로 직접 민주제를 확대시킨다. 미국과 유럽 등 세계 각국에서는 직접민주제가 국회의원과 관료를 대체하고 있다. 우리는 간접, 직접민주제 비율이 99:1이다. 70:30 정도로 늘리면 정치인, 관료의 부패나 무능을 방지하고, 세금낭비를 적게 하여 투명사회를 이룰 수 있고, 경제성장도 촉진된다.

2. 블록체인의 가치중립성, 탈중앙화

블록체인은 이미 우리의 금융시스템을 급격하게 변화시키고 있다. 그러나 신뢰가 필요없고, 불변적인 속성들은 통화 애플리케이션에만 유용한 것이 아니다. 블록체인 기술로 인해 큰 변화가 일어날 수 있는 또 다른 영역은 바로 거버넌스다. 블록체인은 중앙 기관의 조정 없이 자치적으로 작동하는 완전히 새로운 형태의 조직을 가능하게 할 수 있다.

탈중앙조직(DO)과 탈중앙자율조직(DAO)은 모두 집단모의 공격에 취약한데, 이 공격은 일정한 규모의 참여자가 공모하여 특정 방향으로 행동하는 것이다. 그러나 탈중앙자율조직(DAO)에서 모의공격은 버그로 취급되는 반면에, 탈중앙조직(DO)에서는 하나의 기능이다(민주주의에서 다수결의 원칙처럼). 인공지능은 완전 자율적인 존재로, 탈중앙자율조직(DAO)가 많은 부분에서 인간의 특정한 상호작용에 따라 규약이 운영되는 것에서 차이가 있다.

씨티에이엠이 발표한 기사에 따르면 전 세계적으로 코로나19로 인해서 재택근무 및 원격 업무가 점점 보편화 되고 있는데 이로 인해 여러 기업들이 강제로 탈중앙화가 되고 있다.

이로 인해 탈중앙화에 대해 준비가 없던 기업들은 타격을 크게 입고 있지만 사업 초기부터 탈중앙화 조직 형태를 지향하고 준비한 기업들은 큰 타격 없이 탈중앙화 모델을 운영하고 있다.

이와 예를 들어 바이낸스의 경우, 사업 초기부터 분산형 네트워크 기반의 원격 근무를 병행해서 운영하였으며 50개 이상 국가와 지역, 1200명 이상의 인력들이 다양한 시간대에 효율적으로 상호 협력 및 조율하며 업무를 진행하고 있다는 예를 들었다.

현재 바이낸스, 후오비를 비롯해 몇몇 글로벌 대형 암호화폐 거래소들의 경우 지역별 지사를 두면서 탈중앙화/분산화 된 형태로 초기부터 비즈니스 모델을 운영해 왔기 때문에 이런 코로나시대의 탈중앙화 조직과 관련해 효율적인 운영을 진행하고 있다고 볼 수 있을 것 같고, 향후 여러 기업들도 이런 부분들을 비즈니스 모델에 참고해 나갈 것으로 보인다.

탈중앙화 조직의 가능성을 논의하고 이오스(EOS) 블록체인 거버넌스를 소개하는 자리가 마련된다. 이오스 블록 생성자인 이오스네이션은 오는 8월 8일 오후 2시 aSSIST 경영대학원(서울과학종합대학원) 핀란드타워에서 '이오스 커뮤니티 컨퍼런스 2019'를 개최한다고 31일 밝혔다.

이번 콘퍼런스에서는 한국 법률 관점에서 DAO/DAC(탈중앙화 조직 · 기업)의 가능성을 분석하고 블록체인 데이터 비용에 대한 기업용 솔루션을 공개한다. 또 이오스 거버넌스 소개와 디앱(DApp) 생태계를 BP(블록 생성자), 기업, 이용자의 관점에서 바라보는 시각을 공유한다. 현재 블록체인 시장에 만연하는 코인 예찬주의의 문제점도 지적한다.

이더리움과 이오스 블록체인을 연결하는 리퀴드앱(LiquidApps) 팀의 새로운 체인 상호운영시스템인 리퀴드 링크도 소개한다.

김문수는 "이오스는 탈중앙화를 지향하되 실제 기업 현장에 활용할 수 있고 확장 가능한 고성능과 고효율을 추구해 왔다"며 "이번 콘퍼런스는 지난 업적을 돌아보고 최신 개발 동향과 비전을 살펴보는 기회가 될 것"이라고 말했다. 콘퍼런스는 무료다. 온오프믹스와 밋업 플랫폼에서 신청할 수 있다. 한편 캐나다 퀘벡에 있는 이오스네이션은 16개국에 걸쳐 분포된 33명의 직원과 7명의 경영진으로 이뤄진 팀이다.

스마트 컨트랙은 탈중앙화 된 자율형의 가장 간단한 형태이다. 이것은 디지털 자산과 둘 또는 그 이상의 참여자들에 관계의 역학시스템이다. 참여자 전부나 일부가 자산을 스마트 컨트랙에 넣으면 자산은 자동으로 참여자들 사이에서 재분배된다. 이 때 분배실행은 이 스마트 컨트랙을 형성했던 시기에는 알려져 있지 않던 어떤 데이터를 기반으로 한 공식에 따른다. 탈중앙화 된 앱(디앱)은 스마트 컨트랙과 유사하나, 2가지 측면에서 차이가 있다. 하나는 탈중앙화 된 앱이 시장의 모든 면에서 참여자의 수의 제한이 없다는 것이다. 두 번째는 탈중앙화 된 앱은 재정이 필요하지 않다는 것이다. 비트토렌트가 탈중앙화 된 앱의 대표적인 사례이며, 팝콘타임, 토르, 메드세이프 그리고 크립티 등이 있다(메드세이프와 크립티는 또한 다른 탈중앙화 된 앱들을 위한 플랫폼이다).

3. 법적 이슈

다양한 형태의 인간 조직은 두 가지 것의 조합으로 정의할 수 있다. 그것은 자산의 집합과 참여자들 간의 상호작용 통신 규약 또는 규약들이다. 통신 규약은 참여자들이 어떤 자산을 사용하는 환경에 대한 규칙이 포함된다. 탈중앙화 된 조직의 개념은 인간 조직의 개념을 동일하게 가지고 그것을 탈중화 하는 것이다. 전통적인 계층구조에 의해 관리되는 인간 상호 작용과 법률체제를 통한 자산의 제어 대신에, 탈중앙화 된 조직은 프로그램 코드에 지정된 규약을 따르는 인간들의 상호작용의 집합에 가깝다. 이러한 코드의 규약은 블록체인(거래 데이터베이스)으로 강제성을 가진다.

미국 첫 정식 탈중앙자율조직(DAO)이 탄생(디오 · 2021.7.5)했다. 5일 크립토포테이토에 따르면 와이오밍주가 미국 소재 탈중앙자율조직(DAO)인 크립토페드 다오(CryptoFed DAO)를 합법적인 법인으로 승인했다. 주 정부가 DAO를 공식 인정한 최초 사례다. 탈중앙자율조직(DAO)은 인력이 아닌 블록체인을 기반으로 운영되는 조직이다. 앞서 올 초 와이오밍주는 DAO를 새로운 형태의 유한책임회사로 인정하는 법안을 미국 최초로 통과시켰으며 해당 법은 지난 1일 자정(현지시간) 발효됐다.

탈중앙화 된 자율조직(DAO)는 현재로는 법인격의 부족으로 사용자를 보호할 방법이 없다. 그리고 현금 흐름 또는 자산이 없을 수 있다. 따라서, 탈중앙화 된 자율조직(DAO)이 실패한 경우 복구는 실제로 극단적으로 어렵다. 따라서 예를 들면, 탈중앙화 된 자율조직(DAO)은 펀드를 가지고, 그들은 특정 사용자를 보호하는 것이 보험회사를 통해 가능할 것이다.

스마트 컨트랙, 탈중앙 자율 조직과 같은 것은 그 법률적 의미의 적절성이 계약의 쌍방이 아니라 일방으로만 묶여 있다. 법률적 실재로 봤을 때, 소비자 또는 고객만이 존재하는 것이 그 정의에 부합한다. 예측이 불가능한 환경은 실제로 항상 모든 비지니스 형태에 존재한다. 그리고 그 정의에 의해 이런 환경의 예측이나 기획은 불가능하다. 이런 시스템은 이 이 가능성을 적절히 기획할 필요가 있다. 그리고 잘못될 가능성과 고객의 피해에 대비해서 적절한 보험이나 펀드를 준비해야 한다. 비슷하게, 고객은 살아있는 사람을 상대하는 것이 아니라, 단지 디지털의 프로그램을 대하고 있다는 것에 주의해야 한다.

기술이 일상을 편안하게 해 주는 만큼 기술은 역할을 수행하기 위해 사용자와 이를 둘러싼 환경의 정보를 두루 파악하고 있어야 한다. 양면성이 있다. 좋은 점만 있는 건 아니다.

우선 우려되는 지점은 소수 독점이다. 이런 기술은 소수의 거대 IT 기업만이 운용할 수 있다. 방대한 규모의 데이터를 처리하는 다루는 일이 아무나 할 수는 없다. 사용자는 더 편리한 기술을 사용하게 되고, 기업은 더 많은 데이터를 확보하며 이를 바탕으로 더 편리한 서비스를 만들어 사용자를 더 단단하게 묶을 수 있다.

제도적인 대응과 발전과제로는 먼저 블록체인은 공공분야 도입(신용우, 2018.6), 사회적 논의 확대 및 법령의 정비 등을 들 수 있다. 국가중심의 탈중앙화의 역설은(윌리엄 무가야:219) 결제 처리속도 향상, 중개자로 인한 업무 지연조절, 신원 및 평판 즉시 조회, 수평적 구조, 승인없이 주어지는 접근 권한 증가, 네트워크 내 신뢰구축, 공격에 대한 회복력, 검열 소멸, 중앙장애점 소멸, 합의에 의한 거버넌스 결정, P2P 커뮤니케이션 등을 야기한다(무가야:219-231).

최근의 대응 측면으로는 첫째, AI 윤리측면이다. 추상적 원칙보다 실행가능성이 중시된다(전자신문, 2020.11.25). 과기부의 「AI 윤리기준」을 참조한다. 세계적으로 AI윤리 기준점은 공정성, 투명성, 안전성, 프라이버시, 책임성, 포용성 등이다. 동시에 편향의 극복과 강건성, 설명가능성, 인간중심이 강조될 필요가 있다. 결국은 AI가 인간에게 유용한 도구가 되어야 한다는 점이다. 2020년 「지능정보화 기본법」을 참조한다.

[참고문헌]

관계부처 합동(2019.12). 「인공지능 국가전략」

민문희 외(2019). 「블록체인의 미래」 디지털북스.

박의서(2019). 「생활을 변화시키는 블록체인」 영진.

서형준(2019). 「4차산업혁명시대 인공지능 정책의사결정에 대한 탐색적 논의」, 『정보화정책』 제26권 3호.

심우민(2016). 「인공지능 기술 발전과 입법정책적 대응방향」, 『이슈와 논점』 제138호, 국회입법조사처.

신용우(2018). 「블록체인 기술 현황 및 산업발전을 위한 향후 과제」, 『이슈와 논점』 제147호, 국회입법조사처.

서정화·이종수(2019).『블록체인 도시행정』지식공감.

윤상오(2018).「인공지능 기반 공공서비스의 주요 쟁점에 관한 연구: 챗봇(ChatBot)서비스를 중심으로」『한국공공관리학보』제32권 2호.

이연호 외(2018). 블록체인 기술은 굿거버넌스를 만들 수 있는가?: 에스토니아 사례의 함의,『세계지역논총』제36권 2호, 한국세계지역학회.

이원익(1994).『국역 이원익선생문집』여강출판사.

인사혁신처(2016).『인사비전 2045』지식공감.

윌리엄 무가야(2017).『비즈니스 블록체인』한빛미디어.

이재호 외(2019).「인공지능 기술의 행정분야 활용에 관한 탐색적 연구」 KIPA

이종수(2021.9).「2022 신정부 AI &블록체인융합정책 과제」,『한국정책학회 추계학술대회논문집』한국정책학회.

_____(2021.6).「삼봉과 김재규의 義 사상 비교 분석」,『한국정책학회 하계학술대회논문집』한국정책학회.

_____(2021.5).「창의·감성 함양을 위한 융합명상」,『미래융합교육』제2권 1호, 전주교대.

_____(2021.2.18).「삼봉의 冢宰제도 연구」,『한국지방자치학회 동계학술대회논문집』한국지방자치학회.

_____(2021.2.19).「공직자의 자기통제: 三峯의 正근와 오리의 不動心을 중심으로」,『한국지방자치학회 동계학술대회논문집』한국지방자치학회.

_____(2021.2).「Covid-19면역 융합명상」,『봉은판전』제160호, 봉은사.

_____(2020.12a).「지방정부 AI & 블록체인 융합제도화」,『한국행정학회 동계학술대회논문집』한국행정학회.

_____(2020.12b).「삼봉의 대간(양사)제도 집행사례분석」,『한국행정사

학지』제50호, 한국행정사학회.

_____(2020.11a).「지방정부 인공지능 정책결정 효과성 분석」,『한국지방자치학회 추계학술대회논문집』한국지방자치학회.

_____(2020.11b).「염불과 명상 융합효과분석」,『교수불자연합회 자료집』한국교수불자연합회.

_____(2020.8).「AI & 블록체인 融合行政효과 분석」『하계학술대회논문집』한국지방자치학회.

_____(2020.3).「포스트휴먼과 봉은찬불融合명상」,『봉은판전』제149호, 봉은사.

_____(2019.12).「領相 李元翼 音樂觀의 人性涵養 效果」,『한국정책학회 동계학술대회논문집』한국정책학회.

_____(2019).「인지과학과 融合명상」,『한국교수불자연합학회지』제25권 2호.

_____(2019.8).「지방정부의 인공지능 활용실태분석」,『2019 한국지방자치학회 하계학술대회논문집』한국지방자치학회.

_____(2019.7).「인지과학과 融合명상: AI, 감성, 창의 융합」,『2019 불자연 하계대회논문집』한국교수불자연합회.

_____(2019.6).「봉은남성합창단 찬불가 스토리텔링」,『봉은판전』제140호, 봉은사.

_____(2019.4).「블록체인 선거제도 도입효과 분석」,『정책학회 춘계대회논문집』한국정책학회.

_____(2019.3).「지능정보사회 감성・創意融合」,『감성연구』제18집, 전남대.

_____(2018.12).「4차산업혁명과 融合명상」,『한국지성과 불교』(사)한국교수불자연합회.

_____(2018.5). 「블록체인 정부관료제 대응과제」, 『인사행정학회 춘계학술대회』 한국인사행정학회.

_____(2017.11). 「AI시대 공직구조 개편과제」, 『인사행정학회 추계학술대회논문집』 한국인사행정학회.

_____(2016.6). 「조선 전기 향헌 56조의 주민자치회 활용방안」, 『한국행정사학지』 제38호.

_____(2016.9). 「국회의원 세비제도 실태 분석」, 『自治議政』 제110호, 한국지방의회발전연구원.

_____(2015.12). 「조선개국기 향헌의 현대적 활용방안과 과제」, 『시민과 세계』 제27호, 참여연대.

_____(2015). 「템플스테이 미러뉴런 스토리텔링 힐링: 명상과 사찰음식 공감체험을 중심으로」, 『창조산업연구』 2/3(안동대 창조산업연구소, 2015.11).

_____(2002). 「21세기 GNR시대의 생명윤리 정책방향」, 『국가정책연구』 제16권 1호, 중앙대 국가정책연구소.

_____(2000). 「한국학제간연구 지원사례분석」, 『국가정책연구』 제14권 1호, 중앙대국가정책연구소.

이차웅(2019). 「블록체인, 플랫폼 혁명을 꿈꾸다」 나남.

鄭道傳(1971). 『三峰集』 국사편찬위원회.

최동석(2016). 「국가조직 설계를 위한 DAO & BSCM」

프리마베라 외(2020). 정승민 외 역. 『블록체인시대의 법과 제도: 코드가 지배하는 세상이 온다』 미래의 창. Primavera De Filippi & Aaron Wright(2018). *Blockchain and The Law: The Rule of Code*, The President and Fellows of Harvard College.

블록체인 인공지능 융합행정

지은이 / 이종수 · 박해봉
발행인 / 김영란
발행처 / 한누리미디어
디자인 / 지선숙

08303, 서울시 구로구 구로중앙로18길 40, 2층(구로동)
전화 / (02)379-4514, 379-4519
Fax / (02)379-4516
E-mail/hannury2003@hanmail.net

신고번호 / 제 25100-2016-000025호
신고연월일 / 2016. 4. 11
등록일 / 1993. 11. 4

초판발행일 / 2022년 1월 20일

ISBN 978-89-7969-847-3 93350